当代齐鲁文库·山东社会科学院文库

THE LIBRARY OF CONTEMPORARY SHANDONG

SELECTED WORKS OF SHANDONG ACADEMY OF SOCIAL SCIENCES

山东社会科学院◎编纂

山东"文化强省"建设战略研究

王志东◎主编　涂可国 张凤莲◎副主编

中国社会科学出版社

《山东社会科学院文库》
出版说明

党的十八大以来，以习近平同志为核心的党中央，从推动科学民主依法决策、推进国家治理体系和治理能力现代化、增强国家软实力的战略高度，对中国智库发展进行顶层设计，为中国特色新型智库建设提供了重要指导和基本遵循。2014年11月，中办、国办印发《关于加强中国特色新型智库建设的意见》，标志着我国新型智库建设进入了加快发展的新阶段。2015年2月，在中共山东省委、山东省人民政府的正确领导和大力支持下，山东社会科学院认真学习借鉴中国社会科学院改革的经验，大胆探索实施"社会科学创新工程"，在科研体制机制、人事管理、科研经费管理等方面大胆改革创新，相继实施了一系列重大创新措施，为建设山东特色新型智库勇探新路，并取得了明显成效，成为全国社科院系统率先全面实施哲学社会科学创新工程的地方社科院。2016年5月，习近平总书记在哲学社会科学工作座谈会上发表重要讲话。讲话深刻阐明哲学社会科学的历史地位和时代价值，突出强调坚持马克思主义在我国哲学社会科学领域的指导地位，对加快构建中国特色哲学社会科学作出重大部署，是新形势下繁荣发展我国哲学社会科学事业的纲领性文献。山东社会科学院以深入学习贯彻习近平总书记在哲学社会科学工作座谈会上的重要讲话精神为契机，继续大力推进哲学社会科学创新工程，努力建设马克思主义研究宣传的"思想理论高地"，省委、省政府的重要"思想库"和"智囊团"，山东省哲学社会科学的高端学术殿堂，山东省情综合数据库和研究评价中心，服务经济文化强省建设的创新型团队，为繁荣发展哲学社会科学、建设山东特色新型智库，努力做出更大的贡献。

《山东社会科学院文库》（以下简称《文库》）是山东社会科学院"创

新工程"重大项目,是山东社会科学院着力打造的《当代齐鲁文库》的重要组成部分。该《文库》收录的是我院建院以来荣获山东省优秀社会科学成果一等奖及以上的科研成果。第二批出版的《文库》收录了丁少敏、王志东、卢新德、乔力、刘大可、曲永义、孙祚民、庄维民、许锦英、宋士昌、张卫国、李少群、张华、秦庆武、韩民青、程湘清、路遇等全国知名专家的研究专著 18 部,获奖文集 1 部。这些成果涉猎科学社会主义、文学、历史、哲学、经济学、人口学等领域,以马克思主义世界观、方法论为指导,深入研究哲学社会科学领域的基础理论问题,积极探索建设中国特色社会主义的重大理论和现实问题,为推动哲学社会科学繁荣发展发挥了重要作用。这些成果皆为作者经过长期的学术积累而打造的精品力作,充分体现了哲学社会科学研究的使命担当,展现了潜心治学、勇于创新的优良学风。这种使命担当、严谨的科研态度和科研作风值得我们认真学习和发扬,这是我院深入推进创新工程和新型智库建设的不竭动力。

实践没有止境,理论创新也没有止境。我们要突破前人,后人也必然会突破我们。《文库》收录的成果,也将因时代的变化、实践的发展、理论的创新,不断得到修正、丰富、完善,但它们对当时经济社会发展的推动作用,将同这些文字一起被人们铭记。《山东社会科学院文库》出版的原则是尊重原著的历史价值,内容不作大幅修订,因而,大家在《文库》中所看到的是那个时代专家们潜心探索研究的原汁原味的成果。

《山东社会科学院文库》是一个动态的开放的系统,在出版第一批、第二批的基础上,我们还会陆续推出第三批、第四批等后续成果……《文库》的出版在编委会的直接领导下进行,得到了作者及其亲属们的大力支持,也得到了院相关研究单位同志们的大力支持。同时,中国社会科学出版社的领导高度重视,给予大力支持帮助,尤其是责任编辑冯春凤主任为此付出了艰辛努力,在此一并表示最诚挚的谢意。

本书出版的组织、联络等事宜,由山东社会科学院科研组织处负责。因水平所限,出版工作难免会有不足乃至失误之处,恳请读者及有关专家学者批评指正。

《山东社会科学院文库》编委会

2016 年 11 月 16 日

目　录

序　言

　　文化的繁荣是人类社会发展的重要目标和永恒追求，也是我国社会主义现代化建设的本质要求。当今世界正处在大发展大变革大调整时期，各种文化潮流交流交融交锋更加频繁，文化越来越成为民族凝聚力和创造力的重要源泉，越来越成为综合国力竞争的重要因素，越来越成为经济社会发展的重要支撑，丰富精神文化生活越来越成为我国人民的热切愿望。党的十七届六中全会通过的《中共中央关于深化文化体制改革、推动社会主义文化大发展大繁荣若干重大问题的决定》，在集中全党智慧的基础上，深刻阐明了中国特色社会主义文化发展道路，确立了建设社会主义文化强国的宏伟目标，提出了新形势下推进文化改革发展的指导思想、重要方针、目标任务和政策举措，是当前和今后一个时期指导我国文化改革发展的纲领性文件，对推动文化繁荣发展、全面建设小康社会、开创中国特色社会主义事业新局面，具有重大而深远的意义。建设社会主义文化强国的目标，描绘了社会主义文化发展的宏伟蓝图，顺应了我国广大人民群众的热切期盼，符合我国文化改革发展实际，符合党和国家事业发展要求，充分反映了我们党在新的历史条件下高度的文化自觉和为实现中华文化繁荣兴盛而不懈奋斗的雄心壮志，有利于凝聚各方面力量，全面推动社会主义文化大发展大繁荣。

　　山东"文化强省"建设是社会主义文化强国总体布局的重要组成部分。文化兴，则山东兴；文化强，则山东强。建设"文化强省"，是深入贯彻落实科学发展观和党的十七届六中全会精神的必然要求，是满足人民群众日益增长的精神文化需求的迫切需要，是建设山东经济文化强省的重要任务。在"经济强省"建设取得巨大成就的基础上，着力推动"文化强省"建设，有利于促进发展方式转变、推动科学发展，有利于提高文化软实力、实现富民强省，有利于保障和改善民生、促进社会和谐，是山东省委、省政府顺应时代潮流和我省改革开放实际做出的正确战略抉择。

山东省于 2008 年提出深入实施经济文化强省战略，是全国 20 多个提出建设文化强省的省份中最早的省份之一。经过这几年的实践探索，认识不断深化，思路日益完善，积累了推动文化强省建设的许多有益经验和良好工作基础。我省文化改革创新取得重大突破，文化繁荣发展取得巨大成就。但从总体上看，全省文化改革发展中还存在一些矛盾和问题，文化建设相对于经济发展来说还是薄弱环节，与文化资源大省的地位还不相称，与经济社会发展的实际还不相适应，与人民群众日益增长的文化需求还有较大差距。为全面贯彻党的十七届六中全会精神，加快推进我省文化改革发展，省委九届十三次会议对山东"文化强省"建设作了全面、系统、科学的重要部署，提出实现"一个目标"：由文化资源大省向文化强省跨越；建设"四个体系"：社会主义核心价值体系、覆盖城乡的公共文化服务体系、结构合理的现代文化产业体系、科学先进的现代传播体系；形成"五个优势"：文化体制改革新优势、文化惠民新优势、文化创意新优势、文化品牌新优势、文化贸易新优势；实现"七个力强"：社会主义先进文化的引领力强、社会主义核心价值体系的凝聚力强、文化改革发展的创新力强、公益性文化事业的保障力强、经营性文化产业的竞争力强、齐鲁文化走向世界的影响力强、文化人才队伍的支撑力强。建成与我省文化资源相匹配、与综合实力相适应、与富民强省目标相承接的"文化强省"，成为全国重要的区域性文化中心。

加快推进山东"文化强省"建设，要全面贯彻党的十七届六中全会精神，立足实际，突出重点，力求新思路、新举措和新突破。要把建设社会主义核心价值体系、发展社会主义先进文化作为"文化强省"建设的根本任务，加强社会主义核心价值体系教育普及，坚持不懈用科学理论武装党员干部群众，指导推动改革开放和现代化建设。要把发展公益性文化事业、满足人民群众基本文化需求作为"文化强省"建设的基本任务，加大对文化事业发展的投入，提高公共文化管理服务水平，努力构建公共文化服务体系，积极发展现代文化传播体系，促进城乡公共文化协调发展。要把促进文化产业跨越发展、满足人民群众多样化精神文化需求作为"文化强省"建设的重要任务，加快文化产业发展载体建设，加大对文化产业发展的扶持力度，大力推进文化科技创新，深入推动文化与相关产业融合发展，努力构建现代文化产业体系，形成以公有制为主体、多种所有制共同发展的格局。要把加强正确引导和管理、为人民提供更好更多精神食粮作为当前"文化强省"建设的迫切任务，全面贯彻"二为"方向和"双百"方针，完善文化产品评价体系和激励机制，加强对文化产品创作生产的引导，加强和改进新闻舆论工作，发展健康向上的网络文化。要把文化体制机制改革创新作为"文化强省"建设的动力源泉，继续深化国有文化单位改革，创新文化管理体制，加强国有文化资产监管，健全现代文化市场体系。要把优秀传统文化的传承弘扬作为"文化强省"建设的根基，加强齐鲁文化研究和遗产保护，建设优秀传统文化传承体系，积极开展对外文化交流与合作。要把建设高素质宣传文化人才队伍作为"文化强省"建设的支撑，重视高层次文化人才的培养和引进，加强基层宣传文化人才队伍建设，建立文化人才开发成长机制。要把加强和改进党对文化工作的领导作为"文化强省"建设的根本保证，加强文化领域领导班子和党组织建设，完善文化改革发展考评体系，在全社会形成加快文化改革发展的强大合力。

《山东"文化强省"建设战略研究》一书，紧扣党的十七届六中全会《决定》的精神实质，全面贯彻山东省委九届十三次会议战略部署，紧密联系我省文化改革发展实际，是我省社科理论界学习、贯彻、宣传、研究党的十七届六中全会精神的重要成果，具有极高的学术研究价值和实际应用价值，对加强党的十七届六中全会精神的宣传贯彻，加快推进山东"文化强省"建设，推动社会主义文化大发展大繁荣，满足全省人民群众日益增长的精神文化需要，把山东建设成为全国重要的区域性文化中心具有重要的理论指导意义。

是为序。

中共山东省委常委、宣传部部长　孙守刚
2011 年 12 月 26 日

第一章　山东"文化强省"建设的
时代背景与实践价值

1998 年联合国教科文组织在《文化政策促进发展行动计划》中指出："发展可以最终以文化概念来定义，文化的繁荣是发展的最高目标。"

2008 年山东省提出"经济文化强省"战略，这是山东省委、省政府准确把握未来发展的趋势和规律，结合山东经济社会发展的实际要求，在全国率先提出来的重大发展战略，它既是"经济强省"战略和"文化强省"战略的统称，也是"经济文化融合发展"战略的充分体现。

文化兴，则山东兴；文化强，则山东强。在山东"经济强省"战略取得巨大成就的基础上，根据新时期、新阶段的发展趋势和要求，及时把"文化强省"建设作为"十二五"时期推动山东经济社会发展的重大战略目标和任务提出来，全面动员全省各级党员干部群众，更加自觉、更加主动地肩负起推动社会主义文化大发展大繁荣的历史重任，进一步增强"文化强省"建设的危机感、紧迫感和责任感，为实现富民强省的新跨越，奠定坚实的文化基础和精神动力支撑。

一　山东"文化强省"建设的时代背景

文化是由社会存在决定并随着社会存在的发展而发展的。马克思主义认为，物质生活的生产方式制约着社会生活、政治生活和精神生活过程。物质决定精神，社会存在决定社会意识。在一定的经济基础上，必然要有一定的上层建筑包括意识形态与之相适应。山东的文化建设与发展，是在日益复杂的国际国内形势下进行的。正确分析山东"文化强省"建设所面临的时代背景,是制定正确的文化发展战略、推动"文化强省"建设更好发展的重要保证。

(一)"文化强省"建设顺应当今世界文化经济发展趋势

从国际上来看,当今世界正处在大发展大变革大调整时期,世界多极化、经济全球化深入发展,科学技术日新月异,各种思想文化交流交融交锋更加频繁,文化在综合国力竞争中的地位和作用更加凸显。美国著名历史学家戴维·S. 兰德斯说:"如果经济发展给我们什么启示,那就是文化是举足轻重的因素。"文化是一个民族的精神和灵魂,是国家发展和民族振兴的强大力量。当今社会,文化与经济融合发展的趋势日益凸现,文化与经济相互融合、相互支撑、相互促进,文化建设已成为经济发展的助推器和新引擎,成为新一轮国家和区域竞争的主战场。正像有人说的那样,19 世纪是军事征服世界的世纪,20 世纪是政治征服世界的世纪,21 世纪则是文化征服世界的世纪。任何一个国家和地区要想获得竞争和发展的新优势,必须重视文化在经济社会发展中的地位和作用,必须把文化的繁荣和发展作为本国家或本地区的重大发展战略。

文化产业正在全球蓬勃兴起。文化产业和高新技术产业被誉为 21 世纪最有前途的两大产业。从 20 世纪 90 年代开始,一些较发达国家就把文化产业作为重要的战略产业、支柱产业予以重视,加以重点发展。如美国在 20 世纪八九十年代失去制造业领先地位以后,一直寻找新的经济发展制高点,最终把文化产业和信息产业确定为新的经济发展重点。目前,美国最大的文化产业已经超过了美国航天工业,成了美国最大的出口产业,也是美国除了军工产业之外的第二大支柱产业。美国实力最强的 400 多家大公司,72 家是文化产业公司。全球文化产业十大巨头,美国占了一半。美国的时代华纳、新闻集团、迪士尼、维亚康姆的年销售额都可达几百亿美元。而 2010 年,我国广播电视业总收入 2000 亿元人民币,还不及美国的一个时代华纳。有人戏称美国文化产业的"三片"(代表美国信息文明的硅谷"芯片",代表美国电影文化的好莱坞"大片",代表美国饮食文化的麦当劳"薯片")风行世界。目前,美国电影产量占全球电影产量的 10%,占据了全球一半的看电影时间,票房收入占全球票房收入的 55%。一部电影《泰坦尼克号》的票房收入就高达 18 亿美元，而片中女主人公穿的"松糕链"或"大船鞋"又一时成了少女们的消费时尚，使鞋商们赚了 26 亿美元。亚洲的日本在战后一直重视发展和提升工业技术，取得了很大成就。20 世纪 90 年代后，日本经济发展低速徘徊。1995 年，日本政府提出"文化立国"，大力发展文化产业。现在，日本的文化产业已经超过汽车工业，成为国民经济的重要支柱产业。全球十大文化产业巨头，日本就有两家，其中索尼公司年销售收入达 600 多亿美元。

近年来的全球金融危机也为文化产业发展提供了难得机遇。从历史经验来看，在经济下行期间，基于对经济前景的悲观预期，社会固定资产支出会被压缩，而文化需求将会急剧增加。因此，金融危机期间，往往是文化产业发展与繁荣的机遇期。许多国家都在这一期间，将文化产业作为引领本国经济走出危机的战略性产业。例如，1997 年亚洲金融危机之后韩国经济在短短几年内之所以复苏发展，很重要的一个原因就是，1997 年后韩国采取了"文化立国"方针，大力发展文化产业。近年来，以韩国的影视动漫和网络游戏为主打产品的"韩流"风行亚洲，甚至在欧美也产生重大影响，占了很大的市场份额。"韩流"所到之处，还带动了韩国餐饮热、韩国服饰热和赴韩国旅游热，带动了诸多相关产业的复苏。当前面临国际经济危机二次探底，出现了失业率高、贸易萎缩等问题，大型文化产业项目的市场需求将比以往任何时候都旺盛，文化产业项目也成为一些具有战略眼光的投资机构的投资新热点。

全球化作为当今世界发展的一个趋势，不仅深刻地影响着世界各国的经济政策和经济运动，而且还深刻地影响着世界各国的文化政策、文化运动和文化产业发展走向，影响着国际文化秩序的变动和文化力量格局的重组。在全球化的过程中，强势文化必然通过种种优势将自己的文化价值推向世界。从目前全球文化力量对比来看，西方文化仍然是最强势的文化，西方文化正借助其强大的物质技术力量迅速走向世界，给其他文化造成巨大冲击和压力。西方文化从表层的服装、饮食、节日甚至头发的颜色，到深层的经济、政治价值观念都有长驱直入之势，渗透到其他文化的价值理念之中。作为经济全球化的一个直接结果，"文化全球化"已经成为资本掠夺的一种新的当代形态，直接威胁着各民族文化产业的生存与发展。包括文化产业安全在内的国家文化安全，在全球化的浪潮中被历史地和现实地推到了主权国家面前。① 如美国"好莱坞"影片占据了世界三分之二的电影市场总票房，美国每年对外发行的电视节目总量达 3 万小时。"好莱坞"输出的影片不仅是美国经济的重要组成部分，而且向全世界输出了美国的价值观念和生活方式，其影响是不言而喻的。其他西方发达国家也很重视通过文化产业及文化产品输出其价值观念和生活方式。中国在经济实力不断增长的同时，"软实力发展还不够，特别是在国际金融体制改革、面临国际秩序重建当中，我国发挥的作用还十分有限。中华文化的优秀成果如天人合一、和而不同、和谐文化等这些文化资源的国际影响力还有限。中华文化可以弥补西方文化当中单向思维、个人主义等缺陷，通过发挥我们的软实力在国际经济新秩序构建的过程中发挥作用，从而为克服金融危机作出更大的贡献"②。

（二）"文化强省"建设适应当代中国文化发展趋势

中国共产党始终站在时代的前列，对文化的本质性力量有深刻的把握，对人类文明发展趋势有深刻的洞察，对自身所肩负的文化使命也有着深刻的自觉。改革开放特别是党的十六大以来，我们党始终把文化建设放在党和国家全局工作重要战略地位。党的十六大报告指出："全面建设小康社会，必须大力发展社会主义文化，建设社会主义精神文明。当今世界，文化与经济和政治相互交融，在综合国力竞争中的地位和作用越来越突出。文化的力量，深深熔铸在民族的生命力、创造力和凝聚力之中。全党同志要深刻认识文化建设的战略意义，推动社会主义文化的发展繁荣"。同时还提出要大力加强文化建设和文化体制改革。党的十七大指出："当今时代，文化越来越成为民族凝聚力和创造力的重要源泉、越来越成为综合国力竞争的重要因素，丰富精神文化生活越来越成为我国人民的热切愿望"。"要坚持社会主义先进文化前进方向，兴起社会主义文化建设新高潮，激发全民族文化创造活力，提高国家文化软实力。"建设社会主义核心价值体系，增强社会主义意识形态的吸引力和凝聚力；建设和

---

① 胡惠林：《文化产业发展与国家文化安全——全球化背景下中国文化产业发展问题思考》，《学术季刊》2000 年第 2 期。

② 齐勇锋：《建设"文化强国"两重背景五个标准》，人民网：http://theory.people.com.cn/GB/15942447.html。

谐文化，培育文明风尚；弘扬中华文化，建设中华民族共有精神家园；推进文化创新，增强文化发展活力。为中国社会主义现代化建设提供了强有力的思想保证、舆论支持、精神动力和文化条件。面对世界多极化、经济全球化的潮流，当今世界只有极少数的国家仍然担心哪怕是一点开放都可能毁灭它们，所以它们紧紧地禁锢住自己，发布各种禁令，严厉查禁任何现代性。对于我国的文化建设来说，全球化同样是一柄"双刃剑"，同样是"既有机遇、又有挑战"。改革开放以后的中国，已经义无反顾地走向世界，坚定地融入人类文明进步的大潮流中，加入世界贸易组织、申办奥运会、加入各种世界性组织和世界性条约，都无可辩驳地证明了这一点。强调相互学习、相互借鉴，大胆吸收人类文明的一切优秀成果，追求人类文明的共同价值，成为经济全球化条件下中国文化发展的主要趋向。

在党中央的正确领导下，全国人民积极投入到建设中国特色社会主义文化的实践。我国文化事业取得长足发展，文艺创作日益繁荣、精品佳作不断呈现，文化市场和文化产业蓬勃发展，文化领域改革深入推进，找到了一条中国特色社会主义文化发展的道路，文化建设进入了历史上最好的发展时期之一。通过文化体制改革，打破了长期束缚文化生产力的制度和体制藩篱，全国已注销经营性文化事业单位 4000 多家，核销事业编制 18 万个以上；覆盖城乡的公共文化服务体系框架基本建立，公共文化服务渠道和方式进一步拓展；文化产业日益成为新的经济增长点，全国文化产业增加值 2004 年至 2010 年年平均现值增长速度超过 23%，2010 年突破 1.1 万亿元，占国内生产总值比重的 2.75%。我国不断加强对外文化交流，已与 145 个国家签订了政府间文化合作协定，海外文化阵地建设不断加强，文化产品和服务进出口逆差逐步减少，图书版权进出口比例由 2003 年的 9∶1 下降为 2010 年的 3∶1。

同时我们还要看到，当前我国社会经济发展到了一个新的阶段，对文化建设提出了更为迫切的要求。特别是现在我国各方面的改革进入实质性阶段，全方位的改革使社会转型处于加速状态，社会稳定遇到许多问题。改革必然会涉及各个方面的切身利益，产生许多社会问题、安全问题、公平问题，都会给社会带来不安定因素。随着社会经济成分、组织形式、就业方式、利益关系和分配方式日益多样化，人们的思想意识也会发生相应的变化，一些领域道德失范、诚信缺失，一些社会成员人生观、价值观扭曲，意识形态矛盾和文化冲突将不可避免。文化产业规模不大，结构不合理，束缚文化生产力发展的体制机制问题尚未根本解决。在全面建设小康社会，实现科学发展，构建和谐社会的历史进程中，我们还将遇到一系列重大难题，如经济快速发展与社会稳定的矛盾，经济发展与人口、资源、环境的矛盾，公平与效率的两难选择，等等。如何在改革开放和社会发展的新阶段中，正确处理和解决各种矛盾和问题，合理地协调好人民内部的利益关系，度过这个社会发展的"高风险期"，都需要强有力的文化建设提供精神支撑。党的十七届六中全会提出建设"文化强国"的目标，使得建设全面建设小康社会的目标更为清晰，这也更好地体现了社会主义的本质要求，也为山东"文化强省"建设指明了方向。

（三）"文化强省"建设符合山东文化发展实际需求

山东是孔孟之乡，以儒家文化为主体的齐鲁文化源远流长、影响深远。历史文化名人、文化名城、文化古迹众多，红色文化、民俗文化、现代文化特色鲜明、资源丰富。齐鲁大地悠久的文化传统、雄厚的人文底蕴成为进行社会主义文化建设的深厚根基和强大优势。从山东发展的历程来看，改革开放30多年来，山东在实现经济跨越的同时，也注重发挥自身独特而厚重的文化资源优势，有力地推动了山东文化的发展，并获得了宝贵的文化建设经验。特别是进入新世纪后，山东启动了文化强省建设工程，经过几年来的不懈努力，"文明山东"建设、公民思想道德建设、文艺创作、公共文化服务体系建设、文化产业发展、文化体制改革、文化遗产保护、网络文化建设等方面都取得了显著成效。尤其是在文化产业方面涌现出了山东出版集团、山东广电集团、大众报业等一批实力和竞争力都较强的文化企业集团和山东（国际）文化产业博览会等知名度较高的文化展会，体现了山东文化发展整体实力和影响力。但必须清醒地看到，山东省文化建设总体上还滞后于经济社会发展，与先进省市相比存在较大差距，存在一系列深层次问题和制约因素。

1. 思想道德建设任务繁重

国际国内环境的深刻变化，使社会思想道德建设领域出现许多新情况、新问题，面临严峻挑战，思想道德建设工作还存在许多不适应的地方和亟待加强的薄弱环节。例如，少数人、单位和市场主体道德失范，诚信缺失，导致假冒伪劣、欺骗欺诈活动时有发生，封建迷信、邪教和黄赌毒等社会丑恶现象在一定范围内依旧存在。

2. 公共文化服务体系不够完善

一些地方至今不能从科学发展、和谐发展的高度对待文化建设，未能把建设公共文化服务体系、为基层群众提供文化服务摆上议事日程。财政投入保障机制尚未建立，致使有些地方的图书馆购书经费、文化共享工程运行费、文化馆和艺术馆的业务活动费，尤其是乡镇综合文化站日常运行经费没有保障，乡镇文化站和村文化大院的设施设备无法保障，从而制约了全省公共文化服务体系的建设和完善。

3. 文化产业竞争力不强

山东省文化产业增加值占 GDP 的比重比较低，2010 年为 3.12%，与经济大省的地位不相符，按照目前山东文化产业的发展速度进行推算，要想实现 2015 年全省文化产业增加值超过 4000 亿元、文化产业成为全省的支柱产业，任务还相当艰巨。文化产业结构不合理，真正意义上的文化产业应当是以核心层和外围层为主导的产业。山东省文化产业相关层所占比重较大，文化科技含量较低，文化产业发展较为突出的行业集中于文化设备制造业、图书音像发行业和印刷业，应用数字、网络产业、创意产业等现代信息技术的新兴文化产业大多尚处于起步阶段。民营文化产业发展薄弱，与湖南、浙江等省相比，山东省民营文化企业数量少、规模小、影响力弱，对整个文化产业发展贡献度较低。

4. 文化体制机制性障碍依然存在

文化事业单位内部机制改革有待深化，文化艺术产品的创作生产还不能满足人民群众不断增长的精神文化需求，文化管理体制和运营机制还不能很好地适应文化艺术生产力的快速发展。部分经营性文化单位改革不彻底，机制不符合现代企业制度要求。广电系统制播分离改革进展缓慢，文艺院团改革尚未真正推开。国有经营性文化资产管理、监督和运营体制改革尚未迈出实质性步伐，转制企业的法人治理结构和现代企业制度需进一步完善。文化市场发育程度较低，文化发展的行业壁垒、地区壁垒依然存在，部分地区文化市场监管不力，文化市场经营秩序较乱，公平竞争的市场环境和规范的市场秩序尚未建立。

目前，国内区域文化竞争日趋激烈，一些文化发展先进的省市已经确立了文化发展的新优势，群雄竞争的态势已经展开，呈现出不进则退、慢进亦退的严峻形势。近些年来，山东省虽在文化建设方面取得了较大的成绩，但与其他文化先进省市相比，文化建设的步伐相对落后。作为经济大省和文化资源大省，山东要想在新一轮竞争中取胜，必须增强忧患意识，抓住"十二五"这一经济社会发展的重要战略机遇期和关键时期，高度重视文化发展，明确文化发展的指导思想、发展目标、基本思路、重点领域、区域布局和支撑保证，采取一系列措施，强力推动文化建设，加快实现从文化大省向"文化强省"的新跨越。

二　山东"文化强省"建设的实践价值

山东"文化强省"建设既是顺应社会发展规律和发展趋势的必然要求，也是积极应对挑战、转变发展方式、提高区域综合竞争力的必然选择，更是山东省贯彻落实科学发展观、满足人们精神文化生活需求的迫切需要。建设"文化强省"的实践价值主要体现以下几个方面。

（一）促进发展方式转变，推动社会实现科学发展

发展观是关于发展的本质、目的、内涵和要求的总体看法和根本观点。科学发展观将人的全面发展视为目的，而文化素质的提高对于人的全面发展至关重要。作为科学发展观的核心和本质，"以人为本"就是把人的发展作为发展的目标，这必然要重视文化的价值。人的生存和发展离不开物质基础，所以人必须从事物质生活资料的生产，要发展经济，实现经济增长。但经济增长只是实现人生存和发展的手段，物质的价值也取决于对人的意义、取决于对文化的意义。全面、协调、持续的发展，也蕴含着对文化的重视。全面、协调、持续的发展意味着调整人们的各种利益关系，它必然要求人们既认识到自己的、眼前的、局部的、经济的利益，同时要求人们认识到他人的、长远的、全局的、非经济的利益，要求人们在认识各种利益关系的基础上改变与全面、协调、持续发展相抵触的价值观念和行为方式，形成与之相一致的价值观念和行为方式。人们的这种价值观念和行为方式的改变只有在文化的参与下

才能完成。①

　　科学发展观基点的社会是科学发展的社会，而文化繁荣是一个社会科学发展的必然要求。科学发展要求社会全面发展。全面，就是要全面推进经济、政治、文化、社会建设，实现经济发展和社会全面进步，只有经济、文化、政治、社会共同发展、共同繁荣才是全面发展。② 物质财富的增加、GDP 的增长，并不是社会发展的终极目标，文化发展是人类社会更深层次、更高境界的追求。发展最终要以文化、文明来定义，文化的繁荣是发展的最高目标。文化建设的缺失，必将影响社会的发展，也不可能实现社会的全面进步。科学发展观讲求经济、政治、文化、社会各方面全面协调的发展，把文化建设作为经济社会发展的重要内容和重要目标，体现了高度的文化自觉。文化是经济发展的强力支撑，是政治发展的重要保障，是社会发展的显著标志，只有文化大发展大繁荣，才能实现文化建设与经济、政治、社会建设的科学发展。科学发展观突显了文化建设应有的重要战略地位，我们必须给予文化建设更多的政策倾斜和各方面支持。

　　文化是经济的灵魂，是经济发展的内在动力，文化产业是衡量一个国家或地区经济社会发展程度的重要标志。作为战略性新兴产业，文化产业以创意为源头，以内容为核心，以技术为手段，是高技术化和高文化化的统一体，是转变经济发展方式、构建现代产业体系的有力抓手。就世界范围来看，文化产业已经成为某些西方发达国家的支柱产业，其产值约占 GDP 的 1/5。在国内，发展文化产业已经成为近年来从政府到民间的共识，全国各地纷纷制定文化发展战略，将文化产业发展纳入经济、社会发展规划。文化产业作为新的经济增长点，日益成为地区综合竞争力和可持续发展能力的基础指标和关键因素。不论是从经济增长的角度，还是从社会文明进步的角度看，山东都应该从经济社会持续、健康、协调发展的高度，大力培育和促进文化产业的发展，把发展文化产业作为新阶段经济发展的重点，加快构建特色鲜明、结构优化、技术先进、品牌名优的文化产业体系，使文化产业成为山东省新的经济增长点和未来的支柱产业。

---

①　伍新林：《文化"强"省战略探讨》，《湖湘论坛》2005 年第 5 期。
②　朱翠伟：《基于科学发展观的文化建设思考》，《知识窗》2010 年第 4 期。

改革开放 30 多年，山东经济社会迅猛发展，齐鲁大地发生了历史性巨变。但与科学发展观要求相比，与发达地区相比，山东省经济、资源、环境的矛盾日益突出，经济总量大、人均少，农业所占比重偏高，工业附加值较低，服务业发展相对滞后，城市化落后于工业化，民营经济发展仍比较薄弱，节能减排形势依然严峻，自主创新能力不强，市场体制机制约束仍较严重，城乡居民收入持续增收难度加大，区域经济发展差距明显，社会民生问题日益突出。因而，必须通过转方式调结构，从根本上解决好制约科学发展的突出问题，强力突破强省建设的制约瓶颈，而发展文化、建设"文化强省"无疑是关键点和突破口。充分发挥文化在优结构、扩消费、增就业、促和谐、可持续发展中的独特作用，构建现代文化产业体系，从根本上解决好制约山东科学发展的突出问题，将"文化强省"建设作为转方式调结构中的重要抓手，是实现山东经济转型的迫切需要。

（二）提高文化软实力，加快实现富民强省

一个国家、一个地区的综合实力和综合竞争力，既包括由经济、科技、军事等表现出来的硬实力，也包括以文化、意识形态、制度等体现出来的软实力。从某种意义上讲，"软实力"更具根本性和决定性，文化作为软实力的核心表现形式，越来越成为综合竞争力的重要组成部分。在经济全球化、区域经济一体化和发展转型期，引领产业升级的主要因素已由生产要素驱动、投资驱动转向科技引领、创意驱动。以创意为核心的文化产业因具有消费导向、产业升级、产业关联、就业孵化、文化图强"五位一体"的独特功能，已成为推动经济结构调整的朝阳产业、黄金产业、低碳产业和战略性新兴产业。山东是全国较早提出经济文化强省建设目标的省份。富民强省既取决于经济硬实力，也取决于文化软实力。富民强省中，富民，既包括物质、经济上的富，也包括精神、文化上的富；强省，既包括经济上的强，也包括文化上的强。山东"文化强省"建设的目标，就是要把山东省建设成为社会主义核心价值深入人心、良好道德风尚进一步弘扬、社会文明程度明显提高、文化事业全面繁荣、文化产业实力雄厚、文化竞争力和综合实力位居全国前列、在全国有较高知名度和影响力的文化强省。

在新起点上实现富民强省新跨越，文化建设的作用日益凸显。一个地区经济社会的繁荣发展，必然得益于某种文化的培育与发达。发展的竞争，表面看是硬实力的竞争，其实质是文化软实力的竞争。过去我们常讲，经济发展一靠改革，二靠科技；现在还应加一条，三靠文化。文化发展具有乘数效应。文化发展既直接贡献于经济增长，又对提升经济发展质量有着重要作用，文化与经济、科技相互交融、共生发展，能够产生极大的聚变效应。文化产品是最高端、经济效益最好的产品，文化产业是典型的"低碳经济"、"绿色经济"、"无烟产业"、"朝阳产业"。近年来，面对世界金融危机的冲击，以资本、原材料和劳动力为核心要素的物质生产受到制约，而以思想、创意和知识产权为核心要素的文化产业反呈上升趋势。① 山东拥有丰富的文化资源，具有建设文化强省的良好基础和条件，山东文化产业蕴含着极佳市场机会。2010 年，山东文化产业实现增加值1230 亿元。连续 5 年年均增幅超过 20%，高于同期 GDP 增速，展现出构建新的支柱产业的可喜前景。

山东"文化强省"建设不仅促进和拉动山东经济发展，促进经济向高端化、低碳化方向转型，转变发展方式，培育新的经济增长点，形成新的竞争优势，更重要的是能增强人们的归属感和认同感、凝聚力和向心力，激发创造力和发展力，使广大干部群众始终保持良好的精神状态，为经济社会的发展提供强大的精神动力。同时，良好的区域文化形象，也能为山东发展创造良好的外部环境，从而最终提升山东区域综合竞争力，实现山东富民强省新跨越。

（三）保障和改善民生，促进社会和谐

与经济权益、政治权益和社会权益一样，人民的基本文化权益也是社会主义人权的重要组成部分。党的十七大报告明确提出："要坚持社会主义先进文化前进方向，兴起社会主义文化建设新高潮，激发全民族文化创造活力，提高国家文化软实力，使人民基本文化权益得到更好保障，使社会文化生活更加丰富多彩，使人民精神风貌更加昂扬向上。"可见，文化权益作为我国公民的一项基本权益已经得到党和政府的重

---

① 李鸿忠：《奋力推进湖北由文化大省向文化强省的跨越》，人民网：http://theory. people. com. cn/GB/16074400. html。

视，并且社会各界也认识到保障城乡居民的基本文化权益是构建和谐社会的必要环节。

公民的基本文化权益主要包括权力和利益两个方面。从权力层面来说，文化权益与经济权益、政治权益一样，是公民的基本权利，任何公民在社会文化生活中应当享有不容侵犯的自由和利益。同时，基本文化权益是社会公平的重要体现。权益的主体应该具有无差异的特点，任何公民都有公平、平等地享有基本文化权益的权利。从更加具体的利益层面来讲，文化权益的保障贯穿于老百姓的日常生活，既涉及日常工作生活中的包括看电视、听广播、读书看报、开展文化活动等实实在在的知识信息获取，也直接关系到人民群众审美愉悦的获得和价值观念的确立。①

文化既是凝聚人心的精神纽带，又直接关系民生幸福。恩格斯说过："文化上的每一进步，都是迈向自由的一步。"文化之于人类，应当是一种精神上的内在需求、普遍需求，如果没有丰富的精神文化生活，就谈不上真正的民生幸福。根据马斯洛著名的需求层次理论，人们在物质需求得到基本满足后，就会对精神文化生活提出新的更高的要求，文化消费就会快速增长。世界发展的经验表明，人均生产总值达到 1000 美元，文化消费会快速启动；人均生产总值超过 3000 美元，文化消费则会持续增长；而当接近或超过 5000 美元时，会出现文化消费的倍增态势。目前，我国人均 GDP 已达 3700 美元，山东人均 GDP 已超过 5000 美元，山东省文化消费已由持续增长阶段转向倍增态势阶段，人们对精神文化生活的需求越来越强烈、越来越丰富，居民文化消费空间进一步扩大，文化需求的多方面、多层次、多样性日益显现。这给山东省文化发展既注入了新的动力，也赋予了更高的要求和新的任务，因此，只有积极实施"文化强省"战略，实现文化的大发展大繁荣，生产出更多更好的文化产品，提供更多更好的文化服务，才能保障人民群众在过上殷实物质生活的同时，尽情享受丰富多彩的精神文化生活，最大限度地改善民生，提高人们的幸福指数。改善民生，不仅要富"口袋"，也要富"脑袋"。建设文化强省，就是要大力发展文化事业，让人民不断增长的文化需求得到更好满足。文化还是

---

① 王列生、郭全中、肖庆：《国家公共文化服务体系论》，文化艺术出版社 2009 年版。

社会和谐的重要力量。当前，我们正处在经济转轨、社会转型的加速期，一些人的思想困惑、精神焦虑有所增多，人文关怀、心理疏导、精神抚慰的任务更加繁重。发展文化民生，推进文化惠泽群众，才能更好地用文化温润心灵、涵养人生、舒缓压力、促进和谐。

第二章 山东"文化强省"建设的主要内涵与基本特征

文化是一个国家和民族的灵魂，是国家发展和民族振兴的强大力量，文化软实力已经成为一个国家和地区综合实力的重要组成部分，成为经济社会发展的重要支撑。一个国家能否将文化繁荣作为整个社会追求的最终目标，将决定它在未来世界上的形象和地位；一个地区能否将文化繁荣作为自己追求的最终目标，也将决定它未来在全国乃至世界的形象和地位。

改革开放以来，山东高度重视文化工作，大力实施文化大省和经济文化强省战略，使山东迈入全国文化大省行列，为推动全省经济社会发展提供了强有力的文化支撑。今后10年是山东加快转变经济发展方式、实现经济社会转型的关键时期，也是推动文化大发展大繁荣的重要阶段。站在新的历史起点上，面对日益激烈的国际国内文化竞争和文化与经济加速融合发展的新趋势，面对各省市纷纷把"文化强省"建设上升到战略高度加以谋划的新形势，我们必须充分认识山东"文化强省"建设在凝聚民族精神、提升公民素质、促进社会和谐、推动转方式调结构中的重要地位和作用，进一步增强紧迫感、责任感和使命感，全面推进文化建设，努力实现山东省委九届十三次会议所提出的开创建设文化强省，把山东建设成为全国重要的区域性文化中心。

实施"文化强省"战略，必须科学认识和把握"文化强省"的主要内涵和基本特征。建设"文化强省"，本质上在于全面提升山东省的文化软实力和文化竞争力。就"文化强省"的内涵而言，目前国内还没有一个统一的评价标准，我们深入研究后认为，应该主要包括文化凝聚力、文化保障力、文化传承力、文化创新力、文化生产力、文化影响力六个方面。这六个方面共同构成了区域文化软实力和竞争力。就"文化强省"

的特征而言，应该兼具系统性、均衡性、普惠性、独特性、开放性、先进性、创新性七个方面，才能充分体现出全省经济社会发展格局中文化繁荣发展的战略定位和重要特色。

一　山东"文化强省"建设的主要内涵

山东是一个文化资源大省，也是一个文化大省，但尚未进入"文化强省"行列。目前，在"文化强省"尚无明确定义和衡量指标的情况下，我们经过充分调查、讨论和研究认为，所谓"文化强省"的涵义，应该主要是指全省人民的思想道德基础牢固、文化服务体系健全完善、文化产业优势突出、文化发展竞争力强劲。具体讲就是：社会主义核心价值体系深入人心，良好思想道德风尚得以形成，人们的思想道德水平显著提高，精神风貌昂扬向上，精神文明创建活动卓有成效；文化事业繁荣昌盛，覆盖城乡、惠及全民的公共文化服务体系构建完成，适应人民群众日益增长的精神文化需求的文化产品和文化服务供给能力丰富多样、明显提高，人民群众的基本文化权益得到很好保障；文化产业实现又好又快发展，成为国民经济的支柱产业；文化综合发展能力显著增强，文化对经济社会发展的提升力、贡献率巨大，文化整体实力位于全国前列，全社会文化创造潜力和活力得到充分释放、富有成效，成为对全国具有较大影响和带动辐射作用的文化省份。

山东"文化强省"战略内涵丰富，特征鲜明，创新带动作用突出，既是全省人民群众努力奋斗和追求的文化建设目标，也是一个不断由文化资源大省、文化大省向文化强省跨越的动态过程，是引领山东转型发展的核心动力源。其丰富的内涵最突出地表现在以下"六个力"上。

一是文化凝聚力强。文化具有引导社会、教育人民、凝聚人心的重要作用，文化凝聚力是文化软实力的核心，也是"文化强省"的本质体现。所谓凝聚力强，是指社会主义意识形态吸引力、感召力和整合力明显增强，民族精神和时代精神进一步弘扬，公民思想道德建设全面推进，社会主义核心价值体系成为人们的精神支柱，中华文化和齐鲁文化的认同感更加强烈，全省人民团结奋斗的共同思想基础更加坚实巩固。主要通过中国特色社会主义理论的普及率、社会主义核心价值体系的认同度、社会主义道德建设的深入度、城乡文明整合协调程度、公民人文素质以及舆论引导能力等指标来体现。当前，人们的价值取向、审美情趣、欣赏习惯、评价标准等与过去相比有了很大不同，人们的思想活动日益多元、多样、多变。要建设"文化强省"，就必须大力提高山东文化的凝聚力。为此，必须积极发挥先进文化的引领作用，坚持社会主义先进文化的前进方向，用社会主义核心价值体系领各种社会思潮，传承与弘扬优秀文化传统，共建全省人民群众的精神家园，通过加快"诚信山东"、"文明山东"建设，在全社会形成知荣辱、讲正气、树新风、促和谐的社会文明风尚，努力在全社会形成统一的指导思想、共同的理想信念、强大的精神支柱和基本的道德规范，为富民强省提供强大的精神动力和智力支持。

二是文化保障力强。保障人民群众的基本文化权益是社会主义文化建设的应有之义，能否使群众的文化需求得到极大满足、基本文化权益得到切实保障，是衡量"文化强省"建设的重要标准。所谓文化保障力强，主要表现在科技教育发达，公共文化服务体系健全完善，设施先进、网络健全、运行高效、惠及基层的公共文化体系全面形成，文化产品和服务供给能力不断增强，人民群众的基本文化权益得到充分保障。主要通过科技创新成果和高技能人才拥有量在全国的位次、基础教育水平和普通劳动者科技文化素质的高低、城乡公共文化设施覆盖率和达标率、精神文化产品创作生产的数量和质量、群众性文化活动的广泛性和参与度等指标来体现。实施"文化强省"战略，必须贯彻科学发展观，以人为本，始终牢记发展文化的最终目的是满足人民群众日益增长的多样化文化需求，让群众得到更多更好的文化实惠，充分保障人民群众的基本文化权益。

三是文化生产力强。文化生产力指的是生产文化产品和提供文化服务的能力以及文化资源在非文化产品生产领域中的作用，它是社会生产力的重要组成部分，是文化竞争力的集中体现，在区域经济发展中具有重要地位与作用，也是"文化强省"的显著标志。所谓文化生产力强，就是指优秀精神文化产品不断涌现，并产生较为广泛的影响；文化创意水平不断提高，对文化产业以及其他产业的提升带动作用明显增强，成为推动山东经济社会发展更上一层楼的精神支撑和智力支持；生产的文化产品和提供的文化服务取得更好的社会效益和经济效益；传统文化产业的技术改造水平进一步提升，现代科学技术在新闻、出版、广电、影视、动漫、网络等领域的支撑和推动作用更加显现；文化产业规模和产值总量较大，产业结构功能完善，拥有一大批具有较大竞争力的大型文化企业和企业集团。山东"文化强省"建设要注重加强对文化产品创作生产的引导，真正从群众需要出发，推出更多更好深受群众喜爱、思想性艺术性观赏性相统一的精品力作，尤其要通过进一步深化文化体制改革，极大地解放和发展山东的文化生产力。

四是文化传承力强。传统文化是民族智慧的历史结晶，也是文化现代化的资源宝库，文化传承是强省建设的内在要求。所谓文化传承力强，就是指物质文化遗产得到有效保护和利用，非物质文化遗产得到传承和发展，传统文化在扬弃中得到大力弘扬。通过物质文化遗产和非物质文化遗产的入围数、文物保护工作机制是否健全有效、文物数据库动态管理完善度、文物保护科技含量、齐鲁文化认知度认同度、文化遗产利用效率等来体现。提升山东的文化传承力，就要大力实施齐鲁文化遗产保护工程，加强对重点文物、非物质文化遗产、古籍的有效保护、开发和利用。建立鲁文化、齐文化、儒家文化、泰山文化、兵家文化、墨家文化、海洋文化、运河文化、黄河三角洲文化、红色文化等文化生态保护区，打造若干个国家级文化生态保护区。稳步推进中华文化标志城规划建设，加快孔子博物馆、孔子学院总部国际青少年研修基地建设，全面完成世行山东孔孟文化遗产保护地项目。在传统文化资源挖掘领域，建立"齐鲁传统文化元素评估数据库"等重大工程。加强文化遗产知识的宣传，提高全社会的保护意识。

五是文化创新力强。文化发展的灵魂是创新，文化创新是文化强省建设的源泉和动力，关系到"文化强省"建设的成败。所谓文化创新力强，是指能够既充分地发掘本土传统文化资源的现代价值，又能够有效地吸收外来文化的优秀成果，在创造性地有机融合中形成先进的文化体系和强劲的人文魅力机制。文化创新力强主要表现为文化发展的体制机制环境全面优化，全社会文化创造活力充分释放，文化创新更加富有成效；数码、网络技术在文化领域各个环节广泛应用，文化科技含量大幅提升；原创首发、形式新颖、影响广泛的文化创意结果总量和质量位居全国前列。通过文化体制改革的实质进展、文化创意成果的质量水平、文化发展的科技含量、互联网等新兴媒体的发展运用及网络文化的建设和管理水平、各类文化专业人才的拥有量等指标来体现。目前,文化赖以生存发展的体制环境和社会条件发生了深刻变化,创新的要求越来越高,没有强大的创新力就不可能建成真正的"文化强省"。我们必须坚持以改革促发展,在时代的高起点上全面推进山东文化创新,努力构建文化创新体系,充分发挥文化创新在山东创新型省份建设中的重要作用。要积极转变文化发展方式,创新文化发展模式,提高文化改革发展的科学化水平;创新文化体制机制,巩固文化体制改革成果,继续深化文化重点领域改革,增强文化发展活力;创新文化内容形式,弘扬主旋律,提倡多样化,满足不同社会层次的文化需求;创新文化生产方式,加强对文化产品创作生产的引导,创作生产更多思想性、艺术性、观赏性有机统一,具有齐鲁风格、山东气派、群众喜闻乐见的文化艺术精品;创新文化传播方式,重视互联网等新兴媒体的建设、运用、管理,加强重要新闻媒体建设,把握正确舆论导向,提高传播能力;创新学科体系、学术观点、科研方法,加强理论阵地建设,繁荣发展哲学社会科学。

六是文化影响力强。一个国家或是一个地区,如果具有较强的文化影响力,会对其发展具有较强的驱动辐射作用。作为"软实力"的一个重要指标,影响力是"文化强省"的外在体现。所谓影响力强,就是指山东良好的文化形象和发展形象更加彰显;文化资源优势得到充分发挥,齐鲁优秀文化得到大力弘扬;哲学社会科学更加繁荣,具有山东特色的人文学科和强势文化活动产生越来越大的影响;参与国内外文化交流的水平进一步提高,形成一批在国内外广有影响的文化品牌。文化品牌建设是提升影响力的关键。通过知名文化品牌拥有量、文化产品的市场占有率、文化传播的能力和广度、省外文化知名度认同度、对外文化交流活动的层次和影响、对外文化贸易额度等指标来体现。应积极推进文化交流与贸易的有机结合,积极拓展国际文化市场,扩大齐鲁文化的国际影响力,推动齐鲁文化更好地走向全国、走向世界。

上述六个方面既有定性指标又有定量指标,有机统一,相互促进,共同发挥作用,全面支撑"文化强省"建设。山东"文化强省"建设既要注重数量和规模,更要注重结构和质量;既要注重文化生产能力,更要注重文化创新能力;既要强调发展速度,更要注重全面协调可持续发展;既要注重文化综合实力的增强,更要注重科学体制机制的构建。

二 山东"文化强省"建设的基本特征

山东"文化强省"建设，不仅具有丰富的科学内涵，还展现出多种多样的基本特征，其中主要包括系统性、均衡性、普惠性、独特性、开放性、先进性、创新性七大特征。全面贯彻落实山东"文化强省"战略，把山东建设成为在全国具有较强竞争力和影响力的文化强省，努力发挥引领全国文化建设和文化产业发展的突出作用，就必须充分体现山东"文化强省"建设的基本特征。

（一）系统性

"文化强省"的系统性取决于文化本身的系统性。山东文化是由思想道德、核心价值体系、精神文明创建、公共文化服务体系、文化产业、艺术生产、对外文化交流、文化遗产等系统组成的有机体系，是由多个层次、多个方面、多个领域共同构成。"文化强省"不能仅仅表现为某个方面的"强"，而应该表现为文化各个领域的"强"。"文化强省"建设不能单项突进，而应该全方位推进，使文化各种要素之间相互制约、相互作用、相互促进，构成一个有机的整体，从而促进山东文化各个领域、各个方面全面进步发展。加快实现文化资源大省向文化强省跨越，是一项具有战略性的系统工程。一方面，"文化强省"建设要致力于总体发展，努力构建社会主义核心价值体系，建设和谐文化，培育文明风尚，弘扬优秀齐鲁文化，建设全省人民共有精神家园，打牢全省人民共同奋斗的共同思想基础；另一方面，要突出强调文化事业与文化产业的双轮驱动、协调发展，尤其是要顺应国际国内经济文化发展的大趋势，高度重视文化产业的大发展、大繁荣，使之成为山东经济社会发展的新的增长点、新的引擎，成为山东国民经济新的支柱产业。

（二）均衡性

文化是否得到均衡发展是衡量"文化强省"的重要标志。"文化强省"各个层面的建设不能是畸形的、单方面的，而应是均衡协调的。当前，山东省文化发展在地区之间、城乡之间存在着不平衡现象，在实施

"文化强省"战略过程中，全省各地应根据本地的实际情况，制定相应的文化发展战略和战略目标，做到量力而行、因地制宜；由于文化非均衡的发展是形成区域经济文化实现差异发展、错位发展的重要战略举措，山东"文化强省"建设必须充分发挥发达地区和城市对落后地区和农村地区的辐射带动作用。要达到"文化强省"的战略目标，还应以科学发展观统领文化发展，统筹城乡、统筹区域、统筹经济社会、统筹人与自然、统筹国内发展和对外开放，以实现齐鲁文化的全面发展、协调发展、均衡发展、可持续发展，促进社会和人的全面发展、全面进步。未来山东"文化强省"建设要做到全面均衡，还应大力推进区域、城乡文化建设、文化事业和文化产业的协调发展，形成东部、中部与西部优势互补、良性互动的文化发展新格局。

（三）普惠性

山东"文化强省"建设是惠及全省全民的一项伟大事业，最终目的是为了使全省九千多万人享受更多更好的文化实惠，满足人民群众日益增长的文化需求。山东"文化强省"建设必须始终坚持以人为本，惠及民生，让文化发展的成果由全体人民共享，切实维护好、保障好、发展好全省广大人民群众的文化权益。在 2010 年召开的山东省文化体制改革和文化产业振兴大会上，省委书记姜异康提出打造 5 个新优势，其中就有"着眼城乡统筹，打造'文化惠民'新优势"的内容。"文化强省"建设要体现出文化产品与文化服务的公益性、基本性、均等性和便利性，不能只为一部分社会群体服务的，而要遵循普惠的原则，为社会全体成员谋福利。在各种文化政策、文化制度设计上，要充分体现均等、普适的原则要求，在尊重公民文化自由选择权的前提下，让公民得到基本的、均等的、稳定而又开放的文化产品与文化服务；在尊重地区和人群差异的同时，文化资源也应尽可能向落后地区和弱势群体倾斜。"文化强省"建设要具有普惠性，就必须构建覆盖面广、高效快捷和务实协调的文化服务体系。山东要适应经济全球化的大潮流，适应改革开放的大趋势，以积极、主动的姿态融入区域文化建设的潮流之中，加强和扩大与不同省市、不同国家、不同文明之间的交流对话，充分利用省外各种优秀文化成果，在文化的双向交流、交融、交往中，做到互惠互利，在区域文化竞争中不断壮大自己、发展自己。

（四）独特性

文化越是民族的就越是世界的，文化的魅力就在于其丰富多彩、多种多样，文化的独特性构成了提升文化竞争力的前提条件。山东"文化强省"建设一方面要遵循文化发展的一般规则，遵守全国性的文化发展政策、法规；另一方面，要实施特色发展战略，走个性化的发展道路，创造山东文化大发展大繁荣的独特模式。山东"文化强省"的独特性，从根本上说就是要体现出齐鲁风格和山东气派，充分展现其独特魅力。要体现"文化强省"的独特性，首先要把源远流长、博大精深的优势齐鲁文化资源转化为产业优势和经济优势，使数千年悠久历史传统的齐鲁文化重现生机活力。其次，要坚持走个性化的文化发展之路。实践证明，没有文化个性的省份是缺乏竞争力的。实施"文化强省"战略，一定要充分考虑山东文化的特色和个性，坚持走个性化之路，在全国浩荡的"文化强省"队伍中独树一帜，引领发展方向。再次，在全省范围内，应根据各个地市、县乡独有的地域文化，实施差异化、个性化的文化发展战略，为"文化强省"的独特性作出应有的贡献。为了突出体现山东"文化强省"的独特性，还要注重山东特色文化的保护。我们固然要以开放的胸怀引进省外国外的优秀文化要素，同国际文化接轨，但也要注意防止域外文化的不良侵蚀，防止文化的同质性和去个性化，应该采取行之有效的管理措施，保护山东独有的民俗文化、语言艺术、人格品行、饮食文化、文物古迹等。

（五）先进性

文化先进与否是判定"文化强省"的重要标准。先进文化必须实现真善美价值最大化，必须对社会和人的发展产生巨大的积极作用，必须能够反映中国和世界未来发展，能够代表文化前进的方向，具有前瞻性、导向性和理想型。"文化强省"本质上必须充分体现先进文化的前进方向。为更好地体现文化的先进性，山东"文化强省"建设必须按照以下要求加以推进。一是坚持大力发展社会主义先进文化，支持健康有益文化，努力改造落后文化，坚决抵制腐朽文化，尤其要大力抵制"三俗"文化，净化社会文化环境。二是要坚持与时俱进，使山东文化具有 21 世纪的崭新时代风貌，体现时代性，把握规律性，富于创造性。要准确把握社会发展规律和时代发展脉络，主动顺应时代发展趋势和要求，体现和反映时代精神和时代特征；始终坚持解放思想、更新观念，不断增强文化建设的时代性；注重培育和提炼出新时代山东人的精神品格和文化品质，形成以"改革创新、开放包容、忠诚守信、务实拼搏、敢为人先"等内容为核心的新时期山东精神。三是适应世界科学技术发展的潮流，迎接知识经济时代的到来，大胆采用最新科学技术发展文化，促进文化与科技的有机融合，充分利用信息技术、数字技术来发展壮大、更新改造广播电视、报刊音像、演艺、网络等，利用现代科技手段加强文化建设。

（六）开放性

封闭保守的文化必然是落后的文化。无论从历史和现实来看，文化的交流和融合都是人类文化发展的必然趋势。在不同地域、不同民族、不同国度文化的相互影响中，采取开放式的态度，主动地选择、吸收和容纳别家文化的优秀部分，是实现文化快速发展繁荣的重要条件。文化的开放不仅是"文化强省"建设的重要途径，也是判定"文化强省"的重要尺度。自古以来，兼容并蓄、海纳百川是齐鲁文化精神的重要特征。正是由于以孔孟儒家文化为代表的齐鲁文化的开放性，才使得它在中国文化的发展历程中显示出特有的生命力。改革开放 30 多年中，山东实现了从计划经济到市场经济、从封闭半封闭经济到开放型经济的深刻转变，体现了包容性发展的理念。建设"文化强省"要自觉地用开放的意识和全球视野来打造山东先进文化，继续解放思想，改革开放，勇于破除制约文化科学发展的体制机制性障碍，广泛吸收借鉴国内外先进文化建设经验和优秀文化发展成果，转变文化发展方式，增强文化发展活力，构建具有区域性、开放性兼备的文化体系。实施山东"文化强省"战略，还必须在对外开放日益广泛深入的新形势下，以更加开放的心态和宽阔的视野，实施齐鲁文化"走出去"战略，推动政府间的文化交流，鼓励优势文化企业跨地区范围发展。支持山东文化企业研发"齐鲁特色、中国风格、国际气派"的外向型文化产品，通过文化交流与文化贸易等多种形式，大打孔子文化品牌，突出齐鲁文化特色，积极参与国际国内文化市场竞争，推动齐鲁文化更好地走向全国、走向世界。

（七）创新性

创新是文化繁荣发展的必由之路，是解放和发展文化生产力的不竭源泉。充分体现创新性，不仅是搞好文化强省建设的关键，也是文化发展走向强盛的标杆。只有广大人民群众的文化创造热情得到极大尊重，人们的文化创新潜能得到充分发挥，文化自主创新能力得到极大提高，山东"文化强省"的目标才能得以实现。要使山东文化充分展现创新性，一是要大力推动各项改革。文化改革既是推动文化创新发展的必要手段和根本动力，也是文化创新的重要表现。应当在山东文化体制改革总体已完成的基础上，巩固已有的改革成果，进一步加以完善，在彻底到位上下苦功夫，同时加快推进公益性文化事业单位的机制改革步伐，构建起充满活力、富有效率的文化体制机制，为文化的创新发展扫除障碍。二是积极推动文化全方位创新。文化创新是一个由不同方面、不同领域的创新构成的有机体系，是一项整体工程，既要突出重点，让一些地区、单位先试先改，又要全面推进、照顾全方，形成文化创新的整体合力。要按照山东省"十二五"国民经济社会发展规划的要求，大力实施"创新驱动"战略，把文化创新纳入加快推进山东创新型省份的布局之中加以谋划。尤其是要致力于创新文化发展模式、体制机制、内容形式、生产方式、传播方式、学科体系等，构建山东文化的创新发展体系。

第三章 山东"文化强省"建设的
基础条件与存在问题

　　山东"文化强省"建设既面临重大的历史机遇，也具备良好的政治经济文化基础。近些年来，山东省委、省政府高度重视文化建设，思想道德建设取得显著成效，文化体制改革取得重大突破，公共文化服务体系日益完善，文化综合实力不断加强。但同时，山东"文化强省"建设也面临重大的挑战，文化建设的整体水平还不高，文化总体实力还不强，影响文化大繁荣大发展的矛盾障碍依然存在，与"文化强省"建设的目标还有很大差距。

一　山东"文化强省"建设面临的重大机遇

　　山东作为全国经济大省和文化资源大省，"十二五"时期是经济社会发展的战略机遇期，也是"文化强省"建设的重大机遇期和黄金发展期。

（一）文化发展与创新已成为世界发展的重要态势

　　当今时代，文化与经济融合发展的趋势日趋明显，文化越来越成为民族凝聚力和创造力的重要源泉，成为综合国力竞争的重要因素，许多国家和地区日益重视文化在经济社会发展中的重大作用，纷纷提出"文化立国"、"文化强国"口号，把提高文化竞争力和文化软实力作为国家的重要发展战略。发达国家凭借其经济优势，以文化产品和文化贸易为载体，输出本国文化，积极占领国际文化市场，扩展本国文化利益，增强国际影响力和文化竞争力。在国内，党的十七大以来，党和国家作出了兴起社会主义文化建设新高潮，推动社会主义文化大发展大繁荣的号召，各省市纷纷提出了"文化强省"、"文化强市"的发展战略,文化发展呈现你追我赶、争先夺勇的良好竞争态势,发展文化、解放文化生产力,已成为国家和各省市转变发展方式、拉动经济增长的重要举措。

(二) 山东省委、省政府高度重视文化建设

党的十六大以来,山东省委、省政府高度重视文化建设,先后于2008 年、2010 年召开了两次全省文化建设工作会议,提出了建设经济文化强省的战略部署和发展目标,从组织、人力、物力、财力等方面为文化发展提供了坚实的保障。突出加强对文化发展的组织领导,先后出台了《山东省文化产业发展专项规划 (2007—2015)》,制定和实施了《山东省委、省政府关于文化大发展大繁荣的意见》、《关于促进文化产业振兴的意见》等一系列促进文化发展的政策措施,进一步深化文化体制改革,加快经营性文化事业单位转企改制的步伐,不断加大文化投入,建立了山东文化产业发展专项资金和投资基金,采取了一系列措施加强公共文化服务体系建设,大力促进文化产业的繁荣发展。

(三) 文化体制改革深入推进不断释放文化活力

党的十七大以来,山东省根据国家的部署,深入推进文化体制改革,取得了显著成效。截至目前,全省已有 373 家国有文化单位转企改制,23 家出版社、129 家图书发行单位、151 家电影公司和电影院、5 家影视剧制作单位实现转企改制,提前完成中央部署的改制任务。国有文艺院团、非时政类报刊和重点新闻网站改革正在加快推进,15 家文艺院团、39 家非时政报刊社、11 家新闻网站转企改制。在文化宏观管理体制方面,全面推开综合执法改革,全省 17 地市均成立了文化广电新闻出版局,组建了文化市场综合执法机构,140 个县 (市、区) 基本完成文化市场综合执法改革。通过改革,已基本解决了文化领域职能交叉、多头执法、管理缺位等问题。全面推进党报党刊发行体制改革,省级、省会城市、副省级城市的党报党刊已全部完成发行业务剥离,组建了专门的发行公司。广播影视体制改革取得突破,实现"局台分开、两台合一"。截至 2010 年底,山东广电网络公司及 17 市分公司正式成立,广电网络整合工作基本完成,成为全国第 20 个完成整合任务的省份。文化体制改革的全面推进,推动

全社会的创造精神和创造活力竞相迸发。

（四）人民群众多层次的文化需求和消费增长迅速

文化消费对文化发展特别是文化产业发展具有巨大的拉动作用，广大居民文化需求的多少、文化消费能力的高低，在某种意义上决定着文化产业的发展潜力、发展规模及水平。世界发展的经验表明，人均生产总值达到 1000 美元，文化消费会快速启动；人均生产总值超过 3000 美元，文化消费则会持续增长；而当接近或超过 5000 美元时，会出现文化消费的倍增态势。近几年来，随着山东经济的快速发展，人民物质生活水平不断提高，城镇居民人均可支配收入和农民人均纯收入不断增长，家庭恩格尔系数持续下降。2010 年，山东人均 GDP 已超过 5000 美元，已进入文化消费快速增长期。人民群众对文化需求的快速增长，文化消费能力的不断提高，为山东省文化发展提供了前所未有的机遇和巨大的发展空间。

表 1   2006—2009 年山东城镇居民可支配性收入和农村人均纯收入

年　份	2006	2007	2008	2009
城镇居民可支配收入（元）	12192.24	14264.70	16305.41	17811.04
农村人均纯收入（元）	4368.33	4985.34	5641.43	6118.77

数据来源：根据《山东统计年鉴》资料整理。

二　山东"文化强省"建设的基础条件

改革开放以来，山东在经济社会文化发展领域取得了显著成就，为"文化强省"建设创造了良好的基础条件。

（一）文化资源丰厚

山东是孔孟之乡，礼仪之邦，长期的文化积淀及其与外来文明的相互融合，使山东省拥有博大精深、源远流长的齐鲁文化，成为文化资源独特、丰厚的文化资源大省。具体表现为三个方面。

一是历史悠久，源远流长。山东是中华文化的重要发祥地之一。早在四五十万年前的远古时代，齐鲁大地上就生活着与"北京人"同时代的

"沂源人"。距今 8000 年到 4000 年间,齐鲁先民先后创造了后李文化、北辛文化、大汶口文化、龙山文化和岳石文化。春秋战国时期,齐文化与鲁文化在中华文化中占有极其重要的地位,这两种文化经过整合后在汉代成为中华文化的主流,齐鲁文化特别是其中的孔孟儒学影响了中国 2000 多年的历史发展。

二是丰富多样,特色鲜明,分布广泛。(1)历史文化资源丰厚。山东境内历史文化资源十分丰富,不仅留存有大量珍贵文献资源如《论语》、《孟子》、《墨子》、《管子》、《晏子春秋》、《孙子兵法》等,还有众多历史遗迹如三孔、三孟以及众多著名的汉墓、汉碑刻和汉画像石。山东的国家级历史文化名城、名镇和名村数量在全国名列前茅。自古以来,齐鲁大地名人辈出。"文圣"孔子、"亚圣"孟子、"武圣"孙子、"科圣"墨子、"书圣"王羲之,还有姜尚、扁鹊、鲁班、孙膑、庄子、管子、晏子、诸葛亮、刘勰、刘洪、贾思勰、李清照、辛弃疾、戚继光、蒲松龄等历史文化名人,围绕这些名人的许多传说、著述、故居、故里、遗迹等名人文化资源,都是重要的文化遗产。(2)民间文化资源广泛。山东拥有大量富有鲜明特色的民居、祠堂等建筑,如滨州的魏氏庄园,烟台的牟氏庄园,济南的朱家裕古民居;还有丰富多彩的土特色资源,据统计,山东省共有 7 大类、近 300 个种类的土特产,以及以鲁菜为代表的饮食文化。山东民间工艺一直较为发达,包括供奉类、建筑类、服饰类、器用类、游艺类,近百个品种,还有古朴纯正的民俗文化、节日文化和戏曲文化。(3)革命文化资源影响巨大。山东富有特色鲜明的革命文化。近代以来,在中华民族争取独立和解放的斗争中,齐鲁儿女英勇奋斗、不怕牺牲,形成了以"爱党爱军、开拓奋进、艰苦创业、无私奉献"的沂蒙精神为代表的红色文化。另外,山东还有地域特色鲜明的泰山文化、黄河文化、运河文化、滨海文化等自然人文文化资源以及宗教文化资源。

三是影响深远,社会价值突出。以济南的泉水、泰安的泰山为代表的山水文化在国内外具有较高的知名度,以青岛、烟台等地为代表的海洋文化、工业文化和建筑文化驰名中外。最为突出的是,以儒学、兵学、墨学等为核心的传统齐鲁文化不仅成为中华民族的主流文化,而且还传播到日本、韩国、越南、新加坡等国,甚至还影响到欧美国家,目前在国际上还掀起了一股"儒学热"、"兵学热"。孔子的学说和思想受到世界许多国家的推崇，世界各地已经设立了300多所以学习汉语言为主并以孔子命名的孔子学院。齐鲁文化所蕴含的自强不息、厚德载物的优秀文化思想，至今仍然是建设中华民族共有精神家园的宝贵财富，具有强大的生命力和普世价值。

（二）经济发展快速增长

山东省是全国的经济大省，近几年全省 GDP 稳居全国各省市前列，具有推动文化建设的良好物质基础。2010 年全省实现生产总值 39416.2 亿元，年均增长 13.1%，人均生产总值由"十五"期末的 2400 美元提高到 6000 美元；地方财政收入达到 2749.3 亿元，年均增长 20.7%；全社会固定资产投资达到 23279.1 亿元，年均增长 22.5%；社会消费品零售总额 14211.6 亿元，年均增长 18.9%；进出口总额 1889.5 亿美元，年均增长 19.6%；实际利用外资累计 463.9 亿美元。山东省经济综合实力的大幅提升，为文化发展奠定了坚实的物质基础。

（三）思想道德建设成效显著

山东省围绕社会主义核心价值体系建设，加强宣传教育，着力弘扬民族精神、时代精神和新时期山东精神，思想道德建设取得显著成效。一是团结奋斗的共同思想基础得到巩固。社会主义核心价值体系建设扎实推进，广泛开展重大理论与实践问题研究和普及，党的理论创新成果深入人心。主流舆论健康向上，科学发展、共建和谐成为时代主旋律。二是文明和谐的社会风尚正在形成。"文明山东"建设的广泛深入开展和"四德工程"的深入实施成效显著，公民道德素质和城乡文明程度显著提高。在2010 年全国未成年人思想道德建设工作测评中，山东省整体成绩居全国各省市区第 1 位。在全国公共文明指数测评中，山东省参评的济南、青岛、临沂、潍坊、威海、淄博、莱芜、烟台、东营 9 个城市全部进入公布范围，青岛位列省会和副省级城市第 2 名，临沂位列地级市第 1 名。

（四）文化事业全面繁荣进步

一是文学艺术创作取得丰硕成果。文化精品不断涌现，全省共有 300多部作品获全国和国际重要奖项。其中电影《沂蒙六姐妹》、《寻找微尘》，电视剧《闯关东》等 7 件作品荣获"优秀作品奖"，《沂蒙六姐妹》连获华表奖、金鸡奖，《闯关东》夺得"金鹰奖"的 7 项奖项，电视剧《沂蒙》获金鹰奖"优秀电视剧奖"。有 11 部作品获中宣部"五个一工程奖"；13 部剧（节）目获文化部"文华新剧（节）目奖"，其中近两年吕剧《苦菜花》、儿童剧《宝贝儿》先后获"文华大奖"；杂技节目先后两次获蒙特卡洛国际马戏节最高奖"金小丑奖"，在国内外比赛中多次荣获金奖。群众业余文艺创作繁荣，近百件群众文艺作品获文化部"群星奖"；"山东省农村文化艺术节"、"全省群众业余文艺创作优秀作品暨广场群众文化活动优秀节目会演"、"全省大学生戏剧新作比赛"、"全省庄户剧团调演"等活动，为群众业余文艺创作提供了展示平台。

二是公共文化服务体系建设取得长足进步。"十一五"期间，山东省公共文化设施日益完善，省、市、县、乡、村五级公共文化服务网络初步形成。文化服务队伍不断壮大。省、市、县层层抓教育培训，每年培训各级公共文化服务人员 42000 多人次。同时，积极吸收志愿者建立群众文化辅导团，面向群众开展辅导培训，目前全省群文辅导团已发展到 30 余万人。文化服务机制不断完善，服务方式不断创新，群众文化活动丰富多彩，广大群众尤其是弱势群体的基本文化权益得到坚实保障。2011 年底山东省美术馆、全省所有公共图书馆、文化（艺术）馆全部实现免费开放，"农家书屋"基本实现全省覆盖，文化"三下乡"活动使 5500 多万基层群众享受到丰盛的"文化大餐"。

三是重点文化工程取得较大进展。"十一五"以来，山东省大力开展了创建文化先进县工程。目前全省已有 37 个县达到全国文化先进县标准，72 个县成为省社会文化先进县，总体数量居全国前列。山东省在文化共享工程建设上探索形成了"山东模式"，努力实现从"村村通"到"户户通"，开设"山东新农村网上图书馆"，强化了基层服务站点规范化建设，使山东省成为全国唯一的文化共享工程建设示范省。乡镇综合文化站建设工程全面完成，制定了《山东省"十一五"乡镇综合文化站建设规划》，1388 个乡镇都建起了综合文化站；起草了村级文化大院建设规划，53000 多个行政村建起了文化大院，占行政村总数的 70%。广播电视提前两年实现"村村通"目标，广播、电视人口覆盖率分别达到 98.0% 和 97.9%；文化信息资源共享工程资源总量达到 38TB，建成省级规范化站点 100 个，成为全国唯一的文化信息资源共享工程示范省；农村电影放映工程覆盖全省90%以上的农村，初步实现每个行政村每月放映一场电影；农家书屋工程已建成3.8万家，数量居全国之首。

四是公共文化活动丰富多彩。山东省举办了全省广场文艺会演、曲艺会演、庄户剧团会演、农村文化艺术节等主题品牌文化活动，有效带动了全省各地文化活动的开展。开展常规性的群众文化活动。5年评选了3批55个全省十佳文化广场，带动了全省广场文化活动的繁荣。全省各地开展了40多项有特色、影响大的节庆文化活动。如济宁市的孔子文化节、潍坊市的风筝会、淄博市的国际齐文化旅游节等，既彰显了浓郁的地方特色，又有效地丰富了群众的文化生活。

五是文化遗产保护体系建设取得新进展。全省全面加强了包括文物、非物质文化遗产、古籍在内的文化遗产保护体系建设。以"文化遗产日"为契机，成功举办了"文物保护成果展"、"非物质文化遗产保护成果展演"等活动，全社会文化遗产保护意识不断增强，全省非物质文化遗产保护体系初步形成。有120项列入国家级非物质文化遗产项目，328项被列为省级非物质文化遗产项目，有25个项目进入第三批国家级非物质文化遗产项目公示范围。古琴艺术、中国剪纸项目入选联合国教科文组织《非物质文化遗产名录》。249部古籍和4家单位分别入选第三批《国家珍贵古籍名录》和"全国重点古籍保护单位"，居全国前列。2010年济南成功举办了首届中国非物质文化遗产博览会，博览会期间共达成合作意向签约项目505个，签约投资总额达432亿元。其中山东省17地市参展项目265个，签约资金达93.98亿元。

（五）文化产业快速发展

2004年以来，山东省文化产业总量规模快速膨胀，文化产业增加值年均增幅达20%，高于同期GDP增速，文化产业进入快速增长时期。2009年全省文化产业增加值1040亿元，同比增长15%，占地区生产总值3.08%。全省从事文化及相关产业的法人单位4.2万余家，从业人员100多万人；人均创造增加值6.5万元，高于全国人均4.5万元的水平。2010年山东省文化产业实现增加值1230亿元，占地区生产总值的3.12%。文化产业已经成为全省经济社会发展的新亮点，并向全省支柱产业迈进。

表 2　　　　　　　　　2004—2010 年山东省文化产业增加值

年　份	2004	2005	2006	2007	2008	2009	2010
文化产业增加值（亿元）	414.1	520.1	604.4	714.0	850.0	1040.0	1230.0

数据来源：根据《山东统计年鉴》资料整理。

一批文化产业大集团初步形成，实力逐步增强。2009 年山东出版集团总收入达到 77 亿元，连续两年入选中国文化企业 30 强。2010 年，国有骨干文化企业进一步壮大，大众报业、山东广电分别实现营业总收入 20 亿元、32.6 亿元，全省城市电影主流院线达到 8 条、电影银幕 430 余块，电影票房达到 3 亿元。

文化产业基地规模优势与集聚效应增强。全省建成国家级文化产业示范园区、基地 10 个，省级文化产业基地近百个。据统计，2009 年全省 71 家省级文化产业基地创造增加值 70 多亿，年增长 20% 以上。通过加大引导扶持力度，支持企业做大做强，基本形成了以国家文化产业示范园区、基地为龙头，以省级文化产业示范基地为骨干，以专、精、特、新的中小文化企业为基础的文化产业发展格局。一些非物质文化遗产的文化产业基地项目发展呈现出新亮点，如东阿阿胶、潍坊风筝、鲁锦、莱芜锡雕、日照农民画、黑陶、东昌府工艺葫芦等产业化经营走在全国前列。截至 2010 年 7 月，山东省共有以非物质文化遗产为依托的企业和经营业户 3 万多家，年营业收入 106.8791 亿元，利税 10.0542 亿元，从业人员达 86 万余人。2010 年上半年东阿阿胶年销售收入 12.4 亿元，实现利润 3.67 亿，分别比上年同期增长 36% 和 92%，进入 2009 年中国主板上市公司价值百强三甲。

文化产业品牌效应日渐显现。2010 年的"中国 500 最具价值品牌"，山东省有 30 个品牌入选，《齐鲁晚报》、《半岛都市报》榜上有名，《齐鲁晚报》连续 7 年名列全国晚报都市类报纸竞争力排行榜 10 强。在文化产品方面，涌现出《粉墨》、《蒙山沂水》、《封禅大典》、《神游华夏》等一批旅游演艺品牌；电影《沂蒙六姐妹》、电视剧《闯关东》、《沂蒙》、《南下》、《钢铁年代》等鲁版影视剧品牌。文化活动方面，孔子国际文化节、山东文化产业博览会、齐鲁动漫文化节、青岛国际啤酒节、潍坊国际风筝会、泰山国际登山节等文化节会的品牌影响力辐射全国乃至世界。

2010 年第三届文博会融资总额达到 361 亿元，现场交易额和订货总额超过 10 亿元。积极参展第六届深圳文博会，签约省级推介项目 10 个、融资 300 亿元。组织开展鲁台文化产业交流合作活动，推介山东重点文化产业项目，13 个项目达成合作意向，3 个项目成功落地。

三 山东"文化强省"建设存在的主要问题

山东"文化强省"建设拥有诸多优势，文化建设也取得了长足的进步，但必须清醒地看到，山东省文化建设总体上还滞后于经济社会发展，与先进省市相比还有差距，主要表现为文化体制机制性障碍仍然存在、文化创新能力不足、文化产业竞争力不强、文化资源开发利用存在不足、公共文化服务体系有待进一步完善、区域文化发展差距较大等方面。

（一） 文化体制机制性障碍依然存在

体制机制落后是制约文化生产力解放和发展的根本因素。文化产业发展方式转型与结构调整有赖于改革的全面深化。与国内文化发展先进省市相比，山东省文化体制改革还应继续加大措施力度。目前，山东省文化体制改革已进入了全面推开、攻坚克难、深入推进的新阶段。但是从改革的进程和结果看，仍然存在一些问题：一是宏观文化管理体制仍不健全。一些政府管理部门还没有切实转变职能，没有理顺与文化企事业单位的关系，没有完全实现由办文化向管文化的转变，政企不分、政事不分、管办不分的现象仍然存在。二是文化事业单位内部机制改革有待深化，文化艺术产品的创作生产还不能满足人民群众不断增长的精神文化需求，文化管理体制和运营机制还不能很好地适应文化艺术生产力的快速发展。三是由于对改革政策认识存在误差或者局部利益因素干扰，对文化单位事业还是企业性质上划分错误，部分经营性文化单位改革不彻底，机制不符合现代企业制度要求。广电系统制播分离改革进展缓慢，文艺院团改革尚未真正推开。四是国有经营性文化资产管理、监督和运营体制改革尚未迈出实质性步伐。经营性国有文化资产具有巨大的运营和增值潜力，但由于体制安排不尽合理，潜力远未得到发挥。五是文化市场发育程度较低。目前政府仍然是文化产业发展的主导，随着文化产业的发展，各地都制定了自己的产业扶持，但由于地方政府都有各自的利益诉求，各地产业发展需要和地方经济实力的不同，文化基础设施建设、公共服务提供也各不相同，造成各地政策的巨大差异，因此实际上文化发展的行业壁垒、地区壁垒依然存在，文化生产要素在地区间自由流动困难，文化市场主体跨地区兼并重组、整合发展多受地方政府掣肘。还有不少的地方文化市场监管不力，文化市场经营秩序较乱，公平竞争的市场环境和规范的市场秩序尚未建立。总体来看，竞争活跃、统一有序的文化市场体系尚未形成。六是文化体制改革的配套政策和法规不健全，落实程度不够。诸多优惠政策难以发挥实效，已经出台的相关支持性文化产业的法规条例，也往往因为缺乏可操作性，无法全面落实。

（二）文化创新能力严重不足

加强内容建设和内容创新，占领文化发展的制高点是当今世界文化发展的趋势和潮流。"内容为王"说明内容建设和内容创新在文化发展中所具有的核心地位，在一些国家文化产业也被称为内容产业。作为一个文化历史悠久的省份，山东省拥有光辉灿烂的传统文化和举世罕见的历史文化遗产，但在文化内容继承和创新方面明显不足，主要表现在：缺乏在全国乃至全世界产生较大影响的精品力作，文化自主创新能力低下，对外文化贸易落后，这与山东经济大省和文化资源大省的地位很不相称。

近年来，全省创作的各类文艺作品虽然不断涌现，增长较快，但多数作品的创意、研发、制作水平较低，内涵深刻、风格独特、形式新颖、技术先进的精品力作不多，真正具有国际影响力和竞争力的扛鼎之作极少。虽然有多项剧目在国内国际获奖，但部分剧目叫好不叫座，由于缺乏市场意识，缺乏创新与特色，文化产品的生产只是围绕参赛获奖设计，没有针对市场实行产业化运作，无法取得相应的经济效益。弘扬创意思维，壮大原创力量，让既有自主价值取向又具有自主知识产权的原创产品占据国内市场主流，进而在世界文化市场上占有一席之地，这是山东省文化创新能力面临的巨大挑战。

文化原创能力贫弱，缺乏具有自主知识产权的文化品牌，从而导致文化产品在国际上缺乏竞争力，输出的文化产品获利甚微，甚至无利可获，文化对外贸易相对落后。在中央部门公布的《2009—2010 年度国家文化出口重点企业目录》中，山东仅有 4 家，而北京有 56 家，上海 20 家，江苏 21 家，浙江 24 家；在《2009—2010 年度国家文化出口重点项目目录》中，北京占 104 项，上海 9 项，江苏 13 项，浙江 36 项，山东无一项入选。缺乏具有相当规模和效益的文化出口企业和项目，使山东省文化出口难以形成较强的市场竞争力。根据统计数据显示，2010 年山东对外贸易出口总额 1042.5 亿美元，其中文化产品出口 11.6 亿美元，仅占出口总额的 1.1%。2010 年 1—7 月，山东草柳手工艺品和美术品的出口总额占文化实物产品出口总额的 90%。这表明，山东文化产品出口还停留在简单的加工贸易阶段，原创的文化"内容"产品微乎其微，而文化服务出口更是处于起步阶段，相对于整个文化产品出口基本可以忽略不计。

（三）文化产业竞争力不强

山东省的文化产业在规模总量及发展速度方面处于全国前列，但是总体看来，文化产业竞争力不强。

首先，从对经济发展的贡献上看，山东文化产业增加值占 GDP 的比重还较低，与经济大省的地位不相符。目前，广东、北京、上海、陕西、云南等省市文化产业增加值占 GDP 的比重均在 6% 左右，北京已超过 10%，山东仅有 3.08%。按照目前山东文化产业的发展速度进行推算，要想实现 2015 年全省文化产业增加值超过 4000 亿元，文化产业成为全省支柱产业的发展目标，任务相当艰巨。

其次，文化产业结构不合理。文化产业总量表现的是规模，结构代表的是层次和水平。文化产业结构主要指文化产业内部构成及其比例关系，它代表着文化产业的发展层级，真正意义上的文化产业应当是以核心层和外围层为主导的产业。山东省文化产业相关层所占比重较大，文化科技含量较低，文化产业发展较为突出的行业集中于文化设备制造业、图书音像发行业和印刷业，应用数字、网络产业、创意产业等现代信息技术的新兴文化产业大多尚处于起步阶段。2008 年山东省文化产业核心层和外围层增加值所占比重为 44%，比 2007 年的 30% 已有大幅度提高，但是与国内一些地区相比，如 2007 年重庆 83%、2008 年上海 61%、2009 年湖南 55%，仍然存在不小差距。

表 3　　　　　　　　**2010 年山东与国内部分省市文化产业发展情况比较**

地　　区	文化产业增加值（亿元）	文化产业增加值占 GDP 的比重（%）
山　　东	1230	3.12
上　　海	1630	9.60
北　　京	1692.2	12.30
江　　苏	1065	3.15
浙　　江	1000	3.50
湖　　南	700	5.20
广　　东	2524	5.60
云　　南	440	6.10

数据来源：《文化产业报》，2011 年 5 月 25 日。

再次，民营文化产业发展薄弱。与广东和江苏相比，山东省民营经济一直处于明显的落后状态。这种经济模式在文化产业方面主要表现为国有文化企业占据主要优势，民营文化企业数量少、规模小、影响力弱，对整个文化产业发展贡献较低。民营文化企业对优化文化产业结构、转变经济增长方式、促进文化产业可持续发展发挥着重要作用。在湖南，目前民营企业占以歌厅、酒吧业为主的娱乐演艺的 96%，网吧业的 90%，出版印刷业的 90%，艺术品业的 70%，动漫业的 90%。湖南省民营文化企业所创造的文化产业增加值占全省文化产业增加值的 1/3，就业人数占到 2/3。除发行业以外，山东民营企业在文化产业的其他行业，均没有突出表现。演出业本应是民营经济最为活跃的行业，但目前山东没有一家较具规模的民营演出团体和经纪机构。

另外，山东省文化产业在获得重大发展的同时也出现了一些新问题。比如一些地区出现了过分看重文化产业增加值占 GDP 的比重的"增长主义"倾向；过分依赖投资，特别是大型国有企业投资对产业增长的推动作用，忽视文化消费和出口的拉动作用；政府主导色彩过于浓烈，对市场本身的作用认识不足，等等。

(四) 文化资源开发利用存在不足

山东文化资源丰厚多元，有很大的产业开发价值。但是从总体看，山东省的文化资源开发利用目前还处于起步阶段，文化资源开发的思路、模式、业态及路径等都亟待探索和改进。

一是山东本土文化资源没有得到全面有效的盘点与评估，由于对文化资源的禀赋和市场潜力缺乏深入的研究和规划，全省各个方面还没有形成文化资源保护、整合、开发、利用的合力和推动力。

二是在文化产业资源整合开发中，抢抓机遇、创新竞争意识较弱，致使文化资源得不到优化配置和合理利用开发，文化资源优势无法尽快转化为产业优势。

三是某些地区缺乏全省一盘棋的大局意识，仅仅从自己当地的利益出发，相互之间争夺资源，使资源的完整性受到损害，延误了资源的开发、利用。

四是有些地方急功近利，对文化资源实施破坏性、掠夺性开发，破坏了文化发展的生态平衡。

五是在文化资源的开发利用中，产品品种不丰富，包装不时尚，缺乏系统超前、视角独特的二次开发，各种文化资源要素得不到市场确认，造成文化资源配置效率低下。

(五) 公共文化服务体系不够完善

山东省公共文化服务体系建设取得了显著成效，有些方面甚至走在了全国前列，但是仍存在一些困难和问题。

一是思想认识上仍有差距。个别地方的党委政府至今不能从科学发展、和谐发展的高度来对待文化建设，未能把建设公共文化服务体系、为基层群众提供文化服务摆上议事日程，制约了公共文化服务体系建设的发展。

二是设施薄弱的现象依然存在。山东省现有公共文化设施大都建于20世纪七八十年代，加之后续投入不足，导致现有文化设施陈旧简陋。至今仍有2个市、7个县（区）没有公共图书馆，近300个乡镇（街办）没有文化站，近1/3的村没有公共文化活动场所。公共文化服务功能弱化，人民群众的基本文化权益缺乏有效保障。

三是财政投入保障机制尚未建立。市、县（市、区）图书馆购书经费、文化共享工程运行费，文化馆和艺术馆的业务活动费，尤其是乡镇综合文化站日常运行经费没有保障，乡镇文化站和村文化大院的设施设备也无法保障。有不少地方尽管建起了文化共享工程基层点，建起了符合标准的文化站，但是日常运转费用，如文化共享工程宽带费用等无法得到有效保障，制约了作用的发挥。

（六）区域文化发展差距较大

全省公共文化服务发展水平不平衡的现象比较突出。一方面，由于全省各地经济、社会发展的差异，以及文化底蕴、文化工作基础等方面的不同，各市公共文化服务水平差距很大；另一方面，城乡发展存在较大差距，山东省是农业大省，农村人口占 60％ 以上，农村基层文化建设薄弱，农村文化生活贫乏的状况堪忧。

表 4　　　　　　　2009 年山东全省及部分地区文物、文化事业统计

地　区	公共图书馆（个）	公共图书馆藏书量（万册）	文化馆（个）	文化站（个）	博物馆（个）	文物、文化事业费（万元）
全省总计	150	3515.3	140	1867	111	168331.3
济　南	11	276.2	10	134	8	12761.8
青　岛	13	425.7	12	171	9	20569.2
淄　博	9	218.7	8	107	15	11468.1
烟　台	13	513.8	12	152	8	13646.6
潍　坊	12	206.0	13	121	9	7634.5
临　沂	13	279.1	13	181	8	7804.9
东　营	6	65.3	5	43	1	6555.0
莱　芜	2	39.0	0	22	0	1275.3

续表

地　区	公共图书馆（个）	公共图书馆藏书量（万册）	文化馆（个）	文化站（个）	博物馆（个）	文物、文化事业费（万元）
日　照	4	32.7	3	53	3	2945.0
菏　泽	9	63.8	1	9	9	3513.2
聊　城	8	74.7	8	129	7	3680.7

数据来源：根据《山东统计年鉴》资料整理。

全省文化产业区域发展不平衡的情况极为突出。山东东部文化产业的发展速度明显高于中西部，青岛、烟台、济南、潍坊、临沂等地文化产业较为发达。2009 年，青岛市文化产业增加值达到 369.5 亿元，占全省文化产业增加值的 35.5%；烟台市文化产业增加值达到 165 亿元，占全省文化产业增加值的 15.9%。中、西部地区文化产业虽然有了一定的发展，但是总量少、规模小、产业聚集力弱，明显落后于东部沿海地区的发展。2009 年枣庄市文化产业增加值 31.9 亿元，仅占全省文化产业增加值的 3.1%。造成这种状况的原因，在较大程度上源于各地文化资源禀赋和经济发展基础的不同，但是归根结底，却是因为我国行政化配置文化资源的体制，即文化资源按照行政区划、行政级次及部门来分配造成的。这种行政化配置体制，一定程度上造成了地区封锁和行业垄断，使得全省文化产业资源难以实现合理配置，造成了文化产业发展区域的不平衡现象。

四　山东"文化强省"建设存在的主要制约因素

我国当前文化发展的经济基础、体制环境、社会条件等因素都发生了深刻变化，给文化建设带来了一系列的根本性影响，使山东"文化强省"建设在面临巨大发展机遇的同时，也面临着严峻的挑战。思想观念落后、科技支撑力度不足、财政投入问题、文化消费不足及人才匮乏等，都是不可忽视的重要制约因素。

（一）思想认识不到位

文化在经济社会发展中的战略地位和作用日益突出，这对我们深刻理解和全面贯彻落实科学发展观提出了更高要求。当前，山东省一些地方和部门还没有真正从"四位一体"战略布局的高度来充分认识文化繁荣发展的战略地位，对国内外文化发展的竞争态势认识不到位，缺乏忧患意识、竞争意识、责任意识，只把文化建设作为推进经济社会发展的一般手段，忽视其显著的社会效益、文化效益和产业效益，特别是在转方式、调结构中的重要功能作用。在实际工作中，没有将文化建设纳入地方经济社会发展规划、财政预算的总盘子和干部的考核指标，对加强文化建设的突破措施办法不多，许多现有政策法规的执行和落实不到位。

（二）科技支撑力度不强

目前，推动科技创新、提高自主创新能力是调整经济结构，转变发展方式，推动山东经济文化强省建设的动力和源泉所在。但是，山东省科技创新能力不强，2009 年全省专利申请量 6.7 万件、专利授权量 3.5 万件，分别相当于广东的 53.2% 和 41.3%、江苏的 38.4% 和 39.5%、浙江的61.6% 和 43.2%。长期以来，传统加工制造业等资源密集型产业一直是山东省工业的主体，2010 年山东省高新技术产业产值占规模以上工业比重仅为 35.2%。这种产业结构是由山东省当前所处的经济发展阶段决定的，是工业化模式的必然结果。从工业产品结构看，产品虽然种类多、产量大，但多处在生产加工低端环节，产品附加值低。在全省重点工业产品中，仅有电子及信息产业、机械等行业的 20 个左右技术含量较高的最终

表5　　　　　　　　山东省工业内部产值结构分析

年　份	1978	1980	1985	1990	1995	2000	2005	2008	2009
轻工业（%）	48.6	54.0	54.3	50.8	49.4	47.7	37.1	33.9	34.0
重工业（%）	51.4	46.0	45.7	49.2	50.6	52.3	62.9	66.1	66.0

数据来源：根据《山东统计年鉴》资料整理。

制成品，其他产品大都属于粗加工的初级产品。

在文化与科技融合发展的趋势日益明显的背景下，科技支撑作用不足同样制约着文化的发展。在文化产业领域，表现为文化产品科技附加值低，数字内容产业、网络产业等新兴文化产业发展滞后。因而，山东只有大力提高科技创新能力，加快文化产业与高新技术的融合，加大高新技术在文化产业中的应用开发，大幅度提高科技进步对经济增长的贡献率，才能有效发挥科技创新对文化建设的支撑引领作用。

（三）文化投入规模不足

山东省经济总量居全国第二，财政收入不断增加，对公共文化投入也连年增长，但是，相比之下，文化投入在财政总支出中所占的比例仍然较低，与外省相比落后较多，文化投入规模不足成为制约文化发展的重要"瓶颈"。文化事业费集中体现了各级政府对文化事业的资金投入，是反映文化事业发展的核心指标。当前，山东省人均文化事业费居全国第21位，这显然与人民群众公共文化需求的增长不相适应。在文化产业专项资金投入规模方面，山东与广东、浙江等省市相比也相形见绌。目前，山东省财政文化产业专项资金规模为每年7000万元；而广东省文化产业专项资金每年额度为2亿元，并且从2011年开始每年增加4000万元，到2015年将达到4亿元的规模；深圳市文化产业发展专项资金将增至5亿元。

表6　　　　　　2010年部分省市设立的文化产业发展专项资金一览

地　区	资金（千万元）
深　圳	30
广　东	20
浙　江	10
江　苏	10
山　东	7
四　川	5
云　南	3
河　南	3
吉　林	3

数据来源：根据互联网有关数据整理。

与投入规模相比，山东省文化投入方式存在的问题更不容忽视。当前，公共文化财政仍然遵循传统的投入方式，使得有限的财政资金不能发挥最大效益。传统行政管制的"条块"模式使得资金投入分散，既容易在经济发达地区造成重复建设，也导致不发达地区资金短缺。同时，行政化的资金拨付和使用方式，使得公共文化资金的使用决策、监督都集中在系统之内，甚至集中于主要领导，公共文化服务绩效考核机制的缺失又使得评估和问责无法实现。显然，文化投入方式不当导致投入效率的低下，严重影响了山东省公共文化事业的充分发展。

（四）文化消费不足

山东省文化消费潜力很大，但与当前全省居民消费的总体水平和人均GDP相比，山东省文化消费比重不高，总量过低，增长速度不够快。自2003年以来山东省文化消费支出占总消费支出比重呈缓慢下降趋势，2009年全省城镇居民人均文化教育娱乐支出仅占消费性支出的11.1%，低于江苏、浙江、广东、湖南、重庆等地区，比全国平均12.0%的水平还要低0.9个百分点。农村居民文化教育娱乐消费支出比重则更低，2009年全省农村居民人均文化教育娱乐支出仅占消费性支出的9.05%。若将教育消费剔除，2009年山东省城镇居民人均纯文化娱乐消费支出为760.3元，只占消费性支出的6.3%。

表7　　　2003—2009年山东省城镇居民人均文化消费支出及比重

年　份	2009	2008	2007	2006	2005	2004	2003
人均文化消费支出（元）	1332.9	1277.4	1191.1	1201.9	1039.9	983.1	931.5
人均文化消费支出比重(%)	11.1	11.6	12.3	14.2	13.9	14.7	15.3

数据来源：根据《山东统计年鉴》资料整理。

目前，全省文化市场还存在严重的供需缺口，多元文化消费需求没有得到全面关照，文化产品、文化服务定位及功能单一，与居民的文化消费预期产生较大落差。同时，由于文化消费观念滞后，城乡居民尚未形成自觉的文化消费意识与文化消费习惯，文化消费热点还仅仅是局部现象，多年来所预测的巨大的、带有结构升级特征的增长还没有出现。文化消费不足严重制约了山东文化市场的健康发展，严重阻碍了山东省文化建设的发展进程。

表 8　　　　2009 年山东与全国及北京、上海等地文化消费支出状况比较

地　区	人均文化消费支出（元）	人均文化消费支出比（%）
山　东	1332.97	11.10
江　苏	1968.03	14.96
浙　江	2295.32	13.76
广　东	2168.88	12.87
湖　南	1207.72	11.15
重　庆	1267.03	11.13
河　南	1048.14	10.96
全　国	1472.76	12.00

数据来源：根据《国家统计年鉴》资料整理。

（五）人才队伍建设有待加强

由于山东省人才机制尚不够完善，缺乏有利于优秀文化人才脱颖而出和人尽其用的体制机制，造成文化人才流失严重，文化人才培养和引进困难，文化建设面临人才匮乏的难题。一方面，专业技术人员缺乏。新兴文化产业所需的专业技术人才尤其缺乏，熟练掌握传统艺术与现代计算机技术并具备实际工作经验的高层次艺术设计、游戏开发、程序编写等人才十分难得。文化创作队伍参差不齐，相当一部分文化艺术从业人员的综合素质有待全面提高。文化创作年龄普遍老化，各艺术门类领军人才缺乏，导演、作曲及舞台美术设计人才后继乏人。另一方面，缺乏优秀的经营管理人才。真正能够适应市场、懂经济、会管理的经营型人才缺少。在报业、广电、出版、文化系统，在旅游、会展、多媒体、网络服务等行业，经营管理人才多是转行而来，人员年龄偏大，后备力量不足，技术水平、管理水平相对较低，与文化产业领域高科技迅速发展和现代化管理的需求不相适应，致使部分文化企业的市场化运作能力较差。

第四章　山东"文化强省"建设的
总体思路与指标体系

按照中央关于文化大发展大繁荣的部署和有关指示精神，根据山东经济社会文化发展的实际，结合山东省经济社会发展的总体思路和目标任务，正确确立山东省"文化强省"建设的总体思路和指标体系，是推动山东文化大省向"文化强省"战略跨越的重要保障。

一　山东"文化强省"建设的总体思路

（一）指导思想

以马克思列宁主义、毛泽东思想和中国特色社会主义理论为指导，牢牢把握社会主义先进文化的前进方向，进一步树立与社会主义市场经济体制相适应的新文化发展观，以构建社会主义核心价值体系为根本，以建设和谐文化为重点，努力把弘扬优秀传统文化、借鉴国外有益文化和当代创新文化有机结合起来，发展具有鲜明山东特色、齐鲁风采的社会主义先进文化。坚持以科学发展观统领"文化强省"建设全局，建立完善"文化强省"建设的领导体制和工作机制，落实各项政策措施，努力提高全省人民的思想道德和科学文化素质，不断满足人民群众的精神文化需求，形成全党动员、各方参与、社会支持的良好局面，激发文化发展的内生动力，形成推进"文化强省"建设的深厚群众基础和社会基础，为推动山东实现跨越发展提供强有力的思想保证、精神动力、智力支持和文化支撑。

（二）总体目标

山东"文化强省"建设的总体目标是：与全省经济、政治、社会协调发展要求相适应的文化发展格局进一步完善，文化对经济社会发展的支撑能力与贡献率显著增强，对山东省综合实力的提升作用更加突出；文化精品不断涌现、文化市场繁荣发展、公共文化建设完善齐全、文化生活丰富多彩的文化生产服务体系基本建立，广大人民群众的基本文化需求得到保障和满足；文化产业增长速度高于同期国民经济增长水平，文化创新能力、整体实力和竞争力明显增强，文化产业增加值占全国文化产业增加值和全省国内生产总值（GDP）的比重居全国前列，成为新的经济增长点和支柱产业；思想理论、学术研究、文艺创作、设施建设、事业投入等主要指标居全国前列，全省人民的思想文化素质、文化生活质量及社会文明程度显著提高；成为在全国具有重要影响力的区域文化中心，迈入繁荣发展社会主义文化的先进省市行列，发展成为全国文化软实力、竞争力最强的重要高地之一；具有数千年悠久历史传统和鲜明地域特色的齐鲁文化在国内外产生重要影响，形成一大批在国内外叫得响的著名文化名牌和文化名人，"文化强省"建设在国内外具有重大影响力。

（三）具体目标

根据山东"文化强省"建设的总体发展目标，结合全省实际状况和工作要求，具体目标有以下六个。

1. 公民思想道德素质和社会文明程度显著提高

进一步加快"文明山东"建设。建设社会主义核心价值体系，加强走中国特色社会主义道路和实现中华民族伟大复兴的理想信念教育，筑牢全省人民团结奋斗的共同思想基础，巩固和发展积极健康向上的主流意识形态。弘扬和培育忠诚守信、勤劳勇敢、务实拼搏、开放创新的新时期山东精神，构建传承中华传统美德、符合社会主义精神文明要求、适应社会主义市场经济的道德和行为规范。净化社会文化环境，努力形成良好的社会风气。深入实施公民思想道德建设工程，推进社会公德、职业道德、家庭美德、个人品德建设，进一步加强诚信体系建设，深化拓展群众性精神文明创建活动。培育现代人文精神，建设山东和谐文化和现代文明社会，成为我国社会主义核心价值体系建设的示范区。努力使全省人民共同奋斗的思想道德基础牢固扎实，社会主义意识形态的凝聚力与吸引力显著增强，社会主义核心价值体系深入人心，全省人民的思想道德素质、文化生活质量及社会文明程度显著提高。

2. 公共文化服务体系全面建成

统筹城乡文化建设，坚持以政府为主导、以基层为重点，以公益性、基本性、均等性、便利性为原则，以广覆盖、内容多、质量好、服务优为内涵，加大政府投入，健全服务网络，提高覆盖范围，提高服务水平，惠及全民、覆盖城乡、文化精品不断涌现、文化市场繁荣发展、文化设施配套齐全、文化生活丰富多彩的公共文化服务体系全面建成，保障和满足人民群众日益增长的精神文化需求。文化事业投入持续增长，年增长率保持在30%以上。以筹办好第十届中国艺术节为契机，规划建设一批重大文化设施，推出一批文化精品力作。深入实施重点文化惠民工程，广泛开展群众性文化活动，加强基层文化队伍建设。到2015年，实现全省基层文化设施全覆盖，其中发达地区基层文化设施建设和公共文化服务达到国内一流水平；到2020年，全省城市建成"十分钟文化圈"、农村建成"十里文化圈"，人民群众文化权益得到充分保障，成为全国公共文化建设的示范区。

3. 文化产业成为国民经济重要支柱产业

大力发展文化产业，瞄准文化发展前沿，科学开发利用文化资源，全面提升文化创意水平，提高文化产业发展质量和效益，推动文化产业成为山东的支柱性产业。一是重点支持一批市场前景好、发展潜力大、比较优势明显的文化产业项目，培植一批实力雄厚的骨干文化企业和大型文化产业集团，培育一批全国领先、竞争力强的文化创意产业集群和国家级产业园区。二是做大做强以创意内容为核心的文化服务业，健全文化产品和文化要素市场，构建起现代文化产品流通组织和传输方式，培育一批文化产品物流中心，完善现代文化市场体系。三是促进文化旅游融合发展，打造"好客山东"品牌。四是推进文化贸易和文化交流有机结合，积极拓展国际文化市场，扩大齐鲁文化的国际影响力。五是设立文化产业引导资金和风险基金，奖励和补贴前景好、潜力大的企业，帮助企业减少风险。文化产业增长速度高于同期国民经济增长水平，文化创新能力、整体实力和竞争力明显增强，文化产业增加值占全国文化产业增加值和全省国内生产总值的比重居全国前列，全省文化及相关产业增加值实现年均增长20%以上。到2020年，全省文化及相关产业增加值超过8000亿元，占全省GDP

的比重达8%，成为新的经济增长点和战略性新兴产业，成为我国文化产业高地和全国文化产业示范地区。

4. 文化保护和文化传承工程有效实施

实现山东历史文化遗产和民族民间艺术的积极抢救、合理利用，健全有效管理机制，大力实施文化保护工程，加强文物保护利用示范、世界文化遗产申报、文物保护科技攻关、历史文化名城保护、博物馆建设等工作，构建比较完备的不可移动文物与历史文化名城和历史文化街区保护体系、村镇保护体系，基本建立布局合理、富有地域特色的博物馆网络。抢救一批濒临消失的传统民族民间艺术，做大一批民族民间艺术品牌，建设一批民族民间艺术馆，培育一批民族民间艺术经典旅游景区，发展一批民族民间艺术生态保护区，建立一批民族民间艺术产业基地，发展民族民间艺术生态保护区，建立民族民间艺术产业基地。加强文物、非物质文化遗产和自然文化遗产保护。

5. 文化体制改革取得突破性进展

把文化体制改革作为"文化强省"建设的强大动力和根本途径，建立起推动文化生产力又好又快发展的完善的文化体制机制。增强文化体制改革主动性，增强破除制度瓶颈的决心，涉足文化体制改革深水区，在宏观文化管理体制的构建、资产扩张和导向管理、公共财政分配等方面，进行一系列有益的探索和尝试，走上良性发展的轨道。形成权威、高效、统一、协调的文化工作机制，探索建立与新兴业态相适应的新的文化管理体制，进而形成推动文化产业发展的合力。全省文化发展的政府主管部门实行"四分开"，即政企分开、政资分开、政事分开、政府与市场中介组织分开；"三个转变"，即从办文化向管文化转变、从管微观向管宏观转变、从管直属单位向管社会转变。大胆探索跨媒体、跨行业、跨地区、跨所有制文化经营模式，与省外联合，拓展文化发展新优势、大优势，走上一条资源共享、市场共育、文化产业跨越式发展的新路。全省文化体制改革全面推进，重点突破，全部完成经营性文化事业单位转企改制、国有文化企业股份制改造、党报党刊发行体制和广播电视节目制播分离改革、文化事业单位内部机制改革等。

6. 齐鲁文化软实力具有鲜明特色并产生较大影响

建立和完善具有国际竞争力的现代文化传播体系，传播渠道不断拓展，传播技术和内容创新能力不断提高，传播影响力不断扩大，成为华东现代文化传播中心和全国对外文化交流枢纽。转变文化发展方式，创新文化发展模式，创新文化内容形式，弘扬主旋律，提倡多样化，满足不同层次的社会需求。创新文化生产方式，加强对文化产品创作生产的引导，创作生产更多思想性、艺术性、观赏性有机统一，具有齐鲁风格、山东气派、群众喜闻乐见的文化精品。创新文化传播方式，重视互联网等新兴媒体建设、运用、管理，加强重要新闻媒体建设，把握正确舆论导向，提高传播能力。到 2020 年，形成特色鲜明的齐鲁文化和现代开放型文化体系，文化在综合实力竞争中的地位和作用更加突出，解放思想、改革开放的时代文化精神更加彰显，文化凝聚力、保障力、传承力、创新力、生产力、影响力显著增强，各项主要文化指标居全国前列，努力树立山东文化事业发达、文化产业强大、文化生活丰富、思想品德高尚、文化氛围浓郁、精神家园和谐的文化形象。具有 21 世纪崭新时代风貌、数千年悠久历史传统和鲜明地域特色的齐鲁文化在国内外产生重要影响。

（四）主要原则

1. 文化发展与经济发展相协调

经济发展为文化发展提供必要的物质基础，文化发展为经济发展提供强大的推动力和新的发展空间。要坚持"两手抓、两手都要硬"的方针，将"文化强省"战略目标纳入山东省经济社会发展总体规划，推进经济和文化的融合，大力发展文化经济，实现文化与经济的协调发展。

2. 社会效益和经济效益相统一

坚持把社会效益放在首位，最大限度地发挥文化引导社会、教育人民、推动发展的功能。充分认识文化产品的产业属性和文化的娱乐消费功能，不断解放和发展文化生产力，遵循市场经济规律，推动文化产业的快速发展，实现社会效益和经济效益的统一。

3. 改革创新和继承借鉴相衔接

继承和弘扬优秀传统文化，特别是齐鲁优秀文化，开发丰富历史文化资源，体现区域文化特色，广泛吸收和借鉴外来优秀文化成果。顺应现代文化潮流，增强文化创新能力，提高山东文化的自主创新能力，建立山东文化创新体系，用创新的文化产品满足人民群众多样化、多层次的精神文化需求。

4. 文化产业与文化事业相促进

在推进"文化强省"建设过程中，共同实现文化事业的发展和文化产业的壮大。在全面发展山东文化事业的同时，坚持以壮大文化产业为突破口，突出重点，分步实施，优化文化产业结构，将文化产业逐步培育成国民经济新的增长点。

5. 政府引导和市场机制相结合

一手抓文化繁荣，一手抓文化管理。坚持政府引导，创造优良环境，依法加强管理。遵循市场经济规律，运用市场机制，广泛吸纳社会力量，优化文化资源配置，发展文化事业，壮大文化产业，繁荣发展先进文化，净化社会文化环境。

6. 重点突破和整体推进相结合

着眼长远，立足当前，从山东经济社会发展的全局出发，科学规划，统筹安排，分步实施，全面推进，以促进山东文化全面发展、全面进步。从不同地区、不同领域的特点出发，选准突破口，形成带动力，推动山东城乡、区域文化共同协调发展。

（五） 发展战略

1. 体制创新战略

改革管理体制，理顺党委、政府与文化企事业单位的关系；创新运行机制，增强文化单位发展的动力和活力；培育市场主体，充分发挥市场对文化资源配置的基础性作用；大力发展民营文化企业，形成全社会办文化的格局。

2. 龙头带动战略

以济南为中心，以沿黄文化带和沿海文化带为两翼，带动全省文化产业的协调发展；以传媒、出版、演艺娱乐、文化旅游等产业为龙头，带动文化产业快速发展；以大型文化集团为龙头，促进跨区域、跨行业、跨所有制的联合重组和资源整合，壮大文化产业的整体实力。

3. 资源整合战略

强化文化资源整合，盘活文化存量并拓展增量。深入挖掘齐鲁文化这一具有地域特色的文化资源，把文化资源优势尽快转化成产业优势和经济优势，构成山东建设文化强省的文化支撑点。打好整合牌，着眼于盘活资源存量和拓展资源增量，在更高层次、更大范围内整合文化资源，提高资源的转化率和利用率。通过市场机制实现文化的"聚变"、"裂变"，保障文化产业的资源供给，在此基础上着力培育若干产业集团和特色文化产业。

4. 品牌提升战略

充分挖掘齐鲁文化内涵，整合文化资源，策划开发重点文化项目，吸引省内外、国内外的战略投资者，打造形式新颖、影响力大、具有山东特色的文化精品，形成具有强大市场竞争力的文化品牌，带动整个文化发展，扩大山东文化产品的市场占有率和竞争力。

5. 科技推动战略

推动文化建设与科技进步相结合，加快文化科技创新步伐，注重采用现代理念和高新技术改造传统文化产业，加快数字、网络等现代信息技术在文化产品创作、生产、传播等各个环节中的应用，大力发展新兴文化产业，推进文化产业的现代化，增强文化的科技含量。

6. 人才兴文战略

有计划、有步骤地实施各种人才工程，建立、健全文化人才培养、选拔、引进和激励机制，形成良好的人才生态环境、发展环境和创业环境，聚集大批素质优良、富有活力的文化专业人才、文化创意人才和经营管理人才，造就一批文化名人和文化大家，把山东建设成为文化发展的人才高地，为"文化强省"建设提供有力的人才保障。

二 山东"文化强省"建设的指标体系

"文化强省"指标体系是由一系列衡量文化生产供给能力、居民文化素质与消费能力、政府文化管理运营能力以及文化凝聚力、文化保障力、文化传承力、文化创新力、文化生产力、文化影响力大小强弱的多级主客观指标组成的系统。建立科学的"文化强省"指标体系，是实施山东"文化强省"战略的客观要求，对于文化建设具有积极的引导、规范和激励作用，对于促进文化事业和文化产业发展具有重大意义。

一是引导作用。建立山东"文化强省"指标体系，对于提高全社会对文化建设重要性的认识程度，对于全面掌握文化建设的内容，对于把握山东省文化建设的状况和发展，对于了解在文化建设中与全国其他省市的差距与不足，都具有重要意义。特别是对于山东在文化建设中，根据优势条件与薄弱环节，进行扬长补短，采取针对性措施，将发挥有力的指导作用。

二是激励作用。建立山东"文化强省"指标体系，提出系统的量化考核指标和可操作性建议，为相关部门提供决策、管理、考核的理论依据和信息数据，有利于提高山东省文化建设及管理的针对性和实效性，推动把"文化强省"建设的各项工作落到实处。

三是规范作用。建立山东"文化强省"指标体系，有利于确立文化建设长期和近期的科学、合理、可操作性的目标，保证文化建设沿着正确的轨道前进，使各种错误的和偏离的文化工作得到及时纠正；有利于文化法规、政策的不断制定和完善，实现文化建设的规范化发展。

依照全面性原则、科学性原则、可操作性原则、前瞻性原则和可比性原则，对山东"文化强省"指标体系作较为深入的探讨，为进一步贯彻落实山东"文化强省"战略提供科学的依据和参考。

目前，全国还没有形成完善统一的"文化强省"建设标准和指标体系。各地根据不同的标准和要求，"文化强省"指标体系可以分为不同的类型。

有的把"文化强省"指标体系分为文化投入指标、文化消费指标、文化规模指标、文化产业指标四个层次。

有的把"文化强省"指标体系分为公民素质的能动力、公共文化的辐射力、文化产业的竞争力、先进文化的创新力、文化品牌的影响力、区域文化的传承力、文化市场的扩张力和文化人才的创造力。

有的把"文化强省"的建设目标概括为文化的凝聚力、文化的保障力、文化的竞争力、文化的创新力、文化的影响力。

按照山东"文化强省"建设的目标、任务、内容与要求，我们把山东"文化强省"指标体系分解为一级指标体系和二级指标体系，根据需要有些指标还设立了三级、四级指标。

山东"文化强省"一级指标体系包括思想理论、人文素质、文化资源、公共文化、文化事业、文化产业、文化市场、文化贸易、文化品牌、文化创新、文化人才、文化投入、文化环境十三个选项，具体列表如下：

表9 山东"文化强省"建设指标体系一览表

一级指标	二级指标	三级指标	目标值
思想理论	思想建设	思想创新活跃程度	1. 社会主义核心价值体系与意识形态的凝聚力、吸引力和感召力显著提高
		思想观念更新水平	2. 适应新形势、新要求的思想观念普遍确立
		崇高理想、信念坚定程度	3. 社会主义世界观、人生观、价值观得到普遍遵循
			4. 新时期"山东精神"深入人心
	理论建设	马克思主义理论建设工程水平	1. 马克思主义理论建设和研究工程取得重要进展
		马克思主义理论普及率	2. 马克思主义理论普及率、大众化率程度高
			3. 涌现出一大批马克思主义理论重大创新成果和专家学者
		哲学社会科学发展水平	4. 哲学社会科学综合科研实力达到全国一流水平，一些特色学科、优势学科达到全国领先水平
人文素质	道德素质	职业道德建设水平	1. 年均涌现出2名全国道德楷模
		社会公德建设水平	2. 遵守基本道德规范的程度得到显著提高
		家庭美德建设水平	3. 公民道德建设工程取得显著成效
		个人品德建设水平	4. 优良社会道德风尚完善形成
		社会道德风尚程度	5. 以"八荣八耻"为基本内容的社会主义荣辱观转化为人们的自觉行动

续表

一级指标	二级指标	三级指标	目标值
人文素质	教育素质	十二年教育普及率	1. 十二年教育普及率达到95%
		大学普及率	2. 大学普及率达到23%
		人均受教育年限	3. 人均受教育年限达到11年
		万人在校大学生数量	4. 万人在校大学生数达到280人
	文化素质	城乡公众人文知识达标率	1. 城乡公众人文知识合格率达到80%
	科学素质	科学知识普及率	2. 全省科学知识普及率高达70%
	文明素质	"文明山东"建设成效	1. "文明山东"十大行动任务基本完成 2. 在全国文明城市、文明村镇评选中保持全国领先地位 3. 60%县级以上城市成为全国、省级文明城市 4. 每年涌现出10个精神文明建设著名品牌 5. 城市文明形象知名度、美誉度得到极大提高 6. 社会文明、公共文明程度处于全国前列
文化资源	保护传承力度	物质文化遗产保护传承	1. 重要革命历史文物、重点革命历史遗迹、世界文化遗产、大遗址、历史文化名城(街区、村镇)得到妥善保护 2. 非物质文化遗产四级名录体系建立健全 3. 非物质文化遗产列入国家级名录位列前茅 4. 全省人民对中华文化和齐鲁文化的归属感、自豪感和认同感强 5. 传统民族节庆和祭典活动对全省人民的凝聚力得到充分发挥 6. 重要革命历史文物、重点革命历史遗迹数量处于全国前列
		非物质文化遗产保护传承	
		传统文化弘扬的力度、广度和深度	

一级指标	二级指标	三级指标	目标值
文化资源	开发利用水平	文物保护、开发和利用水平	1. 文物保护、开发和利用水平与能力位于全国前列 2. 文物资源与民俗文化资源产业化程度达到50%以上 3. 形成一大批名人文化资源开发知名品牌
		民俗文化资源开发利用	
		名人文化资源开发利用	
公共文化	公共文化设施	文化设施覆盖率	1. 公共文化设施实现全覆盖 2. 17个设区的市公共文化设施全部达到国家一级馆标准 3. 县(市、区)公共文化设施均达到国家二级馆标准 4. 文化设施利用率达到90%以上
		文化设施达标率	
		文化设施利用率	
	公共文化产品	公共文化产品的供给力和满足度	1. 公共文化产品和服务供需基本平衡,群众满意度达到98% 2. 全省人均拥有公共图书馆藏书1册 3. 特色鲜明的独创性公共文化产品所占比重达到30%以上 4. 全国"五个一工程"评选获奖作品数居各省(区、市)前五位
		文化艺术精品工程	
	公共文化服务	公共文化服务机制	1. 关心、参与文化公益事业的人占全省总人口的比例达到20%以上 2. 90%以上的各级各类公共文化服务机构为城乡居民提供优质高效、普遍均等的公共文化服务 3. 公共文化服务群众满意度达到90%以上
		公共文化服务质量	
		公共文化服务工程	
	公共文化活动	参与度	1. 城市居民每人每年参与公共文化活动一次 2. 全省经常参与各类文化活动的群众达到总人口的40% 3. 80%的农村群众参加看电影等公益性活动 4. 公共文化活动在数量和形式上有较大突破 5. 公益性文化活动占整个公共文化活动的比率达80%以上
		多样性	
		公益性	

一级指标	二级指标	三级指标	目标值
文化事业	文学艺术	文艺精品比率	1. 每届全国"五个一"工程文艺获奖作品数居各省（区、市）前四位 2. 争取 6 部以上戏剧入选"国家舞台艺术精品工程十大剧目"或获"文华大奖" 3. 争取 10—12 部文学作品列入全国重点文学作品扶持工程 4. 争取 3—4 部影视剧入选国家重大革命和历史题材影视创作工程及广播影视精品工程 5. 文艺"鲁军"进全国第一方阵
		基层文艺生活活跃度	
		文艺队伍建设状况	
	农村文化	农村文化资金投入总额	1. 农村文化信息资源共享工程进一步完善 2. 广播电视"村村通"实现全覆盖 3. 农村文化设施"双百"示范工程基本建成 4. 文化"三下乡"活动成效显著 5. 建立完善农村文化建设长效机制 6. 农村文化产业增加值占全省文化产业增加值比重达到20% 7. 全省 50% 的县（市区）成为"全国文化先进县"
		农村公共文化设施建设规模	
		农村文化产业对农村文化建设贡献度	
		农村文化活跃度	
文化产业	群众文化	各种群众文化数量	1. 群众文化活动的参与度极大提高，达到文化活动总量的50%左右 2. 群众文化生活丰富多彩、形式多样 3. 文化惠民、惠农活动经常化、制度化 4. 文化节庆活动数量规模位于全国前列 5. 2020 年每个县有 10 个左右知名群众文化活动项目
		群众文化活跃度	
		群众文化项目的知名度	

一级指标	二级指标	三级指标	目标值
文化产业	总量规模	文化产业增加值	1. 文化产业年增长速度达到30%以上 2. 文化产业增加值占国民生产总值的比重达到7%以上 3. 文化产业成为重要支柱产业，整体实力和竞争力在国内居领先地位
		文化产业总量指标	4. 文化产业总单位数、从业人员数和人均创造文化产业增加值处于第一方阵，占全国比重超过1/8
	产业结构	文化产业所有制结构	1. 民营文化企业所占比重超过60%以上 2. 文化产业发展地区结构实现协调发展、基本平衡 3. 重点文化产业总量指标位于全国发展前列 4. 新兴文化产业所占比重达到60%以上
		文化产业地区结构	5. 核心层、外围层和相关层所占比重分别为50%、28%和22% 6. 涌现出20家以上年产值过10亿元的实力雄厚、具有较强竞争力和影响力的大型文化企业和企业集团 7. 销售收入、总资产突破300亿元的旗舰文化企业集团发展到5家左右
		文化产业分层结构	8. 文化上市公司15家以上市值过200亿元的突破2家 9. 年产值过百亿元的园区（基地）20个、过20亿元的园区（基地）150个，重点文化产业园区（基地）产值占全国文化产业的比重达到较高水平

一级指标	二级指标	三级指标	目标值
文化市场	文化消费发育升级	人均文教娱乐消费在人均总支出中的比率	1. 文化消费在消费性支出中的比重达到25%以上 2. 文化消费居民满意度达到90%以上 3. 文化消费结构日趋合理，实现从休闲娱乐等基本文化消费向学习教育等发展型文化消费转变 4. 文化消费支出总额有较大提升，城乡居民文化消费支出每年人均达到2000元
		文化消费总量	
		人均文化消费额	
		文化消费占总消费的比率	
	文化市场繁荣发展	文化产品市场规模与效益	1. 涌现出一大批知名度高、竞争力强、经济效益好的文化市场，有1—2个文化市场交易额在同类市场中处于全国前五位 2. 基本形成多门类、多层次、多形式、多投资主体的文化市场发展格局 3. 文化资本、产权、信息、管理、技术、人才等生产要素市场健全完善 4. 文化流通体系基本构建完成 5. 文化市场管理长效机制建立健全
		文化要素市场规模与效益	
		综合文化市场规模与数量	
		文化中介组织发育程度	
		文化流通体系完善程度	
		文化市场管理水平	
文化贸易	文化贸易进出口总额	文化贸易进口总额	1. 文化贸易进口总额占文化贸易总额的70% 2. 文化贸易出口总额占文化贸易总额的30%
		文化贸易出口总额	
	文化企业投资额	企业对外文化投资额	1. 对外文化投资额显著提升 2. 外商投资额逐年加大
		外商文化投资额	
文化品牌	文化品牌地域化	老字号品牌数	形成一批全国知名的老字号文化品牌

一级指标	二级指标	三级指标	目标值
文化品牌	文化品牌多元化	新品牌数量	1. 涌现出 20 个左右在省内外名气大、影响力强的公共文化服务、城市文化形象、文明创建、文化交流品牌 2. 力争 5—10 年内推出 150 个左右在省内外名气大、影响力强的文化产业品牌
		城市品牌	
文化创新	思想观念创新	思想更新程度	1. 思想观念与时代发展保持同步性 2. 思想解放与观念更新在全国领先
		观念更新程度	
	体制机制创新	文化体制改革与完善程度	1. 文化体制改革任务基本完成 2. 各项文化机制建立健全 3. 基本建立起适应生产力发展要求的文化体制机制体系 4. 形成公有制为主体、多种所有制共同发展的文化发展格局
		业绩考评机制完善程度	
		经费保障机制完善程度	
		管理运行机制完善程度	
	内容形式创新	文化与科技融合程度	1. 文化领域核心技术运用处于全国领先水平 2. 重大科技创新项目质量与数量名列全国前茅 3. 涌现出 100 家全国知名的文化创意企业 4. 文化发展科技含量高，建立起以企业为主体、市场为导向、产学研相结合的文化创新体系
		文化新产品比率	
		重大文化技术专项规模与数量	
	传播手段创新	文化网络化与信息化程度	1. 文化创作、生产和传播模式升级换代水平在全国领先 2. 发展出一批具有区域优势和特色的网上文化科技市场 3. 涌现出一大批新兴文化业态
		文化传播更新换代速度	
		文化业态更新步伐	
文化人才	人才数量	人才数量规模	1. 文化从业人员达到 200 万人左右 2. 文化从业人员占整个从业人员的比重达到 4.5% 左右 3. 文化优秀人才占整个文化从业人员的比重达到 3% 左右
		文化就业人员占区域总就业人口的比重	

续表

一级指标	二级指标	三级指标	目标值
文化人才	人才结构	文化人才结构比率	1. 涌现出一批专业领域领军人物和高层次专门文化管理人才 2. 涌现出一批懂经营善管理的复合型人才 3. 形成合理的文化人才结构 4. 每万人口大专及大专以上文化程度人口比率居全国前列,获得国家级各种文化奖项数量居全国前列
		每万人口大专及大专以上文化程度人口比率	
		高精尖文化人才所占比重	
	人才质量与机制	获得国家级各种文化奖项数量	1. 涌现出一批在国内有重要影响、在国际有一定知名度的作家、记者、出版家、演员、导演和其他艺术家 2. 形成完善的文化人才引进、培养与使用机制 3. 构建起合理的文化人才市场体系,文化产业人才实现市场化合理配置
		文化人才规划	
		文化人才培养机制	
		文化人才市场体系	
文化投入	社会资金投入比率	公共文化资金投入总额	1. 人均文化事业费达到1000元 2. 文化产业投资资金达到30亿元
		公共科技资金投入总额	
	政府财政投入比率	文化产业投入总额	
文化环境	组织环境	党委政府重视程度	1. 文化建设纳入各地经济社会发展总体规划 2. 文化发展目标纳入综合考核体系 3. 文化建设作为评价地区发展水平、衡量发展质量和领导干部实绩的重要内容 4. 文化繁荣发展组织保障机制建立健全
		文化绩效考核指标体系构建	
		文化发展组织机构建立健全程度	
	政策环境	政策配套完善程度	1. 促进文化发展的政策配套体系得以建立完善 2. 文化政策效率实现最大化
		政策执行效率	

一级指标	二级指标	三级指标	目标值
文化环境	社会环境	参与文化捐赠活动人数	1. 参与文化捐赠与志愿服务活动的人数达到30%以上
		文化志愿者人数	2. 每人每年参与文化活动的次数达到3次以上
		干部群众文化建设自觉程度	

山东"文化强省"建设指标体系的建立，一方面，参考了有关省市的一些标准要求；另一方面，主要根据山东省的实际情况和工作要求与目标任务，综合考虑研究科学编制。因为难度大、范围广、融合度强，还有许多需要进一步完善的领域和内容，将根据贯彻落实的实践要求，再做进一步的充实、调整和完善。

现将以上指标体系的内容要求做简要说明：

（一）思想理论指标体系

"文化强省"建设的思想理论指标，可以相对分为思想建设指标和理论建设指标，前者主要涉及人们的理想信念、人生价值观、心理观念等内在精神生活，后者则是指科学的观点、学说、思潮等外在精神形态的文化样式。思想理论建设是"文化强省"的重要指标之一，是山东文化发展的核心和根本，是提高山东文化凝聚力、传承力、影响力的基石，为山东"文化强省"提供强有力的政治保证、精神动力和思想源泉。

1. 思想建设

要完成好思想建设指标，促进"文化强省"建设沿着正确道路前进，务必做到以下几点：一是用马克思主义思想去占领思想阵地，坚持马克思主义指导思想的一元化，防止错误思想、错误思潮的侵蚀。二是大力加强社会主义核心价值体系建设，致力于用马克思主义中国化成果去武装教育人民群众，用中国特色社会主义这一共同理想去凝聚力量，用民族精神和时代精神鼓舞斗志，用社会主义荣辱观引领社会风尚，努力增强社会主义意识形态的吸引力和凝聚力，巩固全省人民团结奋斗的共同思想基础。中央将颁布《社会主义核心价值体系建设实施纲要》，为此，山东在未来10

年"文化强省"建设过程中，应把核心价值体系建设作为长期性的重点工程抓紧抓好。三是重点解决好思想建设中的难点、热点问题，注重加强培养科学信仰理想、诚信观念和责任意识，尤其是面对信仰危机、信仰多元化，山东信教群众日见增多这一形势，山东应当在尊重信教自由的同时，着力用无神论去教育广大人民群众。四是要大力培育、弘扬和宣传"改革创新、开放包容、忠诚守信、务实拼搏、敢为人先"的新时期山东精神，强化人们的文化认同意识，构建中华民族共有精神家园，增强全省人民的精神动力。

2. 理论建设

一是推进马克思主义中国化、时代化和大众化。坚持把马克思主义作为立党立国的根本指导思想，用发展着的马克思主义指导新的实践，丰富发展中国特色社会主义理论体系，深入实施马克思主义理论研究和建设工程。二是用中国特色社会主义理论体系武装全党。组织党员干部深入学习、系统掌握中国特色社会主义理论体系，推动学习实践科学发展观活动向深度和广度发展，党员领导干部要作真学、真懂、真信、真用的表率，大力弘扬理论联系实际的学风。三是建设学习型党组织。积极营造崇尚学习的浓厚氛围、加强对全党学习的指导和服务，加强理论宣讲队伍建设，完善和落实党委（党组）中心组学习制度，加强学习管理，完善激励保障机制。四是大力繁荣发展山东哲学社会科学，加快优先学科、特色学科及应用学科建设，使山东社会科学研究能力和学科发展水平进入全国先进省份行列。

（二）人文素质指标体系

山东"文化强省"人文素质指标体系包括道德素质、教育素质、文化素质、科学素质和文明素质五个二级指标。

1. 道德素质

公民道德建设取得重大进展。职业道德建设取得较大突破，形成全社会重视职业道德建设的良好氛围，人们的职业纪律、事业心、敬业观念、爱岗意识等不断强化，涌现出一大批先进工作者、行业标兵、新长征突击手、劳动模范和专家等。公共道德水平显著提高，有更多的人加入到社会公益活动和志愿服务当中去。以集体主义为核心内容的个人道德水平有明显进步。建立完善符合"文明山东"内涵、适应山东又好又快发展要求的道德行为规范，深入实施"山东省公民基本道德行为 40 则"普及行动，使行为规范转化成全省人民的自觉遵循。青少年思想品德建设有更好的发展，学校德育工作和素质教育得到切实加强，中小学德育体系完全建立，社会文化环境和校园周边环境明显好转。完善道德模范评选表彰机制，建立健全道德建设监督和评估体系。在全国先进道德模范评选当中，山东每届都有 2 人入选，在未来建设"文化强省"过程中，不仅应保持这种良好势头，还应积极创造条件让更多的人当选全国先进道德模范。

2. 教育素质

公民受教育程度既是公民科学文化素质的重要表征，又是教育事业发展的结果，它是衡量是否实现文化强省的重要变量。为此，要通过大力推进教育的普及与提高，使山东省公民的受教育程度达到全国先进水平。到 2020 年山东"文化强省"建设实现时，山东省的教育指标应为：十二年教育普及率达到 95%，大学普及率达到 23%，人均受教育年限达到 11 年，万人在校大学生数达到 280 人。

3. 文化素质

对中华民族优秀传统文化特别是齐鲁文化认同度高，得到很好的继承和发展。全省公民具有较高的人文素养和文化知识水平，涌现出一大批在全国有较高知名度的学习型机关、学习型企业和学习型社区。"文化强省"建设的目标是山东的城乡公众人文知识合格率由 2011 年的 64% 达到 2020 年的 80%。

4. 科学素质

全省科学知识普及率高达 70%，科学精神得到大力弘扬，科学精神、科学态度和科学方法得到普遍弘扬和运用，封建迷信活动得到有效遏制，在全社会形成崇尚科学、反对迷信和伪科学的良好氛围。

5. 文明素质

新时期全国在加强社会主义精神文明建设过程中，大力推进文明创建活动，中央文明委 2008 年制定发布了《文明城市测评体系》，《测评体系》由"基本指标"和"特色指标"两部分构成。"基本指标"反映创建文明城市的基本情况，设置了廉洁高效的政务环境、公平公正的法制环境、规范守信的市场环境、健康向上的人文环境、安居乐业的生活环境、可持续发展的生态环境、扎实有效的创建活动等 7 个方面的测评项目、7 条测评指标、19 项具体内容。"特色指标"主要反映城市获得重要荣誉的情况。文化创建活动是一项综合系统工程，它涉及物质文明、精神文明、政治文明、社会文明和生态文明各个方面，主要立足于精神文明建设在山东"文化强省"建设中的地位、作用和具体指标，因而在"精神文明"一级指标之后列入七项文明城市测评指标，第三级指标则只列了精神文明创建的四项指标，即"文明山东"建设成效，文明城市创建活动成效，文明村镇创建活动成效，文化单位、文明行业、文明社区创建活动成效。

要充分发挥精神文明创建活动在"文化强省"建设中的突出作用，增加其权重比例。首先要改变山东的被动落后局面，在《"文明山东"指标体系》的基础上，贯彻落实好《山东省公共文明指数测评体系》，进一步完善精神文明创建考评机制。其次要以提升人的公共幸福指数、养成科学文明健康生活方式为导向，进一步把"文明山东"建设行动引向深入，落到实地，见到实效，继续促进山东文明城市、文明县区、文明村镇、文明社区、文明行业等各层次、多样化文明创建活动上新水平，促进城乡文明共同发展，提高社会文明程度。再次把推进"诚信山东"建设、建立社会信用体系，实现社会志愿服务常态化、制度化，加快社会慈善事业作为文明创建的战略重点，形成扶正祛邪、惩恶扬善、扶弱济困的良好社会风气。

（三）文化资源指标体系

山东是文化资源大省，丰富多样的文化资源不仅具有较高的知名度和美誉度，也为实现由文化大省向"文化强省"跨越提供了良好的基础。到 2009 年底，山东省拥有世界文化自然遗产 2 处、国家级非物质文化遗产 120 项、国家级历史文化名城 6 座、全国重点文物保护单位 97 处，文化资源种类和总量均居全国前三位。文化资源保护、开发和利用能力强是"文化强省"建设的重要内涵，为实现山东"文化强省"的战略目标，必须使山东省丰富、厚重、多元的文化资源保护、开发和利用的能力和水平处于全国领先位置，文化资源的清查、整理、保护和开发利用得到高度重视，建立完善的文化资源保护开发利用规章制度和措施，文化资源优势转变为产业优势的能力较强，文化资源在当代文化建设中的作用得到有力的继承和弘扬。从文化资源的角度来讲，山东"文化强省"指标体系可以分解为两大三级指标：一是保护传承有力，二是开发利用水平高。

1. 保护传承有力

文化资源的保护，包含文化资源总量保护与文化多样性保护两个层面，而从文化的类型来说，文化保护又分为物质文化保护和非物质文化保护两种。文物保护是否有力是衡量山东省文化强省建设是否实现的重要标尺。

——物质文化遗产保护。政府的主导作用得以发挥，政府制定科学的保护和发展规划、发展政策，文化部门牵头，各相关部门积极配合，形成合力，建立物质文化遗产保护工作协作机制，统筹物质文化遗产保护工作。营造良好的旅游环境，规范旅游市场，实现物质文化遗产持续保护、开发和利用。区域文物普查数据库动态管理系统形成。重要革命历史文物、重点革命历史遗迹数量处于全国前列，世界文化遗产、大遗址、历史文化名城（街区、村镇）和文物保护单位的保护管理水平先进，重点文化遗产保护技术专项、文化遗产保护关键技术研发得到实施。

——非物质文化遗产传承。山东省的非物质文化遗产名录特点是数量多、类别广、草根性强，基本上涵盖了非物质文化遗产的十大门类。要实现山东"文化强省"就必须在非物质文化遗产保护传承方面做好非物质文化遗产的普查、认定和登记工作，全面了解和掌握非物质文化遗产资源的现状及存在的问题。制定地区非物质文化遗产保护规划，明确保护范围、目标和任务。征集和保管制度完善，具有历史、文化和科学价值的非物质文化遗产实物和资料丰富。17 地市均建立非物质文化遗产资料库、博物馆或展示中心。对列入非物质文化遗产名录的项目有科学的保护计划，明确有关保护的责任主体，建立完善四级名录体系（国家、省、市、县）。到 2020 年，山东省非物质文化遗产列入国家级名录位列全国前茅。列入非物质文化遗产名录的代表性传人得到有力资助，使其传习活动顺利开展，确保优秀非物质文化遗产的传承。

——传统文化弘扬。一是全省人民对中华民族的归属感、自豪感和认同感强，90% 以上的人对传统文化有了解或熟知，传统民族节庆和祭奠活动对全省人民的凝聚力得到充分发挥。二是全省形成重视优秀传统文化教育和人文经典传承的氛围，中华优秀传统文化和齐鲁文化内容进入中小学课程，传统文化成为支撑山东省文化事业和文化产业参与国际竞争和合作的基础。三是富有浓郁民族特色和山东地域特色的民族民间传统风俗、礼仪文化得到良好的继承和发展，春节、元宵节、清明节、端午节、七夕节、中秋节、重阳节等传统民族节庆在增强全省民族凝聚力、构建精神家园、促进社会和谐发展中的作用得到充分发挥。

2. 开发利用水平高

山东省文化底蕴深厚但开发利用不足，缺乏对各类文化资源的有效整合、利用和开发，文化资源优势还没有转化为现实发展优势、产业优势和竞争优势。能否对文化资源进行保护性、建设性开发，提高其产业化、集约化水平，实现有机整合，避免雷同化、狭小化和重复建设，是衡量文化强省的重要标准。要实现文化强省，就必须大力提高山东省文化资源的开发利用能力，并走在全国前列。

——文物保护、开发和利用水平得到极大提高。以文物建筑业和文物古迹为龙头，整合古建筑维修力量，形成文物古迹整修、文物仿古建筑产业和文物旅游产业；以馆藏文物精品为主体，形成专题精品组合向海外发展的文物外展业务；以社会收藏为基础，发挥区位优势，形成在国内有影响的文物艺术品交易市场。

——民俗文化资源开发利用上档次、上水平。整合开辟一大批新的民俗旅游线路，打造知名民俗文化旅游精品和民俗文化消费品牌，兴建一大批民俗街区和民俗主题公园，整个山东民俗文化资源的个性特点、完整度、原生态、丰富性和多种社会价值得以充分展现，民俗文化资源开发利用起点高、档次高，社会效益和经济效益明显。

——名人文化资源开发利用卓有成效。利用名人资源促进经济文化发展成为山东经济文化强省发展战略重要组成部分。山东省各级政府能够对当地的历史名人资源进行深度挖掘，有规模、有声势；加大对名人的宣传力度，通过各种具有创新性的方式向外宣传，使山东省历史文化名人在省内外享有越来越高的知名度，成为山东省人民群众认知与仰慕的榜样；利用名人资源开展各种教育活动，让历史名人进中小学校、进课堂、进书本；与名人有关的标志性建筑物得到有效保护，以名人故里为基础打造的旅游景点成为知名品牌。

（四）公共文化指标体系

完善的公共文化服务体系是保障人民基本文化权益、满足群众精神文化生活的主要途径。建设以公共文化产品生产供给、设施网络、资金人才技术保障、组织支撑和运行评估为基本框架的覆盖全社会的公共文化服务体系，既是山东"文化强省"建设的重要内容，也是评价山东"文化强省"的重要指标，它通过公共文化设施、公共文化产品、公共文化服务和公共文化活动四大要素体现出来。

1. 公共文化设施

文化设施是开展文化活动、传播先进文化的重要阵地，公共文化设施体系的健全完善是衡量文化强省的重要标志。就公共文化设施而言，山东"文化强省"的指标体系主要体现在以下几个选项上。

——文化设施覆盖率高。加大投入力度，以政府为主导，以基层、农村为重点，优化公共文化资源，开展文化帮扶，文化设施建设向农村、基层倾斜。省、市、县（市）、乡镇（街道）、村（社区）五级公共文化基础设施齐全，到2020年，所有设区的市有图书馆、文化馆和博物馆，县（市、区）有图书馆、文化馆，乡（镇、街道）有综合文化基础设施，行政村、城市社区有文化大院或文化活动室，形成覆盖城乡、结构合理、功能健全、实用高效的公共文化设施网络，文化设施覆盖率达到100%。

——文化设施达标率高。全部达到或超过国家标准。到2020年实现文化强省建设的目标时，山东省17个设区的市，按照国家一级馆标准建成公共图书馆、群众艺术馆和综合博物馆。县（市、区）公共图书馆、文化馆建设达到国家二级馆以上标准。乡镇（街道）综合文化站建成不少于500平方米、争取多数达800平方米以上的文化活动场所。行政村、城市社区建成文化大院或100平方米以上文化活动室。

——文化设施利用率高。创新公共文化设施投入机制和管理运行模式，提高公共文化设施的共建共享水平。包括图书馆、文化馆、博物馆、美术馆、纪念馆等在内的公益性文化设施的功能和作用得到充分发挥，能够最大限度地为社会提供服务，实现公共文化资源的综合利用和共享；乡镇综合文化站、乡镇文化广场、村文化大院活动丰富，利用率达到90%。

2. 公共文化产品

此项指标通过公共文化产品的供应度、独特性、精品率等来加以体现。

——公益性文化团体和文化工作者贴近生活、贴近群众、贴近实际，创作出大批人民群众喜闻乐见的、形式多样的文化艺术作品，较好地满足城乡人民群众的精神文化需求，实现供需基本平衡，群众满意度达到98%。大力发展公共图书馆、博物馆、美术馆事业，逐步增加各级公共图书馆的藏书量，达到全省人均拥有公共图书馆藏书0.6册。

——扶持具有山东特色和重要艺术价值的原创艺术产品以及民间艺术生产、传播，使山东具有齐鲁文化特色和独创性的公共文化产品占整个公共文化产品的比重达到30%。

——实施文化精品工程战略，创作出一批思想精深、艺术精湛、文化精良的文化精品力作。积极参与实施全国精神文明建设"五个一工程"、国家舞台艺术精品工程、国家重大历史题材美术创作工程、全国重点文学作品扶持工程、国家重大革命和历史题材影视创作工程及广播影视精品工程。到2020年，争取全国"五个一工程"评选山东省获奖作品数居各省（区、市）前五位；争取5部以上戏剧入选"国家舞台艺术精品工程十大剧目"或获"文华大奖"；争取8—12部左右文学作品列入全国重点文学作品扶持工程；争取2—3部影视剧入选国家重大革命和历史题材影视创作工程及广播影视精品工程，重点推出200部（件）在全国产生较大影响的文学、戏剧、影视、音乐、美术、书法、摄影、舞蹈、杂技作品。

3. 公共文化服务

公共文化服务以政府为主导，市场文化服务以私人组织为主导，两者构成了庞大而完整的社会文化服务体系，共同推动着整个社会文化服务的发展和繁荣。一些最基本的、社会公众普遍需要的、能够体现社会长远和根本利益的文化产品和服务，必须由政府以及公共部门来提供。应加快制定山东公共文化服务质量标准体系，建立健全公共文化、文化机制和文化行政管理绩效考评机制，推动山东文化服务能力、服务水平实现大的提升。

——公共文化服务机制健全。通过以城带乡、示范带乡、结对帮扶、联合援建和互动共享，建立起完善的文化城乡合作互助、文化资源城乡共享、文化城乡协调发展；文化志愿者活动规范化、经常化，文化社会公益事业蓬勃发展，关心、参与文化公益事业的人占全省总人口的比例达到20%以上；政府提供公共文化服务的职能得到有效强化，公共财政为公共文化建设提供切实有效的保障；加大文化资源向农村倾斜，改变农村文化资源匮乏的状况，逐步增加为农村服务的资源总量，文化下乡长效机制、农村文化资金保障机制等建立健全。

——公共文化服务质量高。90%以上的各级各类公共文化服务机构为城乡居民提供优质高效、普遍均等的公共文化服务，工人文化宫、青少年宫、妇女儿童活动中心、老年人活动场所以及城市公园充分发挥公共文化服务作用，群众满意度达到90%以上。采用政府购买、补贴等方式，向基层、低收入和特殊群体、困难群众提供免费文化服务。到2020年，全省所有的图书馆、博物馆、美术馆、艺术馆、纪念馆、文化馆、文化站、爱国主义教育基地等要做到免费或优惠向社会开放，对城市低收入居民、残疾人、未成年人、老年人和农民工等特殊群体实行免费或半价开放。

——重点公共文化服务工程有效实施。2008年全省文化信息资源共享工程在全国率先实现了"全覆盖、村村通"目标；全省建成"农家书屋"2万余家，预计到2015年达到8万多家；全省已提前两年完成20户以上自然村的广播电视村村通任务，到2020年建成文化强省时实现户户通；农村公益电影放映覆盖率已达到67.2%，2015年实现每个行政村每月放映一场电影的目标。

4. 公共文化活动

公共文化活动主要通过活动的参与度、多样性、公益性、便利性等要素加以体现。从公共文化活动来讲，山东"文化强省"主要从以下几方面衡量：

——参与度高。积极开展各种公益文化活动，鼓励、发动和吸引人民群众广泛参与，在参与中认同，在参与中提高，在参与中实现自身价值。到2020年，城市居民每人每年参与公共文化活动1次，全省经常参与各类文化活动的群众达到总人口的40%，80%的农村群众参加看电影等公益性活动。

——多样性强。继续搞好山东省艺术节、山东省农村文化艺术节、山东省小戏艺术节、"泉城大舞台"文艺演出、全省"庄户剧团"调演等公益性文化活动，同时组织开展广场艺术节、社区文艺会演、舞蹈大赛、秧歌大赛、器乐大赛等多种类型的公共文化活动，根据形势发展和广大人民群众日益多样化的文化需求，力争到 2020 年使山东省公共文化活动在数量和形式上较以往有较大突破。

——公益性高。公共文化活动大致分为两类，一类是公益性文化活动，另一类是非公益性文化活动。评价是否实现"文化强省"，一个重要指标就是公益性文化活动所占的比重。随着山东省"文化强省"建设的不断推进，各级政府应该不断加大对公共文化的投入，广泛实施文化惠民工程，公共文化的财政投入应同国民经济增长的速度保持一致；山东省政府部门、社会组织应广泛开展各种公益性强的公共性文化活动，发动广大人民群众自觉自愿地组织参与形式多样的公益性文化活动。到 2020 年，公益性文化活动占整个公共文化活动的比率达 80% 以上。

（五）文化事业指标体系

文化事业就其范围来说，同公共文化、文化产业存在着交叉关系，本书所涉文化事业主要涵盖文学艺术、农村文化建设、群众文化工作指标，至于新闻出版所涉及的事业性部分将放在文化产业部分一同予以探讨。

1. 文学艺术

文学艺术创作生产一部分用来提供公共文化产品和服务，一部分进入市场，带有半公益性。文学艺术对丰富广大人民群众的精神文化生活、丰富人们的文化知识、提高人的文明素质和精神修养，都具有重大意义，历来受到党和政府的高度重视。文学艺术的繁荣发展程度同样是判断文化强省的重要指标，它主要通过文艺产品的总量，文艺精品比率，群众文艺生活的参与度、活跃度，文艺队伍建设情况，文艺优秀人才所占比重以及文艺作品获奖数等具体指标加以反映。为了使文艺为山东"文化强省"建设作出更大贡献，必须从多方面促进山东文艺大繁荣大发展：一是加大对传统艺术的保护、挖掘，积极打造山东传统艺术种类多、曲艺多的独特优势，推动山东地方戏曲艺术事业全面振兴。二是大力实施一系列文学艺术创作工程，积极参与实施全国各类文艺创作与精品工程，推出更多具有山东风格、齐鲁气派的优秀文艺作品，到 2020 年力争使每届全国"五个一

工程"评选山东文艺获奖作品数均居各省（区、市）前四位，争取 6 部
以上戏剧入选"国家舞台艺术精品工程十大剧目"或获"文华大奖"，
10—12 部文学作品列入重点文学作品扶持工程，3—4 部影视剧入选国家
重大革命和历史题材影视创作工程及广播影视精品工程。三是建立完善良
好的文艺人才激励机制，加大对全省文艺创作的投入和政策支持力度，加
强文艺评论引导，认真组织开展泰山文艺奖、刘勰文艺评论奖等省级奖项
的评奖工作，不断提高文艺奖项的导向性、权威性和影响力，着力增强文
艺评论的针对性和引导力。

2. 农村文化建设

目前，山东农村文化建设相对落后，尤其是文化产业更为薄弱，很大
程度上影响了"文化强省"建设的步伐。作为文化事业发展的重要组成
部分，山东应把新农村文化建设提到"文化强省"建设的战略高度加以
重视。一是加大对农村文化建设的投入力度。要建立完善农村文化以奖代
补专项资金项目库，省、市、县财政每年应拿出一部分资金支持农村文化
建设，构建起全省农村文化建设资金投入使用的长效机制。二是继续推进
文化信息资源共享工程、广播电视"村村通"工程、"双百"示范工程
等，扩大覆盖面。三是加大文化资源向农村倾斜。广播电视报刊把服务于
"三农"作为重要任务，把文化"三下乡"活动引向深入。同时，要构建
起农村文化建设的长效机制，争取到 2020 年全省 50% 的县（市、区）建
成"全国文化先进县"，继续保持全国领先地位。

3. 群众文化工作

山东"文化强省"建设需要广大人民群众的广泛参与，同时群众文
化工作做得好不好也是衡量文化强省的不可忽视的指标之一。它主要通过
群众文化活动的活跃度，群众参与文化活动的广泛性、多样性，群众文化
活动和项目的社会评价等指标来反映。强化群众文化工作，一是要以社会
文化（广场文化、社区文化、企业文化、村镇文化、校园文化、军营文
化等）为载体，广泛开展各具特色、不同种类的群众性文化活动，充分
调动广大人民群众参与文化活动的积极性、主动性和创造性。二是积极开
展各种文化乐民、惠民、为民活动，并使之经常化、制度化，切实维护广
大人民群众的文化权益，让他们共享文化改革发展的成果。三是继续办好
各种群众文化节会活动，培植若干个著名文化节庆品牌。到 2020 年，全

省经常参与各类文化活动的群众达到总人口的 50% 左右，每个市有 20个、每个县（市、区）有 10 个左右知名群众文化活动项目。

（六）文化产业指标体系

进入新时期以来，各级党和政府高度重视文化产业的发展。文化产业作为黄金产业、朝阳产业和绿色产业，越来越成为山东"文化强省"建设的重要推动力、增长点。要实现由文化资源大省向"文化强省"的跨越，就必须更加自觉、更加主动地推动山东省文化产业跨越式发展。根据山东省文化产业发展的现状、特点、趋势和条件，作为山东"文化强省"建设指标体系的重要一环，山东省文化产业指标体系应包括总量规模、政府投入、产业结构和经济贡献四大选项。

1. 总量规模指标

一是文化产业增加值位于全国前列。近几年来，山东文化产业总量不断扩大，文化产业增加值不断上升，文化产业增加值年均增幅达到 20%，2010 年全省文化产业增加值实现 1230 亿元，占 GDP 的 3.12%。到 2020年，文化产业增加值占国民生产总值的比重达到 7%，文化产业成为重要支柱产业，整体实力和竞争力在国内居领先地位。

二是文化产业的总量指标达到国内先进水平。2020 年山东省文化产业总单位数、从业人员数和人均创造文化产业增加值处在国内各个省（市、自治区）第一方阵，占全国比重超过 1/8。

2. 产业结构指标

文化产业结构指标主要包括文化产业所有制结构、区域结构和分层结构三大选项。"文化强省"建设体现在文化产业结构方面，其具体指标应包括文化产业核心层、外围层、相关层的比例水平，优势文化产业的规模和效益，大型文化企业集团的数量和实力，民营文化产业的发展水平等等。2020 年基本构建起"一条文化旅游产业长廊"、"两大文化产业圈"、"三条文化产业带"和"多组团"文化产业集聚区的发展格局，建设年产值过百亿元的园区（基地）20 个、过 20 亿元的园区（基地）150 个，力争使重点文化产业园区（基地）产值占全国文化产业的比重达到较高水平。

——形成合理的文化产业所有制结构。当前制约山东文化产业快速发展的重要因素就是所有制结构严重不协调。绝大多数文化产业属国有性质，集体或民营文化产业数量少、规模小，外商独资或中外合资文化产业更是凤毛麟角，滞缓了文化的产业化、市场化和社会化的进程。在未来山东推进"文化强省"建设的过程中，应加快文化产业所有制结构的调整，使民营文化企业所占的比重超过60%，形成以国有文化企业为主导、多种所有制共同发展的文化产业格局，以极大地解放和发展文化生产力。

——形成配置合理的文化产业地区结构。按照整合资源、形成合力、发挥优势、注重实效的原则，到2020年，在产业空间布局上，加强统筹规划，结合区域文化产业发展特色和资源优势，在全省建设一批国家级和省级文化产业园，着力构建具有鲜明区域特色、结构合理、效益显著的"一长廊"、"两大文化产业圈"、"三条文化产业带"和"多组团"文化产业发展总体格局。

——形成完整的文化产业分层结构。一是文化产业行业结构得到优化。以新闻出版业、广播影视业、文化娱乐业、广告会展业、文化旅游业、电子信息业等为主导的重点文化产业生产力、影响力与吸引力优势突出、特色鲜明，总量指标位于全国前列。二是文化产业纵向结构得到改善。在继续保持山东传统文化产业优势的同时，努力促使山东省新兴文化产业创造的价值超过传统的产业部门，以高新技术为依托的网络服务、文化信息业、文化电子商务、广告会展和具有自主知识产权的动漫、网络游戏、文化创意等新兴文化产业快速发展并形成后发优势，文化创意产业实现新突破。三是文化产业层次结构更加合理。山东文化产业层次结构极为不合理，相关层所占产值比重过大，核心层所占比重过小。必须努力提高山东文化产业核心层的比重，使三者的比率为50%、28%和22%，推动山东文化产业层次结构更加合理。四是文化产业主体结构愈加改善。积极推动山东文化企业规模化、集约化经营，涌现出20家以上年产值过10亿元的实力雄厚、具有较强竞争力和影响力的大型文化企业和企业集团，销售收入、总资产突破100亿元旗舰文化企业集团发展到5家左右，文化上市公司6家以上、市值过200亿元的突破2家。大力支持文化企业实现集群化、专业化发展，形成一批布局合理、特色鲜明的文化产业园区和产业基地，使山东成为华北地区文化设备制造业及流通业中心、创意产业研发与孵化基地。

（七）文化市场指标体系

在社会主义市场经济条件下，山东省文化市场自 20 世纪 80 年代兴起以来，经过近 30 年的磨炼与洗礼，得到了蓬勃发展，日益成为满足人民群众精神文化生活的重要途径，成为文化产业发展的重要支撑，成为文化资源优化、整合和配置的重要渠道。要加快"文化强省"建设，关键之一就是要繁荣文化市场、健全现代文化市场体系。山东文化市场指标体系可分解为两大二级指标：一是文化消费状况，二是文化市场繁荣发展程度。

1. 文化消费发育升级

评价文化消费是否达到文化强省的要求，其指标主要有恩格尔系数、文化消费总量、人均文化消费额、文化消费占总消费的比率、文化消费增长率、人均文教娱乐消费在人均总支出中的比率、人均图书报纸杂志消费额等。

当前制约山东"文化强省"建设的一个重要因素就是文化消费观念滞后，文化产品和文化服务难以满足社会需求。要实现"文化强省"建设的目标，就必须做到：一是扩大文化消费在消费性支出中的比重，达到25% 以上。二是努力提供丰富多彩的文化产品和文化服务，不断满足全省人民群众日益增长的精神文化需求，使群众的文化消费满意度达到90%以上。三是文化消费结构日趋合理，实现从休闲娱乐等基本文化消费向学习教育等发展型文化消费转变，教育消费在居民文化消费中比重过大的畸形状态改变。四是文化消费不断升级，科学消费、休闲消费、绿色消费等逐渐成为时尚主流。五是文化消费支出总额有较大提升，到 2020 年山东省城乡居民人均文化消费支出达到 2000 元。

2. 文化市场繁荣发展

衡量文化市场发展是否达到"文化强省"的要求，主要根据文化市场的数量、种类、规模、效益，文化市场的知名度与美誉度，文化市场的规范化与活跃度等指标来体现。

——文化市场规模效益不断发展壮大。书报刊、电子音像制品、演出娱乐、影视剧等文化产品市场发育成熟；济南古玩书画市场，济南、青岛演艺市场，淄博陶瓷琉璃市场，潍坊民间工艺品市场等特色文化市场规模效益显著；网上阅读、在线娱乐、互动游戏、手机短信、数字广播电视、流媒体等新兴文化市场得以完善。涌现出一大批知名度高、竞争力强、经济效益好的文化市场，有1—2个文化市场交易额在同类市场中处于全国前五位，基本形成多门类、多层次、多形式、多投资主体的文化市场发展格局。

——文化要素市场发育成熟。大力发展文化资本、产权、信息、管理、技术、人才等生产要素市场。在资本要素方面，制定促进文化产权交易的配套政策，成立山东文化产权交易机构，国内外资本市场被充分利用，文化企业融资渠道大大拓宽，民间资本、社会资本和外资得到吸收，形成政府投入与社会投入相结合、内资与外资相结合的多渠道、多元化的投融资机制。在产权要素方面，文化产权交易得以规范，版权和其他无形文化资产交易市场发展壮大。在信息要素方面，文化信息、交易信息透明、便捷、快速流通，服务水平大大提升。在人才要素方面，山东省文化产业人才规划制定和实施，文化产业人才的培养和挖掘得到重视，涌现出一批文化复合型人才，文化产业人才评价体系和人才奖励制度健全完善，文化产业人才得到合理配置和有序流动。

——较为完善的文化流通体系基本构建完成。一是积极推进流通方式创新，继续引导和大力发展现代流通方式，推进连锁经营、电子商务、物流配送和电影院线、票务系统建设，基本形成产、供、销一体化，以济南为中心、各地市配套、贯通城乡，立足山东、面向全国、辐射日韩、联动东南亚、欧美及其他国家的文化产品流通网络。二是坚持以市场为导向进行文化创作和文化生产，采取多种方式进行文化产品营销，建立现代文化市场营销体系。三是充分发挥中介机构、行业协会的作用。积极发展独立公正、规范运作的专业化文化市场中介服务机构，按照市场化原则规范和发展行业协会组织，使其在人才流动和信息交流、沟通方面发挥更大的作用。

——文化市场走向规范化管理。建立健全文化企业信用评级制度，引导各类文化企业连锁化、品牌化、规模化和诚信守法经营，建立健全文化市场管理长效机制，政府管理职能得到充分发挥，长效监管措施得以落实，管理规则完善，形成党委领导、政府管理、行业自律、社会监督的文化市场监管体系以及文化企事业单位依法运营的高效规范的文化市场体制,文化市场长治久安。文化市场执法队伍建设加强,市场监管效率高,执法主体公正廉洁。

(八) 文化贸易指标体系

文化贸易的迅速发展以及文化贸易发展的不平衡,引起各国和地区对文化服务贸易的重视。并且由于文化贸易所具有的经济和文化的双重属性,使一国和地区在国际文化贸易中的地位对一国和地区在世界经济、文化中的发展占有举足轻重的地位,文化贸易已经成为各国在国际贸易中积极竞争的新领域。为促进山东对外文化贸易,应积极实施文化"走出去"战略,推动山东文化贸易实现跨越式发展,积极培育外向型骨干企业。

1. 文化贸易进出口总额

文化贸易进口总额,即一定时期内山东从国外进口的文化产品的全部价值。文化贸易出口总额,即一定时期内山东省向国外出口的文化产品的全部价值。文化贸易差额,即山东在一定时期内出口总额与进口总额之间的差额,差额的正负反映进出口文化贸易是否平衡。主要文化产品进出口,即在文化贸易中的比重表明主要文化产品对整个文化贸易的影响程度。

2. 文化企业投资额

文化贸易投资额包括外商投资额和企业对外投资额两方面。外商投资的文化企业总数,即在山东境内设立的,由中国投资者和外国投资者共同投资或者仅由外国投资者投资的文化类型企业。文化产业实际使用外资金额,指报告期收到文化产业的用于固定资产建造和购置的国外资金(包括设备、材料、技术在内),包括对外借款(外国政府贷款、国际金融组织贷款、出口信贷、外国银行商业贷款、对外发行债券和股票)、外商直接投资及外商其他投资。文化产业对外直接投资,文化企业以跨国经营的方式所形成的国际资本转移。一般认为对外直接投资是一国投资者为取得国外企业经营管理上的有效控制权而输出资本、设备、技术和管理机能等无形资产的经济行为。

(九) 文化品牌指标体系

品牌效应是核心竞争力的关键,对"文化强省"建设至关重要。拥有文化品牌的多少，是一个地区文化实力的象征。品牌就是质量、效益、竞争力和生命力。生产一批具有齐鲁文化特色的精品力作，涌现一批具有自主知识产权和市场竞争力的文化产品，打造一批国内外具有重大影响的文化活动品牌和文化服务品牌，是实施山东"文化强省"战略的根本要求。

1. 形成一批代表区域形象特色的文化品牌

着力打造孔子文化、齐文化、鲁文化、黄河文化、泰山文化和滨海文化品牌，推出更多具有山东特色、反映时代风貌、在社会上叫得响、在全国有影响的知名文化品牌。以《粉墨》、《大羽华裳》为代表的舞台剧目品牌，以孔子文化节、潍坊风筝节、青岛啤酒节为代表的文化节庆品牌，以电视剧《闯关东》、《大染坊》为代表的鲁剧品牌，以《蒙山沂水》、《杏坛圣梦》为代表的旅游演艺品牌，以《圆明园》、《晶莹小子》为代表的动漫品牌，以杨家埠木版年画为代表的民俗文化品牌等成为全国知名文化品牌，力争5—10年内推出150个左右在省内外名气大、影响力强的文化产业品牌。

2. 文化品牌实现多元化

既要有一批见证齐鲁传统文化的"老字号"，也要有顺应大潮、与时俱进的新品牌。经典文化品牌成为助推文化产业发展的原动力，一批新近打造出来的创新文化品牌充满旺盛的生命力。

3. 文化品牌社会基础扎实

有了民意基础和文化创造的主体才有文化品牌的根基和立场。建设"文化强省"，必须使文化生产和文化服务适应现代受众的审美需求和愉悦方式，开发一批深受群众喜爱、市场占有率高的文化产品，能满足不同群体、不同地区的文化需求。

（十）文化创新指标体系

文化发展的生命力在于创新，创新是文化的本质特征。大力推动文化创新，进一步解放和发展文化生产力，是发展繁荣文化、提高文化软实力的根本途径。

1. 思想观念创新

树立人本发展理念，大力培育文化意识，增加文化消费，促进人的全面发展。通过思想解放和观念更新，提高人们对文化建设重要意义的认识，形成文化发展的聚合力。积极培育崇尚创新的文化氛围，形成尊重创新、鼓励创新、保护创新的良好环境。形成有利于集体和个人充分发挥创意、技艺、技术的氛围，培育广播影视、动漫、音像、传媒、视觉艺术、表演艺术、工艺与设计、广告装潢、服装设计、软件和计算机服务等方面的创意群体。

2. 体制机制创新

通过推进经营性文化单位转企改制，确立它们的市场主体地位，使其真正融入市场经济体制之中，从根本上改变财政供养制，增强文化企业的活力，促进文化产品的生产。通过深化文化事业单位内部改革，转换内部机制，引入竞争机制和激励机制，实行全员聘用制，健全岗位目标责任制，形成科学的业绩考评机制、有效的经费保障机制和完善的管理运行机制，充分调动员工的积极性，增强发展活力，使公益性文化事业的社会效益得到充分发挥。加快文化领域的所有制结构调整，增强国有文化资本的市场控制力、影响力和带动力，鼓励和支持非公有制资本进入非特殊化的文化领域，形成以公有制为主体、多种所有制共同发展的文化产业格局。

3. 内容形式创新

内容形式创新是文化吸引力、感染力和生命力的源泉。坚持"二为"方向和"双百"方针，深入挖掘、充分利用文化资源，在内容上创作出具有时代精神的，贴近实际、贴近生活、贴近群众的优秀文化产品。文化形式创新，就是依托现代技术手段，不断创新文化生产方式，不断创新文化的存在形态，不断创新文化的传播途径和培育新的文化形态。实施"创意山东"计划，依靠创意和科技提升，推动文化产业转型升级，促进文化产业从粗放型向集约型、高效型转变，增强文化产业整体实力和竞争力。大力发展文化科技、影视制作、音乐制作、时尚设计、艺术创作、工艺美术、广告创意、动漫游戏等文化类创意企业，形成一批以提供文化数字信息、演艺、动漫、文化资讯等内容为主的大型企业，利用文化创意成果拉动相关服务业和制造业的发展。

4. 传播手段创新

文化传播手段创新，就是借助新的文化传播媒介迅速、便捷地将新的文化发展成果传播出去。这既包括实现"三网融合"，借助互联网、手机、数字电视等全新的文化传播途径传播文化成果，同时还包括加强重点新闻媒体建设，对原有文化传播媒介与途径更新，尽快建立起覆盖广泛、传输快捷的传播体系，让更多人共享文化成果。借助国内外著名的电影节、电视节、艺术节、书展、博览会等平台，积极推介文化产品和服务。鼓励人民团体、民间组织、民营企业和个人从事对外文化交流。

（十一）文化人才指标体系

山东"文化强省"建设，一方面要靠资源；另一方面要靠人才，两者缺一不可，但在这二者中，起决定作用的仍然是人才资源。文化人才不仅是文化强省的主体，其发展状况也是衡量是否达到文化强省的重要指标。到 2020 年，全省文化从业人员应达到 200 万人左右，文化从业人员占整个从业人员的比重达到 4.5% 左右，文化优秀人才占整个文化从业人员的比重达到 3% 左右。

1. 文化人才数量多

——涌现出三个"一批"高精尖文化人才。即：一批专业领域领军人物和高层次专门文化管理人才；一批懂经营善管理的复合型人才；一批在国内有重要影响、在国际有一定知名度的作家、记者、出版家、演员、导演和其他艺术家。

——形成合理的文化人才结构。建设一支政治强、业务精的文化工作者队伍和比例合理、知识结构科学的文化产业从业人员队伍。

2. 文化人才水平高

通过建立和完善有利于优秀人才成长和发展的体制机制，使每万人口大专及大专以上文化程度人口比率居全国前列，获得国家级各种文化奖项数量居全国前列。

3. 完善的文化人才培养引进机制

——形成科学的文化人才规划和中长期培养计划，文化人才统计及时、科学。

——建立多层次的文化人才培养机制。高等院校文化人才培养体系完善，课程合理、师资完备，具备完善的文化从业人员培训教育机制。

——构建合理的文化人才市场体系。建立健全网上文化人才市场和省、市文化人才库，完善文化人才柔性流动机制，文化产业人才实现市场化合理配置。

（十二）　文化投入指标体系

"文化强省"建设关键在投入，文化投入状况既是实现"文化强省"的重要保障，又是衡量"文化强省"建设的目标是否实现的重要指标。为此，必须增加投入，改进投入方式，完善投入机制，壮大文化发展基金，到 2020 年山东省应形成稳定、完善的经费保障机制，文化建设的投入每年达到或超过国民生产总值的增长速度；省市两级设立的文化发展专项资金合计由 2008 年的 2 亿多元达到 5 亿元；文化和传媒财政支出由 2008 年的 55.16 亿元达到 100 亿元，占全部地方财政支出的 3%；全省公共科技投入占 GDP 的比率达到 6%；公共教育投入占 GDP 的比率达到 6%。

专项资金充分体现了中央和山东省对公共文化服务体系建设的高度重视，应用于改善山东省基层群众文化服务条件，丰富广大人民群众的文化生活，进一步推动山东省乡镇文化站、文化信息资源共享工程建设。

——公共文化发展专项资金和基金目标明确。重点用于扶持公益性文化事业发展、支持文化创新和精品生产；扶持关键领域或具有示范性和导向性文化产业项目的研发；用于重要文化遗产的保护和支持地方重大文化工程项目的建设；用于支持重大出版项目等。

——公益性文化事业投入政策导向正确。形成规范有效的公益文化事业筹资机制和对公益文化事业多渠道投入的体制。公共财政对文化事业的投入，随着经济的发展逐年增加，增加幅度高于财政收入的增长幅度；形成长效的农村文化建设投入机制，将农村公共文化建设纳入各级政府目标管理责任制，确保农村文化事业经费。

——公益性文化事业资金筹措引导机制完善。通过税收优惠政策，支持国有公益性文化事业单位自我发展；通过在融资、用地、税收等方面给予国有单位相同的政策优惠，吸引和鼓励社会力量捐助和兴办图书馆、博物馆、文化馆等公益性文化事业。

（十三）　文化环境指标体系

要实现"文化强省"的战略目标，就必须为山东省文化大发展大繁

荣构建较为完善的文化保障体系。山东"文化强省"建设保障指标体系
又可分解为政治保障、组织保障、政策保障、社会保障和体制保障五大
选项。

1. 组织环境

各级党委、政府高度重视文化建设，抓发展必须抓文化、抓文化就是
抓发展的观念得以树立，推动文化大发展大繁荣的责任意识、机遇意识极
大增强，文化建设已经切实纳入各地经济社会发展规划。文化发展目标纳
入综合考核体系，文化建设作为评价地区发展水平、衡量发展质量和领导
干部实绩的重要内容，各地各部门按照科学发展观的要求指导文化建设、
推动科学发展的自觉性、主动性与创造性得到极大提高。

2. 政策扶持

衡量和评价山东"文化强省"的一个重要标准就是政策保障是否有
力，而这又具体体现在文化发展政策的透明度、合法性、合理性等要素
上。为此，必须使国家和省里有关文化改革发展和建设的政策执行到位、
落实到位。文化政策在引导社会资源优化配置，促进文化协调发展、率先
发展、健康发展、和谐发展的作用得到极大发挥，文化的财政优惠政策、
市场准入政策、投融资政策、税收政策等政策配套体系得已建立完善。

3. 社会环境

实现"文化强省"，就必须使文化社会捐赠越来越成为推动文化发展
的重要力量，参与文化捐助和文化志愿者活动的人越来越多。社会公益性
文化项目在全国名列前茅，有关文化生产、消费、运营方面的社会组织较
为发达。各级各部门和社会各方面形成主动参与、密切配合、上下联动、
齐抓共管的工作格局。人民群众的主体作用得到发挥，广大人民群众参与
文化建设的积极性、主动性得以调动，全社会的文化创造活力大大激发。
到 2020 年，每年参与文化捐赠与志愿服务活动的人数达到 30% 以上，每
人每年参与文化活动的次数达到 3 次以上。

第五章　山东"文化强省"建设的
重点领域与主要任务

山东"文化强省"建设是贯彻落实党的十七届六中全会精神的重大举措，是顺应世界文化经济融合发展趋势的战略选择，是推动山东省经济发展方式转变的必然要求，是满足人民群众日益增长的精神文化需求的重要任务，是实现科学发展、率先发展、又好又快发展的必由之路。加快"文化强省"建设，要贯彻落实科学文化发展观，立足实际，突出重点，力求新思路、新举措和新突破，紧密围绕"六大重点领域"，着力实施"八大重点工程"。

一　山东"文化强省"建设的六大重点领域

"文化强省"建设涵盖的内容十分丰富，必须深刻把握其内涵，充分尊重社会主义文化建设规律，全面贯彻中央关于文化建设的方针路线和战略部署，结合山东实际，突出时代特征，重点着眼于以下六个方面。

（一）思想道德建设

思想道德建设是山东"文化强省"建设的核心内容，是社会主义文化建设必须承担的根本任务。加强思想道德建设，必须以社会主义核心价值体系进行引领统摄，牢牢把握社会主义先进文化的前进方向，弘扬民族优秀文化传统，借鉴人类有益文明成果，倡导和谐理念，培育和谐精神，推动理论创新，进一步形成全社会共同的理想信念和道德规范，打牢全省人民团结奋斗的思想道德基础。

1. 思想建设

社会主义核心价值体系是社会主义意识形态的本质体现，决定着社会主义思想文化的性质和方向，是思想道德建设基本内容的高度集成。山东"文化强省"建设，首先要突出抓好社会主义核心价值体系建设，增强社会主义意识形态的吸引力和凝聚力，形成全省奋发向上的精神力量和团结和睦的精神纽带。要坚持把社会主义核心价值体系融入全省国民教育和精神文明建设全过程、贯穿现代化建设各方面。要坚持用马克思主义中国化的最新成果武装全党、教育人民，用民族精神和时代精神凝聚力量、激发活力，倡导爱国主义、集体主义、社会主义思想，加强理想信念教育，加强国情和形势政策教育，不断增强对中国共产党领导、社会主义制度、改革开放事业、全面建设小康社会目标的信念和信心。要加强马克思主义理论研究和建设，增强党的思想理论工作的创造力、说服力、感召力。要坚持以社会主义核心价值体系引领社会思潮，尊重差异，包容多样，最大限度地形成社会思想共识。要坚持用社会主义核心价值体系统领文化建设，发展面向现代化、面向世界、面向未来的，民族的科学的大众的社会主义文化，以不断丰富人们的精神世界，增强人们的精神力量。要坚持为人民服务、为社会主义服务的方向和百花齐放、百家争鸣的方针，弘扬主旋律，提倡多样化，以科学的理论武装人，以正确的舆论引导人，以高尚的精神塑造人，以优秀的作品鼓舞人。

2. 道德建设

社会主义道德建设是发展先进文化的重要内容，是山东"文化强省"建设的基础性工程。特别是要以和谐文化建设为努力方向，以社会主义荣辱观为基本内容，以公民道德建设工程为抓手，以群众性精神文明创建活动为载体，以青少年思想道德教育为重点，全面推进"文明山东"建设。要坚持以为人民服务为核心，以集体主义为原则，以爱祖国、爱人民、爱劳动、爱科学、爱社会主义为基本要求，在全省牢固树立建设有中国特色社会主义的共同理想和正确的世界观、人生观、价值观。要坚持以增强诚信意识为重点，加强社会公德、职业道德、家庭美德、个人品德建设，在全省大力倡导"爱国守法、明礼诚信、团结友善、勤俭自强、敬业奉献"的基本道德规范，培育奋发进取、理性平和、开放包容的社会心态，建立完善社会志愿服务体系，形成"我为人人、人人为我"的社会氛围。要紧紧抓住影响人们道德观念形成和发展的重要环节,通过家庭、学校、机关、企事业单位和社会各方面,坚持不懈地在全体公民中进行道德教育,把建设有中国特色社会主义的思想观念和道德要求,不断灌注到全体党员和干部群众的头脑之中,努力提高公民道德素质,促进人的全面发展,培养一代又一代有理想、有道德、有文化、有纪律的社会主义公民。要积极开展以"讲文明树新风"为主题的创建文明城市、文明村镇、文明行业活动,社会各界组织的公益活动,向先进典型学习的活动,以及传统节庆、文明礼仪教育活动,倡导企业文化建设,推进农村乡风文明建设,带动全社会文明素质的不断提高。要重视青少年思想道德教育,加强青少年文化活动场所建设,创造出更多青少年喜闻乐见、益智益德的文化作品,广泛开展面向青少年的各类文化体育活动,为青少年营造健康成长的空间。要牢牢把握正确舆论导向,加强各种媒体的正面宣传,综合运用经济、教育、法律、行政、舆论手段,引导人们知荣辱、讲正气、尽义务,形成扶正祛邪、惩恶扬善的社会风气。

3. 理论建设

理论研究创新是山东"文化强省"建设的重要内容和保障。要不断推动理论武装和理论宣传,始终坚持用马克思列宁主义、毛泽东思想和有中国特色社会主义理论武装全党、教育人民,不断提高全党的马克思主义理论水平。要深入实施马克思主义理论研究和建设工程,加强对马克思列宁主义、毛泽东思想、邓小平理论、"三个代表"重要思想和科学发展观的研究,加强对中国特色社会主义实践经验的理论总结,继续做好马克思主义经典著作编译工作。要大力繁荣发展哲学社会科学,发挥哲学社会科学认识世界、传承文明、创新理论、咨政育人、服务社会的重要作用。要加强哲学社会科学创新体系建设,积极推进学术观点创新、学科体系创新和科研方法创新。要加强地方社会科学研究机构和高等学校服务于本地区经济社会发展实际的应用对策研究,重点扶持有重大创新意义的研究项目,扶持关系哲学社会科学发展全局的研究项目,扶持对学科创新发展起关键性作用的研究项目,扶持对弘扬民族精神、传承民族文化有重大作用的研究项目,扶持对经济社会发展和国家安全有重要影响的研究项目。

（二）文化事业建设

文化事业建设是山东"文化强省"建设的基本任务，是繁荣发展社会主义先进文化的重要途径，满足人民群众基本文化需求的基本手段。发展文化事业，必须坚持正确导向，追求社会效益最大化，以政府为主导，以公共财政为支撑，以公益性文化事业单位为骨干，以公益性、基本性、均等性、便利性为原则，以基层特别是农村为重点，构建覆盖城乡的公共文化服务体系，实现和保障人民群众的基本文化权益。

1. 创新公共文化服务内容

公益性文化事业单位必须面向基层、面向群众，向社会提供更多更好的公共文化服务。一是增加公共文化产品的生产提供。要坚持"三贴近"原则，鼓励广大文艺工作者面向基层、服务群众，创作出大批人民群众喜闻乐见的、形式多样的文化艺术作品，较好地满足城乡人民群众的精神文化需求。大力实施文化精品工程战略，扶持具有山东特色和重要艺术价值的原创艺术产品以及民间艺术生产、传播，创作出一批思想精深、艺术精湛、文化精良的文化精品力作。二是丰富公益性文化活动内容。要推动政府通过购买文化产品的方式在特定时段、以特定内容、向特定群体提供公共文化服务，同时要继续开展"三下乡"、"四进社区"、"送欢乐下基层"等文化惠民活动并不断规范。在全社会广泛开展人文社科、文艺欣赏、法制、科技卫生等基础知识的普及工作。在国民教育中要加大人文社会科学知识的比重，加强哲学社会科学知识、文化常识和传统文化技艺的普及教育。要加强群众文化创作，发挥文化馆（站、中心）等文化机构的组织作用，充分利用传统节日、重大节庆、广场文化活动等载体，开展歌咏、读书、书法、朗诵、科普知识等各种群众性文化活动。要继续搞好山东省艺术节、山东省农村文化艺术节、山东省小戏艺术节、"泉城大舞台"文艺演出、全省"庄户剧团"调演等公益性文化活动，同时组织开展广场艺术节、社区文艺会演、舞蹈大赛、秧歌大赛、器乐大赛等多种类型的公共文化活动。

2. 完善公共文化服务设施

公共文化服务机构是提供公共文化服务的主要载体。国家兴办的图书馆、博物馆、文化馆（站）、科技馆、群众艺术馆、美术馆等为群众提供公共文化服务的单位，为公益性文化事业单位；党报、党刊、电台电视台、通讯社、重点新闻网站和时政类报刊、少数承担政治性、公益性出版任务的出版单位，重要社会科学研究机构，体现地方民族特色和国家水准的艺术院团，实行事业体制，由政府重点扶持。在当前阶段推动公共文化服务设施建设，主要是实施五大文化惠民工程，即实施广播电视 "村村通" 工程、文化信息资源共享工程、社区文化活动中心和乡镇综合文化站（室）建设工程、农家书屋建设工程和农村电影放映工程，切实解决基层群众看书难、看报难、看电影难、收听收看广播电视难的问题。要加大政府对文化事业投入力度，扩大公共财政覆盖范围，以大型公共文化设施为骨干，以社区和乡镇基层文化设施为基础，优先安排关系人民群众切身文化利益的设施建设，促进文化设施网点布局的优化，促进文化服务设备的更新维护，实现公共文化服务的便民性和持续性。

3. 创新公共文化服务方式

增强公共文化服务供给能力，关键在于创新公共文化服务方式。一是创新投入方式。要不断加大政府对文化事业的投入力度，着重加强基层文化设施建设。要引导和鼓励社会力量捐助和兴办图书馆、博物馆、文化馆等，在用地、税收等方面给予政策优惠。要以项目投入为手段，以激发活力为目标，提高资金的使用效益。要积极推行公共文化活动项目公开招标和政府采购，引入市场竞争机制。二是创新服务形式。要建立健全公共文化设施服务公示制度，在窗口接待、场所引导、资料提供以及内容讲解等方面，创造良好的服务环境，增强吸引力。要进一步完善公共文化设施的优惠或免费开放、使用制度。要实行定点服务与流动服务相结合，鼓励具备条件的城市图书馆采用通借通还等现代服务方式，推动公共文化服务向社区和农村延伸。采用政府购买、补贴等方式，向基层、低收入和特殊群体提供免费文化服务。要促进数字和网络技术在公共文化服务领域的应用，建设数字广播电视信息平台、数字电影放映网络系统、网上图书馆、网上博物馆、网上剧场和群众文化活动远程指导网络。三是创新运行机制。要按照 "转换机制，增强活力" 的要求，深入推进公益性文化事业单位的内部人事、收入分配和社会保障制度改革，提高文化事业单位的运行效率和服务能力。

4. 加强农村文化事业建设

农村文化建设是文化事业建设的重点。要认真落实《中共中央、国务院关于推进社会主义新农村建设的若干意见》和《中共中央办公厅、国务院办公厅关于进一步加强农村文化建设的意见》，增加政府财政投入，调整资源配置，着力推进农村文化建设重点工程，加大文化资源向农村的倾斜，建立农村文化建设的长效机制。

5. 加强新闻事业建设

正确的思想舆论导向是促进社会和谐的重要因素。新闻媒体要坚持正确导向，增强社会责任感，唱响主旋律，宣传党的主张，弘扬社会正气，通达社情民意，引导社会热点，疏导公众情绪，为改革发展稳定营造良好思想舆论氛围。要积极推进新闻媒体体制机制改革，着力提高其引导社会舆论的能力。要增强对重点新闻媒体的扶持力度，增强持续发展能力，成为拥有知名品牌和较强社会影响力、竞争力的优势媒体，充分发挥舆论主阵地、主力军作用。要积极发展新兴传播载体，办好新闻网站。加强对互联网等的应用和管理，理顺管理体制，倡导文明办网、文明上网，使各类新兴媒体成为促进社会和谐的重要阵地。

（三）文化产业发展

发展文化产业是满足人民群众多样化精神文化需求的途径，是经济发展转方式、调结构的重要方面，是"文化强省"建设的重要任务。加快文化产业发展，文化创意是发展重点，结构调整是主线，转变发展方式是关键，完善市场体系是保障，最终要形成以公有制为主体、多种所有制共同发展的文化产业格局，推动文化产业成为山东省国民经济的支柱产业。

1. 发展重点文化产业

要抓住山东半岛蓝色经济区、黄河三角洲高效生态经济区和胶东半岛高端产业集聚区建设机遇，加大扶持力度，完善产业政策，重点发展文化创意、影视制作、出版发行、印刷复制、演艺娱乐、广告会展、文化旅游、数字内容、动漫和网络游戏等十大产业。文化创意产业要重点发展文化科技、音乐制作、艺术创作、动漫游戏等企业，提高影响力和带动力，拉动相关服务业和制造业的发展。影视制作业重点推动城市院线影院建设，有线网络整合、改造、提升，加强影视制作、发行、播映和衍生产品的开发。出版发行业要加快传统企业技术升级和战略转型，加快各类出版物数字化、网络化、电子商务化进程。印刷复制业重点加快技术改造升级，规划建设好出版物印刷产业基地、半岛包装装潢印刷基地、印刷物流基地。演艺娱乐业重点加快文艺演出院团转企改制和资源重组，完善演艺娱乐基础设施，培育消费市场，创作演艺精品，打造具有山东特色的演艺品牌。广告会展业要着力提高规模化、专业化水平，积极促进新型广告媒体发展，加快培育品牌会展。文化旅游业重点整合演艺、鲁菜与景区文化资源，提升景区的文化内涵，延伸文化旅游产业链。数字内容产业重点推动现代科技与文化的融合，加强开发、设计、制作、传播和销售。动漫产业要重点加强国家和省级动漫基地建设，加强动漫衍生产品开发，促进动漫产业"产、学、研、服"一体化发展。网络游戏业重点支持游戏自主研发，着力提高质量，培育精品，树立品牌。

2. 优化文化产业结构

要加大规划指导和政策扶持力度，着力调整文化产业结构，推动全省文化产业实现全面、协调、可持续发展。一是优化行业结构。在继续壮大新闻出版、广播影视和演艺业等传统文化产业的同时，努力发展文化旅游、节庆会展、艺术培训、网络游戏等新兴文化产业，努力促使文化产业核心层、外围层和相关层的比例更加合理。要加快广播电视传播和电影放映数字化进程，推进电信网、广播电视网和互联网"三网融合"。积极发展以数字、网络等高新技术为支撑的新兴文化业态，支持发展移动多媒体广播电视、网络广播影视、数字多媒体广播、高清电视，鼓励开发移动文化信息服务、数字娱乐产品等增值业务。二是优化所有制结构。加快全省文化产业所有制结构的调整，使民营文化企业所占比重超过60%，形成以国有文化企业为主导、多种所有制共同发展的文化产业格局，以极大地解放和发展文化生产力。三是优化产品结构。以品牌塑造推动文化产品结构优化，持续推出具有自主知识产权和市场竞争力的精品力作，形成一批代表山东形象、具有齐鲁文化特色的文化品牌，打造一批国内外具有重大影响的文化活动品牌和文化服务品牌，使文化品牌成为助推山东文化产业发展的原动力。

3. 转变文化产业发展方式

转变发展方式既是经济发展的迫切需要，也是提高文化产业发展速度和效益，增强文化产业区域竞争力的现实要求。一是推动文化产业规模化发展。加快全省文化产业从单纯依赖数量、规模扩张的粗放型增长方式向大力提高质量、效益的集约型发展方式转变，进一步优化产业结构，推动产业集聚，形成规模经济效益，提高集约化经营的能力和水平。要遵循整合资源、形成合力、发挥优势、注重实效的原则，加快构建具有鲜明区域特色、结构合理、效益显著的"三区、三园、三带"文化产业发展总体格局。要依托特色文化资源，通过资源整合、集聚发展，规划建设集聚一定数量文化企业、具有较大产业规模、能够提供相应基础设施保障和公共服务的文化产业园区（集聚区）。围绕重点产业领域，坚持以企业带产业、以产业带基地，加快建设一批具有一定规模、自主创新研发能力强、专业领域贡献突出并在同行业中具有较大影响力的文化产业基地。二是推动文化产业集约化发展。围绕增强全省文化企业核心竞争力，通过跨地区跨行业的联合、兼并、重组，重点培育和发展一批实力雄厚、具有较强竞争力和影响力的大型文化企业和企业集团。要重点加强对出版、报业、广电、演艺等核心层文化产业集团的扶持，既要形成核心竞争力，又能向多元化发展要效益，支持有条件的文化集团尽快上市融资，实现裂变式膨胀发展。三是推动文化产业与高新技术融合发展。要加快对传统文化产业的改造和升级，在音乐、影视、演艺等方面加快关键技术设备的改造更新和核心技术研发。积极发展与数字创意相关的网络游戏、在线娱乐、电脑特技、软件设计、数字节目制作、户外新媒体等新兴业态，不断增强文化产品的科技含量和附加值。四是推动文化产业融合发展。要促进文化产业与教育、科技、信息、体育、旅游、休闲等产业的联动发展，与工业设计、城市建设等经济活动相结合，形成新的经济增长点。要积极支持文化企业充分利用自有知识产权和品牌优势，向相关产业延伸发展，开发多种形式的衍生产品。

4. 健全文化市场体系

要建立健康繁荣有序的文化市场体系，为文化产业发展创造良好环境。一是培育壮大市场主体。要继续深化国有经营性文化单位转企改制，快速做大做强。要鼓励社会资本进入文化领域，培育中小文化企业。二是加强文化产品市场和文化要素市场建设。围绕重点文化行业，培育书画交易、文物复制等特色文化产品市场和网络文化市场，完善信息、资本、技术、产权、人才等要素市场，促进文化产品和生产要素的合理流动。三是加强现代文化流通体系建设。要重点建设覆盖广泛、技术先进、传输快捷的文化传播渠道。大力发展文艺演出院线，通过组建演艺联盟、统一票务网络等形式，推进主要城市演出场所连锁经营。继续推进全省有线电视网络整合，鼓励通过并购、重组等方式，跨区域进行广电网络整合。要推进城市电影院线建设，扶持区域性城市品牌院线，推动农村数字电影院线建设，鼓励电影院线、数字电影院线跨地区整合。加强以跨地区连锁经营、信息化管理和现代物流为特征的大型出版物流通体系建设，不断壮大国有出版物发行企业和民营发行业的实力。四是加强文化中介和行业组织建设。大力扶持画廊、书画拍卖公司等中介企业发展，成立山东省文化产业联合会，制定行业规范，加强行业自律，完善行业服务。五是培育扩大文化消费。要适应城乡居民消费结构的新变化和审美的新需求，不断创新文化产品和服务，培育新的消费热点，扩大文化消费领域，大力推进惠民性文化活动，不断提高市场消费拉动能力。六是加强市场监管，加大知识产权保护力度，理顺文化市场综合执法体制，建立统一、开放、竞争、有序的现代文化市场体系。

（四）文化改革创新

改革创新是山东"文化强省"建设的强大动力，是深入贯彻落实科学发展观、加快经济发展方式转变的迫切需要，是加快文化自身发展、增强自身活力、满足人民群众日益增长的精神文化需求的迫切需要，是顺应现代信息科技迅猛发展和广泛应用新趋势、抢占文化发展制高点的迫切需要，是适应对外开放不断扩大新形势、提高齐鲁文化国际影响力和竞争力的迫切需要。必须从山东经济文化强省建设的全局高度，不断增强改革创新的自觉性和坚定性，深化文化体制改革，推进观念创新、体制创新、机制创新、内容创新、形式创新、传播手段创新、业态创新、科技创新，进一步增强文化发展的生机和活力，解放和发展文化生产力，推动文化大发展、大繁荣。

1. 创新文化体制机制

体制创新是推动文化创新的关键环节，是促进文化繁荣发展的必由之路。要坚持以改革促发展，用改革的办法破解发展难题，加快推进重点领域和关键环节的改革,努力构建充满活力、富有效率、有利于文化科学发展的体制机制。一是加快培育合格文化市场主体。这是文化体制改革的中心环节,也是衡量改革成效的重要标志。要进一步加快经营性文化事业单位的转企改制,建立规范的现代企业制度,使之真正成为自主经营、自我发展、依法运营的市场主体。要积极引导非公有资本进入文化领域,扶持发展民营文化企业,形成以公有制为主体、多种所有制共同发展的文化产业格局。要建立完善现代文化市场体系,加快培育大众性文化消费市场,为文化企业成长壮大创造良好市场条件。二是建设高效的文化事业主体。加大对公益性文化单位的财政投入力度,创新投入方式,建立起促进文化事业单位发展壮大的长效机制。深化公益性文化单位内部人事、分配、社会保障改革,建立科学的绩效评估制度,促使文化事业单位不断增强发展活力。创新公共文化服务内容和服务方式,提高文化事业单位服务能力和效率。三是创新文化宏观管理体制。全面推进文化市场综合执法改革,加快组建统一的文化行政主体,切实提高执法水平和管理效能。进一步转变政府职能,推动文化行政管理部门由办文化为主向管文化为主转变,由管微观向管宏观转变,由主要面向直属单位转为面向全社会转变,更好地履行政策调节、市场监管、社会管理和公共服务的职能。积极探索新形势下国有文化资产管理的新途径,加强有效监管,实现国有文化资产保值增值。四是正确处理改革、发展、稳定的关系。坚持区别对待、分类指导、循序渐进、逐步推开的原则,把改革的力度、发展的速度与群众的承受程度统一起来,既要勇于改革、积极推进,又要稳妥把握、注重协调各方面利益关系,使改革的过程真正成为激发发展活力的过程、成为保护和调动广大文化工作者积极性、创造性的过程。

2. 创新文化发展内容

内容创新既是"文化强省"建设的源泉,也是"文化强省"的重要表现。推动文化内容创新,一是实施"创意山东"计划。积极营造有利于集体和个人充分发挥创意、技艺、技术的氛围,重点培育广播影视、动漫、音像、传媒、视觉艺术、表演艺术、工艺与设计、广告装潢、服装设计、软件和计算机服务等创意产业,完善有利于文化创意群体创业发展的市场环境和政策环境,逐步形成一批以提供文化数字信息、影视、演艺、文化资讯等内容为主,实力雄厚的大型内容提供商。二是繁荣发展文学艺术。坚持"双百"方针和"三贴近"原则，充分发掘和利用齐鲁传统文化的丰厚资源，借鉴世界文明的优秀成果，努力创作具有山东特色、齐鲁气派、深受群众喜爱的优秀文学艺术作品。实施文化精品战略，扶持原创性作品，打造一批代表国家形象、具有民族特色的文学、戏剧、音乐、美术、书法、摄影、舞蹈、杂技、广播、影视、动漫等文化艺术精品，培育一批体现国家文化水准、具有相当国际影响力的文化名人和名品。三是繁荣发展哲学社会科学。加大投入力度，扶持有重大创新意义和对弘扬民族精神、传承民族文化有重大作用的研究项目，增强地方社会科学研究机构和高等学校围绕本地区经济社会发展实际开展应用对策研究的能力。加强哲学社会科学创新体系建设，积极推进学术观点创新、学科体系创新和科研方法创新。整合研究力量，优化哲学社会科学资源配置，形成合理的分工体系。

3. 创新文化发展方式

坚持科技带动和政策推动相结合，不断改进文化生产、传播手段，提高生产效益，增强齐鲁文化的国内外竞争力。一是推进文化与科技融合。科技进步是加快文化发展的强大支撑。要抓住高新技术快速发展的历史性机遇，充分运用现代科技改造提升传统文化业态，拓展文化产业发展的新领域。要加强文化领域自主创新，建立产学研一体的文化创新机制，扶持发展一批文化创意群体和技术创新型企业。要充分运用数字网络技术，加快构建先进的文化传播体系，提高文化发展的科技含量。二是推进文化与资本融合。资本运作是文化产业发展的必经和高级阶段，当前文化产业已成为社会投资的新热点。要扩大文化产业融资渠道，认真研究落实中宣部、人民银行、财政部等九部委下发的《关于金融支持文化产业振兴和发展繁荣的指导意见》，引导鼓励金融机构加大对文化产业的信贷支持力度。要大力发展多层次资本市场，支持符合条件的文化企业发行债券，鼓励风险投资基金进入新兴文化业态，扩大文化企业的直接融资规模，扶持有条件的企业尽快上市。三是推进文化与旅游融合。旅游业和文化产业的关联度越来越高、协同性越来越强。要适应文化与旅游一体化发展趋势，推动文化与旅游深度融合，提升旅游产业的文化内涵。要积极培育新的文化旅游业态，丰富文化旅游产品，大力发展红色旅游，开发特色文化旅游演艺项目，壮大文化旅游产业规模实力。四是加大知识产权保护力度。要适应新形势的要求，建立健全知识产权保护的法律法规，营造良好的法治环境，落实有关保护措施，依法严厉打击侵犯知识产权的各种行为，进一步提高文化领域知识产权保护水平。

（五）文化保护传承

传统文化的保护传承是文化创新发展的基础，是民族赖以生存和发展的基础，任何先进文化总是与传统文化一脉相承、血肉相连的。齐鲁文化源远流长、影响深远，是山东"文化强省"建设的根基所在、优势所在。要充分发挥山东历史文化底蕴深厚的优势，大力弘扬齐鲁优秀传统文化，促进文化传承创新，推动传统文化在新的历史条件下不断焕发生命力，实现由文化资源大省向"文化强省"的跨越。

1. 加强文化遗产保护

山东省丰厚的文化遗产，不仅是文化延续和传承的重要载体，也是山东经济社会和文化价值观念、审美理念演进的历史见证，做好文化遗产保护工作是我们的历史责任，要坚持以人为本、服务群众，坚持与时俱进、开拓创新，加快推进文化遗产强省建设，在新的起点上推动文化遗产事业实现新的跨越。要认真贯彻"保护为主、抢救第一、合理利用、加强管理"的文物工作方针，加强世界文化遗产、大遗址、历史文化名城（街区、村镇）和文物保护单位的保护管理，制定并实施不可移动文物保护规划。要高度重视并切实解决好当前城镇化、工业化和新农村建设中的文物保护问题，完善重大建设工程中的文物保护工作，严格项目审批、核准和备案制度。积极实施文物保护重点项目和工程，加强"三孔"、泰山、齐长城、古运河等重要文化遗产项目保护，重视重要革命文物收集和革命历史遗迹保护，切实做好基本建设中抢救性文物保护和考古挖掘工作。坚持"保护为主、抢救第一、合理利用、传承发展"的非物质文化遗产工作方针，切实贯彻《中华人民共和国非物质文化遗产法》等相关法规，各级文化主管部门要根据《非物质文化遗产法》科学制定本地区非物质文化遗产保护规划，实现非物质文化遗产保护发展的网络化、科学化、制度化和持续化。构建政府主导、社会各界参与的文化遗产保护和开发机制。加大地方财政对历史人文资源保护资金的投入，改善文化工作者的福利待遇和文化基础设施。积极争取联合国世界文化遗产基金和国外其他专业团体、个人设立的文化遗产保护基金的投入。落实税收优惠政策，鼓励企业捐资保护历史文化遗产，接受社会特别是与特定历史文化遗产有关系人员的捐资。设立历史文化遗产保护彩票、奖券等，筹集社会资金，资助文化遗产的保护开发和利用。

2. 重视优秀传统文化传承

要深入挖掘传统文化的内在价值，加强优秀文化传统教育，让齐鲁儿女忠厚正直、豁达淳朴、崇礼尚义、勇敢坚韧、勤劳智慧的优良传统薪火不熄、代代相传。要充分认识齐鲁文化的历史价值和现实价值，加强齐鲁文化和传统思想研究，宣传齐鲁文化和历史文化名人，广泛开展齐鲁优秀传统文化宣传普及活动，组织丰富多彩、健康有益的民间民俗活动，让更多的人了解齐鲁文化，喜爱齐鲁文化，增强文化认同的自信心和自豪感。各级政府和文化部门要定期对文化遗产进行调查，不断完善文化遗产保护名录，形成数据库。图书馆、文化馆、博物馆、艺术团体、科研机构要加强对传统文化的研究挖掘，对濒临灭绝的文化遗产积极抢救梳理。要加大财政投入力度，为非物质文化遗产传承人提供创作、传承场所，资助其开展授徒、传艺、交流等活动，如定期发放津贴、辅之以适当的物质奖励，同时设立一些传承培训经费，调动民间艺人积极性，使他们能够把全部精力投入到带徒传艺上。文化主管部门及文化馆等公益性文化单位要有计划地对文化遗产进行展示。报刊、电台、电视台、互联网等媒体，要结合自身特点，宣传文化遗产项目及其保护工作，普及文化遗产知识，增强全社会的文化遗产保护意识。学校应当将文化遗产教育纳入相关课程，高等院校、职业学校应当开展非物质文化教育、研究工作，培养专门人才，提高非物质文化遗产传承人的整体素质和能力。

3. 促进文化资源科学开发利用

要充分挖掘鲁文化、齐文化、莒文化、黄河文化、泰山文化、运河文化、滨海文化、水浒文化、泉水文化、宗教文化、民俗文化、红色文化、现代文化、名人文化等丰厚的文化资源，加快文化与经济、文化与旅游、文化与科技、文化与资本的融合发展，促进文化资源的产业化、市场化开发利用，努力把文化资源优势转化为文化产业优势。要鼓励文化企业利用现代科技手段对文化资源进行创新，开发具有地方特色、民族特色和市场潜力的文化产品，促进传统文化的继承和弘扬。

(六) 文化"走出去"

推动齐鲁文化走出去,是转变文化发展方式、拓展文化发展空间的必然要求,也是增强齐鲁文化影响力和辐射力的战略举措。推动文化走出去,要坚持政府推动和市场运作并举,积极探索科技支撑、齐鲁特色、市场运作的方式,大力发展以文化企业为主体的对外文化贸易服务,建立文化走出去的长效机制。

1. 继续扩大对外文化交流

通过发挥名人效应、培育品牌产品、打造名牌工程,塑造提升山东国际文化形象,不断提高山东在国际上的美誉度和吸引力。要依托孔子文化品牌,杂技、戏曲等优势演出项目,利用春节、国庆日、建交日等重要节日、纪念日,组织举办高水平文化交流活动,增进世界对山东的了解,树立起山东省在国际上较高的认可度和辐射力。加强宣传推介,积极参与或主办国际性书展、节展期间的文化论坛和会议活动,不断增强齐鲁文化的影响力。积极拓展民间交流合作领域,鼓励人民团体、民间组织、民营企业和个人从事对外文化交流。加强哲学社会科学领域的国际交流,积极与外国有影响的哲学社会科学机构、国外知名汉学家、中国问题专家及研究机构的交流与合作。要把文化"走出去"工作与外交、外贸、援外、科技、旅游、体育等工作结合起来,把展演、展映和产品销售结合起来,充分调动各方面力量,形成对外文化交流的合力。

2. 积极发展对外文化贸易

要鼓励和支持各种所有制文化企业开展文化产品和服务出口业务。尽快制定《山东省文化出口重点企业和项目目录》,推荐更多的企业列入国家重点文化出口企业目录,并对列入目录的重点企业和项目给予出口绩效奖励,在国际市场开拓、技术创新、海关通关、融资贷款等方面给予支持,形成鼓励、支持文化产品和服务出口的长效机制。加强出口渠道和国际营销网络建设,鼓励文化企业在国外兴办文化实体,建立文化产品营销网点,实现落地经营。要支持文化企业与国际知名演艺、展览、电影、出版中介机构或经纪人开展合作,向规模化、品牌化方向发展。要多层次、多渠道宣传推介山东文化产品和服务,对重点文化企业参加国际大型展会和文化活动,在参展费、摊位费等方面给予资助,推动更多的文化产品和服务进入国际市场。

二　山东"文化强省"建设的八大主要任务

山东"文化强省"建设是一项宏大的系统工程，意义重大，任务繁重，要紧密结合上述六大重点领域，突出重点，统筹推进，扎实工作，在工作思路上力求创新，在重大措施上务求突破，在贯彻落实上体现力度，全面抓好以下"八大工程"。

（一）社会主义核心价值体系建设工程

社会主义核心价值体系把我们党所倡导的基本理论、思想观念和价值取向系统凝练地融合在一起，集社会主义价值理念之大成，是社会主义意识形态的本质体现，决定着社会主义思想文化的性质和方向，体现了社会主义文化建设的核心内容。推进"文化强省"建设，必须加强社会主义核心价值体系建设，使社会主义核心价值体系深入人心，全省团结奋斗的共同思想基础更加牢固，人民群众奋发向上的精神面貌更加昂扬。

要把建设社会主义核心价值体系作为主线，贯穿到"文化强省"建设的全过程。加快推进山东"文化强省"建设，必须坚持以马克思主义理论指引航向，用马克思主义的立场、观点、方法来探求"文化强省"建设的本质要求和客观规律，坚持先进文化的前进方向和社会效益的首要地位，认识社会思想意识中的主流与支流，解决影响全社会价值观念传承与创新的重大理论和现实问题。加快推进山东"文化强省"建设，必须坚持用中国特色社会主义共同理想来凝聚力量，引导人们正确认识文化发展中存在的问题和矛盾，正确认识文化体制改革的艰巨性和复杂性，把远大理想和现实努力紧密结合起来，不断增强全省上下贯彻党的文化建设理论路线和方针政策的自觉性。加快推进山东"文化强省"建设，必须以崇高的精神鼓舞斗志，十分珍惜和爱护崇仁尚义、尊德重礼的优秀齐鲁传统文化，继承"爱党爱军、开拓奋进、艰苦创业、无私奉献"的沂蒙精神，发扬"改革创新、开放包容、忠诚守信、务实拼搏、敢为人先"新时期山东精神。加快推进山东"文化强省"建设，必须充分发挥社会主义荣辱观的引领作用，引导人们在生活实践中自觉践行"八荣八耻"，培育形成知荣辱、讲正气、树新风、促和谐的社会主义文明风尚。

扎实推进社会主义核心价值体系建设，进一步增强全省人民团结和谐、奋发向上的精神力量。要加强理论武装长效机制建设，完善各级党委理论学习考核制度，实施马克思主义理论研究建设工程和哲学社会科学繁荣工程，用马克思主义中国化的最新成果武装思想。要深入开展社会主义核心价值体系宣传教育，通过新闻舆论、文艺作品、文化活动、实践锻炼等多种载体和形式，把社会主义核心价值体系融入国民教育和精神文明建设全过程，贯穿到媒体宣传之中，落实到精神文化产品创作生产之中，融会到日常工作生活之中，体现到政策法规制定和社会管理之中，使之不断内化为人们的价值观念、外化为人们的自觉行动，增强社会主义意识形态的凝聚力和吸引力。社会主义核心价值体系建设必须从青少年抓起、从学校抓起，要大力推进社会主义核心价值体系基本内容进教材、进课堂、进头脑，更好地体现到学校和日常管理各个方面、各个环节，引导广大青少年树立正确的世界观、人生观、价值观，为青少年在思想道德上健康成长创造有利条件。要坚持不懈地用社会主义核心价值体系引领社会思潮，深入把握不同阶层、不同群体的思想状况和价值趋向，积极引导社会热点，开展深入细致的思想政治工作，把先进性要求与广泛性要求结合起来，把解决思想问题与解决实际问题结合起来，更加注重人文关怀和心理疏导，尊重群众的实际感受和认识水平，引导和激励广大人民群众为开创山东经济文化强省建设新局面、谱写人民美好生活新篇章而共同奋斗。

（二）"文明山东"建设工程

和谐文化是山东"文化强省"建设的重要内容，是和谐社会建设的精神源泉。要以和谐文化为核心理念，加快推进"文明山东"建设，建设文明和谐家园，形成文明健康的社会风尚，促进全省文明程度和人民群众思想道德素质全面提高。

继承和弘扬优良传统，适应时代发展要求，积极建设和谐文化，培育文明风尚，全面推进"文明山东"建设。要以增强诚信意识为重点，深化社会主义荣辱观教育，加强政务诚信、商务诚信、社会诚信建设，建立完善社会信用体系，在全社会倡导讲求诚信的行为准则和良好风气，努力打造诚信山东品牌。要以各行各业涌现出的先进典型为榜样，加大典型的培养和宣传力度，充分发挥道德模范的榜样作用，深入推进社会公德、职业道德、家庭美德、个人品德建设，在全社会形成知荣辱、讲正气、促和谐的良好风尚。要以文明城市、文明村镇、文明行业等群众性创建活动为载体，围绕文明礼仪、公共秩序、社会服务、城乡环境等重点问题，广泛开展社会志愿服务、送温暖、献爱心、城乡文明手牵手共建等活动，着力提高公民文明素质和社会文明程度。要重视做好大学生思想政治教育和未成年人思想道德建设工作，构建学校、家庭、社会紧密协作的教育网络，为青少年健康成长创造良好社会环境。要坚持新闻出版、广播影视、文学艺术、社会科学工作的正确导向，加强网络文化建设和管理，提高思想舆论引导水平，为改革发展营造健康稳定的良好思想舆论氛围。要坚持发展、管理并重，深入开展"扫黄打非"斗争，规范文化市场秩序，创造健康有序的文化发展环境。

（三）文化体制改革工程

文化体制改革是解放和发展文化生产力的根本途径，是建设"文化强省"的强大动力。文化体制改革的重点是，推进经营性文化单位转企改制、深化公益性文化单位机制改革、创新宏观文化管理体制、健全现代文化市场体系，最终形成科学有效的宏观文化管理体制，富有效率的文化生产和服务微观运行机制，以公有制为主体、多种所有制共同发展的文化产业格局和统一、开放、竞争、有序的现代文化市场体系。

1. 宏观文化管理体制改革

宏观文化管理体制改革是文化体制改革的重要组成部分，它与政治改革密切相关，是决定文化体制改革发展进程的关键环节。推进文化管理体制改革，要以转变政府职能为核心，加快建立党委领导、政府管理、行业自律、企事业单位依法运营的文化管理体制。按照建设法治政府和服务型政府的要求，推进政企分开、政资分开、政事分开、政府与市场中介组织分开，推动文化行政管理部门逐步实现由办文化为主向管文化为主转变，由管微观向管宏观转变，由主要面向直属单位转为面向全社会，更好地履行政策调节、市场监管、社会管理和公共服务的职能。要加强文化立法，完善法律法规体系，实现主要以行政手段管理为主向综合运用法律、经济、行政、技术等手段管理转变。要加强国有文化企业资产的监督管理，防止国有资产流失，实现国有资产保值增值。制定和完善文化产业政策，加强对市场准入和进口的管理，鼓励、支持和规范非公有资本进入文化产业。推广综合执法，加大执法力度，提高文化市场监管能力和水平。

2. 经营性文化单位体制改革

推动经营性文化事业单位转企改制，加快国有文化企业改制步伐，培育新型市场主体，是整个文化体制改革的核心环节和关键所在。经营性文化事业单位体制改革的方针是"创新体制、转换机制、面向市场、壮大实力"，核心是紧紧抓住转企改制这个中心环节，重塑文化市场主体，推动国有经营性文化单位从行政附属物转变为自主经营、自我发展、自我创新、依法运营的文化产品生产经营者。在转企改制过程中，要严格按照建立现代企业制度的要求，完善法人治理结构，使国有经营性文化单位成为真正的企业法人，做到可核查、不可逆，坚决杜绝出现行政事业性质的"翻牌公司"。要在转企改制的基础上，进行股份制改造，建立现代产权制度，并把改革和改组结合起来，盘活国有文化资产，以资本为纽带，推动跨地区跨行业跨领域兼并重组，实现低成本扩张，打造一批有实力、有竞争力和影响力的国有或国有控股的文化企业和企业集团，使之成为文化市场的主导力量和文化产业的战略投资者。要在演艺娱乐业、动漫游戏业、传媒业、网络业、影视业、出版发行业等重点文化产业，选择一批改革到位、成长性好、竞争力强的大型国有或国有控股集团公司，推动上市融资，尽快做大、做强、做优。在有条件的地方，要鼓励以财政、金融资金为主体，吸收社会资本，组建企业化的文化产业投资公司，进一步拓宽文化产业发展的融资渠道。要进一步完善文化市场体系，建立文化资产评估体系、文化产权交易体系，发展以版权交易为核心的各类文化资产交易市场，以及文化经纪代理、评估鉴定、风险投资、保险、担保、拍卖等中介服务机构，为文化企业的成长壮大创造良好市场条件。

3. 公益性文化单位机制改革

公益性文化事业改革作为文化体制改革的重要组成部分，主要遵循"增加投入、转换机制、增强活力、改善服务"的基本原则，实行政事分开，深化文化事业单位人事、收入分配和社会保障制度改革，创新文化管理体制、文化事业单位国有资产管理体制、公共服务方式。增加投入的重点是要增加对文化基础设施建设的投入，要由各级政府主导，鼓励社会捐助。在城市，要加大对博物馆、文化馆、图书馆、群艺馆建设的投入，加强社区和居民小区配套文化设施建设，满足广大群众就近、经常和有选择地参加文化活动的需要。在农村，要加强乡镇文化站和村文化室的建设。转换机制就是通过深化内部干部制度、人事（劳动）制度、分配制度三项制度改革，形成干部能上能下、职工能进能出、收入能高能低的竞争和管理机制。按照中央要求，明确"四个扶持"的政策措施，优化结构，整合资源，治理散乱，大力扶持重要的新闻媒体和社会科学研究机构，扶持体现民族特色和国家水准的重大文化项目和艺术院团，扶持对重要文化遗产和优秀民间艺术的保护工作，扶持老少边穷地区和西部地区的文化发展。要引导和鼓励各类文化事业单位通过多种形式、充分利用市场机制激发活力，在发展中搞活，在搞活中发展，不断提高为人民群众服务的水平。

4. 国有文化资产管理体制改革

国有文化资产承载着宣传文化教育功能，是确保党对意识形态领域的影响力、控制力，维护国家文化安全的重要载体，创新国有文化资产管理体制，是适应文化产业快速发展的要求，深化文化体制改革的基础性工作。一要充分认识加强国有文化资产管理的重要性、紧迫性。只有把经营性文化单位转企改制、政府职能转变和国有资产出资人到位这三者统筹考虑、协调推进，才能更好地推动文化体制改革向纵深发展，不断完善党委领导、政府管理、行业自律、企事业单位依法运营的文化管理体制。二要探索建立健全新型国有文化资产管理体制机制。中央《关于在文化体制改革中加强国有文化资产管理的通知》指出，党委宣传部门要进一步做好宣传文化企事业单位主要领导干部的监督管理、文化体制改革的组织协调和宣传业务的指导工作，重大国有文化资产变动事项的审查把关；财政部门、文化行政主管部门和党委宣传部门等要加强沟通和协调，共同做好国有文化资产管理工作；已授权由国有资产监督管理部门负责监管的国有文化企业，其资产监管仍继续由国有资产监督管理部门负责，资产管理关系是否需要变动，由地方党委、政府决定。目前，由党委宣传部门负责监督，由财政部门具体管理，在文化体制改革领导小组领导下成立国有文化资产管理机构，履行出资人职责，已成为国有文化资产管理运营的基本模式。三是制定国有文化资产考评标准。要把文化管理的要求落实到国资管理的考核要求上，落实到绩效评估的制度设计上，统筹考虑经济效益与社会效益、导向要求与利润指标，引导文化企业自觉追求社会效益和经济效益。

（四）文化惠民工程

组织实施文化惠民工程，增强公共文化产品的生产供给能力，是维护好、实现好、发展好人民群众基本文化权益的基本途径。要适应现阶段全省经济社会发展水平，不断增加投入力度，创新服务手段，争取到"十二五"末，基本建成服务设施覆盖广泛、使用便捷，文化产品供给充足、类型多样，文化服务机制健全、富有效率，人民群众满意的公共文化服务体系，让广大群众共享文化发展成果，为山东"文化强省"建设打下坚实基础。

1. 完善公共文化设施网络

按照"结构合理、发展平衡、网络健全、惠及全民"的原则，重点加强基层文化设施建设，继续实施广播电视村村通、文化信息资源共享、社区文化活动中心和乡镇综合文化站（室）建设、农家书屋建设和农村电影放映五大基础工程，到 2013 年底，努力达到市里有博物馆、图书馆、文化馆，县里有图书馆、文化馆，乡镇（街道）有综合文化站，村（社区）有文化大院或文化活动室的要求，让群众学习有场所、娱乐有阵地、休闲有去处。加快推进中华文化标志城、孔孟文化遗产地保护项目、孔子博物馆、孔子学院中国（曲阜）文化体验基地、非物质文化博览园等重点公共文化项目建设，办好第十届中国艺术节，完成一批重大公益性文化设施的提升改造任务，到 2012 年底，全省市级艺术馆、图书馆、博物馆要全部达到国家一级馆标准，县级文化馆、图书馆要全部达到国家二级馆标准，全面提升山东文化形象。

2. 丰富公共文化服务内容

要根据社会经济发展的变化，适应人民群众对文化需求的改变，不断创新公共文化产品类型，提高文化产品质量，丰富文化活动内容。一要大力繁荣文学艺术创作。文艺精品是文化发展繁荣的重要标志，是丰富人民精神世界的宝贵食粮。古往今来，山东不乏文化大家和传世之作，为繁荣文艺创作奠定了深厚根基。植根于齐鲁大地的丰沃土壤，置身改革开放的崭新实践，我们完全应该创造出更多更好的精品力作。要大力实施精品工程，加强重大题材的创作规划，完善鼓励文化创新的政策措施，充分激发全社会的文化创造活力。广大艺术家和文艺工作者，要善于从火热的现实生活中汲取营养，热情讴歌时代，努力奉献精品，更好地为社会主义服务，为人民服务。二要丰富活跃群众文化生活。广泛开展"三下乡"、"四进社区"活动，积极推进广场文化、企业文化、村镇文化、校园文化和军营文化建设，鼓励发展"庄户剧团"等民间文艺团体，全面繁荣城乡文化舞台，努力形成各类基层文化活动竞相绽放、蓬勃开展的生动局面。三要加强文化知识普及。深入推进学习型社会建设，大力开展全民读书活动，实施科学知识普及工程，大力提高群众的文化素质和科技水平。

3. 增强公共文化服务能力

要结合文化体制改革，着力创新公共文化服务机制，增强公共文化服务效率和服务能力。一要创新投入保障机制。坚持以政府为主导，以公共财政为支撑，加大投入力度，确保政府对公益性文化事业的投入逐年增长。要把加大投入力度与改进投入方式结合起来，采取建立基金、项目补贴、贷款贴息及奖励等形式，提高财政资金使用效益。要完善鼓励企业和个人兴办公益性文化事业的政策，引导具备资质、符合条件的社会各界以民办非企业机构、赞助活动、免费提供设施等多种形式参与公共文化服务体系建设。二要创新管理运行机制。要深化文化事业单位劳动人事、收入分配和社会保障制度改革，引入竞争激励机制，提高管理水平和服务效率。要保障公共文化设施的正常运行，形成长效机制，防止重建设轻管理、重眼前不管长远的现象，确保文化实施建设到位、管理到位、使用到位。引进社会力量参与公益性文化场馆的管理，提升公共文化场馆管理的专业性、科学性和有效性。推动大型公共文化场馆后勤服务社会化，推动经营性文化场馆实行连锁经营和联盟合作。三要创新公共文化服务方式。打破按区域和行政级次分配文化资源的传统体制，推动公共文化资源向基层延伸，逐步实现各类文化服务设施互联互通、资源共享。要继续推动更多的公共图书馆、文化馆、博物馆、科技馆、青少年宫免费开放，最大限度地发挥公共文化设施的效能。四要形成统筹发展机制。坚持统筹兼顾，着力改变文化领域的城乡二元结构，缩小区域文化差别，推动城乡、区域文化协调发展。在资金投入上，要更加注重公共财政对山东省西部地区和农村地区文化发展的支持,保证一定数量的文化领域每年新增的财政投入主要用于中西部地区、农村和基层。在城乡文化发展格局上,要建立健全以城带乡的体制机制,充分发挥城市的辐射带动作用,鼓励城市骨干文化企业向农村延伸,占领农村文化市场,丰富基层文化生活。在区域文化发展布局上,要重点扶持西部地区文化发展,鼓励西部地区充分发挥资源优势,大力发展特色文化产业,形成"东中西优势互补、协调发展"的新格局。

(五) 文化产业跨越发展工程

山东"文化强省"建设必须有强大的产业支撑。要认真借鉴国内外文化产业发展经验,着力培育一批有实力、有竞争力的骨干文化企业,实施重大文化项目带动战略,通过科技、人才、政策支撑,加快文化产业基地和区域性特色文化产业群建设,形成若干文化产业集聚区,推动山东省文化产业跨越发展,力争到 2015 年,文化产业增加值占 GDP 的比重达到5%,真正成为山东省的支柱产业,文化产业布局合理、体系健全、市场繁荣、市场竞争力和企业实力显著增强。

1. 坚持集聚发展

按照整合资源、形成合力、发挥优势、注重实效的原则,到 2020 年,在产业空间布局上,基本形成以青岛为龙头的东部文化产业集聚区、以济南为中心的中部集聚区和以济宁为枢纽的西部集聚区,形成鲁文化产业园区、齐文化产业园区和红色文化产业园区,形成黄河文化产业带、运河文化产业带和滨海文化产业带,即"三区、三园、三带"的架构,构建具有鲜明区域特色、结构合理、效益显著的文化产业发展总体格局。省会济南及山东半岛蓝色经济区、黄河三角洲高效生态经济区、胶东半岛高端产业聚集区,要充分发挥区位、政策、资源、人才等方面的条件和优势,积极推动文化与省会经济、海洋经济、生态经济相协调,与休闲旅游、工业制造、现代农业相融合,大力培植优势文化产业项目,打造文化发展亮点,努力在文化发展上走在全省乃至全国前列,切实发挥辐射带动作用。西部地区要从本地实际出发,创新发展思路,发挥后发优势,加快推动文化产业跨越发展。要围绕重点产业领域,加快建设一批文化创意、影视制作、出版发行、印刷复制、演艺娱乐、休闲度假、广告会展、数字内容和动漫游戏等文化产业基地。要依托特色文化资源，以增强产业综合配套能力为重点，完善基础设施建设，优化文化氛围、社会风气、公共服务等软环境，规划建设集聚一定数量文化企业、具有较大产业规模、能够提供相应基础设施保障和公共服务的文化产业园区。要提升产业集中度，引导项目向园区集中、企业向基地集聚，力争3—5年内建设年产值过百亿元的园区（基地）10个，过20亿元的园区（基地）100个，形成特色鲜明、结构合理、效益显著的优势文化产业集群。

2. 坚持集团带动

坚持政府引导、市场运作、科学规划、合理布局，在重点文化产业中选择一批成长性好、竞争力强的文化企业或企业集团，加大政策扶持力度，推动跨地区、跨行业联合或重组，推动条件成熟的文化企业尽快上市，尽快壮大企业规模，提高集约化经营水平，促进文化领域资源整合和结构调整。优先培植10家左右主业突出、实力雄厚的大型骨干文化企业和企业集团，重点培育100家左右自主创新能力强、科技含量高、产品附加值高的文化企业，加快发展一批"专、精、特、新"的中小文化企业，充分发挥优秀文化企业的典型示范和引领带动作用，提高产业集中度和集约化经营水平，促进产业合理分工和资源优化配置，形成特色鲜明、结构合理、富有活力的优势文化企业集群。

3. 坚持项目带动

以文化企业为主体，加大政策扶持力度，充分调动社会各方力量，加快建设一批具有产业拉动作用和示范效应的重大文化产业项目。建立文化产业项目管理推动的长效机制，出台重大文化产业项目扶持政策，制定重大文化产业项目实施方案，按照规定使用省级文化产业发展专项资金和山东省文化产业投资基金，重点扶持发展100个市场前景好、发展潜力大、比较优势明显的文化产业项目。对于文化产业中符合条件的创业投资企业，省级创业投资引导基金重点予以扶持。

4. 坚持品牌带动

实施齐鲁文化品牌打造工程，挖掘开发利用全省丰富的文化资源，围绕重点文化产业，打造优势突出、特色鲜明、结构合理的齐鲁文化产业品牌体系。打造孔子核心文化品牌，推动齐鲁文化走向世界。打造一批具有较高知名度和美誉度的文化产品品牌、文化企业品牌、特色文化产业品牌、区域文化产业品牌和新兴文化产业品牌。坚持高起点谋划、高标准建设，重点打造山东影视、鲁版出版物、旅游演艺、民营书业等特色文化产业品牌。充分挖掘齐文化、鲁文化、红色文化、黄河文化、运河文化、滨海文化等资源，打造一批区域文化产业品牌。着力激发社会创意，打造新兴文化产业品牌，促进文化产业品牌的优化升级。建立文化产业品牌评价和激励机制，打造100个重点文化产业品牌，加大扶持力度。充分发挥文化产业品牌的经济竞争力、文化感召力和辐射带动作用，提高文化产品附加值和文化产业增值能力，拓展文化市场发展空间。

5. 坚持创意驱动

创意是文化发展的核心，其知识密集、高附加值和高整合性对加快文化产业振兴、推动区域经济发展具有重要作用。随着现代科学技术的迅猛发展，文化创意的空间越来越大，作用越来越明显。山东省文化资源丰富，加快实现资源优势向产业优势的转变，必须在文化创意上下大功夫、有新作为，坚持以结构调整为主线，以高新技术为支撑，瞄准文化发展前沿，大力发展新兴文化业态，全面提升文化创意水平，切实增强文化产业发展质量和效益。一要大力推进内容形式创新。只有创造性地利用资源，才能形成鲜明的产品特色，在文化市场竞争中发挥独特优势。要切实做好文化资源开发利用文章，把握现代审美要求，优化资源配置，积极探索新的艺术表现形式，不断拓展市场发展空间，使文化资源焕发强大的现实生产力。二要加快推进文化与科技的深度融合。文化与科技融合是现代文化产业发展的突出特征。科学技术的迅猛发展，极大地增强了文化的创造力和传播力，催生了一系列新兴文化业态和新的表现形式。这些新兴业态和新的表现形式，是文化产业中最具活力和潜力的部分，代表文化发展的未来和方向。要把高新技术作为文化创新发展的强大动力，积极利用高新技术改造提升传统文化产业，优先发展动漫游戏、网络电视、数字出版、在线娱乐等新兴文化业态，集中力量支持和突破高科技重点产业和重大项目。要加快建设一批重点文化创意产业园区、创新基地，推进青岛、烟台、济南三个国家级动漫产业基地建设，培植文化创意产业优势项目，不断提升文化产业发展的科技含量。三要努力提高文化自主创新能力。加快建立以企业为主体、市场为导向、产学研相结合的文化创新体系，努力掌握一批具有自主知识产权的核心技术和关键共性技术，为文化产业的发展提供强有力的技术支撑和创新动力。要鼓励支持有条件的文化企业、研发机构开发高端文化产品，抢占行业制高点，不断增强核心竞争力。

6. 推动资本运作

从全国来看，文化产业上市已经形成高潮，从文化产业发展先进省市情况看，积极利用资本市场业成为做大做强文化产业的一个重要途径。首先要整合重组文化产业资源，尽快推出文化产业上市公司。重点扶持省广电总台、大众报业集团、山东出版集团及世纪天鸿、世纪金榜等优质上市资源。其次要充分利用资本市场丰富的上市路径，多种形式地推出文化产业上市公司。根据企业实际情况和国家政策，确定首发上市或借壳重组上市，国内上市或海外上市，分拆上市或整体上市，以取得最大效益。再次要做好文化企业上市准备工作。尽早开展上市资源调研，做好上市资源培育工作，对于短时间内不能马上进入上市程序但又有上市潜力的企业，做好培育工作，为将来上市打好基础。要成立山东文化产业企业上市专家组，吸收文化产业专家和投资银行人士加入，作为文化产业上市的智囊团，为山东省文化产业企业上市加快步伐出谋献策。

（六）文化精品打造工程

文化精品是传递民族精神的火炬，是文化发展繁荣的重要标志，山东"文化强省"建设的成果最终要体现到优秀精神文化产品的不断涌现和社会主义先进文化的不断壮大上。要坚持"二为"方向、"双百"方针和"三贴近"原则，为文化艺术创作营造良好环境，推动文艺工作者队伍不断壮大，思想精深、艺术精湛、文化精良的文化精品力作不断涌现，文化艺术作品荣获国家级奖项的次数不断增多，一批在国内外有重要影响力的文化艺术品牌快速成长。

山东曾经产生众多文化大家和精品力作，对中华文明乃至世界文明都产生过深远影响。改革开放以来，人民群众波澜壮阔、丰富多彩的现代化建设实践，为文化艺术创作提供了不竭的创作源泉，生动的创作素材和广阔的创作空间，"文化强省"建设必将更加灿烂辉煌。一是在坚持"三贴近"、高扬时代主旋律上出重彩。贴近实际、贴近生活、贴近群众，是贯彻党的文艺方针、促进文艺事业繁荣发展的必然要求，是多出优秀作品、多出优秀人才的根本途径。广大艺术家、文化创作者要主动走向改革开放第一线，置身社会主义现代化建设的最前沿，从人民群众创造美好生活的壮丽画卷中汲取营养，精心创作出思想性、艺术性、观赏性相结合，以促进科学发展、构建和谐社会、展示改革成果、反映群众心声为主题的文化精品。二是在把握群众新期待、实现文化创新上展新貌。广大文学艺术工作者，要牢固树立马克思主义文艺观，充分认识肩负的重大社会责任，坚持把社会生活作为文艺创作的唯一源泉，坚持为人民服务、为社会主义服务，迅速兴起文学、戏剧、影视、音乐、美术、书法、摄影、曲艺、舞蹈、杂技、动漫、旅游演艺等文化创作的热潮，推出文化创新力作，为人民群众提供新的精神食粮。三是在加大扶持力度、营造良好创作氛围上见成效。要认真贯彻"百花齐放、百家争鸣"的方针，充分发扬艺术民主和学术民主，在艺术创作上提倡不同形式和风格的自由发展，在艺术理论上提倡不同观点和学派的充分讨论，在艺术发展上提倡不同品种和业态的积极创新，弘扬主旋律，提倡多样化，不断满足人民群众多层次、多样化、多方面的精神文化需求。要制定和完善扶持公益性文化事业、发展文化产业、鼓励文化创新的政策，建设一批文化创作生产基地。各级各部门要为广大艺术家、文化创作者从事创作生产提供良好条件，充分信任他们，热情支持他们，真诚关心他们，鼓励他们积极投身到讴歌时代的伟大文化创造活动中，创作无愧于时代、无愧于人民的鸿篇巨制。

（七）齐鲁文化"走出去"工程

推动文化产品和服务走出去，是扩大齐鲁文化影响力、提升山东文化软实力的重要途径。要统筹国内国际两个市场、两种资源，实施文化"走出去"战略，加强对外文化交流和对外文化贸易，积极拓展国际文化市场，增强文化产业发展的外向度，扩大齐鲁文化的国际影响力。

积极发展对外文化贸易。加强对外文化贸易是优化外贸出口结构的必然要求，是促进文化产业振兴的重要举措。当前，世界文化贸易迅速发展，国际文化市场竞争日趋激烈，欧盟和美国等发达国家对外文化贸易占据了国际文化出口市场的主要份额，成为其经济贸易的重要支撑。我们要适应全方位对外开放的新形势，把文化贸易摆到出口贸易的重要位置，积极推动齐鲁文化"走出去"，切实提高文化产品和服务出口水平。一要不断增强文化企业的外向发展能力。企业是对外文化贸易的主体，要充分发挥各类大型文化企业、民营文化企业的作用，引导他们积极参与文化产品和服务的出口，壮大国际文化贸易的主力军。改进文化企业生产流程，主动与国际标准和偏好接轨，指导文化出口企业贴近境外受众的消费心理和欣赏习惯，创作生产既体现齐鲁文化特色又符合境外市场需求的文化产品。指导企业科学选择产品出口的目标市场，减少"文化折扣"。二要全面提升文化产品的国际竞争力。优化文化产品出口结构，重点扶持发展市场前景好、发展潜力大、比较优势明显的文化出口项目，努力提高文化产业核心层图书、影视、动漫作品版权输出和文化艺术服务出口的比重。提高文化产品出口质量和效益。以国际市场理念为先导，以信息技术为支撑，积极推进传统文化产业结构、产品结构、技术结构、组织结构，向多元产业、先进产品、高新技术、现代架构升级，向新的生产模式、供给模式和消费模式扩展，增强文化产品的核心竞争力，形成文化出口产品的高科技含量、高附加值，提高文化产品的出口创利水平。三要积极提升山东的国际文化形象。山东文化贸易的扩大和山东文化形象的提升是一个双向促动的过程，山东的文化产品和服务传播到世界各地，有利于提高山东的知名度和美誉度，同时通过各种途径提升山东在世界上的影响力，也会增强"山东造"文化产品和服务在海外的认可度、信赖度，促进对外文化贸易的发展。要通过名人效应、名牌产品、名牌工程和宣传推介，树立起山东省在国际上较高的知名度和美誉度。四要形成多元文化出口模式。通过"借船出海"、"造船出海"、"创汇不出海"，加大与国外知名文化企业和机构的合作，拓展山东省文化产品的销售网络、传输渠道和贸易平台。

进一步扩大对外文化交流。对外文化交流是文化走出去的重要途径，在这方面我们积累了不少经验，要不断改进，加强组织策划，协调运作，把政府交流与民间交流相结合，扩大对外文化交流的参与面，不断拓展文化交流的广度与深度。发挥孔子文化带动作用，坚持政府推动和市场运作相结合，进一步办好国际孔子文化节，参与世界孔子文化学院建设。积极开展多种形式的文化交流活动，参与国家在国外举办的文化年、文化周、艺术节等大型活动，加强与国家友好州省、友好城市的往来。切实加强对外传播能力建设，努力构建多层次、多渠道的文化走出去格局，推动齐鲁文化更好地走向世界。

（八）文化人才培育工程

文化建设是一项特别需要创意创新的事业，具备大量的文化人才是山东"文化强省"建设的前提。必须牢固树立"人才资源是第一资源"的观念，形成高效的文化人才培养、流动、引进、淘汰机制，打造一支门类齐全、结构合理、梯次分明、素质优良的文化工作者队伍，为山东"文化强省"建设提供充裕的人才保障。

不断创新文化人才形成方式。深入实施"齐鲁文化英才工程"、"文化产业英才培训工程"，充分发挥高校人才培养作用，引导高校优化教育课程，支持职业院校与文化企业创建人才培养、教育培训、项目策划等基地，建立起产学研一体化人才培养机制，努力造就一大批文学创作、影视剧创作与编导、戏曲创作与编导、动漫制作等方面的领军人物，一大批掌握现代科技知识、具有研发能力、能够占据文化科技制高点的科技型人才。要提高优秀文化人才在文化产业创新发展中的引领作用和促进作用的重视，提高行业待遇水平，加大行业精英、海外留学等高层次文化人才引进力度，培育一大批勇于改革、敢于创新、善于开拓的创新型人才，一大批精通文化工作、懂经营善管理、具有现代科学素养的复合型人才，一大批精通外语、熟悉国际文化市场规则、善于开拓国际文化市场的外向型人才。

不断创新文化人才成长机制。要尊重劳动、尊重知识、尊重人才、尊重创造，鼓励创新，宽容失败，建立和完善有利于优秀人才健康成长和脱颖而出的体制机制。充分发挥市场在人才资源配置中的作用，建立文化艺术专业人才库和文化经营管理人才库，逐步推行人事代理制度和文化人才网络化管理，加快人才聚集，引导文化人才合理、有序流动。完善人才选拔、聘用、激励机制，尽快健全技术、管理、品牌等参与收益分配的具体办法，实行一流人才，一流待遇。在文化企业积极试行企业家年薪制和股票期权制，建立与现代企业制度相适应的收入分配制度。不断为文化人才的成长创造机会，搭建平台，最大限度地调动其积极性、主动性、创造性，形成人尽其才、各展所长的良好局面。

进一步形成尊重人才的社会氛围。建立对优秀文化人才的奖励和宣传制度。加大奖励力度,提高待遇水平,形成重视文化人才的氛围。强化山东社会科学优秀成果奖、山东泰山文艺奖、刘勰文艺评论奖、华表奖、梅花奖等政府奖的引领作用,不断优化舆论环境,各类媒体要多序列、多层次、多角度地大力宣传文化创新创业人才的典型事迹,营造文化人才宝贵、从事文化光荣的良好社会氛围,让山东省成为富有吸引力的文化人才高地。

第六章 山东"文化强省"建设的品牌塑造与发展推动

山东"文化强省"建设离不开品牌的支撑。文化品牌的数量和质量，是衡量文化发展繁荣的重要指标，是一个国家或区域文化软实力的集中体现。打造齐鲁文化品牌，是推动山东省从文化资源大省向"文化强省"转变的重要发展战略和建设举措。在 2008 年的山东省委工作会议上，姜异康书记明确提出要把发展齐鲁文化品牌作为经济文化强省建设的重点，全省文化建设工作会议和全省文化产业发展专项规划都把品牌战略作为推动文化大发展大繁荣的重要措施进行了总体部署。目前，全省各地纷纷提出打造文化名市、文化名县、文化名城的目标，推出了一批有较强影响力的知名文化品牌。

一 齐鲁文化品牌的内涵与作用机制

打造齐鲁文化品牌，是贯彻落实科学发展观、建设"文化强省"的必然要求，是提高山东文化的知名度和竞争力，增强文化软实力的重要举措。

（一）齐鲁文化品牌的内涵

品牌是产品蕴涵了品质内容的符号象征，也是获得溢出效益、利润和价值的经营战略。文化品牌是品牌的一种主要类型，是文化发展水平的重要标志。齐鲁文化品牌是山东优秀文化品牌的统称，是山东文化品牌发展到一定阶段的产物。齐鲁文化品牌涵盖了文化艺术、新闻出版、广播影视、网络传播、休闲娱乐、文化旅游、会展体育等主要领域及其他衍生领域。齐鲁文化品牌是一种地域文化品牌，兼有文化品牌和地域品牌的特征。首先，作为文化品牌，齐鲁文化品牌是山东文化产业品牌化的结果，是一种浓缩了的心理或社会内涵的符号系统，物化为品牌名称、品牌标志、品牌形象等要素，使消费者能够区分出不同文化销售者的产品和服务，使市场呈现差异化的竞争。文化品牌不仅是一种区别工具，更是一种质量的象征，是文化、精神和个性的体现，能够给产品带来高附加值和市场占有率。高文化内涵的产品是文化消费的核心产品，文化品牌价值越大，在市场上的竞争力越强。其次，作为一种地域品牌，齐鲁文化品牌体现了齐鲁文化的地域特征，是齐鲁文化的高度凝练和突出代表。齐鲁文化品牌是山东地区优秀文化品牌的集合体，是山东文化经济发展的必然产物，是山东文化品牌精华的浓缩和提炼，体现了山东文化产品的知名度和美誉度。

（二）打造齐鲁文化品牌的实践价值

文化品牌对文化发展具有巨大的推动作用，主要包括整合效用，文化品牌在形成的过程中完成对包括文化资源在内的各种资源不断集中配置。聚集效用，文化品牌一旦形成，便会扩大文化产品的影响，集聚更多人力、物力及金融资本，更好地实现对文化资源的开发利用。增值效用，文化品牌作为资产，可以大幅度提高产业增值能力，为文化产业带来巨大利润。放大效用，文化品牌作为一种高质量的象征和可靠性的标志，能赢得更多的消费者，大幅度提高产品的市场占有率，使品牌产品获得更大规模和更大边际的利润，增强持续、强有力的竞争优势。现阶段打造齐鲁文化品牌不但可以实现文化品牌的上述作用，还具有更为深远的意义。

1. 打造齐鲁文化品牌是山东文化产业发展的应有之义

以文化品牌带动文化产业发展，已经成为国内外文化产业发展的一个普遍规律。部分发达国家国民生产总值的60%来自品牌产业所创造的价值。美国迪士尼、好莱坞，德国的贝塔斯曼，法国的"红磨坊"，日本的动漫，韩国的电视剧，泰国的"幻多奇"等文化品牌全球瞩目，给这些国家带来巨大的经济效益和社会效益。近几年国内涌现出湖南广电、上海文广、辽宁出版、浙江横店等一大批文化企业品牌，"印象刘三姐"、"云南映象"、"丽水金沙"、"禅宗少林"、"刘老根大舞台"、"时空之旅"等一大批旅游演艺品牌，都成为当地靓丽的文化名片和区域经济社会发展的重要推动力量。

2. 打造齐鲁文化品牌是山东文化产业发展的必然选择

中国文化市场已经进入了一个以品牌为核心的"第三代竞争"时代。河南积极培育十大类文化品牌，云南集中打造四大文化品牌，湖南"文化湘军"异军突起，贵州做大做强"多彩贵州"品牌，深圳开展"市民喜爱的深圳十大文化品牌活动"。在这种形势下，山东必须打造突出山东地域特征的文化品牌，在品牌的差异化中获得产业发展的竞争优势。

3. 打造齐鲁文化品牌是山东文化产业发展的必经阶段

根据影响范围的不同，文化品牌可以分为企业品牌、城市品牌、地区品牌、国家品牌、国际品牌和全球品牌，与影响范围相对应的是发展阶段，发展阶段越高，品牌影响范围越大。凭借良好的基础，经过快速的发展，山东已经积累了一些优质的文化品牌，但缺乏影响力大和知名度高的国际品牌。打造齐鲁文化品牌既可以克服单个文化企业创建国际文化品牌困难大、时间长、成功概率小的问题，又能增加山东文化品牌的整体水平和影响力。

（三）齐鲁文化品牌促进山东文化发展的内在作用机制

1. 打造齐鲁文化品牌是实现文化资源价值的最佳方式

丰富的文化资源是山东文化产业发展的坚实基础，但仅有文化资源不足以产生产业优势。文化资源的丰富性往往伴随着分散性，过于分散化会阻碍产业化进程。打造齐鲁文化品牌的过程是包括文化资源在内的各种资源要素不断集中配置的过程，其本身就是对文化资源的整合。云南就是在培育香格里拉、石林、大理古城、茶马古道、《云南映象》等文化品牌的过程中实现了对文化资源的集聚整合。齐鲁文化品牌一旦形成，便会扩大文化产品的影响，集聚更多人力、物力以及金融资本，更好地实现对文化资源的开发利用。

2. 打造齐鲁文化品牌可以大幅度提高文化产业的增值能力

文化品牌具有独特的市场影响力和独立于产品之外的价值，所产生的高附加值，可以为文化产业带来巨大利润。文化品牌资产包括文化品牌力量和文化品牌价值。文化品牌力量是指文化品牌能够获取持续和差异化的竞争优势，文化品牌价值是提升文化品牌力量、保障产业利润、降低产业风险的管理能力。文化产业的品牌化就是将文化品牌资产的影响力付诸到文化产品上，从而获得较高的附加价值和超额利润。

3. 打造齐鲁文化品牌有助于山东文化产业链的延伸

品牌与产业链代表两种发展思想，文化品牌有助于提升文化产品竞争力，是打造文化产业链的前提和基础；产业链则强调产业规模和产业分工，有助于文化品牌效应的发挥。由于具有自主知识产权文化品牌的缺失，山东文化产业大都处于产业链的外围，重复性开发居多，且主要集中在劳动密集型的产业领域，文化产业生产不能实现向高端迁移，因此难以获得高额的经济利润回报。以动画起家的迪士尼公司以迪士尼的品牌做乘数，在后面乘上各种经营手段，正确地处理了品牌和价值链之间的关系，赢得巨大利润。目前，迪士尼的品牌价值已经达到293亿美元，在全球最有价值的100个品牌排行榜中名列第六。

4. 打造齐鲁文化品牌能够大幅度带动其他文化品牌的发展

齐鲁文化品牌作为公共品牌，是一种社会公共资源，许多山东文化企业通过"搭便车"可以共同分享利益，有助于山东文化企业品牌的成长。针对山东省中小企业单独创建知名品牌困难大、时间长、成功概率小的现状，积极实施"齐鲁文化品牌"战略，比打造单个品牌更易传播、更易熟知、影响力更大，是一种很珍贵的无形资产。"齐鲁文化品牌"影响力和知名度的提升，对山东创建其他文化品牌，提供了强大的支持和肥沃的土壤。

5. 打造齐鲁文化品牌对山东文化产业发展产生巨大聚集效应

齐鲁文化品牌的打造会在山东聚集相应的生产者和消费者，提高对文化企业的吸引力。齐鲁文化品牌会为山东文化产业集聚经济、人才和学习创新等资源，从而形成文化产业自我发展的功能和辐射功能，获取竞争优势，使山东成为吸引人才的热点，成为引进技术和技术创新的重点，成为相关文化企业集中的地区，甚至发展成为世界级的文化研究与开发中心。在目前文化产业发展竞争十分激烈的情况下，塑造齐鲁品牌就显得特别重要。齐鲁文化品牌的成功打造，将会促进山东地域经济的发展，使齐鲁文化地域品牌价值升值，也使文化产品品牌价值进一步提升。

(四) 国外文化品牌建设的经验做法

1. 打造精良文化产品和服务，追求卓越品牌价值

品质是品牌的生命，上乘的质量可以使产品赢得消费者长久的信任和忠诚，这样的信任和忠诚，既是企业发展的根本保证，也是品牌永久常青的根本保障。美国《国家地理》杂志是一个知名的国际品牌，这一品牌的树立和保持，从根本上讲，就在于其对品质的保证，来源于其对消费者真真正正负责的诚意。为保证杂志的品质，杂志聘用了极为出色的记者和摄影师，同时对选片保持着十分苛刻的品质追求，选片率几乎达到千分之一。正是在这样的苛刻品质要求之下，杂志所刊发的照片和报道能深深感染每一位读者，满足了人们渴望冒险、追求新鲜与刺激的心理需求，从而形成了杂志的品牌情感效应。韩国的电视剧，近年来在亚洲国家形成了巨大的潮流，具有巨大的品牌价值。之所以如此，一个重要的方面就是其制作的精良。无论是编剧、拍摄、配音、后期制作，一直到宣传策划，无论哪一方面，都是尽量做到极致。这样的制作，自然就保证了其在国内外市场的成功，也因此塑造了其良好的品牌形象。

2. 大力进行跨国跨行业并购，建立起全球化品牌

在当今全球化的时代，一个真正的文化品牌必须是全球化的品牌。要建立全球化品牌，必须大力进行全球化并购扩张。世界上最知名的几大文化品牌，都是通过不断的国内外并购扩张发展起来的。国际新闻集团、维亚康姆集团、时代华纳集团和贝塔斯曼集团，这些国际知名文化品牌，都在不断地进行着扩张并购，并在并购中使其品牌的影响力不断张扬和提升。默多克的新闻集团，自报业起家，然后就开始在国内进行报业并购，并很快开始了在英国的报业并购，接着就进行跨行业扩张，进入英国和美国的广电传媒业，并最终进入网络业。国际新闻集团在报业、电视业、图书出版业等，都具有举足轻重的影响，成为世界上鼎鼎大名的文化品牌。维亚康姆、时代华纳和贝塔斯曼都从不同领域起家，然后开始国内外并购。维亚康姆以连锁影院起家，通过并购进入了影视制作和有线电视领域，成为世界上最具影响的影视制作品牌，其MTV全球音乐电视台覆盖全球86个国家和地区，3亿家庭，10亿观众。贝塔斯曼从图书印刷业起步，其海外并购首先锁定美国市场，收购美国的出版公司和唱片公司，跨

入多元化经营，又进一步进军电视传媒领域，逐步发展成为立体、多元的传媒公司，也成为国际知名的文化大品牌。时代华纳同样走的是并购扩张的路子，最终发展成为了国际化大品牌。

3. 通过相关多元化拓展，扩张文化品牌影响力

文化品牌打造必须通过多元化经营实现，但多元化经营，必须建立在具有核心竞争力的专业领域基础之上。多元化是对其核心竞争力的延伸，多元化又有利于其核心竞争力的进一步强化，形成良好互动关系，推动品牌提升和发展。迪士尼就是依托其动画作品形成的强大品牌力，进一步拓展主题乐园和相关影视产业，从而打造成为知名的世界文化品牌，其采用的重要路径就是品牌延伸。品牌延伸是指将现有的成功品牌应用到新产品、新服务或新行业上，用以缩短其在市场上被消费者认同的时间。当品牌向其他产品或服务延伸时，新产品或服务能很快被消费者识别，并把消费者对现存品牌的美好印象转移到延伸的新产品中，既有利于为新产品打开市场，又有利于巩固原有产品市场，还有利于品牌影响力的扩展。因此，迪士尼公司从动画进入主题公园，进入玩具业和影视业，使用的都是迪士尼这一品牌，在今天迪斯尼的全部营业收入中，近一半的收入来自其品牌扩张产品。不仅是迪士尼，成熟的西方文化品牌普遍采用这一运作模式，以《珍珠港》电影为例，其发行收入为1.4亿元，放映收入1.6亿元，相关礼品开发0.2亿元，形象专利产品的转让0.5亿元，音像制作0.8亿元，玩具软件0.3亿元，旅游收入0.7亿元。由此可以看到品牌延伸和多元化开发这一运作模式的巨大价值。国外文化品牌的多元化开发，都是相关多元化开发，绝非无关多元化开发。这些品牌延伸和扩张，都是在全力打造成功优势品牌之后，才依托这一品牌进行与其相关产业的开发，这是国际著名品牌成功的重要经验。时代华纳公司近年的发展大大放慢，品牌美誉度也大受影响，其原因就是与美国在线极不成功的融合，是无关多元化扩张的现实案例。

4. 建立完善法律法规，构建文化品牌发展平台

文化品牌的形成和影响力的不断扩张，与完善的法律法规和政府的大力扶持是分不开的。政府通过制定相关的保护政策和健全的法律法规，根据各种产业所占的市场份额、税收比例采取相应的扶持政策，用管理经济市场的方法管理文化品牌市场，通过法律法规手段来调控文化品牌市场，

建立起完备和成熟的文化品牌管理体系和网络。这是欧美国家产生众多世界知名文化品牌的一个重要原因，也是近年来韩国影视品牌脱颖而出的重要因素。文化品牌的建设，首先就要使知识产权获得充分保护的良好环境。美国版权产业特别是核心版权产业已成为美国国民经济中发展最快、就业人数最多、出口最多的产业，其在1996年就创造了4339亿美元产值，占整个国民经济总产值的6.32%。如果没有完善的法律法规的保护，美国的版权产业就不可能获得这样的发展，美国的文化品牌也不可能树立今天这样的地位。韩国为了振兴文化产业，1992年颁布了《文化产业振兴基本法》，1998年正式提出"文化立国"方针，1999年至2001年先后制订《文化产业发展五年计划》、《文化产业前景21》和《文化产业发展推进计划》，并陆续推出一系列重大文化产业发展举措，使得韩国文化产业迅速赢得了市场和产品知名度，迅速发展其一批知名文化品牌，终于形成今日的"韩流"品牌，成为世界第五文化产业大国。

（五）国内文化品牌建设的经验做法

1. 培育市场主体和产业链，营造文化品牌的坚实支撑

文化品牌的产生和提升，离不开市场主体的培育和完善的产业链的建设。通过培育合格的市场主体，建立完善的产业链，提供价廉物美的优秀文化产品和服务，就会为文化品牌的建设奠定坚实基础。"刘老根大舞台"作为全国知名的演艺品牌，发展时间并不长，但在不长的时间内却取得了巨大的品牌效应。其主要的成功之处，就在于一开始就完全按市场化运作，成为完全的市场主体，并且建立现代的商业运营模式。本山传媒公司作为投资主体、运营主体，经营"刘老根大舞台"，为刘老根大舞台确定了产品服务规范化、标准化、系列化的发展模式，在一定意义上和工业化产品一样，为其大规模复制化生产提供了可能。具体说来，就是保留"东北二人转"的基本格调，同时进行全面的现代化的多种艺术形式相融合的改造，使其适应广大的全国普通大众，适合在全国不同地域完全复制同样的演出。通过这样的改造之后，本山传媒公司接下来在全国开设了八九家"连锁店"，由于有良好的运营模式，现在各地的"连锁店"都取得了成功。在确定了良好的运营模式的同时，本山传媒公司还进一步建立了完善的产业链。本山传媒公司与辽宁大学联合成立影视学院，培养影视人

才。培养出的人才，参加赵本山投资的影视剧的演出，参加影视剧演出的演员，又可以到刘老根大舞台参加演出。这样，舞台演出、影视演出、影视培养相连接，就构成了一个完整的产业链，这也是本山传媒公司和"刘老根大舞台"成功的重要元素。在吉林省有全国第一所也是全国唯一的琵琶学校，也已经成为一个知名特色品牌学校。这一学校的开办者全国著名琵琶教育家周显顺，也采用了标准化、规范化、连锁化的运营模式，使其规模不断扩展，不仅是琵琶培训，而且已经扩展到通用艺术培训，使"显顺琵琶学校"这一品牌影响力不断提升。

2. 培育领军人物，引领文化品牌建设

成功文化品牌的灵魂，就是领军人物。这些领军人物都有着企业家精神，有着商业的经营智慧、有着专业的运营知识，有着坚忍不拔的毅力，能充分把握住企业发展方向，带领企业披荆斩棘勇往直前，可以把企业品牌带向成功的彼岸。不仅是传统演艺品牌，现代传媒品牌的打造，更是需要领军人物的高度智慧和高超的市场驾驭能力。湖南卫视这一品牌，其领军人物就是湖南广电集团董事长魏文彬和湖南电视台台长欧阳常林。在他们的领军之下，湖南电视进行了一场深刻变革，使得湖南电视引领了中国电视节目潮流，将湖南卫视打造成为中国最具活力的电视娱乐品牌，成功把电视节目转变为面向大众的平民电视运动。新兴媒体品牌的发展风起云涌，阿里巴巴的马云、网易的丁伟、搜狐的张朝阳等这些领军人物居功至伟。他们都是在市场大潮中获得社会普遍承认的品牌人物，正是在他们的带领下，阿里巴巴、网易、搜狐等一些新兴媒体品牌迅速脱颖而出，也带来了我国新兴媒体的巨大发展，使一般大众充分享用到了新兴媒体给现代社会带来的巨大便利和价值。

3. 实施资源整合，迅速做大做强文化品牌

实施资源资产整合，在做大规模的同时，做强了文化品牌。目前，新华传媒在全国报业已形成具有极大影响力的优势品牌，其做法就是依托资本市场整合"解放日报报业集团"、"文新报业集团"的经营资产和上海新华发行集团的资产，企业规模迅速壮大，企业市场竞争力迅速提升，形成了明显的规模化集约化效应，其品牌影响力不断强化。云南文化品牌最有代表性的就是《云南映象》、《丽水金沙》，河南文化品牌颇具代表性的就是《风中少林》。这些文化品牌，都是资源整合的结果。原来的旅游业

和演艺业，往往是分离的，各自发展，互相独立。通过实施资源整合，把演艺资源和旅游资源相融合，打造凸显当地旅游资源的演艺节目，既增加了旅游资源的文化价值，又为演艺产业开拓了市场，因此取得了良好的经济社会效益，同时也培育出了享誉海内外的崭新文化品牌。

4. 形成创新机制，不断增强文化品牌影响力

文化品牌的形成与打造，源于源源不断的创新。只有通过创新，才能打造出文化品牌，才能维护文化品牌，才能提升文化品牌影响力。湖南卫视品牌的形成与品牌影响力的不断提升，就是源于创新。其最大创新就是确立了以娱乐节目主打湖南卫视品牌，以"平民娱乐平民、大众娱乐大众"的风格主打湖南卫视品牌的品牌发展战略，在此发展大战略下，对节目不断推陈出新，才打造出了有名的"广电湘军"这一知名电视品牌。其推出的《快乐大本营》、《玫瑰之约》、《超级女声》、《快乐男生》，在国内都是首创的娱乐形式，并造就了一批大众喜爱的草根明星。超女冠军李宇春在其获冠军当年成为美国《时代周刊》的封面人物。湖南卫视在北京奥运期间推出的《奥运向前冲》，遵循了其大众参与、娱乐大众一贯的风格，形式新颖独创，也取得了巨大成功，至少有13次在全国同时段收视排名第一，湖南卫视已成为主导中国娱乐电视的风向标。

5. 实施文化企业上市融资，打造和提升文化品牌

上市融资对营造文化品牌，强化文化品牌，推动文化品牌影响力提升，都具有极大促进作用，是成功文化品牌企业建设的一项重要经验。目前，国内文化核心层的上市企业还很少，一家文化企业一旦上市，往往会成为一个行业的首家上市企业，迅速在业内形成品牌效应。辽宁出版传媒、四川新华文轩、新华传媒等这些文化企业上市后，都得益于资本市场的巨大广告效应，在业内影响力度迅速提升，已成为公认的文化产业品牌。同时，文化企业上市的一项重要作用，就是为企业发展提供良好的融资渠道，这对文化企业的发展起着极为重要的作用。湖南卫视创出的"广电湘军"这一知名品牌，与电广传媒的上市有着极大的关系。电广传媒的上市，为湖南卫视的发展建立了良好的融资渠道，提供了充足的发展资金。湖南卫视单频道广告收入连续四年稳居全国省级卫视第一，其影响力不断提升，与其通过上市获得的充裕发展资金是分不开的。

二 齐鲁文化品牌建设现状与制约因素

(一) 齐鲁文化品牌建设现状

改革开放 30 年来，经过快速的发展和积累，山东的文化品牌建设已经取得了显著成效。在新闻出版行业，鲁版图书作为国内图书的一个品牌，在国家级图书评奖中获奖数量居全国第一。2011 年 10 月 11 日，山东省政府特批重大文化工程——《山东文献集成》竣工，这是迄今为止全国最大的地方文献丛书，弥补了山东无代表性地方文献丛书之憾。大众报业集团旗下齐鲁晚报、半岛都市报双双入选 2011 年《中国 500 最具价值品牌》榜，其中齐鲁晚报连续 7 年上榜。近年来，山东出版界进一步根据读者市场需求，调整产品结构，实施精品战略、品牌战略，形成了一批既有较高品位又有市场竞争力的品牌图书。如山东画报出版社《老照片》丛书的出版，引发了中国出版界的"老照片"现象，堪称山东出版界建立的最大的、最著名的品牌。在图书音像发行行业，山东世纪天鸿书业有限公司是目前全国规模最大也是唯一一家获得全国连锁和总发行资格"双牌照"的民营文化企业，在全国 30 个省 (区、市) 设有营销机构，已经成为国内教辅书市场的知名品牌。山东爱书人音像图书有限公司是目前全国最大的音像连锁企业，在全国各地拥有连锁店 1530 多家，吸引就业 4600 多人，连锁店占全国总数的 40%。在广播影视行业，以《沂蒙》、《闯关东》、《大染坊》、《大法官》、《铁道游击队》、《誓言无声》、《首席执行官》、《好爹好娘》、《为了胜利》、《上学路上》为代表的一批鲁剧，深受全国观众"热捧"，"鲁剧"品牌在全国已经具有很高的知名度。在节庆会展方面，山东文化产业博览会、济南泉水、动漫文化节、青岛国际啤酒节、潍坊国际风筝会、泰山国际登山节、烟台国际葡萄酒节、临沂书圣文化节、菏泽国际牡丹花会、聊城江北水城文化旅游节等齐鲁节会品牌在国内颇具影响力。此外，"帆船之都"青岛、"泉水之都"济南、"宜居城市"威海等城市文化品牌进一步提升了山东的形象。沂蒙精神、非物质文化遗产进京展示引起高度关注并在全国产生了较大影响，山东公共文化服务品牌正逐渐形成。可以看出山东文化品牌发展呈现出如下特点。

1. 部分行业文化品牌突出

以曲阜国际孔子文化艺术节、青岛啤酒艺术节、潍坊国际风筝节、泰山国际登山节为代表的节会品牌，以"海尔"、"海信"为代表的家用视听设备制造设备品牌，以《大羽华裳》、《泉城写意》、《梦海》、《杏坛圣梦》为代表的演艺品牌成为支撑山东文化品牌的主要力量。

2. 区域文化品牌迅速崛起

全省各地市依托当地文化资源，在培育地域文化品牌方面，取得较大成效，几乎各地市都形成了自己区域特色鲜明的文化品牌。例如，济南的泉水文化、动漫文化，青岛的海洋文化、啤酒文化，潍坊的民俗文化、风筝文化，泰安的泰山文化，淄博的黑陶文化，济宁的孔子文化，聊城的水乡文化等，在全国都已颇具影响力，成为全省文化品牌队伍的生力军。

3. 民营文化品牌建设取得一定成效

近些年来，山东的民营文化获得了较大发展，一大批民营文化企业在山东乃至全国的文化产业发展中脱颖而出。世纪天鸿书业有限公司、山东爱书人集团、青岛达尼画家村、东方天健广告有限公司、青岛世正乐器有限公司等一大批民营文化企业在全国的知名度、美誉度得到迅速提升。

4. 文化品牌评选活动活跃

山东省委宣传部联合省发展改革委、省经济和信息化委、省科技厅、省文化厅、省广电局、省工商局、省新闻出版局、省质监局、省旅游局共同主办了山东的文化品牌评选活动。通过组织申报、公众投票和专家评审等程序，推选出"山东十大国有（控股）文化企业"、"山东十大民营文化企业"、"山东十佳最具成长性文化创意企业"、"最具山东特色十佳文化产品"、"山东最具影响力十大文化节会品牌"、"山东十大文化产业园区（基地）"、"山东十大文化产业项目"、"山东十佳城市文化品牌"、"山东十佳文化特色乡镇"、"山东十佳文化旅游品牌"等10个类别100个品牌，极大提升了山东文化发展的品质。

（二）齐鲁文化品牌建设优势条件

1. 山东省委、省政府高度重视，为文化品牌建设提供了组织保证

加强齐鲁文化品牌建设在促进山东文化大发展大繁荣、建设经济文化强省中的重要作用，引起了省委、省政府的高度重视，已被提升到山东经

济文化发展战略的高度。《山东省"十一五"文化产业发展专项规划》、全省文化建设工作会议都把品牌战略作为山东文化产业发展的重要战略进行了重点部署。在 2008 年的省委工作会议上，姜异康书记明确提出要把发展齐鲁文化品牌作为山东省文化发展的重点，作为"文化强省"建设的切入点和着力点。山东省"十二五"规划也强调指出要加快培育重点文化产业品牌，形成以孔子文化为核心的齐鲁文化品牌体系。

2. 品牌建设取得一定成效，为实施品牌战略打下良好基础

近些年来，山东在文化发展的诸多领域中涌现出了许多知名品牌，有的文化品牌甚至享誉海内外。这些文化品牌为新时期山东文化品牌建设树立了榜样，提供了可供借鉴的经验，产生了一定的品牌效应，营造了良好的品牌环境，有益于齐鲁文化品牌战略的进一步实施。

3. 山东文化资源厚重，为文化品牌建设提供丰富资源优势

文化资源是打造文化品牌的基础，文化资源整合与特色挖掘的程度在某种程度上决定了文化品牌的成色。山东有着丰富的历史文化、民间文化、山泉文化、红色文化、海洋文化、泰山文化等资源。有 6 座（曲阜、济南、青岛、聊城、邹城、临淄）城市被确定为国家级历史文化名城，与广东、陕西并列全国第三位；有文圣孔子、兵圣孙子、亚圣孟子、书圣王羲之、医圣扁鹊、科圣墨子、农圣贾思勰、算圣刘洪、智圣诸葛亮等大批历史文化名人；有潍坊木版年画、龙山黑陶等民间文化资源；有吕剧、柳子戏、山东快书、山东大鼓等戏曲品种；有泰山、黄河、大海、湖泊等自然生态文化资源；有临沂革命根据地等红色文化资源。文化资源深厚、特色鲜明的巨大优势为打造齐鲁文化品牌提供了广阔的空间。

（三）齐鲁文化品牌建设存在的主要问题

近年来，山东文化品牌建设取得了一定成绩，但从总体上看，仍然缺少在全国乃至世界具有较强吸引力和知名度的品牌，品牌建设中仍存在一些亟待解决的问题。

1. 文化品牌的数量和质量亟须提高

山东省知名文化品牌数量偏少，形成的产值相对较小，对 GDP 增长的拉动效应不够明显。山东省在市场中成长壮大、人们耳熟能详的文化品牌不多，特别是在全国具有影响力的文化品牌还比较缺乏，能在全国独树

一帜、顺利进军国际市场并且具有较强竞争力的文化品牌更少。

2. 文化品牌的结构有待进一步优化

目前，山东省文化品牌的覆盖领域较为狭窄，普遍存在着规模小、优势不突出、活力不够、创新能力不强、科技含量不高，市场化、集约化程度偏低，以及同质化竞争严重等问题，并且多数品牌市场占有率不高，一定程度影响了文化品牌的进一步发展和壮大。

3. 缺少长远的文化品牌建设规划

由于缺乏对全省文化品牌资源深入系统的调研普查，没有在科学论证基础上制定出系统的文化品牌建设规划，各地在打造文化品牌方面出现了各自为战、资金分散、重复建设、手段单一、盲目发展的无序状态，科学有序的文化品牌培育体系尚未形成。一些地方为争夺文化资源和品牌打起了"官司"，水浒、梁祝、孙子之争现在仍在进行，对齐鲁文化品牌的形成和成长产生了不利影响。

4. 文化品牌发展理念落后

主要表现在缺乏先进的文化品牌建设和经营理念，缺少智力、创意、科技等方面的配套支持，造成决策缺乏前期论证、建设"跟风"起点低、创意和经营水平低、深层次加工不到位等问题，影响了文化品牌的综合建设水平和市场竞争力的深层次提升。

5. 文化品牌建设合力不足

在现行管理体制下，部门、行业、地域和市场分割现象比较严重，难以形成文化品牌建设的合力，文化品牌打造缺乏活力，导致民营文化单位"名不正言不顺"，难以有大的作为，更难创出知名品牌。许多文化品牌并没有带来应有的经济效益，没有取得"既叫好又叫座"的双重效应。

（四）齐鲁文化品牌建设存在的主要制约因素

1. 体制制约

齐鲁文化品牌的发展战略不明确，没有制定和出台全省文化品牌发展规划，没有成立专门组织和实施文化品牌战略的机构，许多关于齐鲁文化品牌建设的相关政策法规没有颁布，齐鲁文化品牌发展缺乏整体规划和科学指导，尚未形成推动文化品牌建设的合力。

2. 观念制约

对齐鲁文化品牌在推动文化大繁荣大发展中的地位和作用缺乏足够的认识和重视，品牌意识薄弱，品牌保护、创新意识不够强，对原有的文化品牌没有采取强有力的保护措施，没有根据时代发展的特点和要求进行创新，致使许多品牌在文化发展中外流，或者逐渐失去了原有的影响力和知名度。文化资源整合和挖掘程度不够，品牌的形象包装不鲜明，特色不够突出，对一些独一无二的资源，缺乏相应的宣传、包装和创意。

3. 人才制约

山东省虽然在文化人才的培养、引进方面做了大量的工作，但文化人才在数量、质量上都难于满足山东省文化发展的需要，特别是文化品牌策划、打造、经营人才的缺乏，已经成为制约山东省文化品牌发展的重要因素。

三 齐鲁文化品牌建设的主要对策措施

（一）强化品牌建设意识

品牌意识落后带来的是"有世界级资源，无世界级产品，更无世界级品牌"，没有品牌自主知识产权，就没有国际竞争力。山东发展文化产业、建设文化强省，就必须树立文化品牌意识。一是克服急功近利的思想，树立品牌需要长期艰苦的努力。一个品牌的形成，特别是文化品牌的形成，从完成品牌的市场认知、提升媒体关注度和消费群普及率，到进行品牌创立的战略性分析，需要相当长的时间。二是克服重"打造"轻经营管理的思想，不能片面强调品牌的快速打造，要避免使文化品牌开发陷入误区，一味追求品牌效应所带来的市场份额，仅把知名度视为品牌的核心内容，从而忽视文化品牌的长期建设，导致发展与经营上的短期行为。

（二）创造良好宏观发展环境

环境是决定文化品牌成功与否的重要基础。所谓"环境"就是指围绕品牌元素存在的政策环境、人文环境、市场环境。品牌的发展和壮大需要有足够的资金投入和相对适合的发展空间，这一切都离不开稳定的政策环境和良好的人文环境、市场环境。政府应发挥积极的作用，尽快启动

《山东省文化品牌建设专项规划》，积极制定文化经济政策，通过财政补贴、奖励、设立和利用文化产业发展引导资金等方式，支持、扶植和培育一些有市场前景、有科技含量、有经济社会效益的文化品牌。

（三）全面盘查山东文化资源

资源是发展文化品牌的基础和依托。只有全面开展对文化品牌资源的调查、评估、规划，运用市场机制整合资源，才能做到合理分工、协调发展，避免重复建设、无序竞争和资源浪费。文化部门应该成立专门的文化资源普查机构，对山东文化资源进行清查。在资源清查的基础上，各地规划部门结合本地文化发展和产业含量进行分析盘点，协调各地利益关系，做到统筹兼顾，确定适合当地发展的资源开发项目，并在此基础上进行品牌运作。

（四）加大文化品牌开发科技投入力度

文化品牌以科技投入、文化创新为主要动力。要做到山东文化产品的市场地位和消费者对现有文化品牌的忠诚度，就必须根据市场变化对山东文化品牌进行大胆创新。建设广播影视、报刊出版、动漫游戏、广告展览等科技含量大、高投入、重装备的文化品牌，更需要发扬创新精神，加大科技投入。积极运用现代市场经济信息传播和营销技术，特别是利用网络技术促进文化品牌产品的流通。同时，着力采用高新技术手段改造传统文化，推动文化产品和文化服务的数字化、网络化建设，开发建设山东的新兴文化产业品牌集群。

（五）建立科学的文化品牌评价体系

在认真调查、研究的基础上，运用科学的方法来收集和统计文化品牌的投票结果及相关意见，进行客观综合评估，得出公正的齐鲁文化品牌评选标准，为齐鲁文化品牌的界定打好基础。尽快启动山东省文化产业品牌评选工作，把文化品牌的评选纳入市场化运作，把山东文化品牌的认定逐渐转向由市场和消费者认定的轨道，让市场和消费者来检验文化品牌。通过品牌评选活动，遴选出一批山东文化产品、文化活动、文化服务、文化企业和文化单位品牌。通过文化品牌评选活动进一步提高品牌的知名度，发挥文化名牌的最大效应，促进文化产业链条的优质和优化，以此解决山东文化品牌弱、小、差的问题。

（六）重视文化品牌的法律保护经营

维护打造文化品牌的重要一环是注册文化产品的名称、商标、标识，使其具有法律地位，得到法律的有力保护。文化品牌是一种排他性的权益资产，如果代表文化品牌的主要部分——商标，被抢占和抢注，文化品牌的多重价值就会丧失殆尽。针对目前山东众多文化商标被抢注的状况，应该主动防范，积极应对，防止文化品牌进一步流失。文化品牌经营维护是决定文化品牌生命力的重要因素，山东文化品牌的经营要考虑文化产品的内在质量与包装装潢，也要重视连锁、专卖经营等经营方式。

（七）引入市场机制发展文化品牌

文化品牌是文化企业的无形资产，也是安身立命之本。积极培育文化市场，发挥企业在文化产业中的主体地位，就会形成一批名牌文化企业，推出一批名牌文化产品。完善文化产业扶持政策，降低市场准入门槛，鼓励支持民营企业、民间资本进入文化市场，培育一批大中型文化企业集团，加快推出文化品牌进程。山东省现有文化品牌企业要进一步规范运作、完善功能，才能不断做大、做强和做实。在充分尊重企业自主权的前提下，坚持按经济规律办事，以资本为纽带，通过兼、购、并等形式，帮助条件成熟的文化品牌企业实现战略重组，推动文化品牌向集团化、规模化方向发展。鼓励、支持和扶持中小文化企业发展，形成大中小文化企业相互促进、相得益彰的格局，满足不同消费群体对不同层次文化品牌的需要。

（八）加快建设文化品牌理论研究高地

推进山东省的文化品牌建设，要特别重视文化品牌基础理论研究，理清文化品牌推动文化发展的内在作用机制、特点以及途径，制定科学的文化品牌建设规划和具体的行动方案，以时间和空间为轴线，以提升山东省文化品牌整体水平、服务山东省经济社会发展为目标导向，进一步整合充实全省的有关科研力量，坚持理论联系实际，充分完善科研条件，从多学科、宽领域、广角度对山东省文化品牌发展的重大理论、实践的难点热点问题进行系统性、战略性、创新性的研究，努力打造国内文化品牌理论研究的高地，为全面推进齐鲁文化品牌建设充分发挥理论创新的参谋咨询和指导作用。

（九）积极引进和培养文化品牌创意经营人才

打造文化品牌，人才是根本。要把文化人才的培养造就作为品牌建设的核心工程，加强高层次文化品牌人才的培养与引进工作，制定文化品牌人才队伍建设规划，充分发挥市场在人才资源配置中的基础性作用，引导文化人才合理、有序流动，凝聚富有山东特色的高层次、创新型领军人才，尤其是复合型人才，做到既懂文化品牌创作，又要有策划经营的文化理念，还要具备现代产业意识和经营思路。完善公平竞争和分配激励机制，鼓励和支持优秀拔尖人才脱颖而出，尽快提高山东省文化品牌发展的核心竞争力。

（十）做大做强孔子文化品牌

以孔子文化品牌引领整个山东文化品牌的发展，进一步打造孔子文化产业链。通过主题论坛、文化展演、图书交流、节庆活动等形式，深入研究、挖掘和传播孔子文化，推动齐鲁文化对外传播。特别是要依托联合国教科文组织"孔子教育奖"基金项目、世界"孔子学院"创建活动，组织"孔子文化展"、"孔子世界行"活动，形成出版演艺、旅游节庆、动漫制作、工艺品制作、文化输出的互动，大力提升孔子文化品牌的产业价值，在推动中华文明走向世界的进程中作出更大贡献。

第七章　山东"文化强省"建设的
产业发展与企业上市

　　山东省文化体制改革工作力度不断加大，在经营性文化单位转企改制、文化市场综合执法和文化行政管理体制改革、新闻媒体改革等重点领域取得突破性进展，全省及 9 个市被评为全国文化体制改革工作先进地区。山东省坚持高起点谋划和推进文化产业发展，不断强化措施，加大投入，推动文化产业加快发展步伐，成为新的经济增长点。2010 年全省文化产业增加值实现 1230 亿元，占 GDP 比重 3.12%，增速高于 GDP 增幅 5.8 个百分点。同时着力增强发展后劲，加强文化产业发展载体建设，集中力量抓了一批大项目、大企业、大园区，努力发挥辐射、集聚、带动作用，培育新的增长点。进一步加大了对重点文化企业的扶持力度，支持重点文化企业加快发展，推动文化企业跨地区、跨行业、跨所有制联合重组，支持符合条件的文化企业通过上市融资、发行企业债券等方式做大做强。特别是突出产业结构优化措施，切实提升文化产业发展质，加快构建现代文化产业体系，壮大核心层、发展外围层，提升传统产业、做大新兴产业。不断完善推动文化创意孵化发展的体制机制、政策环境和市场环境，重点发展科技含量高、附加值大的新兴文化业态，极大促进了文化产业结构的优化升级，全面推动了山东"文化强省"建设的跨越发展。

一　山东重点文化产业改革与发展

（一）山东省新闻出版业改革与发展

　　新闻出版业是文化建设的核心领域，既是社会主义核心价值体系建设、文化事业建设的核心阵地，又是文化产业发展的领航中坚。加快建设结构合理的现代文化产业体系，形成文化创意新优势，对山东省新闻出版业的发展既是动力又是压力。

1. 山东省新闻出版业改革发展现状

（1）产业规模稳步增长

2010年，山东省新闻出版业总产出853亿元，居全国第6位，实现增加值207.09亿元，居全国第6位，总体经济规模综合评价居全国第5位。2011年1—9月，山东省新闻出版业总产出755亿元，主营业务收入726亿元，利润总额61亿元，分别增长17.6%、18.1%、15.8%；资产总额743亿元，净资产354亿元，分别增长16.2%、14.3%，实现了平稳较快增长。济南东港印务、青岛人民印刷公司等文化企业成功上市，山东出版集团有限公司等多家新闻出版企业正在为上市积极创造条件，呈现出蓬勃发展的良好局面。新媒体方面，经国务院新闻办公室批准的重点新闻网站6家、商业网站2家，数量位居全国前列；另有在省政府新闻办公室备案的新闻网站51家；设立了省网络文化办公室，已有15个市、123个县（市、区）成立了专门的网络管理机构，网络评论员队伍发展到6000余人。

（2）体制改革深入推进

为加快推进新闻出版领域体制改革进程，山东省出台了《关于深化非时政类报刊出版单位体制改革的实施意见》（鲁办发〔2011〕17号）（以下简称《意见》）。《意见》强调，深化非时政类报刊出版单位体制改革，是落实中央和山东省委、省政府部署、深入推进文化体制改革、转变报刊出版业发展方式的重要任务，是增强山东报刊传播力和舆论引导力、加快文化发展的迫切要求。《意见》明确了非时政类报刊出版单位体制改革的指导思想、原则要求、目标任务和实施办法，要求非时政类报刊出版单位分期分批转制，先行转制的2011年底前完成改革任务，把市场在资源配置中的基础性作用与政府的引导作用结合起来，推动报刊出版单位走内涵式发展道路，实行严格的报刊出版市场准入制度。

目前，山东省出版发行领域的21家出版社、129家图书发行单位改革已经全面完成。按照统筹规划、分类指导、突出重点、稳步推进的要求，报刊领域的体制改革也正在快速推进。山东省现有报刊397种，其中非时政类报刊318种，根据非时政类报刊的不同性质和功能，分期分批进行改革，列入先行改革的非时政类报刊社有87家，已完成45家。大众报业集团以资本和产权为纽带,与潍坊报业集团、临沂日报报业集团实行战略重组,并成立半岛传媒股份有限公司。济南、青岛、潍坊等市党报完成发行体制改革,组建了专门的发行公司。

(3)企业实力不断壮大

山东省新闻出版业着力实施大集团发展战略,培育形成了大众报业集团、山东出版集团等 10 多家大型出版传媒企业集团,全省国有骨干文化企业加快发展。

大众报业集团现拥有 14 张报纸、5 份杂志、4 个网站、1 个音像出版社和 48 家下属法人公司,从业人员 6600 余人。2005 年至 2010 年 6 年间,集团总资产年均增长 17%,净资产年均增长 23%,总收入年均增长 25%,利润年均增长 63%。2011 年 1—9 月,集团实现营业收入 17.07 亿元、增长 21.09%,利润总额 2.5 亿元、增长 10.81%,利税 3.78 亿元、增长 16.8%,总资产 61.3 亿元、增长 58.55%,净资产 39.95 亿元、增长 39.24%。根据国家新闻出版总署产业司发布的报告,大众报业集团综合实力排名进入全国前六位,省报集团第 1 位,在资产、总收入、利润 3 项主要指标中,总收入列第 4 位,利润列第 3 位。大众报业集团审时度势,明确提出"挺进全国报业四强,跻身传媒第一方阵"的战略目标。①旗下龙头产品不断壮大,其中大众日报发行量突破 40 万份,居全国省级党报前两位,广告收入近 3 年连破 5000 万元、6000 万元、7000 万元大关,2011 年上半年又同比增长 48%;齐鲁晚报广告收入近 3 年连破 4 亿元、5 亿元、6 亿元大关,2011 年上半年同比增长 16%;半岛都市报社2011 年上半年实现经营收入 3.07 亿元,实现利润增幅 13%。

山东出版集团现拥有 165 个法人单位,从业人员 11370 人。2010 年全年出版图书和电子音像制品 7000 余种,实现主营业务销售收入 81.59 亿元、增长 11.92%,资产总额 106 亿元、增长 25.77%,利润 2.22 亿元、增长 10.21%,在全国出版集团总体经济规模综合评价排名中居第 6 位。2011 年 1—9 月,集团实现营业总收入 59.93 亿元、增长 10.61%,利税 3.42 亿元、增长 27.14%,资产总额达到 121.61 亿元、增长 13.08%,净资产 46.61 亿元、增长 11.25%,全年整个集团总资产和销售

---

① 《大众报业集团新目标挺进全国报业四强》,大众网,2011 年 10 月 17 日。

收入有望突破"双百亿"。

民营文化企业实力增强，占据全国半壁江山，世纪金榜、世纪天鸿、星火国际等进入全国民营书业公司十强，世纪金榜的综合实力在全国民营同类出版机构中连续 3 年排名第一。经过了 10 年的发展，世纪金榜从最初的一家小小的民营企业，发展成为全国"民营书业领袖"，有 1200 余名员工，其中有近 1100 名是编辑，在全国民营书业中综合排名第一。世纪金榜拥有出版物全国总发行权，年销售码洋 17.2 亿元，仅 2010 年度，世纪金榜发行的图书就达 1.5 亿册，成为一个大型民营出版机构。世纪金榜每年策划、发行图书多达 4300 多种，教育类图书覆盖少儿到大学各个阶段，少儿图书《全能宝贝》等书的版权出口到新加坡等国家。2010 年 9 月 28 日，济南市人民政府正式将世纪金榜确定为济南市拟上市公司，目前公司已经完成了股份改制改造前的准备，3 家上市公司——山东世纪金榜软件科技有限公司、山东世界金榜教育研究院有限公司、陕西未来金榜文化发展有限公司相继成立。2011 年，占地 150 亩、总投资 2.4 亿元的世纪金榜文化产业园项目动工，并被评为济南市重点文化产业园区，为推动世纪金榜研发步伐，向数字出版、网络出版等新媒体、新业态等领域进军搭建起平台。

（4）发展模式加快创新

山东新闻出版企业竞相通过资本运作加快发展步伐，青岛人民印刷有限公司已经在美国纳斯达克创业板上市，东港安全印刷股份有限公司在 A 股中小企业板上市。山东出版集团股份制改造和上市融资工作正加快推进，由山东出版集团经股份制改造后成立的山东出版传媒股份有限公司 2011 年 11 月 28 日在济南揭牌，标志着山东出版集团股改上市工作取得阶段性胜利，为山东出版业的进一步发展奠定了坚实基础。大众报业集团半岛传媒公司引进战略投资 1.75 亿元，股份公司正式揭牌，成为山东首家完成整体股改的文化企业，已经进入上市辅导期。青岛出版集团、泰山出版社有限公司以及山东世纪天鸿、山东世纪金榜等大型民营书业公司制定了股改上市的规划和方案。

山东新闻出版业加速跨媒体、跨地域兼并扩张。大众报业集团已经跨媒体进军有线电视领域，2011 年 6 月，抓住山东省有线电视网整合的机遇，投资 8 亿元成功入股山东广电网络公司，并以 11.96% 的占股比例，成为第二大股东。报业集团出资参股有线电视网，这在全国尚属首例。大众报业集团凭借强大的主业优势和品牌报纸，近几年先后整合、重组了5份报纸，特别是2009年开始以产权为纽带，控制、控股了潍坊晚报、沂蒙晚报、鲁南商报，基本完成山东省生活类报纸的市场布局，形成了在国内独一无二的市场控制力。目前大众报业集团正加快整合地市县和行业非时政类报刊步伐，加快建立山东省统一的报业市场。① 烟台日报传媒集团积极推行低成本扩张，先后收购了全国性行业报《华夏酒报》、《胶东文学》、《现代家教》，创办了《今晨6点》、《37°女人》、《优格》等一系列大众报刊，出版报纸版数平均每天超过100个版，"三张日报"日发行总量近40万份，占据了烟台报刊市场90%以上份额。

（5）品牌产品逐步增多

山东新闻出版业近年来大力实施品牌带动战略，取得了社会效益和经济效益的双丰收。出版传媒品牌影响力增强，齐鲁晚报位列2009世界日报发行量百强榜第22位，连续7年上榜百强。鲁版图书影响扩大，《老照片》创造了中国图文互动图书的发行量之最；长篇小说《你在高原》获第八届茅盾文学奖；山东明天出版社出版的《笑猫日记》发行量突破1100万册，销售码洋已接近2亿元，销量超过全球畅销书《哈利·波特》，获得了中国出版政府奖图书奖、中华优秀出版物奖图书奖等诸多殊荣，得到了社会各界的高度赞誉。2011年11月3日，《纽约时报》（*The New York Times*）公布2011年度"最佳儿童图画书"（Best Illustrated Children's Books of 2011）排行榜，山东出版集团原创华文儿童图画书《团圆》英文版荣登榜上，这是中国大陆首部入选此榜的原创图画书。②

（6）惠民工程成效显著

山东省新闻出版业坚持正确导向，在全省公共文化服务体系建设中发挥了重要作用。目前山东省公共图书馆、文化艺术馆、博物馆分别达到153个、158个、121个，其中达到国家三级馆以上标准的数量居全国前列，所有1388个乡镇的综合文化站全部建成。文化惠民工程全面推进，

---

① 傅绍万：《整合资源，迈向"双百四强"》，大众网，2011年10月17日。

② 明天出版社原创图画书《团圆》荣登《纽约时报》排行榜，山东出版信息网，http://www.sdpress.com.cn。

建立起互联网和卫星双重覆盖到村的传输网络，成为全国唯一文化信息资源共享工程"示范省"；建设公共电子阅览室4400多个，被文化部列为"公共电子阅览室建设计划"试点省；累计投入资金5亿多元，建成农家书屋近5万家，农家书屋覆盖率达80%，建成数量在全国最多，2011年底达到6万家，基本实现全覆盖；农村文化大院总数已达5.3万余个，农民基本文化权益得到进一步保障。山东省已基本形成省、市有图书馆、艺术馆、博物馆，县有图书馆、文化馆，乡镇有综合文化站，村和社区有文化活动室或文化大院的五级公共文化服务网络。

2. 山东省新闻出版业改革发展分析

当今世界正进入文化经济发展新阶段，文化软实力在综合国力竞争中的作用日益凸显，山东新闻出版业面临重要的发展机遇期。在优良外部环境面前，优化结构，突破发展，提高速度，抢占制高点，已经成为新闻出版业发展的必然选择。

（1）发展形势分析

一是中央和省委、省政府高度重视发展文化产业，出台了一系列促进文化产业振兴的政策措施，支持力度之大前所未有。特别是党的十七届六中全会专题研究部署文化建设，一个推动社会主义文化大发展大繁荣的热潮已经蓬勃兴起。新闻出版业作为文化产业的核心领域和主导产业，必将得到优先发展。

二是山东是人口大省、经济大省、文化大省和消费大省，经过多年快速发展形成的经济基础和积淀深厚丰富的历史文化资源，为加快新闻出版业发展提供了重要的物质保障和要素支撑。目前山东省人均GDP已超过6000美元，正处在文化消费的高速增长期。资料显示，山东省年潜在文化消费支出总量应该在3500亿元以上，2010年实际上只有1000亿元左右，这意味着文化消费潜力还没有充分释放，文化消费市场还有巨大的空间，山东新闻出版业具有巨大需求动力和发展潜力。

三是文化体制改革不断深化，新闻出版体制改革在重点领域和关键环节取得突破性进展，有力地解放和发展了文化生产力，大批国有龙头新闻出版企业成为独立市场主体，建立起现代企业制度，为山东新闻出版业发展注入了强大动力。

四是发展文化产业已经成为社会普遍共识。社会资本对文化产业的关注度显著提升,一些风险投资开始把目光转向文化创意企业,许多金融机构专门设立了针对文化企业的信贷产品,民间资本投资文化产业的热情不断高涨。在新闻出版领域,民营企业已占据半壁江山,成为重要组成部分。

五是全新闻出版业竞相发展的态势形成了倒逼机制,必将激发新闻出版业发展的内生动力。特别是目前文化消费市场更加统一开放,国家鼓励新闻出版企业跨地域、跨行业整合,为山东省新闻出版企业做大做强提供了广阔空间。

(2)发展速度分析

一是新闻出版业总体发展速度分析预测。按照山东省新闻出版业"十二五"规划,"十二五"时期新闻出版业发展速度将不低于全省文化产业发展速度,目前山东新闻出版业的发展速度与这一目标相距甚远。根据山东新闻出版业当前状况和发展态势,"十二五"期间,新闻出版可实现总收入、增加值年均分别增长 30% 和 25%,一批出版企业和报刊企业的上市融资将为这一目标的实现提供主要保障。

表 10　　　　　"十二五"时期山东新闻出版业发展目标

指　标	2010 年（亿元）	年均增长（%）	2015 年（亿元）
总收入	853	30	3167
增加值	207.09	25	634.46

二是主要新闻出版企业发展速度分析预测。

大众报业集团　大众报业集团半岛传媒有限公司引入战略投资者,成立股份制公司,已进入上市辅导期。"十二五"期间,大众报业或有更多资产上市融资,可预知大众报业集团将出现膨胀式发展,特别是在公司上市时总资产、收入将大幅增加,应该按照超常规发展进行目标设定。

表 11　　　　　"十二五"时期大众报业集团发展目标

指　标	2010 年（亿元）	年均增长（%）	2015 年（亿元）
收　入	18.12	40	97.45
利润总额	5.54	35	24.84

续表

指　标	2010 年（亿元）	年均增长（%）	2015 年（亿元）
资产总额	36.69	40	197.32
净资产	25.57	45	163.9

山东出版集团 "十二五"期间，山东出版集团旗下新华传媒将实现上市融资，集团将获得迅速发展，预期实现以下目标。

表 12　　　　　　　"十二五"时期山东出版集团发展目标

指　标	2010 年	年均增长（%）	2015 年
收入（亿元）	81.59	25	249
利润总额（亿元）	2.22	30	8.24
资产总额（亿元）	106	25	323.49
从业人员（人）	11370	10	18311

世纪天鸿书业有限公司 世纪天鸿一直是山东民营书业的龙头，2009年图书销售码洋达到 14 亿元。其多元业务发展迅速，后续实力强劲，正在积极准备上市，"十二五"期间能获得快速发展。预计到 2015 年，图书销售码洋将达到 34 亿元，年均增长 20%，继续处于全国领先地位。

山东世纪金榜书业有限公司 世纪金榜有望成为山东省第一家民营文化企业上市公司。公司销售码洋已突破 17.2 亿元，并连续 6 年保持了50% 以上的增长势头。世纪金榜发展势头强劲，正处于快速增长阶段，"十二五"期间将出现跨越增长。根据目前的发展速度，到 2015 年，世纪金榜销售码洋将达到 92.5 亿元，年均增长 40%。

爱书人音像公司 爱书人音像公司在全省建立了音像连锁店 400 余家，拥有员工总数近 500 人，网络员工达 3000 余人，已发展成为全国规模最大的音像连锁经营公司之一。目前书店、音像店普遍正在受到来自互联网的强烈冲击，能否尽快转变发展模式是爱书人音像生存发展的关键。预计"十二五"时期爱书人音像将实现年均 15% 的增长。

（3）发展方式分析

一是山东新闻出版业"走出去"战略成效显著。山东省新闻出版业坚持文化交流与对外贸易并重，文化交流活动丰富多彩，产品和版权贸易逐步扩大，山东传媒品牌在国际上的影响力和辐射力逐渐增强。

新闻出版对外文化交流稳步发展。山东省积极开展多渠道多形式多层次对外宣传交流，加强策划，积极参与，着力扩大合作范围，提升交流层次，增强"孔子故乡 中国山东"外宣品牌的影响力和辐射力。2011 年以来，山东先后在韩日成功举办"孔子故乡 中国山东"图片展，组织山东新闻交流团赴新加坡考察访问，出席中欧公共文化服务体系建设研讨会，到意大利举办了孔子文化行暨中欧文明对话等系列活动，有力地增强了齐鲁文化在世界上的影响力。在"走出去"的基础上，更加主动地"请进来"。成功接待了马拉维会议媒体与通讯委员会代表团和巴基斯坦主流媒体代表团，做好来自 20 个亚非拉发展中国家新闻事务官员的参观考察，展示了山东省繁荣发展、文明进步的新形象。

新闻出版对外贸易快速发展。中国的出版物已经进入世界 190 多个国家和地区，图书版权输出引进比从 2005 年的 1∶7.2 缩小至 2010 年的 1∶3，出现明显改善。2010 年的深圳文博会交易额突破千亿元，是第一届的 3 倍。2011 年 9 月举行的第 18 届北京国际图书博览会共达成中外版权贸易协议 2953 项，年增长 24.13%，实现了"十二五"开局之年版权输出的开门红。山东省对外出版合作交流不断发展，2006 年到 2010 年，共引进版权 946 项，输出版权 268 项，引进与输出之比为 3.5∶1。2011 年 10 月 12 日至 16 日，第 63 届法兰克福国际书展共有 110 个国家和地区的约 7500 家出版商参展，规模基本与 2010 年持平。山东出版集团在版权输出和版权引进等多个方面取得丰硕成果，共达成版权贸易意向 95 项，明天出版社有限公司成功地把杨红樱的《笑猫日记》输出到了荷兰。

二是山东省新闻出版改革发展的政策推动有力。山东省各级党委政府不断加强和改善对文化产品创作生产的宏观管理和组织引导，把文化产品创作生产的目标任务纳入文化发展总体规划、纳入宣传文化工作目标考核体系、纳入社会宣传总体框架。制定下发了《关于进一步繁荣文学艺术创作的意见》，成立"山东省文学艺术创作规划指导小组"，召开山东省繁荣文学艺术创作座谈会，对山东省重大题材文艺创作进行宏观调控和指导协调。牢牢把握和体现繁荣社会主义先进文化、建设和谐文化主题，无论是在政策导向把握上，还是在作品题材内容、风格样式选择上，都认真贯彻党的文艺方针政策，弘扬主旋律，提倡多样化，倡导思想性、艺术性和观赏性相统一，更好地服务于党和国家工作大局，服务于人民群众。

建立健全科学高效的新闻出版产品创作生产投入与保障机制。完善落实文化经济政策，不断加大财政支持力度，加大对文化产品生产的投入。2010 年从省直宣传文化事业发展专项资金中拿出 2000 多万元用于文艺创作。另外，山东省还设有文学创作基金、长篇小说出版基金、艺术创作基金、戏剧创作专项资金、重点图书出版资金等专项扶持资金。随着改革的不断深入，山东省新闻出版创作生产的资金渠道不断拓宽，投入规模不断扩大，初步走上了财政扶持与市场运作相结合、社会效益与经济效益相统一的良性发展轨道。

三是山东省新闻出版业发展平台建设不断完善。山东省各级政府和行业协会、中介组织均大力为新闻出版业发展搭建发展平台，提供发展基地。由山东出版集团、山东省印刷协会和山东省包装印刷工业协会主办，山东省印刷物资公司承办的 2011 金秋山东（国际）印刷、包装工业展销会隆重举行。在当前激烈竞争的发展环境下，作为国内同行业中规模和影响力最大的展会，为山东新闻出版厂家和用户搭建起了信息交流的平台，对提高山东省印刷、包装业水平，繁荣出版文化事业，促进经济和社会发展起到了积极的作用。

四是山东省新闻出版业激励机制不断发展完善。2011 年 1 月，首届山东省新闻出版奖终评会议在济南召开。山东新闻出版奖由省委宣传部、省新闻出版局、省人力资源和社会保障厅、省财政厅主办，每三年评选一次。经过各地各单位申报、初评和终评，共评出新闻出版精品奖 80 个。新闻出版奖的设立，为山东新闻出版业提供了有效激励机制，搭建了统一宣传平台，有利于创造良好社会氛围。

（4）发展短板分析

随着文化体制改革的不断深入、高新技术的高速发展、市场竞争的日趋加剧，山东省新闻出版业存在的一些突出矛盾和问题也逐步凸显出来。全省新闻出版整体实力还不够强，市场竞争力较弱，与山东经济文化强省建设的地位和要求不相适应，新闻出版产品和服务还不能满足人民群众日益增长的精神文化需求。全省新闻出版产业布局不尽合理，数量多、规模小、资源分散，市场集中度较低，在全国新闻出版业竞争力强、影响力大的骨干企业和出版品牌产品比较少，在国际上的传播力有待于进一步提高。全省数字出版等新兴出版业态发展相对滞后，新闻出版产业和产品结构性矛盾比较突出。出版发行单位体制改革尚未完成，个别单位靠行政摊派、买卖报刊号维持生存，有的成为部门和单位的"小金库"，助长了不正之风；转企改制后创新经营机制，将改革成果转化为发展动力和现实生产力的任务还很艰巨。这些状况既不适应社会主义市场经济深入发展的需要，也不符合社会主义文化大发展大繁荣的要求，深化改革和创新发展的任务非常繁重。

3. 加快山东省新闻出版业改革发展的主要措施

（1）加快完成山东新闻出版体制机制改革

中央明确要求十八大前基本完成既定改革任务，山东新闻出版体制改革的"路线图"早已绘定。非时政类报刊出版单位要突出资源整合，着力推动在转企改制的基础上优化资源配置，培育形成大型综合性或专业性的报业传媒集团、党刊集团、期刊集团，做大做强主流媒体。大众报业集团改革任务艰巨，必须抓紧研究制定整合非时政类报刊资源、组建大型报业传媒集团的实施方案，尽快完成集团组建。列入第一批改制的非时政类报刊社，进展缓慢或尚未实质性展开的，要加强督促制定具体改革方案。第二批改革单位，要增强改革的自觉性、主动性，尽早行动。要"关停并转"一批不符合资质或严重亏损的报刊出版社，切实提高报刊出版集中度，调整优化新闻出版业结构。要积极借鉴现代企业集团运作模式，探索建立主管主办与出资人管理体制有机衔接的工作机制。

改革过程中要牢牢把握正确出版导向，切实增强阵地意识、责任意识、质量意识，坚持把社会效益放在首位，坚持贴近实际、贴近生活、贴近群众，精心出版更多、更好、更具山东特色的精神文化产品。要增强危机意识，进一步加快发展，建立"产权明晰、权责明确、政企分开、管理科学"的现代企业制度，建立完善符合出版行业特点的现代企业产权关系、法人治理结构和组织形态，改革理顺内部出版发行体制机制。要进一步改进干部人事管理和分配制度，全方位激发内部活力，大力培植和提高核心竞争力。

（2）加快转变山东新闻出版发展方式

一是加快兼并扩张，推动新闻出版企业迅速做大。从世界主要新闻集团的发展历程看，跨行业、跨地区甚至跨国兼并，是其膨胀发展的共同选择。今后3—5年，是文化产业特别是传媒业大改革、大发展的重要战略机遇期。国家一系列重大政策的出台，为新闻出版企业跨媒体、跨地域、跨行业整合资源、做大做强，提供了千载难逢的机遇。随着体制改革的完成，全国各省市新闻单位都成为市场主体，下一步将迅速进入兼并扩张阶段，山东新闻出版企业必须提前下手、抢占先机，大胆进行"三跨"行动，广泛与省外、境外媒体开展全方位的战略合作，优先形成规模效应，掌握市场竞争的主动权。

二是加速资本运作，推动新闻出版企业急速做强。山东骨干文化企业不多，"小、散、弱"的问题比较突出，集约化程度不高。到2010年年底为止，全国有45家上市文化企业，其中核心层的24家，山东省核心层还没有1家；全国文化企业30强中，山东只有出版集团1家，营业收入过百亿的还没有1家。推进新闻出版企业上市融资是做大做强的最优选择、最捷途径。山东新闻出版企业上市融资，山东省专门制定出台了促进文化企业上市的意见，举办了专题培训班。应选取一批上市条件成熟的企业，切实加大支持力度，积极为企业上市创造条件，力争早日有一批新闻出版企业成功上市。

三是强化科技支撑，创新提升新闻出版企业发展模式。充分发挥科技作为第一生产力的作用，着力提高新闻出版自主创新能力，加快建立以企业为主体、市场为导向、产学研相结合的文化科技创新体系，努力在重点领域和关键环节形成更多具有自主知识产权的创新技术，以支持数字内容服务业态快速发展为目标，以内容交易为核心，重点研究数字内容版权保护、内容集成、存储、分发及传输等技术攻关，推动数字内容技术应用和产业化，抢占新闻出版产业发展的制高点。推动新闻出版企业努力运用新技术改造提升包装传统文化业态，推动报刊图书资源数字化、传统出版企业出版流程数字化和印刷复制企业的数字化改造，不断提升产业竞争力。大力发展新兴文化业态，积极扶持新闻网站、网络出版发行销售、手机报刊、电子物流发展，创造新的业务增长点。加快发展文化科技中介服务，培育和发展面向社会从事文化科技咨询、技术评估、技术转移、成果转化的文化科技中介服务，有效降低文化科技创新风险，加速推进具有自主知识产权的新闻出版科技成果产业化。

（3）加快山东省新闻出版发展平台建设

一是加快实施重大项目带动战略。加强对外合作交流，充分利用文博会、交易会和重大经贸活动、文化活动，积极开展多层次、多渠道、多领域的产业招商。要进一步建立完善重大文化产业项目数据库，定期发布文化产业投资信息，切实做好项目策划、包装和推介工作。进一步加大重点项目扶持，各级政府要充分利用文化产业发展专项资金和文化产业投资基金，重点扶持培育一批辐射带动力强的新闻出版项目。完善文化产业项目管理长效机制，建立重大文化产业项目推进责任制，通过实施一批具有战略性、引导性和带动性的重大新闻出版项目，加速推进产业和产品升级，提高企业和产品的市场竞争力。

二是加快新闻出版产业园区和基地建设。产业园区是推动新闻出版产业集聚集群集约发展、形成规模效应的重要载体，既是吸纳项目和企业的平台，更是促进创业、孵化企业、研发技术的基地。近年来，山东省积极推进文化产业园区建设，取得了积极成效，但总体上看文化产业园区数量偏少，层次偏低，有的园区甚至有名无实，名义上是文化产业园区，实际上是在经营其他产业，这在一定程度上影响了文化产业的健康发展。加强新闻出版园区基地建设，首先要加强科学规划布局。在园区规划中，要让发改、城建、规划、国土等部门参与进来，组织专家科学论证，广泛听取各方面的意见和建议。要突出资源优势和区域特色，突出差异化、错位化，防止重复建设、同质竞争和资源浪费。其次要形成产业链条。根据每个园区的定位，要有针对性地引导新闻出版企业向园区集中，推动园区集约化、规模化、专业化、品牌化发展。要以核心产品为主导，搞好上下游产品配套开发，拉长增厚产业链条，形成园区配套集聚优势，增强报刊出版产品和服务竞争力。

三是大力实施人才驱动战略。通过实施素质工程、领军人才工程和高技能人才工程三项重点工程，加强新闻出版党政人才、企事业单位经营管理人才和专业技术人才三支队伍建设，全面提升新闻出版业人才队伍整体素质。加快人才培养和队伍培训，培养、吸引和凝聚优秀人才。完善新闻出版专业技术人员职业资格制度，以职业准入和岗位准入为抓手，不断提高基层人才队伍素质。实施复合型专家型人才开发计划，着力培养复合型专家型记者、编辑和国际新闻出版编译传播人才。创新人才激励机制，健全人才选拔机制,完善人才流动机制,形成有利于各类人才脱颖而出的体制环境。

(4)着力优化山东新闻出版发展环境

加强政策引导,健全激励机制。用好用足国家和山东省委、省政府支持文化单位转制和文化企业发展的一系列优惠政策,确保对新闻出版产业的各项优惠政策落实到位。积极会同有关部门制定和落实支持新闻出版产业发展的相关配套政策,充分发挥政策对新闻出版产业发展的引导、激励和保障作用。积极争取财政、金融、税务等相关支持,采取贴息、补助、奖励等方式,支持新闻出版产业发展。设立山东省出版基金,实行重点出版物出版奖励补贴制度,支持新闻出版企业组织策划和生产出更多思想性、艺术性、可读性俱佳的原创精品力作。以山东省新闻出版政府奖为重点,建立健全新闻出版业激励机制,努力培育齐鲁新闻出版产品品牌、媒体品牌、企业品牌和人才品牌。

加强依法行政,优化发展环境。坚持管理创新,建立健全新闻出版法规规章,不断强化全行业法律素质。加强对新闻出版各个环节的监管,改善和优化新闻出版市场环境。深入持久开展"扫黄打非"斗争,加大执法力度,规范市场秩序,确保新闻出版业健康有序繁荣发展。加大版权保护力度,探索建立在新技术条件下科学合理的数字出版授权和使用机制。加强版权服务体系建设,大力推进版权贸易,促进版权产业发展。加强行业精神文明建设和信用体系建设,在全行业开展诚信宣传教育和职业道德教育,营造"依法经营、违法必究、公平交易、诚实守信"的产业发展环境。

(二) 山东广播影视业改革与发展

山东广播影视产业发展在政策和投入上加大倾斜力度,改革工作走在全国前列,以科学发展观统领全局,以改革创新为动力,以牢牢把握正确舆论导向为根本,综合指标在全国位次不断前移,实现了山东广播影视全面崛起,为"文化强省"建设发挥了重要作用。

1. 山东广播影视业改革发展现状

(1)充分发挥广播电视主流媒体作用,提供有力舆论支撑

一是认真做好重大部署、重大主题的宣传。全省广播电视始终坚持正

确舆论导向，充分发挥喉舌职能，精心组织了党的十七大、省第九次党代会、深入学习实践科学发展观、北京奥运会、纪念改革开放 30 周年、应对国际金融危机等一系列重大战役性宣传。仅 2010 年就精心策划组织了转方式、调结构、山东半岛蓝色经济区建设、黄河三角洲高效生态经济区建设、上海世博会、北川援建等 30 多个重大宣传活动，营造了良好舆论氛围，大力宣传山东成就，产生了良好社会反响。

二是认真做好突发事件舆论引导。坚持团结稳定鼓劲和正面宣传为主的方针，坚持导向正确、及时准确、公开透明的原则，建立完善突发事件新闻报道机制，突发事件的报道把握适度，引导有力，为党委、政府处理好突发事件营造了良好舆论环境。

三是认真做好热点难点宣传。充分利用广播电视声像俱佳、传播快捷的特点，贴近群众，贴近生活，贴近实际，做好形势政策的宣传解读。各级广电精心办好政风行风热线，替政府分忧，为群众解难。省广播电视台创办的《阳光政务热线》已成为影响全省的品牌栏目。2009 年，国务院纠风办、国家广电总局在临沂召开了"全国政风行风热线工作座谈会"，推广和宣传临沂等地开办政风行风热线的典型经验。

四是认真做好重大典型宣传。典型宣传已经成为山东广播电视宣传工作的鲜明特色和重要品牌，推出过一批在全国具有重大影响的先进典型。山东广播电视探索改进创新措施，使典型宣传走上规范化制度化轨道，挖掘推出了王伯祥、崔学选、邹树军等新的先进典型，对李登海、许振超、王乐义等老典型在新时期的模范事迹，进行更深入的挖掘宣传，赢得广泛关注。

五是认真做好对外宣传工作。大力宣传山东改革开放和经济社会发展取得的新成就，连续多年保持在中央人民广播电台、中央电视台发稿全国第一。积极实施"走出去"战略，泰山电视台作为我国首家省级海外电视频道在美国开播，为山东海外宣传搭建了新的平台。

（2）以鲁剧新崛起为重点，推出一批既叫好又叫座的精品力作

一是鲁剧再度强势出击。凭借《闯关东》、《沂蒙》、《南下》、《钢铁年代》等一系列为观众广泛关注和喜爱的电视剧作品，"鲁剧"在全国电视剧行业树立了良好的品牌形象。2011 年年度重头戏《知青》后期制作已全部完成，是山东影视集团继《闯关东》、《南下》等大制作之后投资

拍摄的又一部思想厚重、制作精良的长篇电视剧。历史剧《大舜》以写实的风格反映了人类远古时期的一段历史，题材独特、思想厚重，制作上精益求精。

二是制作播出更多优秀广播电视节目。山东广播电视媒体把握群众需求，精心制作播出了大量广播电视节目，播出时间逐年增加，为人民群众提供了优良的信息、教育和娱乐服务，涌现出《山东新闻联播》、《天下父母》、《新杏坛》、《阳光政务热线》、《生活帮》、《每日新闻》、《直播山东》等一批群众喜闻乐见的优秀栏目；近5年，省级有79件广播电视作品荣获"五个一工程奖"、"中国新闻奖"、"中国广播影视大奖"等国家级大奖。

（3）扎实推进广播影视惠民工程，构建功能完善的广播影视公共服务体系

山东省把构建广播影视公共服务体系列入整体发展规划，采取一系列政策措施，加强广播影视公共服务体系建设。认真贯彻落实党中央、国务院《关于加强公共文化服务体系建设的若干意见》，紧密结合全省实际，制定出台了《关于加强公共文化服务体系建设的实施意见》，组织实施重点工程带动战略，加强领导，强化措施，初步搭建起功能全面、覆盖广泛的广播影视对农公共服务体系，取得明显成效。

一是大力实施广播电视村村通工程。村村通广播电视是中央确定的新时期农村文化建设的一号工程，全省广电部门积极主动，发改、财政等部门密切协调，全省各地"村村通"基本实现"五个纳入"，有力地推进了"村村通"建设。全省"村村通"建设资金累计投入1.12亿元，其中省级投入4680万元。2009年以来，进一步加大工作力度，在制度化、规范化、常态化上下功夫，巩固和拓展"村村通"建设成果，加快由工程建设向公共服务体系建设转变。2010年底，全省广播综合人口覆盖率达到98.09%，电视综合人口覆盖率达到97.88%。

二是大力实施无线覆盖工程。从2006年开始，全省实施扩大中央广播电视节目和省级广播电视第一套节目无线覆盖技术方案，加大对无线台站基础设施改造的投入，完成95个无线台站128部转播中央广播电视节目的无线发射设备的更新改造，高山转播台和中波转播台全部更新为固态发射机，有效扩大了中央和省级广播电视无线覆盖。2010年底，全省中

央广播节目无线覆盖率达到 92.86%、电视达到 93.1%,分别比"十五"末增长 13.96% 和 12.32%。省级广播节目无线覆盖率达到 92.35%、电视达到 92.44%,分别新增覆盖人口 575 万、573 万,比"十五"末增长 3.79% 和 3.77%。截至 2010 年底,农村无线广播覆盖率达到 96.5%,覆盖人口 6135 万;农村无线电视覆盖率达到 95.47%,覆盖人口 6069 万。

三是大力实施农村电影放映工程。充分发挥政府主导作用,建立健全公共财政保障机制。目前,全省已组建农村数字电影院线有限公司 14 个、放映队 2650 个,放映人员达到 5000 余人,其中数字放映队 2577 个。从 2007 年实施农村电影放映工程以来,共放映公益电影 272 万场,观众达到 11 亿人次,各级财政投入经费 2.88 亿元,其中省财政投入场次补贴经费 1.8 亿元。2010 年,全省农村公益电影覆盖率达到 95% 以上,基本实现了"一村一月放映一场电影"的目标。

(4) 适应"三网融合"发展要求,加快广播影视转型升级

一是加快推进广播电视有线网络整合建设。适应"三网融合"发展要求,积极落实中央关于实现有线网络"一省一网"的重大决策部署,决定加快推进全省广播电视有线网络整合建设步伐,2010 年 7 月,山东省委办公厅、省政府办公厅正式印发《全省广播电视有线网络改革发展方案》,明确提出按照"行政推动、市场运作、分公司体制管理、整合促进发展"的基本思路,对全省有线网络进行整合。2010 年 12 月,山东广电网络公司及各市分公司正式成立,标志着全省"一张网"的目标基本完成,山东广电网络公司所属的网络总长达到 29.6 万公里,网络干线通达全省 99% 的乡镇和 85% 以上的行政村,有线电视用户超过 1700 万户。

二是加快推进广播电视数字化。省级广播电视实现了采、录、编、播设备数字化、发射固态化、传输网络化,各市和绝大部分县级广播电视台实现了采、录、编、播的数字化和网络化,大大提高了节目制作质量。青岛市 2005 年在全国城市中率先完成有线电视数字化整体转换,淄博市 2006 年在全国率先启动互动数字电视整体转换,2010 年开始,济南市采用"高清互动"机顶盒进行了整体转换。目前,全省 15 个市基本完成了城区有线电视数字化整体转换,数字电视用户达到 600 万户,比"十五"末增加 506 万户。

三是加快推进"三网融合"试点工作。青岛市成为国家批准的首批

12个试点城市之一，出台了《山东省人民政府关于加快推进我省三网融合的意见》，为有效推进全省"三网融合"工作奠定了基础，济南等其他城市都加快改造升级基础网络，积极做好"三网融合"基础性工作。

（5）加快发展广播影视产业，打造新的增长点

广播影视产业是文化产业的重要组成部分。在坚持一手抓公益性事业的同时，一手抓经营性产业，初步形成了广告、影视制作、有线电视网络等多领域、多门类共同发展的产业格局。2010年，全省广播影视系统经营收入达到84.6亿元，比2005年增加46.8亿元，增长124%。省级实现经营收入32.6亿元，是2005年的3.1倍，年均增长42%；其中广告收入22.3亿元，是2005年的2.42倍，年均增长28.4%。2010年底，全省广播影视资产规模达到235.27亿元，是2005年的1.8倍，其中固定资产136亿元。省级资产达到72亿元，是2005年的2.5倍，年均增长30%。电影产业快速增长，2010年全省城市电影票房收入3亿元，比上年增长86.74%。新建一批重大公益性基础设施，省级总建筑面积14.5万平方米、数字化、智能化的山东广电中心正式投入使用，发展后劲大大增强。很多市都新建了广播电视中心，全省广播影视基础设施条件大大改善。山东传媒职业学院初具规模，已招收四届学生，招生规模将逐步达到5000人，成为全省广播影视人才培养的重要基地。

（6）积极稳妥推进广播影视改革，增强发展动力

一是不断深化广播影视公益性事业改革。深化广播电视台改革，积极推进全省各级广播电视台劳动、人事和收入分配制度改革，普遍实行聘任制，依法对劳动用工进行规范，大大激发了生机和活力。着眼于把握导向、提高质量、降低成本，积极推进广播电视节目考核和播出机制改革，完善量化考核制度体系，广播电视内部活力和竞争力不断提高。

二是加快经营性影视文化事业单位转企改制。2008年整合7家单位，成立了山东影视集团。全省248家电影公司和电影院实现转企改制，提前完成中央规定任务。

三是不断深化体制机制改革。全省17市整合文化、广电、新闻出版行政管理机构和管理职能，组建了文化广电新闻出版局，同时整合文化市场执法职能和执法队伍，成立了文化市场综合执法机构。出台了《山东省广播影视体制改革方案》，整合山东人民广播电台、山东电视台、山东

有线电视中心，组建成立山东广播电视台，建立起"局管台、台控企"，更加有利于党委领导、行政管理，企事业单位依法运营的管理体制。

（7）坚持依法行政管理，保障广播影视事业健康发展

一是加强监测监管。建立了覆盖全省各级播出机构的预警信息平台，以及贯通省、市、县三级的反应快捷、令行禁止、调度灵活的安全播出调度指挥系统，有效防范了敌对势力的干扰破坏。投资3000多万元，建成对全省17市的广播电视监管系统，并投入使用，对全省892路广播电视节目进行技术监测、内容监听监看和录音录像，为加强节目监管、确保全省各级播出机构"完整、优先、安全、优质"传输中央和省广播电视节目提供了有力的支撑和保障。

二是深入开展抵制低俗之风行动。坚持日常管理和专项治理相结合，不断完善收听收看、监听监看制度，强化媒体社会责任意识，重点整治婚恋交友、综艺娱乐等节目，以及少儿节目成人化、故事题材边缘化等问题，停播整改了2档有问题的栏目，对16家播出机构负责人进行了诫勉谈话，声频荧屏得到净化。

三是加强广告播出管理。贯彻《广播电视广告播出管理办法》，深入开展广告播出秩序专项整治行动，重点整治超时播出、电视剧插播、医疗药品广告等，给予5家播出机构7套节目停播7天到30天广告播出的处罚，播出秩序大为好转。

四是加强涉外管理。建立由省综治、公安等12个部门组成的境外卫星专项整治联席会议制度，在全省开展境外卫星专项整治行动，5年中查处非法卫星设施销售点2200多个，收缴非法卫星设施73000多件（套），拆除违规安装的卫星设施63000多座，被国家广电总局评为全国境外卫星电视整治工作先进地区。

五是加强网络视听节目管理。以整治互联网低俗之风等专项行动为抓手，强化互联网视听节目管理，重点整治反动、色情网络视听节目，仅2010年就查处违规网站和非法网站44个。

2. 山东广播影视业发展存在的主要问题

一是农村公共服务体系还不完善。农村广播影视还存在"盲点"、"盲区"，还有2299个20户以下自然村"盲村"听不到广播、看不到电视，边远农村地区还存在听不好广播、看不好电视、看不到电影的问题。

巩固成果、防止"返盲"的任务还很重，农村广播电视无线覆盖、有线入户和农村电影放映覆盖还需要进一步扩大。"村村响"工作和"广电低保"工作还需要加大力度，全面推进。

二是广播电视节目质量有待进一步提高。核心竞争力不强，品牌节目、精品节目不多，节目在全国的影响力不高，与人民群众对广播电视的精神文化需求还不相适应。广告节目中虚假违法特别是虚假医疗广告、游动字幕广告、违规插播广告以及超时播放等问题还时有发生，亟须防止和纠正。广播电视低俗之风虽然已得到根本遏制，但净化社会文化环境、抑制低俗之风工作仍需常抓不懈。此外，广播影视高端人才还十分缺乏，制约了广电事业发展水平的提高。

三是管理和服务有待进一步加强。全省文化市场综合执法改革还需要深化，市县级文化行政主管部门与文化市场综合执法机构、广播电视播出机构的职责权限和管理关系还不够明确；文化市场综合执法改革还不规范、不统一，广播影视行政执法力量有待进一步加强。

3. 加快山东广播影视业改革发展的主要措施

（1）提高舆论引导能力，唱响主旋律

牢牢把握正确舆论导向，充分发挥喉舌作用，弘扬社会主义先进文化，把社会效益放在首位，精心组织策划重大宣传报道活动，唱响主旋律，打好主动仗，为加快经济文化强省建设提供有力的思想保证、舆论支持和文化条件。深入推进宣传理念、内容形式、方法手段创新，加强和改进主题宣传、典型宣传、成就宣传，加强热点问题、敏感问题引导，做好重大突发事件新闻报道。围绕推动传统媒体与新媒体融合发展，大力发展新媒体业务，构建定位明确、特色鲜明、功能互补、覆盖广泛的舆论引导新格局。加强"走出去"工作，进一步推动泰山电视台扩大海外有效覆盖，扶持优秀影视产品进入国际主流市场，提升山东广播影视国际传播力。

（2）构建完善公共服务体系，保障群众基本文化权益

按照"巩固成果、扩大范围、提高标准、改善服务"的要求，继续实施重点惠民工程带动战略，加大对农村、边远山区的倾斜扶持力度，建立健全长效机制，不断提高管理效能和服务水平。统筹无线、有线、卫星等技术手段，实行混合覆盖，优势互补，到 2015 年，广播电视人口综合

覆盖率达到99%以上。积极实施广播电视"户户通"工程,在巩固20户以上自然村"村村通"成果的基础上,对2299个20户以下自然村"盲村"实施"户户通"。同时启动农村广播"村村响"工程。继续加强农村地区无线覆盖,对全省52部转播省广播电视节目的发射机及配套设施进行更新改造,提高省级广播电视节目无线覆盖水平。继续抓好农村电影放映工程,完善各级政府财政对农村电影公益场次补贴机制,确保实现"一村一月放映一场电影"的公益目标。实施"广电低保"工程,确保享受低保的群众能够免费收看到有线电视。进一步丰富农村节目内容,增加农村节目播出时间,丰富农村群众精神文化生活。适应社会主义新农村建设要求,把县乡广播电视纳入农村公共文化服务体系,进一步强化公共服务职能。

(3)发展广播影视产业,满足人民群众多层次精神文化需求

坚持走正道、出精品、出人才、出效益,大力发展内容产业,创作生产更多两个效益俱佳的广播电视节目和"鲁剧"精品,到2015年,力争全省影视剧发行和节目销售年收入达到20亿元。大力发展电影业,推动城市影院建设改造,加快发展规模院线、跨区域院线和特色院线,到2015年,力争全省电影票房年收入达到10亿元以上。大力发展有线网络产业,在实现全省"一张网"的基础上,力争2年到3年内把全省有线网络建成集公共传播、信息服务、文化娱乐于一体的多媒体信息平台,实现由小网向大网、模拟向数字、单向向双向、用户看电视向用电视的转变,到2015年,全省有线电视用户超过2500万户,资产超过100亿元,年收入超过100亿元。大力发展有线网络增值业务、网络广播电视、移动多媒体广播电视等新兴业态,满足社会各界和人民群众的新需求、新期待。到2015年,全省广播影视产业年经营收入突破300亿元,力争达到350亿元,产业增加值达到170亿元,力争突破200亿元,以更强劲的经济支撑力,确保不断提高广播影视服务人民群众的能力和水平。

(4)着力深化体制机制改革,为广播影视行业注入生机和活力

认真落实中央关于"十二五"时期文化改革发展的总体部署,结合我省实际,以创新体制机制为重点,以改革发展为主题,进一步理顺政事、政企和管办关系,通过改革建立依法合规、科学明晰、顺畅高效、充满活力的广电新体制。进一步理顺、规范文化体制改革中各部门间的职责

权限、管理关系和工作机制。按照"增加投入、转换机制、增强活力、改善服务"的要求，以广播电视台为重点，深化公益性事业改革，进一步提升山东广播影视的整体实力和影响力。

（5）推进广播影视转型升级，完成县以上城市覆盖

不断提高数字节目的制作播出能力，加快广播电视台台内数字化、网络化应用，到 2015 年，全面实现全省各级广播电视台的采、录、编、播数字化、网络化。进一步提高高清节目的制播能力，地级城市主频道基本实现高清节目制作播出。坚持尊重群众意愿，完成全省广播电视有线网络的数字化、双向化改造，使有线数字电视成为进入千家万户的多媒体综合服务平台。实施地面数字电视工程，县以上城市实现地面数字电视覆盖。加快移动多媒体广播电视发展，基本完成县及县以上城市覆盖。积极推进城乡电影数字化进程，基本普及农村电影放映数字化。扎实做好"三网融合"试点工作，使广播影视在"三网融合"全面推开后，实现更快更高水平的发展。

（6）提高依法管理行政水平，维护广播电视播出秩序

贯彻国务院《关于加强法治政府建设的意见》，大力推进广播影视依法管理、依法行政。加强宣传管理，建立健全收听收看机制，继续深入开展抵制低俗之风行动，确保导向不出问题。全面加强安全播出保障和技术监管能力建设，确保安全播出不出问题。以治理虚假违规广告为重点，切实加强广告播放管理。扎实做好播出机构、频道频率、境外卫星电视、网络传播视听节目等方面的管理工作，积极开展打击非法"网络共享"设备专项治理行动，维护广播电视良好播出秩序。加强广播影视执法活动的监督，确保相应法律、法规、规章的贯彻实施。

（三）山东省会展业改革与发展

加快会展业发展是转变服务业发展方式、调整优化产业结构的有效途径，有助于应对传统增长模式难以持续、结构调整任务繁重等诸多难题。山东文化产业发展要实现翻两番的目标，会展业面临着重大的发展机遇与挑战。

1. 新经济形势下的山东会展业发展现状

"山东半岛蓝色经济区"和"黄河三角洲高效生态经济区"为山东会

展业筑起新的平台,便利的交通和先进的会展中心为山东会展业注入新的动力,山东的会展业正从单纯的会议业和展览业走向集会议、展览、节庆活动等多业态融合发展的新阶段,呈现提升发展的良好态势,成为拉动内需、促进消费的新的经济增长点。

(1)山东会展业有了突破性进展

山东会展业经过快速发展,已经取得了突破性进展。《中国会展经济发展报告(2011)》中显示,青岛、济南、烟台、潍坊、威海已经进入以北京为中心环渤海会展产业集群,摆脱了边缘化的危险。目前,不仅全国有影响力的展会多次巡回在山东举办,各市还结合产业结构和区位优势培育了多个知名专业展会。

——从会展业拉动力看,2011年山东会展业发展迅猛,特别是济南、青岛等会展业龙头城市在展会数量和档次上都取得了较大突破和提升。2011年济南共完成各类展会141个,其中地方自主性展会134个,引进并成功举办国字号展会7个;1000个标准展位以上的品牌展会10个;创新型新题材展会10个,展览面积达199万平方米,参观人数745万人,展会交易额1110亿元,拉动相关行业收入153亿元。在2011年全国会展城市总结评比会上,济南会展业获得了中国会展业产业两项大奖。

——从展会交易额看,近4年山东交易额7090亿元。2008年至2010年,山东会展交易额分别为2040亿元、2380亿元、2670亿元。2011年(香港)在山东周和鲁台经贸文化交流暨第十七届鲁台经贸洽谈会上,鲁港签约项目总数262个,总投资535亿美元,签约合同外资289亿美元。2011年我省与台湾开展经贸文化交流,新签约43个高新技术和服务业项目。

——从办展数量看,2011年,"十一五"时期,山东办展会2460次,地级市年平均办展会17次,济南、青岛每市年平均办展会252次。从展会品牌看,山东有96个。目前,山东在办的国际级展会3个,国家级展会35个,地区级展会30个,省级以下展会28个。

——从办展能力看,山东省共有28个会展场馆,潍坊鲁台会展中心、泰安国际动态会展城、泰山会展中心等场馆的在建和扩建工作也在紧锣密鼓地推进。山东有国际标准展位43000个,会展场馆28个,会展企业746家,从业人员32240人。

（2）山东会展业发展的主要突破点

第一，把会展业定位为区域战略性重点产业。山东省出台《关于加快会展业发展、促进会展消费的通知》，提出要站在促进经贸、科技、文化交流，树立城市形象和产业集团影响力的高度，把会展业作为全省重点发展的产业之一，按照国际化、市场化、专业化、品牌化的目标，对会展业进行中长期规划。各市相继出台文件，结合城市产业特点和地区优势重新定位会展业。济南提出会展业作为全市经济发展的重点产业，青岛、烟台、威海提出建设区域会展经济中心，临沂、东营、菏泽提出打造地区性会展名城。

第二，按照市场化要求组织发展会展业。山东省政府出台全省会展业管理办法，明确政府、社团的职能，突出了企业办展地位。目前，市县各级都设立了会展办、会展协会，会展企业达746家，除审批外，管理、协调、交流以及办展的具体活动均由协会和企业完成，实现了全省会展业的市场化。山东省目前正在征求意见的《"十二五"商务服务业发展规划》中，打造"会展城市综合体"即被列入议事日程。为避免无序竞争和恶意竞争，山东省会展业协会日前专门制定了《山东会展行业自律公约（征求意见稿）》。

第三，按照国际标准建设场馆和配套设施。山东省在推进城市化进程中，把完善城市配套功能与促进会展业发展有机结合起来，13个市建有符合国际标准的会展场馆，外部展览面积、室内展览面积以及配套会议室都达到承办国际级或国家级展会的标准。其中，潍坊、济宁、日照、临沂、泰安等二线城市也都建有功能完备、设施一流、规模适度的会展中心。新建成启用不久的青岛国际博览中心整体规划四大功能区域，建设南北登录大厅、多功能馆和10座标准展馆，总建筑面积约22万平方米，总展览面积约18万平方米。其中，室内总展览面积约12万平方米，可容纳6000多个标准展位，室外展场约6万平方米，配套功能区面积约4万平方米，成为山东省已建成的规模最大的展览场馆，场馆设施建设为推动山东会展业发展奠定了坚实的基础并创造了有利条件。

第四，依托产业集群培育品牌展会。山东省各市根据当地城市功能、产业特点，请会展专家确定展会题材，特别是围绕本地产业集群，重点发展电子家电、航海船艇、海洋科技、港口物流等会展，培育出35个在全国具有影响力的知名展会，啤酒节、海洋节等会展活动享誉中外。以主导产业支撑会展，以品牌会展助推产业发展，使山东实现了产业发展与打造品牌展会的双赢，各地的主导产业影响不断扩大，有效拓展了产品的市场空间。

第五，积极外接承办高规格展会。2010 年，山东省先后承办了第 67 届全国汽配会、中国家具展等 12 项全国性展览会。这些展会的落户有力推动了山东会展业的发展。以 2010 年山东台湾名品博览会为例，吸引参展企业 450 家，外埠参展展位占 70%，观展台商 2500 名，吸引观众 32.2 万人次，专业采购商 2000 多家，实现贸易额 4.1 亿美元。目前，山东已经成为国内办展的热选之地。

2. 山东会展业发展存在的主要问题

山东会展业排在全国中等水平，不仅远远落后于北京、上海、广州等一线城市，同江苏、浙江、福建等省相比也存在较大差距，与山东在全国的经济排名不相称。

第一，会展场馆利用率较低。在全省 28 个会展场馆中，年使用率在 15% 以上的有 8 个，仅占 28.5%，而不少会展场馆每年甚至只举办 1 个展览会。而亚洲排名第一的台北世界贸易中心世贸一馆的使用率高达 71%。在品牌展览方面，2010 年通过国际展览联盟（UFI）认证的中国大陆 79 个展览会中，山东没有一个。

第二，缺乏在国际和全国范围内有影响力的大型展会品牌。首先，山东的参展商参展目的不明确，很多都是"坐以待客"。其次，引入大型展会力度不够。2010 年商务部内贸领域引导支持的 80 个展会名单中，山东只有中国（菏泽）农资交易会和全国汽车配件交易会暨全国汽车配件采购交易会（第 67 届），而后者还是巡回展。

第三，政府主导的展会过多。各种形式的博览会、招商会、交易会、经贸洽谈会等展会活动日趋活跃，但现有展览会由政府主导的约占一半以上，而招商和经贸洽谈活动几乎全部由政府包揽。2011 年以来，山东由政府主导举办的招商和经贸洽谈活动有 119 个，其中境内经贸洽谈活动 44 个，以省政府名义举办或参加的活动 21 个，由各市举办或参加的活动 98 个。

第四，会展经济中的民营力量偏弱。在展洽活动承办者中，民营企业占90%，大多处于创业积累阶段，没有大型会展企业，也没有引进国际性和国家级的展览集团，很多组展单位靠吃政策饭和财政补贴过日子。根据对全省41家组展公司抽样调查，单个公司平均从业人员47人，其中从业人员100人以上的只有6家，80%以上的从业人员是"半路出家"，行业整体规模偏小，高水平、专业性人才短缺。

3. 山东会展业发展的新要求

山东快速发展的经济社会形势，为会展业提供了更加广阔的发展空间，同时也对会展业的发展提出了新的要求。

（1）山东工业化的进程需要会展业提供更多的帮助

山东经济的发展是以工业化打头阵的，但是目前山东工业化仍然靠高投入、高耗能和牺牲环境为代价，对外技术依存度高达50%以上，社会投资60%靠进口，科技进步的贡献率只有39%左右。山东的一、二、三次产业的比重分别为11.7：49.2：39.1。以工业为主的第二产业在国民生产总值中虽然居主要位置，但一个国家的工业化水平高低并不是以第二产业的基数越大、越好为标准的。从国际上看，工业化发展最快的产业部门并不是工业，更不是重工业，而是服务业，目前高收入国家的服务业一般占该国GDP总收入的72%，其中美国为77%，欧洲为71%，日本为68%。而我国以服务业为主的第三产业还不到40%，只有39.1%，山东在这方面更是存在很大的差距。当然，这种差距也预示着未来的发展空间。所以，后期工业化又称之为服务业的工业化，山东目前的工业化仍处在早期阶段。因此，无论从工业化水平的提升来看，还是从工业化的发展阶段来看，山东的会展业都担负着重要的任务，那就是要以科学发展观为指导，通过税改，引导各个方面高速发展，提高发展质量。这要求在科技会展中，以科技含量高、经济效益好、资源消耗低、环境污染少的先进技术、展品、信息和服务来引导结构调整和产业升级，提升山东的工业化水平，在推动工业化的同时，会展业本身也得到充分的发展。

（2）快速的城市化需要会展业提供更多的动力

城市化水平是决定一个国家和地区经济发展的成熟程度和富裕程度的关键性指标。根据统计，2011年山东城市化率超过50%，这是山东社会结构的历史性变化，也表明山东城镇化进程将面临新的形势和任务。虽然，会展业不是城市化的决定力量，但会展业的发展是推动城市化加快发展的基础性条件之一。它的重要意义在于，城市是先有市，后有城，有了城要继续发展，还必须有市。这是因为交换是经济的基础，流通是经济引擎的基础，商业活动是城市的基础，消费零售是社会的基础，一个繁荣的市场是城市化发展的基础。会展业集经济产业、科技、商业活动于一体，是城市化的强大推动力，纵观世界上的大城市群，无一不是以会展业作为城市的立足之本、发展之机的，在欧洲如德国的法兰克福、英国的伦敦、法国的巴黎、意大利的罗马；在北美如美国的芝加哥、纽约、加拿大的多伦多，亚洲的日本、中国香港、新加坡。从我国目前形成的会展五大区域：珠江三角洲、长江三角洲、环渤海、东北、中西部，也可以看出会展经济越发达的地区，往往是城市化程度比较高和城市群比较集中的地区。会展业在开拓市场、扩大贸易、活络经济、促进发展方面所起到的重要作用，至今无与伦比。如果作为一个经济中心城市，没有一个发达的会展业或会展中心，那将是很难想象的。发展会展业有助于一个中心城市增强对周边地区的辐射力和影响力，也有助于促进和带动周边地区的城市化进程。

（3）市场化深入需要会展业提供更多条件

市场化就是通过市场来进行各种生产要素和物质资源的优化配置。会展业所提供的就是这样一个平台，让企业和企业产品在这里充分竞争，并在这种竞争中优胜劣汰，这对促进经济、管理市场有着重要的作用。因此，会展业要按照市场化的原则来办展览，来集合资源，来汇集信息，使会展业成为优化配置各种生产要素和物质资源的场所，成为各参展企业借机发展的场所。会展业本身发展也要进行市场化改革，要通过优化会展业的组织结构，培养充满生机和活力的市场运营主体，让参加会展的所有企业都能够在公平竞争的市场环境下做到科学发展、有序发展，从而提升整个会展业的能力和水平。应该看到，山东正处在经济转型的重要时期，会展业如果没有政府的支持和帮助，也是很难迅速发展起来的。因为会展业是一个系统工程，尤其是大会展和国际性会展，对一个城市的所有功能包括交通、通信、住宿、金融、安全等方面都是一个挑战，如果没有政府的强有力的协调，是很难办好的。所以，对于当前一些地方政府发展会展经济的热情应该给予充分的理解。但是，问题是会展业本身发展进程还要走市场化的道路，只有让会展业充分接受市场的选择，这种会展业才能有活力和生命力，政府的作用是办一些企业想办而无法办成的事情，维护一个良好的会展市场环境。

（4）山东的国际化的发展需要会展业提供更多的平台

在经济全球化的背景下，一个地区的国际化实际上是这个地区参与经济全球化的广度和深度，体现这个地区参与国际竞争的能力和水平。经过30年的发展，我国已成为亚洲的展览大国，并逐步成为亚洲地区的区域性会展中心。但从会展业对国际市场的占有率来看，山东仍然处在弱势的格局，特别是在对外参展、布展方面，山东仍然有很多地方没有形成竞争力。与欧洲会展占有率42%、美国会展占有率46%相比，中国占12%，而山东这一比例数更少。山东会展业要开展引进来和走出去的结合，既要招商更多的外国企业来山东参展，也要带着山东走出去参展、办展，让山东本地的企业更多地感受国际经济的风云变幻，感知国际竞争的市场变化。

4. 加快山东会展业改革发展的主要措施

（1）加强对会展业改革发展的领导

在机构设置上与发达国家及国际会展奖励业（MICE）接轨，尽快研究设置独立的山东会展产业发展促进机构作为行业行政主管部门，强化政府层面对山东会议业、展览业和奖励旅游业发展的统筹与宏观调控、部门协调和资源整合等方面的服务功能，形成推动山东会展业发展的新动力。会展业管理机构应负责协调解决有关山东会展业发展的重大问题，包括产业政策制定、会展业中长期行动计划拟定、会展业专项资金管理、会展设施和服务的宣传推介、重大会展活动的报批备案等。建立由政府主要领导担任组长、发改委有关部门牵头组织、会展相关部门和企业参加的会展联席会制度，针对会展产业发展政策、重大会展项目及活动的申办或举办等议题定期召开联系会议（必要时可邀请在京国家有关机构参加），协调工商、卫生、消防、公安、交警、城管、海关、检疫、知识产权等相关行政管理部门，解决会展企业发展中遇到的实际难题。

（2）推进会展业的体制机制改革

改革管理体制，简化市场准入手续，把目前的多头审批、多头管理向地域性行业管理过渡，改被动的限制准入为积极的市场准入；制定会展项目管理收费标准，明确举办不同类型、不同规模展会涉及的海关、税务、工商、公安、消防等政府相关部门管理收费标准，通过明码标价降低参展商不必要的顾虑；加强上级单位与山东城市以及各相关部门之间的协调，提高办事效率和服务水平，建立山东会展品牌服务体系。加快会展行业信息化建设，加快推进会展统计制度的完善，构筑科学、完整、可比的会展业统计监测指标体系。建设展会数据库和展会信息发布平台，办好"山东会展网"，努力提高现有网站的功能，增强其时效性和信息量；完善会展信息收集、传递及各环节的电子化和自动化，为电子商务在会展事务中的应用创造良好的信息平台；发展网络展览交易平台，实现实物展览与网上展览、网上交易之间的互相补充。

（3）完善建设现代化大型专业会展设施

针对国内外会展行业规模化、品牌化发展趋势，采取政府先期投入和主导、后期市场化运作的方式，结合 2013 年坐落于京沪高铁济南西客站的具有国际标准的会议与展览中心建设契机，在中部地区（济南）规划建设一处与山东地位相符合，集展览、会展服务（会展策划、组织、工程、广告等）、会展培训教育以及居住、购物、餐饮、娱乐等功能于一体，通过产业集群方式带动相关生产性服务业互促发展的会展产业基地。加强现有专业会展场馆周边地区设施配套和功能完善，创新发展服务业态。按照会展商务区或会展产业集聚区的要求配套宾馆、会议中心、商务楼、餐饮以及相关休闲娱乐业态；吸引会展相关配套企业（广告、公关、搭建、物流、咨询等）入驻，形成积聚效应；加快交通建设，强化公共交通的直达性。集中力量对占有一定会展市场份额的老场馆进行挖潜改造和设施配套。加强对老展馆智能化和信息化建设，增加展览空间和停车及餐饮设施。提升中心城区会议设施的服务和接待水平，鼓励会议服务技术创新，加强个性化服务；结合文化产业的重大项目的建设打造一批高端会议设施场所，通过会议设施与高品质度假环境、特色化休闲设施的有机结合，发展会展旅游。

（4）大力培育依托山东产业优势的品牌展会

山东会展业要打造知名品牌，会展业的招商布展不能来者不拒，必须培养市场的竞争力，实行精兵强战式的，对参展企业和参展产品进行筛选，不能把会展办成农贸市场或者乡村集市。为会展业要创造一个平台，让企业能够通过参展获得他们需要的产品、技术、营销的信息，减少其机会成本，使会展成为其愿来、想来和来之就会有收获的场所。特别是在大部分企业还不具备成熟运营的市场经验和网络，缺乏充足的资金和人才、信息的情况下，会展业要营造一个信息充分发达、营销联通国内和国际的网络，在企业走向市场化、国际化的进程中，充分发挥会展业的影响力。坚持自主创新与积极引进相结合。在继续积极申办国际性重要会议和引进品牌展会的同时，结合山东的战略性新兴产业发展，自主创办一批定时定址的主题论坛，培育与居民生活密切关联、影响力高的商贸服务型品牌展会，以及若干依托特色产业的专业品牌展会。加强品牌会展项目的培育和引进。制定展会评估体系与品牌展会评定标准，鼓励和引导办展机构进行展会数据第三方审计；鼓励会展企业及会展项目按照 UFI 等国际通行标准进行运作，争取更多会展企业及会展品牌通过 UFI 等认证；鼓励国内会展企业以融资的方式直接整合国外展览品牌资源，联合打造中外合作的展览品牌。

（5）加快培育和引进实力雄厚的专业会展企业

积极吸引国内外大型旅游会展总部或分支机构落户山东，引导形成旅游会展总部经济聚集区。通过资源整合支持和鼓励会展企业向集团化发展。通过联合、兼并、参股等形式，培植一批实力雄厚、竞争力较强的会展企业；实行多元化经营、跨地区经营和跨行业经营，依托国际国内两个市场，培育并扶持会展企业向集团化发展。强化会展"产业链"中组展、场馆、配套服务三大环节的专业服务能力、信息化能力和产业链协同能力。大力发展装饰装修、信息咨询、广告宣传、展品运输、宾馆酒店、旅游票务等传统会展服务业态；积极培育和发展会展新业态，如专业会展审计机构、专业会展技术服务公司[1]、服务总承包商（GEC）[2]、新型会展媒体[3]等，为会展活动提供优质、高效的全方位服务。

（6）全面推进会展与多行业的融合发展

加强会展业和旅游业的互补联动，加强会展旅游软硬件建设，促进会展活动与旅游活动的有机结合。注重会展活动的旅游延伸，选择特色品牌展会打造成为特色旅游产品。包装会展设施为旅游吸引物，并转化会展的

---

[1] 如向展会组织者提供场地规划软件的美国 ACT 公司等。

[2] 如受美国展览界普遍认可的 Freeman 公司，可以提供除主办之外的绝大多数服务项目，包括展台设计及搭建、展具租赁、展品运输、现场餐饮服务等。

[3] 如以会展为题材的电视栏目等。

配套服务设施为旅游所用。提升旅游饭店的会议设施，满足国内中小型会议需求。掌握国际会展信息和旅游发展趋势，将国际会议、展览项目的申办与山东旅游的海外宣传促销有机结合。利用高知名度景区对参展商和观展商的吸引作用，将大型精品旅游节庆活动和大型会展相结合，形成以会展带动旅游，以旅游促进会展的良性互动的模式。

（7）优化山东会展行业的发展环境

加强展会知识产权保护工作。对参展商知识产权状况要进行备案审核；要建立展会现场侵权投诉程序，相关执法部门要加强巡查监管，做好参展商品的知识产权保护工作。制定展会排期管理规则，保护现有重要展会、品牌展会以及市政府引进的国内外大型品牌展会的排期，避免同一时段举办同类主题展会的重复办展、恶性竞争行为的发生。加强会展业整体宣传推广。整合政府、办展机构、会展中心、会展协会和驻外机构等各方资源，打造山东"中部会展之都"鲜明形象。制定山东会展业整体宣传推广计划，整合山东会场、展馆、酒店、景点、会展公司、私人会所等会展信息资源，制作统一的宣传手册、宣传片对外发放；定期参加国际权威性的会展年会、论坛以及相关经贸活动，重点推介山东的城市环境、办展环境、服务设施和政府扶持政策等，吸引具有影响力的大型会展到山东举办，全面提高山东国际会展城市的知名度和影响力。扶持山东重要品牌展会的宣传推广，在机场、火车站、地铁等重要交通枢纽设置广告牌，发布办展信息；在主要会展客源市场投放广告或购买广告牌用于宣传山东的品牌展会，吸引各界的关注度。

（8）强化会展专业人才培养与会展培训基地建设

为实现山东会展产业可持续健康发展，要加大对会展产业的各种翻译、导游、会展服务接待人才的培养力度，尽快培育和壮大一支熟悉国际会展业惯例，善于会展市场开拓，强于策划、营销、组织和管理的会展专业队伍，不断提高山东会展业的服务质量和管理水平。建立健全会展人才培养机制与体系。积极发展会展高等教育，鼓励和支持山东更多的高等院校设立本科及硕士研究生教育层次会展经济与管理专业；有计划地发展一批以国际会展项目管理、会展策划与管理、会展与广告、会展商务、会展旅游等专业为重点的职业教育学校；通过院校、中介组织和会展企业三条渠道组织经常性会展职业短训，对现有会展从业人员和会展管理人员分期分批进行在职培训；以行业协会为主导，与国际展览管理者协会（IAEM）、国际展览业协会（UFI）等国际会展组织或机构合作开展会展业高级人才培训或研修项目，形成会展高等教育与会展职业教育、会展职业短训相结合的会展教育与会展人才培养基地。充分认识会展专业实务操作性和流程性极强的特性，重视会展高等教育与职业教育的结合，推行理论与实践交叉学习的教育模式。鼓励会展教育定制化，与组展商合作培养专业人才，实现课程设置模块化、实习活动主题化、理论和实践循环互动的良好机制。注重国际会展培训体系的整体引进，同时结合实际逐步实施本土化内容。加大会展人才引进与人才交流力度。对符合引进条件的高级会展专业人才，在入户、住房和子女入学等方面提供便利和支持；定期选派会展业相关管理部门公务员到中国香港、新加坡、欧美等会展业发达国家或地区进修学习。开展会展人才职业资格认证工作，形成各个级别和层次的会展管理和会展技术人才评估机制和专业人员聘用体系。

（四）山东省广告业改革与发展

广告是经济发展的晴雨表，2010 年中国广告投放总额（不包括户外投放）超过 7100 亿元，与 2009 年相比，达到了 10.8% 的增幅，基本与 GDP 增幅水平保持一致，2010 年中国广告经营额占国内生产总值的 1.78%。在中国广告业发展的大背景下，山东省的广告业也取得了快速发展。

1. 山东省广告业改革发展现状

在中国广告业稳步发展的大环境影响之下，山东省广告业的发展具有以下五个方面特点：

（1）广告业稳步发展

山东省 2010 年生产总值 39146.2 亿，比 2009 年增长 12.5%，在"十一五"计划期间（2006—2010 年）全省的生产总值年均增长率为 13.1%，山东省近五年的经济发展稳定，2008 年的全球经济危机并没有对山东经济造成太大影响。

截至 2010 年，山东省广告经营单位达到 15095 家，广告经营额为 85.9 亿，增长率达到了 12.58%，高出全国的平均增长率 10.8%，虽然在 2008 年全球经济危机的影响下，山东广告业营业额增长放缓，2008 年山东省广告业只有1.86%的增长率，但是2009年和2010年山东广告业营业额开始稳步增长，高出同期国内的平均水平，如表13所示。

表13   2007—2010年山东省广告业数据统计

年　份	经营单位（家）	广告经营额（亿）	增加率	国内平均增长率
2007	9500	68.96	不详	11.10%
2008	11077	70.24	1.86%	10.60%
2009	11803	76.30	8.63%	7.45%
2010	15095	85.90	12.58%	10.80%

山东省等级广告资质企业已达83家，占全国广告资质企业的9%，其中一级广告资质企业19家，二级广告资质企业48家，三级广告资质企业16家，广告资质企业总量均居全国前列，广告业成为促进山东经济发展和社会各项事业进步的重要产业。

（2）广告监管得力

2011年山东省在广告监管方面做出了卓有成效的成绩，山东省工商行政管理局在《山东省2011年上半年广告管理基本情况统计分析》中发布：2011年健全部门之间的齐抓共管网络，不断加强与联席会议成员单位和媒体主管部门的协调配合及联动，进一步增强广告监管的合力和实效。健全工商系统内部上下联动的网络，实现了省、市、县、所四级联动，不断加大广告违法案件的查处力度。健全全省广告监测系统信息网络，不断提高广告监管的现代化水平。健全整治虚假违法广告舆论氛围，充分发挥舆论媒体的作用，注重发挥和调动社会各界的监督力量，形成了部门配合、舆论监督、群众参与的良好舆论氛围。

2011年各级工商机关始终把虚假违法广告整治工作作为一项重要的政治任务来抓，在全省部署开展了"整治互联网和手机媒体淫秽色情及低俗信息"、"药品安全专项整治"、"广告语言文字专项检查"等治理行动。不断加大执法力度，采取查处一批大案要案，撤销一批违法广告批准文号，曝光一批典型案例，封杀一批性质严重的违法广告，责令整改一批经营单位，停发一批广告经营单位一段时间的某类别广告等"六个一批"的措施，全省广告市场秩序明显好转，虚假违法广告案件明显减少，媒体单位发布医疗、药品、保健食品、化妆品、美容服务等"五类广告"违法率大幅下降。

在总结已有监管制度、措施的基础上，不断建立健全联席会议制度、广告监测制度、违法广告公告制度、广告市场信用监管制度、违法主体市场退出制度和媒体单位责任追究制度，加强与广告审查机关、媒体行政主管部门的沟通配合，做到广告监测与案件查处的有效衔接。2011 年上半年，全省共监测各类广告 3 万余条次，督办各类案件 400 件，下发《责令整改通知书》985 份，向社会公开曝光了 300 件典型涉嫌虚假违法广告，封杀各类广告近 50 件，建议有关行政主管部门对 20 余种产品广告采取了强制措施。定期监测全省经营性网站 254 家，查处非法网站 67 家，删除非法信息 2000 余条次，虚假违法广告得到了有效治理。

（3）新兴媒体广告异军突起

根据 2011 年 3 月 28 日发布的《山东省 2010 年广告管理基本情况分析》的数据显示，2010 年山东省的广告公司营业额是 25.88 亿元，占广告经营总额的 30.14%，同比增加 5.34 亿元，增长 26.00%；电视台广告业务营业额 24.75 亿元，占广告经营总额的 28.82%，同比增加 2.34 亿元，增长 10.45%；报社广告营业额 22.58 亿元，占广告经营总额的 26.30%，同比增加 1.43 亿元，增长 6.74%；三者共计 73.21 亿元，占广告经营总额的 85.26%，同比增加 9.11 亿元，增长 14.21%，另据《媒介360》的《2010 年广电媒体广告收入十强出炉》数据显示，2010 年山东电台广告收入达到了 2.4 亿元，位列地方广播广告收入第 10 位。目前山东省的传统大众媒体的广告依然在山东广告业占据主流位置。但是目前中国广告业的以电视、广播、报纸、杂志为代表的四大传统大众媒体正在遭遇新兴媒体广告严重的挑战，山东省广告业同样面临着传统大众媒体遭遇挑战的严峻问题。

我国国内营销环境日益复杂，任何单一营销元素的运用，都很难实现有效的营销，依靠一则单一媒体广告便能建立、成就一个品牌的时代已经过去了。营销领域提出了"整合营销"的概念，以适应现代营销的发展。整合营销影响下的整合营销传播开始盛行，多媒体广告策划活动成为新的趋向，目前山东省的新兴传播媒体异军突起，网络广告、DM 广告、车体广告、楼梯广告、楼宇视频、移动电视广告、校园媒体广告、手机短信广告、LED 显示屏等，成为新兴的广告媒体，这将成为广告产业发展的新趋势，针对这种趋势，山东省人民政府及时采取扶持措施，在 2011 年发布的《关于促进全省广告产业发展的意见》提出了发展新兴广告产业的意见。

（4）广告创意能力提升

山东广告在重要广告赛事不断获奖，2009 年参加第十六届中国国际广告节，共获得长城奖金奖 1 个、银奖 2 个、铜奖 3 个、入围奖 39 个，黄河奖银奖 1 个、铜奖 1 个、入围奖 11 个，山东省广告协会获得最佳组织奖。组织参加了第八届全国优秀公益广告评选活动，获金奖 1 个、铜奖 2 个，入围奖 4 个，首次一年内获得 2 个金奖。在 2010 年第十七届中国国际广告节上，山东省选送的广告作品获得长城奖金奖 1 个（山东潜意识广告有限公司选送的系列广告《北大名人篇之独秀篇/园培篇/树人篇/适之篇》）、银奖 1 个、铜奖 8 个、入围奖 58 个，获得黄河奖入围奖 23 个，山东省广告协会再次获得最佳组织奖。山东省广告在国内权威广告节中屡获大奖，体现出山东省广告企业、人才创意能力及其影响力的提升。

搭建交流平台，积极开展广告会展和赛事活动，着手开展了第十八届中国国际广告节和山东省第十三届广告节（2011 年度）广告作品征集评选活动和山东省首届"学院创意杯"、公益广告大奖赛的作品征集评选活动，组团参加了 2011 中国长沙国际广告节。积极开展广告企业资质评选活动，上半年我省有 14 家企业新申报了广告企业资质，14 家企业申请了广告企业资质续展，目前正在进一步评审中。山东省大力举办广告相关大赛，体现出山东省广告业在挖掘、培训广告人才方面作出了努力。

（5）政策法规日益完善

2011 年 2 月 10 日山东省人民政府出台了《关于促进全省广告产业发展的意见》（以下简称《意见》），这是山东第一份由省政府制定的促进广告产业发展的文件，为山东广告产业的发展提供了强有力的政策支持，广告业成为了山东文化产业的生力军。《意见》通过采取 13 项扶持政策措施，实现了广告产业发展的新突破：一是在介绍我省广告业发展情况的基础上，明确了广告业的行业定位、重要作用，阐明了促进全省广告产业发展的重要意义；二是明确了促进广告产业发展的指导思想、主要目标和工作重点；三是明确提出了促进广告产业发展的政策措施。这些政策内容，特别是税费、市场准入、土地、融资、园区建设等方面的优惠政策，具有时代性和突破性，是扶持全省广告业发展的强力引擎，进一步优化了广告产业发展的政策环境。

（6）不断加强组织和制度建设

完善内部管理制度，提高协会服务水平。2011 年 6 月 11 日，山东省广告专业技术人员职业水平考试首次开考，全省共有 800 多名考生参加了考试，为广告行业培养后备人才打下了坚实基础；搭建交流平台，积极开展广告会展和赛事活动，着手开展了第十八届中国国际广告节和山东省第十三届广告节（2011 年度）广告作品征集评选活动和山东省首届"学院创意杯"、公益广告大奖赛的作品征集评选活动，组团参加了 2011 中国长沙国际广告节。积极开展广告企业资质评选活动，2011 年上半年全省有 14 家企业新申报了广告企业资质，14 家企业申请了广告企业资质续展。

2. 山东广告业改革发展存在的主要问题

（1）广告企业数量多、规模小、竞争力弱

山东省的广告企业数目众多，从总体广告企业数量看，2010 年 12 月底，山东省的广告企业总数达到了 15095 家，从业人员达到了 9.6 万人，平均每个企业 6.4 人，公司规模较小；从等级广告资质企业看，山东省等级广告资质企业已达 83 家，占全国广告资质企业的 9%，其中一级广告资质企业 19 家，二级广告资质企业 48 家，三级广告资质企业 16 家，广告资质企业总量均居全国前列。但是，在数量巨大的同时，不容忽视的是山东广告业的规模小、竞争力弱的现状：参照中国标识网《广告公司调查对象概况》的标准，营业额在 1000 万元人民币以下的广告公司，归于小型广告公司；营业额在 1000 万元到 1 亿元人民币的广告公司，归于中型广告公司；营业额在 1 亿元人民币以上的广告公司，归于大型广告公司。山东目前尚无大型广告公司，1 万多家广告企业中，在全国叫得响的屈指可数，称得上全国性大型广告公司的几乎没有。

2009 年山东省广告公司营业额最多的是山东国际广告有限公司，以 8500 万元位列 2009 年度中国广告企业（非媒体服务类）广告营业额排行的第 45 位，而第 1 位的智威汤逊—中乔广告有限公司上海分公司的广告营业额则高达 56.68 亿元，第 2 位上海李奥贝纳广告有限公司的广告经营额高达 49.62 亿元，2009 年山东省整个广告业营业额仅仅为 76.30 亿元，仅是排行前两位的大型广告公司营业额之和就比山东省整体广告业营业额高出了 12.94 亿元。北京、上海、广东的广告公司入榜最多，这与上述三地强大的广告优势不无关系，广告业有句行话"媒体看北京、创意看上海、制作看广东"，目前短期内山东省要超越上述三地的广告业发展水平是困难的，竞争力不如上述三地是客观事实。

山东省的广告企业竞争力弱的原因有主观和客观两层因素：主观因素上，山东省广告企业定位大多是服务于区域经济的，缺少对国内以及国际广告份额的争夺，偏安一隅，山东省广告业的领军企业——山东国际广告有限公司的企业定位是：山东本土企业的整合策划传播公司，国内或国际驰名品牌的区域代理执行公司。山东省广告企业的广告运作水平有待提高，广告创意能力以及国内外影响力较弱，不但缺乏国内外知名品牌的广告代理业务，而且本土知名企业的广告代理业务也开始流向北京、上海、广东。山东广告业发展滞后的另一个原因是缺乏高端人才。目前的广告业已从依赖大众传媒阶段走向混媒时代，要求广告人必须跨媒体进行创意设计。山东的广告从业人员虽多，但专业素质偏低，整体上缺乏集策划、创意、品牌于一体的广告公司，只在低层次上进行重复竞争。客观因素上，北京、上海、广东在中国广告业中三足鼎立，广告资源大多集中在上述三地。

（2）广告业结构和区域布局不合理

山东工商行政管理局发布的《山东省 2010 年广告管理基本情况统计分析》中数据显示了山东广告业结构和区域布局的不合理。从广告业的区域发展情况看，企业经营规模上以济南、青岛为主，经营额上以省属、济南、青岛为主，济南和青岛的国家一级资质广告公司共 15 家，其他地区仅有 4 家，分别是淄博市的山东宏宇文化发展有限公司、潍坊市的潍坊晨鸿集团有限公司、日照市和莱芜市的山东艺景广告装饰有限公司，另济南、青岛的二级、三级资质广告公司数量也排在山东省广告业前列。山东省广告业的广告资源集中在济南市和青岛市，山东省其他地区广告业发展不太发达。

根据数据显示，山东省的广告营业额主要集中在传统大众媒体的广告投放上，传统大众媒体广告投放依然是主流。另据 360 媒体的《2010 年光电媒体收入十强出炉》报道，山东广播电视集团以 16 亿元广告收入位列地方电视广告收入第 9 位, 山东电台以 2.4 亿元广告收入位列 2010 年地方广播广告收入第 10 位, 足见山东省传统大众媒体的强势。

3. 加快山东省广告业发展的主要措施

(1) 培育大型广告企业集团

推行现代企业制度, 引导广告产业转方式、调结构, 尽快培育一批拥有著名品牌和先进技术、主业突出、核心创新能力强且具有较强市场竞争力的大型广告企业集团; 鼓励拥有著名品牌的大型企业通过为其提供全面服务的广告公司, 提高国际市场竞争力; 鼓励具有竞争优势的广告企业通过参股、控股、承包、兼并、收购、联盟等方式扩大市场份额。

(2) 发挥政府的支持引导作用

认真落实关于促进服务业发展和文化产业振兴的扶持政策, 将广告业纳入文化产业发展专项资金或投资基金等重点扶持的行业, 支持广告创意设计、广告会展、人才培训、公益广告及新兴广告企业, 以龙头企业、重点项目、园区 (基地) 建设带动广告产业快速健康发展。借助山东半岛蓝色经济区和黄河三角洲高效生态经济区建设规划的实施, 采取"政府引导、企业主体、市场运作、社会参与"的原则, 培植文化创意产业项目, 打造配套功能完善、综合效益突出的文化创意、广告影视音乐、平面创意制作、广告会展、动漫游戏、多媒体广告新兴产业园区。对涉及重点广告产业园区 (基地) 拆迁、改造、建设等发生的各类行政事业性收费, 按规定予以减免。

(3) 拓宽广告产业发展投融资渠道

鼓励金融机构加大对广告企业的信贷支持。商业银行对符合信贷条件的广告企业, 可在国家允许的贷款利率浮动幅度内给予利率优惠。引导和鼓励金融机构拓展适合广告产业发展特点的贷款融资方式和相关的保险服务。支持广告企业用市场运作方式筹措发展资金, 按照国家有关规定发行中长期企业债券和短期融资债券。鼓励重点园区 (基地)、重点龙头企业通过主板和创业板上市, 将拟上市广告企业纳入全省上市企业资源后备库, 享受"山东省企业上市专项扶持资金"等政策扶持。积极引导社会资金支持广告业发展, 鼓励外资投资广告企业, 鼓励各类创业风险投资机构和融资性担保机构向发展前景好、吸纳就业多以及运用新技术、新业态的广告企业提供融资服务; 引导广告企业实施股权质押、债权质押、动产抵押贷款，开展广告企业驰名、著名商标专用权质押贷款试点工作，为广告企业发展提供资金支持。

（4）加大虚假违法广告整治力度

继续从人民群众最关心的热点、难点问题入手，从广告市场最薄弱的环节和最突出的问题入手，不断加大虚假违法广告整理力度，净化广告市场环境，确保虚假违法广告违法率大幅下降。一是把握重点，找准广告整治的突破口。加强重点类别广告监管，继续把药品、医疗、保健食品、化妆品、美容服务等"五类广告"，网络涉性广告、电视购物广告等作为监管的重点。加强重点媒体单位监管，把地位突出、影响大的媒体单位作为治理的重点，以重点突破带动整体推进。二是健全制度，完善广告长效监管机制。着眼标本兼治，大力推行联席会议制度、广告监测制度、违法广告公告制度、广告市场信用监管制度、违法主体市场退出制度、违法主体责任追究制度等六项制度。三是健全手段，建立现代化广告管理工作机制。加强全省广告监测系统建设，积极协调各市，不断推进广告监测的现代化，实现全省监测系统信息联网、数据统一掌控。推进网络广告监测系统建设，以实现对省内互联网广告的动态监测，自动完成数据采集、识别报警、数据统计分析、信息存储检索及信息发布等工作。积极推进网络技术在广告登记、审批等工作的应用，不断提高工作效能。

（5）建立健全广告产业公共服务管理体系

加强产业发展政策和广告监管制度理论研究，积极促成研究成果及时转化为相关政策，推动工作开展。鼓励广告业理论创新和拓展，加快广告与品牌的理论体系建设，促进广告理论和实践的有机结合。建立科学的广告业调查统计制度，完善广告业调查统计方法和指导体系，加强广告业信息统计和预算的系统性、权威性，为宏观决策提供依据。建立广告业信息发布制度，加强广告企业广告数据的统计申报和管理，定期对广告企业统计数据进行核实检查，为广告市场提供科学准确、完整及时的数据服务。推进政府部门间的信息互通和共享，建设广告监管和自律信息发布共享平台，为宏观监管和投资主体的科学决策提供信息支持。

（五）山东省演艺业改革与发展

山东省演艺业在文艺精品创作、场馆建设、人才培养及基层文化活动方面都取得不俗的成绩，但与国内一些省市相比，山东演艺业发展还明显滞后，演艺市场各种要素发育不成熟；体制改革滞后，一些转制院团尚未完成角色转换；民营文化企业发展薄弱；缺乏演艺精品等，尤其是国有文艺院团的改革还远远落后于中央的要求。加快山东演艺业的发展，必须转变观念，强力推进一般国有文艺院团改革，精心培育演出市场。

1. 山东加快演艺业改革发展现状

（1）文艺精品创作不断

山东文艺创作精品不断。由山东歌舞剧院、山东青年政治学院创作演出的双人舞《乳汁救伤员》在银川人民会堂参加了由文化部、宁夏回族自治区人民政府主办的第九届全国舞蹈比赛，荣获独、双、三人舞组优秀创作奖；由山东歌舞剧院历时半年排演的原创歌剧《赵氏孤儿》在山东剧院首演，获得巨大成功。这是山东歌舞剧院为迎接"十艺节"创作演出的重点剧目，也是省直文艺院团迎接"十艺节"第一个对外公演的重点剧目。该剧首次公演，吸引了大量观众，得到了广泛认可，在连续公演的几天里，剧场都是座无虚席。由菏泽市单县豫剧团演出的豫剧现代戏《山东汉子》参加第二届中国豫剧节喜获佳绩，获得参演剧目奖。济南市迎办"十艺节"新创舞台剧目展演拉开帷幕。市属6家艺术院团的7台剧目陆续分别在济南铁路文化宫、山东剧院、宝贝剧场、章丘百脉剧场等地亮相。其中有以大舜的成长经历为主线创作的歌舞剧《大舜》；有讲述大明湖畔的荷花姑娘与泉母神仙之子青柳间凄美爱情故事的吕剧《泉城传说》；有通过描述淘气的小学生吕小远的生活故事，展现充满童趣的儿童剧《我的麦哲伦海峡》；还有京剧《重瞳项羽》、方言剧《泉城人家》、杂技剧《红色记忆》、吕剧《阳光大姐》，等等，京剧《孔圣母》已经成功演出。

（2）场馆建设逐步加强

山东各地的演出场馆的建设及旧剧场改造工程已全面展开。第十届中国艺术节的主会场——文化艺术中心位于济南西站附近，该中心占地480亩，总建筑面积62.5万平方米，总投资56.5亿元，包括大剧院、图书馆、美术馆、群众艺术馆以及剧团、书城、影城等配套项目。

济南大剧院承担着"十艺节"开幕式的重任。以"岱青海蓝"为设计理念的大剧院总建设规模约50万平方米，含歌剧厅、音乐厅、多功能厅以及配套服务设施。2010 年 10 月 22 日，济南大剧院破土动工，2013年 4 月交付使用，以确保满足"十艺节"主要活动需求。青岛市将承办"十艺节"闭幕式，决定把建设新剧场和改造旧剧场结合起来。胶州市会展中心剧场、青岛海泉湾、天创演艺剧场、青岛广电影视剧场、崂山区市民文化中心剧场均为新建剧场。其他承办城市也在务实节俭的前提下全面铺开场馆设施建设，为"十艺节"搭建一流舞台。烟台大剧院已于 2009年投入使用，其他 4 处大型场馆均已开工建设或改造修缮。潍坊大剧院和昌邑剧院正在建设中，潍州剧场和高密大剧院在进行维修改造。淄博文化中心已于 2010 年 10 月破土动工。淄博大剧院将是承担"十艺节"演出任务的主要场馆之一。①

（3）基层文化活动丰富多彩

2011 年 5 月 4 日，山东省文化厅组织省直文化系统优秀青年在商河县玉皇庙镇开展文化志愿者活动。来自省京剧院、省吕剧院、山东歌舞剧院、省话剧院、省柳子剧团、省艺术馆的优秀青年演员和商河县文艺工作者一起为当地群众表演了京剧、吕剧、柳子戏、歌舞、山东琴书等精彩的文艺节目。"迎十艺、走基层、惠民生——金秋演出季"启动仪式暨艺术名家走基层文艺演出在东营市广饶县大王镇刘集村举办。"金秋演出季"活动，至 11 月底结束，包括"'迎十艺'优秀剧目展演"、"百团下基层"、全省地方戏票友大赛等内容。活动组织全省各级各类艺术院团和众多艺术家深入广大农村、城市社区、工矿企业等地集中巡回演出。据统计，各类文艺演出有 600 余场，各类展览展示活动 300 余项。②

（4）人才培养取得新进展

2011 年 8 月 15 日，由山东省文化厅主办、山东省电影学校承办的"2011 年全省地方戏青年演员培训班"在山东省电影学校举办开班典礼暨集体拜师仪式。这次培训班是省文化厅采取的加强青年艺术人才培养、保护扶持山东地方戏发展的重要举措，是近年来省文化厅组织举办的规模最大、任课老师规格最高的一次集中培训活动。培训班共有 44 名学员，分

---

① 山东各地演出场馆建设及旧剧场改造全面展开，http：//www. 10yijie. cn/xwzx/201111/t20111114_ 7371758. htm，2011 年 11 月 14 日。

② 山东文化网，http：//www. sdwht. gov. cn。

别来自全省 14 个市以及 2 个省直院团,包括吕剧、柳子戏、山东梆子、五音戏、莱芜梆子、柳琴、柳腔、茂腔等 9 个剧种。入选学员都是从全省地方戏中青年演员比赛获奖选手中产生,具有一定的舞台实践经验,具有较好的培养潜力。2011 年 10 月 19 日,中国戏曲学院、山东省电影学校共建生源基地、教学实践基地签约揭牌仪式在济南举行。这是中国戏曲学院首次与山东联手,共同探讨戏曲人才培养新模式。中国戏曲学院是我国戏曲教育的最高学府,山东省电影学校承担京剧以及吕剧、柳子戏等山东重要地方剧种后继人才培养重任。新建基地将进行京剧表演、京剧伴奏专业的教学实习与创作实践,开展戏曲教学科研等方面的学术活动,进行对山东京剧发展创新的专门研究。①

2. 山东省国有文艺院团改革任务

自 2003 年文化体制改革试点工作启动以来,我国国有文艺院团体制改革经历了由试点先行、稳步推进到攻坚克难、全面推进的发展过程。截至 2011 年一季度,全国已有 514 家国有文艺院团完成或正在转企改制,出人、出戏、出效益,演艺市场呈现繁荣景象。2011 年 5 月 11 日,中宣部、文化部联合下发《关于加快国有文艺院团体制改革的通知》,要求各地在 2012 年上半年之前全面完成国有文艺院团体制改革任务。这意味着,国有文艺院团体制改革进入了"加速跑"阶段。

目前,山东省共有 118 家国有文艺院团,包括省直 6 家、市级院团 43 家、县级院团 69 家,在职人员共 5157 人。大多数文艺院团经营困难,严重依赖财政拨款。绝大多数县级院团没有固定资产积累和艺术再生产投入,演出能力严重不足,有的剧团无戏可演、无人能唱,度日艰难。有的院团名存实亡,常年无演出经营活动。经批准,全省 118 家国有文艺院团保留事业体制的只有省京剧院和青岛交响乐团,其他都必须在 2012 年上半年完成改制,任务艰巨。

按照中央的要求,要按照区别对待、分类指导、稳步推进的原则,"转制一批"、"整合一批"、"划转一批"、"撤销一批"、"保留一批",全面推进全国文化系统国有文艺院团体制改革工作。国有文艺院团转制改革,要严格标准、规范操作。要完成企业工商注册登记,核销事业编制,

---

① 山东文化网,http://www.sdwht.gov.cn。

注销事业单位法人，同职工签订劳动合同，按照企业办法参加社会保险。已转企的院团要按照现代企业制度要求，完善法人治理结构，建立充分体现艺术规律的经营管理体制，为增强活力、壮大实力、成为合格的市场主体奠定更加科学的体制机制基础。

在推进转企改制的同时，要把转制改革和资源整合、结构调整结合起来，同城不同层级的同类国有文艺院团，原则上要予以合并。鼓励转制院团以资本为纽带，跨区域、跨所有制进行兼并重组。通过资源整合，不断壮大国有演艺企业实力，培育演艺产业的骨干企业和战略投资者。

少数经营困难、不具备进入市场条件，也不具备基本创作演出条件，不宜再保留建制的国有文艺院团，可提出注销申请，报同级文化行政部门和编制管理部门批准，依法履行注销手续，也可并入其他企业性质的文艺院团。核销院团建制，一定要按照《通知》精神，做好资产财务清算和人员分流安置工作。

地方戏曲、曲艺等国有文艺院团中，演出剧（曲）种属濒危稀有且具有重要文化遗产价值的，经批准可不再保留文艺院团建制，转为公益性的保护、研究和传承机构，或将相关保护传承职能连同相关人员、编制和经费转入当地文化馆、群艺馆、艺术院校、艺术研究院所等机构，专门从事研究、传承和展演。

保留事业单位性质的国有文艺院团，要按照"政府扶持、转换机制、面向市场、增强活力"的方针，深化内部机制改革，形成自我发展的活力，在面向市场、服务群众的过程中不断发展壮大。要建立健全法人治理结构，探索建立理事会、董事会、管委会等多种形式的治理结构，健全决策、执行和监督机制，提高运行效率。要健全人员聘用制度和岗位管理制度，建立工资分配激励约束机制，依法参加事业单位基本养老、基本医疗、失业、工伤等社会保险。保留事业单位性质的院团在今后发展中，如具备条件，也鼓励转企改制。

3. 山东省演艺业改革发展存在的主要问题

（1）演艺市场制度建设不到位，市场要素发育尚不成熟

山东演出市场虽然初步建立，但与北京、上海等演艺市场产业化运作比较成熟的省市相比，演艺市场制度建设还不到位，市场要素发育尚不成熟，主要表现为缺乏本土的富有活力的演出团体，演出经纪公司规模实力

弱小,而且几乎全部是项目型演出经纪公司。没有经常性的多种类、多式样、多层次的文艺演出,不能满足居民的消费预期,演艺业应有的发展空间尚未打开。演艺市场制度建设还不到位,各种市场要素还在成长之中,演艺链条处于割裂状态。除演艺公司、演出经纪机构外,演艺市场所需的其他中介机构如演出人才中介机构、演出票务机构、演出投资融资机构、演出宣传策划机构等等尚不完备,演艺业经营人才缺乏。另外,缺乏相关的政策支持和制度安排如政府引导支持机制、艺术生产的投入产出机制、多渠道投融资机制;演出市场也缺乏统一的规划引导,这些都制约着全省演艺业的市场化进程。

(2)转制院团尚未完成角色转换

转制院团尽管在形式上完成了身份转换,但是在实体上还没有完成角色转换。国有院团一直是在事业团的情况下生存和发展下来的,长期习惯性的工作思维、工作目标、工作方法、工作制度等一整套行为已经形成了相对稳定和固定的结构,现在生存方式因转制而被打破,但是在潜意识中并没有真正转换,这是改革现象中最主要的一个问题。一些转制院团的内部管理制度大部分还是原来事业团的管理制度,与转制以后的情况不相称、不对等,都直接影响和制约着转制院团法人治理结构的建立和有效运转。

(3)民营文艺企业发展薄弱

与国有演艺团体相比,民营演出团体和演出经纪机构更加贴近市场,对繁荣演出业能起到不可低估的作用。山东省缺乏多渠道投资体制和有效的筹资机制,演艺业资本形式单一,民营文化企业极为薄弱,目前全省没有一家具有较大影响力的民营演出团体或经纪机构。一些地方文化行政部门对民营院团的发展不够重视,对民营院团的认识还停留在"业余剧团"、"草台班子"的层面上,政府组织的各类文化活动基本上被国有剧团垄断,民营文化演艺团体无法与国有演出团体真正同等准入、公平竞争,这在一定程度上限制了民营演艺团体的发展。

(4)市场意识淡漠,缺乏演艺精品

目前相当数量艺术院团的思维模式不是以市场为导向,按需生产,抢占市场,而是"拿国家的钱、向政府营销、拿奖是目标",拿到奖之后剧目大多束之高阁,产品无法实现与市场的对接。对一些精品剧目的包装、宣传力度不够，运作营销手段不够丰富，开拓演出市场力度不够，缺乏一整套完善的营销策略，又造成了观众的流失和演出市场的低迷，从而形成了恶性循环。转制院团担负着坚持"双百"方针、"二为"方向和实现"三贴近"的历史重任，肩负着用优秀的作品鼓舞人、引导人的社会责任，在社会主义精神文明建设中起着导向和净化社会环境的重要作用，不能单纯地根据市场价值取向来进行艺术生产。这就决定了转制院团不是一般意义上的文化企业，而是带有相应政治责任、社会职责、艺术传承等使命的特殊的文化企业。转制院团如何重新调整其与两个效益之间的相互关系，将是一个新的重大课题。

（5）政策落实不到位，政府引导和扶持力度不足

文化产业具备与其他产业不同的产业属性，政府的引导、资助和扶持非常重要，这是世界各国的普遍做法。必须看到，仅靠市场机制并不能完全解决文化产业结构的优化问题。随着市场经济和电影、电视等文化娱乐多元化的影响，相当一部分观众被分流，剧团的演出市场受到很大冲击，科学合理的扶持引导尤为重要。从当前来看，山东省对演出市场的培育和开发远远不够，改革实践中反映出来的一些普遍关注的重点难点问题也亟须进一步破解。如一些地方和部门的改革积极性、主动性不高；支持改革的优惠政策未能得到很好的贯彻落实；相关部门之间协调困难，没有为转制院团更好的发展创造有利条件；国有文艺院团中恐惧改革的思想仍然存在；改革信息在传递中被曲解，一些杂音、噪音、虚假错误信息在一定程度上干扰了改革进程的顺利推进等。

4. 加快山东省演艺业改革发展的主要措施

（1）政府转变观念、转变职能

发展演艺市场的关键在于政府转变观念并加快其职能的转变，深化文化体制改革，真正把国有院团转化成文化产业的一个重要组成部分，转化成能够通过向民众提供文化消费而获取利润的文化企业，这既是文化体制改革的关键，也是文化体制改革的目标，政府应逐渐把对国有院团的直接管理转变为监督与服务并重的宏观管理。进一步强化政府的服务功能，实现从"权力中枢"向"服务中枢"的全方位转变，努力创造适合演艺市场发展的良好的人文环境、政策环境、法律环境和舆论环境。一是依据上位法，坚持"扶持、引导、服务、培训、教育"的方针，扩大市场准入，

增强市场活力，整合演出资源。对演艺市场的管理应当从被动管理转向到有目标有规划的主动管理上来。市一级政府文化部门对本地区演艺市场的管理应当以宏观管理为主，以推动演艺市场产业化进程为重点，研究制定符合本地区演艺市场特点的发展政策、发展规划和实施计划或实施意见，研究制定、不断完善和强化对全市演艺市场的监督管理机制。二是推进行政许可制度的改革，依法可以下放的行政许可事项应当坚决下放；依法坚决禁止利用规范性文件设立行政许可条件，已经设立的必须坚决废止。三是彻底改变对演艺市场"重整顿、轻繁荣"、"重管理、轻服务"的管理理念，在坚持"扶持大众的、保持健康的、允许无害的"前提下，加强对营业性演出单位和从业人员的政策法规服务，鼓励各类演出经营单位大胆探索、大胆尝试。四是逐步建立和完善演艺市场信息网络，为各类演出经营单位提供演艺市场信息，运用法律和行政手段维护演艺市场的繁荣发展。由政府或行业协会出面与不同的新闻传媒机构进行战略联盟，让新闻网站、报刊、电视、广播等开设演出的相关栏目（节目），让更多的演出团体、机构和演出剧目能够更好地获得新闻传播机构的关注和宣传。

（2）对转制院团加大政策保障力度

增加财政资金投入。财政部门应明确，转制院团的原有正常事业费，转制后由财政继续拨付，主要用于解决转制前已经离退休人员的社会保障问题；安排专项补贴，帮助转企改制单位弥补改革成本，并对转制后企业的重点产业发展项目予以支持；出台扶持转企改制单位和文化企业发展的优惠政策。在支持转企改制的政策中，国有文艺院团转制前支配或使用的国有资产（含土地），转制后作为其国家资本注入。工商登记注册时货币出资达不到标准的，财政部门或国有文化资产管理机构按政策应予补足。此外，还要充分发挥各级财政设立的文化产业专项资金的作用，采用贷款贴息、项目补助、绩效奖励、保险费补助等多种形式，扶持转制院团加快发展。

加强基础设施建设。落实"一团一场"政策，加大改造、新建剧场的力度，以配置、租赁、委托经营等多种方式提供给转制院团。中央财政和地方财政要通过安排文化产业发展专项资金、宣传文化发展专项资金等渠道，对转制文艺院团重点产业发展项目予以支持，分批为县级转制文艺院团配备流动舞台车、交通车，资助转制文艺院团更新设备、改善排练和演出条件。

放宽资本准入条件。鼓励和支持各种所有制企业以控股、参股、并购、重组等多种方式，参与国有文艺院团转企改制。在确保国有资产保值的基础上，鼓励艺术名家和其他演职员以个人持股的方式参与院团股份制改造。

落实社会保障政策。国有文艺院团转制后要做好社会保障政策衔接工作，采取有效措施解决好企业与事业单位退休待遇差问题。转制前已经离退休人员的离退休待遇标准不变，待遇支付和调整执行国家相关规定。对转制前参加工作、转制后退休人员的退休待遇差问题，要通过加快收入分配改革、建立企业年金、加发养老金补贴等多种方式予以解决。原事业编制内职工的住房公积金、住房补贴中由财政负担部分，转制后继续由财政部门在预算中拨付。

拓宽人员安置途径。对需要分流转岗的人员，要充分尊重其择业意愿，确有专长的演艺人才，经考核可充实到文化馆（站）、群艺馆等单位，也可安排其从事社区和农村文化辅导及中小学艺术教育等文化艺术普及工作。要积极建立面向其他行业企事业单位的演艺人才流动机制，搭建演艺人才推介平台，为分流人员和接续新岗位提供帮助与保障。经协商一致自谋职业的，依照国家有关规定支付经济补偿、接续社会保险关系。临时聘用人员，要按照有关规定办理。

强化激励机制。国家非物质文化遗产保护专项资金，要向具有传承保护非遗项目职能的转制院团倾斜，强化生产性保护。对具有重要文化遗产价值但经济效益低的戏曲演艺品种，可以采取政府购买、补贴等方式委托相关院团进行复排，开展公益性演出。艺术类评奖要更多地面向转制院团。要完善文艺院团的行业管理，逐步建立统一的演艺企业资质登记和等级评定制度，支持和鼓励始终把社会效益放在首位、实现社会效益和经济效益相统一。要完善服务措施。选择那些改革到位、成长性好、竞争力强的大型国有演艺企业进行重点培育，在资金投入、项目支持、资源配置等方面加大倾斜力度。推荐有条件的转制院团优先获得银行贷款、保险承保和理赔，有效降低经营风险，提高收益。帮助条件成熟的演艺企业上市融资。充分利用全国性和区域性产权交易机构，为文艺院团搭建资本、产权、人才、信息、技术等要素的流动平台。

　　加强人才保障。抓紧培养既懂艺术，又懂经营、科技的复合型人才。目前，影响院团转企改制、制约其顺利进入市场的重大障碍是人才短缺，尤其是缺乏善于经营管理和懂得现代科技的专门人才。因此，在推进改革的过程中一定要把人才培养作为一项重要而紧迫任务抓实抓好。首先应该采取"缺什么就补什么"的办法，举办多种类型的人才培训班；其次要通过社会招聘，吸纳引进各类急需人才；最后是要通过与相关企业的合资合作，在引进资金的同时，也引入先进的管理理念和经营、科技方面的人才。只要是人才，不论来自国有还是民营、不管来自事业还是企业，都要一视同仁、为其提供平等竞争的机会，让更多的人才有施展才华的舞台，有创业的环境。

　　（3）加大财政投入，健全演艺业投融资渠道

　　山东省演艺业的投融资渠道主要是财政投入和社会投资等。随着文化产业市场化程度不断提高，财政投入和社会投资之间的比重也在发生变化。从山东省目前情况来看，政府对艺术院团的投入相对变少。推进文艺院团改革，必须加大投入，提供必要的基础保障。制定、落实文艺院团改革的财政扶持政策，保证转企改制院团过去所享受的财政政策在转制后继续执行，解决好影响制约文艺院团转企改制的各项改革成本。要改进财政资金投入方式，变人头经费为项目投资，采取政府购买、项目补贴、奖励资助等多种形式，提高财政资金使用效益，支持文艺院团面向社会、面向基层、面向群众，推出更多更好的优秀文艺作品。

　　发展文化产业不能单纯依靠政府投资，应逐步由政府一元化投入转变为政府、企业、个人、社会多元化的投入。过去在计划经济条件下演艺业一直靠政府拨款，而今天我们应该加快投融资体制改革，健全投融资渠道，探索新的文化资本运作方式，尽力促进和吸收社会资金进入文化市场。

　　要创新文化领域投融资体制，在重点扶持弘扬优秀传统文化、代表地方特色高水水准的院团和项目的同时，鼓励文艺院团通过项目合作、项目融资等多种方式吸纳社会资本，打造演艺品牌。吸引企业、个人和外资等投资演艺业，形成以代表齐鲁文化特色的表演艺术团体为骨干，合作、股份、民营、中外合资等多种形式、多渠道、多层次共同发展演艺业的格局。鼓励文艺院团在推进管办分离的过程中，以并购、分析等方式聚合资

产管理费用，进行多元化经营和低成本扩张，扩大规模，壮大实力，有条件的要积极上市融资。要学习借鉴国际经验，探索发挥非政府 NGO 和非营利 NPO 组织的作用，如文化基金会、财团法人、各类社团、行业协会等，挖掘更多的社会资源，形成聚合各类社会资本的机制，借助外力发展演艺业。

（六）山东省旅游业改革与发展

山东省旅游业以科学发展为主题，以结构调整为主线，从战略上积极进行谋划，充分发挥旅游业对促进全省转方式、调结构工作的重大作用，着力培育战略性支柱产业，开创了山东省旅游业快速健康发展的新局面。

1. 山东省旅游业改革发展现状

根据国家旅游局的统计数据显示，2011 年上半年全国旅游总收入突破 1 万亿元，比上年同期增长 18%；其中山东省以 18677 万人次暂列接待游客总人数第一名、以 1571 亿元暂列旅游总收入第二名，是全国 2011 年上半年旅游总收入超千万元的三个省份之一。

（1）成功举办了第二届"好客山东贺年会"

2011 年初，山东省旅游局联合 13 个省直部门和 17 市政府，在全省启动了声势浩大的"好客山东贺年会"活动，共同拉开了"十二五"转方式、调结构的"开年大戏"。活动期间，突出了元旦、春节、元宵节三大时间节点，以统一的主题、统一的标识、统一的形象积极参与贺年会活动，推出了贺年宴、贺年游、贺年礼、贺年乐、贺年福丰富多彩的贺年会产品，举办了一系列年味浓郁、特色突出、传统与现代交相辉映的贺年会春节文化活动，打造了主题集中、浓厚热烈、覆盖城乡、群众得实惠、企业得效益、年节消费潜能充分释放、春节民俗文化进一步传承的贺年会节事活动品牌。贺年会期间，国务院参事室和中央文史研究馆专门组成调研组现场调研，认为"好客山东贺年会"坚持政府主导、部门联动、市场运作、群众主体，是传承创新春节文化的生动实践，在全国具有创新和示范意义。2011 年贺年会期间，山东省共接待国内外游客 4157.7 万人次，实现旅游总收入 369.9 亿元，同比增长 24.5%，极大拉动了各类文化旅游消费。

（2）积极应对高铁时代到来，抢占竞争制高点

京沪高铁全线开通后，山东省一方面持续打造"好客山东"文化旅游品牌，在高速行进的列车上创新举办了"高铁自由风好客山东行"高铁旅游营销大会，济南市牵头组织京沪高铁沿线的北京、上海、南京等8城市成立京沪高铁旅游联盟，在京沪高铁沿线树立起了山东鲜明的区域旅游形象；另一方面，积极推动山东省5个市6个高铁站点加快高铁与城市交通的"零换乘"，全面优化旅游交通环境。同时，推出"到山东最想去的100个地方"、"到山东最想品尝的100种美食"、"到山东最想购买的100种旅游特色商品"等系列活动，在国内外进行大规模的市场营销，打造高铁旅游新的竞争力，巩固提升了山东在京沪高铁沿线的旅游大省地位。

京沪高铁连接"环渤海"和"长三角"两大经济圈，是一个需求旺盛的中高端旅游市场。面对高铁带来的旅游市场，山东省各高铁停靠站地方积极打造京沪高铁重要旅游目的地，推出有价格、品质双重竞争优势的"一日游"、"周末游"旅游产品。同时，进一步深化与北京、上海、徐州等沿线城市的旅游合作，组建了"旅游联盟"。实施旅游宣传品、风光片、宣传牌进高铁活动。另外还建设集游客问询、航空换乘、自驾车租赁、票务服务、信息调度等多功能于一体的高铁旅游集散中心，为游客提供全方位服务。加快发展站域周边商务会议、购物、娱乐等配套设施，推动特色旅游商品进高铁，全力打造"临高"旅游经济，扩大了旅游业的拉动作用，延长丰富了文化旅游链条。

（3）全力打造"好客山东休闲汇"活动品牌

休闲被誉为"新世纪全球经济发展的五大推动力之首"。2011年以来，山东省政府着眼全省转方式、调结构、促民生的发展大局，适时出台了《山东省国民休闲发展纲要》，提出了未来五年山东省国民休闲发展的目标，这也是全国第一个以省级政府名义研究出台的鼓励支持国民休闲和休闲产业发展的促进性文件。为贯彻落实好《纲要》，山东省旅游局创意举办了"好客山东休闲汇"。休闲汇继承优秀的传统休闲文化，创新现代时尚休闲活动，整合社会休闲资源，建设现代休闲产业，培育休闲消费市场和群众新的生活方式。按照休闲汇活动要坚持继承、创新、整合、建设、培育的要求，在为期两个半月的时间里，各承办部门普遍推出了一个

专题休闲活动,各市、县(市、区)推出了一至两个主题休闲周活动,上下联动,交叉推进,形成了"天天有活动、周周有高潮"的全民大休闲氛围。由政府主导国民休闲和休闲产业发展,大张旗鼓地举办"好客山东休闲汇",在全社会兴起了思想的大解放、观念的大更新。"好客山东休闲汇"活动的意义超越了活动本身,对山东省转变观念、扩大消费、促进转方式、调结构产生了全局性的积极影响。2011中国休闲创新奖暨第五届中国最佳旅游供应商颁奖仪式上,山东省共获16个奖项,其中山东省旅游局的《国民休闲,〈纲要〉护航》和《好客山东贺年会让人民生活更幸福》分别荣获休闲创新贡献奖和休闲旅游营销创新奖。

(4)文化旅游融合发展速度加快

山东省文化与旅游进一步融合,重点发掘和培育了一批具有山东地方特色的文化旅游产业项目。山东歌舞剧院的《赵氏孤儿》已进行初演,山东省京剧院的《铁血鸿儒》已进入排练阶段,山东省吕剧院的《乱世鲁商》、山东省话剧院的《嫂子》即将排练;山东省柳子剧团的《国之慧眼》、山东省杂技团的《聊斋遗梦》,正在进行专家论证和排演筹备。泰安《封禅大典》、临沂《蒙山沂水》、青岛《蓝色畅想》、威海《神游华夏》、曲阜《孔子舞剧》等大型演艺项目不断提升加工,丰富旅游内涵,吸引景点人气。山东省各大文化旅游演艺项目2011年以来演出900余场,演出收入8000余万元,成为文化旅游业发展的新亮点。同时,积极为e农数字服务公共平台、刘公岛旅游、小剧场连锁经营等项目申请了中央及省级文化产业发展专项资金,目前已落实700万元省级资金扶持。

(5)重点推进山东省重点旅游项目建设

自2010年以来,山东文化旅游项目投资每年逾千亿元,大项目快速建设成为山东产业转型升级的重要引擎。旅游项目关联吃住行游购娱等各大要素,是产业发展的重要载体和支撑,发挥着聚集资源、打造品牌、扩大市场的重要作用。近几年来,旅游大项目建设一直是山东旅游工作的主要抓手之一。尤其是自2008年起,山东省确定每年召开一次重点旅游项目建设现场会,引导民间资本、工商资本、企业资本和社会资本等投入旅游项目建设。

根据不完全统计,2008年山东全省完成旅游投资680亿元;2009年,完成旅游投资860亿元;2010年完成旅游投资1025亿元。各大重点旅游项目建设扎实推进,有效促进了转方式、调结构和经济平稳较快增长。这些以文化为特色的重点项目,涵盖景区、酒店、娱乐、购物、演艺等众多方面,进一步丰富了山东旅游产品体系,完善了旅游功能。尤其是泰安方特欢乐世界、大型实景演艺《封禅大典》、枣庄台儿庄古城、威海华夏城等一批体量大、规格高、辐射带动能力强的精品旅游文化项目,已经成为山东传统旅游城市新的产业增长极;齐河泉城极地海洋世界项目、兖州大型文化旅游景区兴隆文化园等项目,则已成为拉动县域经济腾飞的重要引擎。在政府的强力推动下,山东已成功引来希尔顿、香格里拉、港中旅集团、恒隆集团等众多国内外顶级大企业集团参与旅游项目开发。目前,山东省旅游项目建设呈现出强劲的发展势头,在体量、规模、质量和水平上都有了长足的进步。诸如齐河县引入马来西亚发林集团的 150 亿元资金建设东盟现代生态旅游城项目;青岛即墨市吸引港中旅集团投资 46 亿元兴建青岛海泉湾项目;中海外集团投资 210 亿元开发淄博文昌湖城乡统筹旅游项目等。这些高规格、大体量的旅游项目,能满足游客吃住行游购娱等多方面的需求,将以旅游综合体的概念,推动山东旅游产业全面升级。

2. 山东省旅游业改革发展存在的主要问题

山东省旅游业的发展形势喜人,但是仍然要看到发展过程中存在的困难和问题:

(1) 旅游市场运行的协调发展难度增大

一方面,国内旅游、出境旅游市场均保持两位数快速增长;另一方面,入境旅游市场增幅明显下降。从全国来看,2011 年 1—6 月,累计入境 6627 万人次,入境过夜 2746 万人次,分别增长 1.15% 和 1.09%,相比去年 5.57% 和 10.63% 的增幅,落差较大。周边市场增幅减缓。北美市场上半年旅华累计超过 142 万人次,维持着总体两位数的同比增幅,成为远程客源国的中坚力量。欧洲各国上半年旅华市场总体保持增长,但呈多样化趋势。总体来看,2011 年国内市场、出境市场比预想的要好,但入境旅游要实现全年确定的目标难度加大。山东省紧邻日韩、东南亚等周边市场,所受的冲击和影响更为明显,入境旅游增幅达到预定目标的难度较大,韩日市场增长乏力甚至出现下降。

(2) 市场总体形势严峻,面临巨大挑战

国际国内经济的复杂因素对山东省旅游市场特别是入境市场带来严峻

挑战，具体的不利因素有一是当前国际金融市场出现急剧动荡，全球旅游发展的不确定因素增多。从历史经验看，国际金融动荡将影响居民消费，抑制居民消费意愿，对山东省入境旅游市场肯定会带来新的冲击。二是欧美等国调整经济政策将会进一步挤压山东省入境市场增长空间。三是国内价格上涨压力加大等因素影响居民旅游消费预期。各种传统和非传统安全因素都增加了旅游市场发展的不确定性。

（3）国家扶持政策效应还未完全显现

国家连续出台了《关于加快发展旅游业的意见》、《黄河三角洲高效生态经济区发展规划》、《山东半岛蓝色经济区发展规划》、《中共中央关于深化文化体制改革，推动社会主义文化大发展大繁荣若干重大问题的决定》等政策，山东省也据此相应制定出台了《山东省国民休闲发展纲要》、《好客山东旅游服务标准》，等等，并逐渐开展了相关的实际工作。但是，社会对旅游业的认识仍然不足，关于如何建设"国民经济的战略性支柱产业和人民群众更加满意的现代服务业"问题，还未得到有效破解，局部出现了旅游投资过热、盲目攀比国际化等新问题。

（4）散客服务体系建设滞后

随着山东省旅游业的快速发展，团体旅游和散客旅游的比例发生了很大变化，越来越多的人更青睐自助游，选择到目的地以后自主旅游。除了青岛建立了散客集散中心之外，山东省其他16地市只建立了旅游咨询服务中心，且服务站基本上只有一处，在游客集散的主要景点景区、服务场所很少见到，无法适应日益增长的散客旅游市场的需要。

（5）旅游标准化建设有待加强

旅游标准化工作是一项复杂的系统工程，做好旅游标准化工作是落实科学发展观，把旅游业培育成国民经济的战略性支柱产业和人民群众更加满意的现代服务业的重要举措，能够有力的推动旅游业转型升级，提升服务质量。山东省目前已有青岛市和其他四个企业作为成功的标准化试点，但其他地市和企业仍然处在建设摸索期或等待期，地方政府旅游工作的标准化、旅游企业工作的标准化都亟待出台相关的条例并具体实施。

3. 加快山东省旅游业改革发展的主要措施

中国经济持续稳定较快发展的基本面不会改变，中国旅游业将赢得10年黄金发展期的发展趋势不会改变，这是做好市场工作的重要保障。

同时，对国际经济、政治、安全等领域不确定因素对旅游业尤其是入境旅游产生的不利影响要保持清醒认识，增强工作的预见性和主动性，善于从危机中发现积极因素，抓住机遇，乘势而上，推动山东省旅游市场持续健康快速发展。

（1）加强旅游市场的调研分析

市场调研是科学决策和开展市场推广的基础和前提，也是当前山东省旅游市场工作最为薄弱的环节。应对入境旅游和国内旅游开展市场调研，准确把握重点客源市场状况、动态、趋势、需求和游客出游规律、消费结构、兴趣爱好、目的地评价等多方面信息，为制定市场计划和营销策略提供可靠依据。应注重市场研究和分析，建立定期市场分析制度，邀请有关专家、旅游部门市场工作人员、旅游企业负责人对一个时期市场运行情况进行定性、定量分析，对市场走向和存在的问题提出应对措施和工作建议。应适应市场工作规律和特点，强化工作的预见性和计划的超前性，充分发挥旅游院校和专家智库的作用，研究制订市场开发规划和具有较强针对性和操作性的年度执行计划和专项营销方案，逐步克服被动应付、工作滞后的状况。应研究利用信息技术，建立山东省统一的市场信息交流平台，及时汇集各方、各地、各企业的市场信息，为旅游市场研究提供第一手资料。

（2）加强旅游产品的科学开发

旅游企业应强化旅游产品开发意识，将产品开发作为市场工作的重要任务。应由政府统筹整合山东省重点旅游资源，着力打造具有山东特色、在国内外有较高知名度和吸引力的跨区域旅游产品，并争取进入国家级产品体系；各地方应依托当地资源，重点开发"二日游"、"三日游"产品，着力打造体现城市文化特色，具有价格、服务竞争优势的城市标志性旅游产品。要应注重旅游产品品牌建设，从市场角度出发，以知名度、影响度、美誉度、满意度和忠诚度等相关指标为依据，研究建立旅游产品品牌评价标准，逐步建立起以区域、城市、企业产品品牌为支撑的旅游产品品牌体系。积极探索旅游产品研发机制，根据市场需求，制定产品研发指导目录，采取政府引导、企业研发、专业机构评审相结合的方法，共同推进产品开发工作。应制定鼓励企业开发旅游产品的政策措施，加强对旅游产品设计人员的业务培训，注重对拥有自主知识产权产品品牌的保护，对新产品的市场推广给予一定的资金扶持，对经过市场检验的优秀产品给予奖励。

（3）加强宣传营销渠道建设

渠道建设是旅游品牌和产品能否在客源市场落地，为公众知晓并购买的关键。应继续发挥"联合推介、捆绑营销"的优势，在中央电视台、凤凰卫视、香港翡翠、台湾东森、山东卫视等海内外主流媒体，宣传"好客山东"旅游品牌，进一步巩固、强化"好客山东"旅游目的地整体形象。在加强与传统媒体合作的同时，应高度重视拓展网站、短信、视频、博客、微博、手机软件、网络游戏等新兴媒体宣传渠道，充分发挥新媒体传播性快、覆盖面广、渗透力强、成本较低的独特优势。应由政府牵头联合各地市和企业在海内外重点客源市场加强与大旅行商的务实合作，共同策划营销山东旅游产品，建立长期稳定的产品营销网络渠道。应加强各个部门之间的联动，强化与外事、外宣、台办、侨务、文化、商务等部门在对外宣传方面的合作，进一步完善部门协调合作机制，充分利用友城、经贸、文化、外宣等对外交流活动，开展旅游宣传促销，实现宣传资源共享，扩大旅游宣传成效，使"好客山东"旅游品牌通过多种渠道走向世界，共同提升山东旅游的整体形象。

（4）加强旅游市场营销主体培育

旅游企业是市场的主体，也是市场营销的主体，各类旅游企业特别是大型旅游企业或企业集团应更多地承担起市场宣传推广的主体责任，充分发挥自身优势积极主动地做好品牌宣传、市场开拓、产品营销的工作。应围绕企业需求设计组织市场推广活动，扩大企业参与度，将品牌形象宣传与企业产品营销有机结合。旅游企业应善于借助政府搭建的宣传平台，洽谈旅游业务，推广自身产品，结识更多客户。政府应积极创造条件，大力推动旅游企业走出去，对接客源市场，拓展营销渠道，培育一批具有销售渠道影响力和控制力的大型旅游企业，并加大对旅游企业开拓市场、招徕客源的政策支持力度。

（5）加强与航空公司的合作

航空交通是入境旅游的关键环节，航空交通滞后，也是制约山东旅游入境发展的一个非常重要的因素。至今山东还没有飞往欧洲的航班，在亚洲周边国际市场上，航班数量还不能满足需求。应把加强与航空公司的合作作为市场工作的重中之重。一应加强与已经开通航班的航空公司的合作，共同策划包装产品。二应争取在东南亚开辟正式的航线。要突破东南亚市场，首先要突破航空制约，争取尽快开通山东—新加坡或山东—马来西亚等航线的固定航班。三应积极创造条件开通包机。四应积极争取已经开通航班的航空公司在山东增加航班密度。

（七）山东省动漫产业改革与发展

山东动漫产业从无到有，从小到大，在国内初具规模和影响。但是与先进省市相比，山东动漫产业还有较大的差距。认真研究山东省动漫产业的现状，找出存在的问题，并探索解决的办法，推动全省动漫产业再上新台阶，为建设文化强省作出应有的贡献。

1. 山东省动漫产业改革发展现状

（1）形成三足鼎立的动漫发展格局

2006 年后，山东动漫产业取得了突破性进展，国家新闻出版总署先后在济南、青岛、烟台命名了 3 个国家动漫产业基地，标志着山东成为国家发展动漫产业的重点布局省份，也标志着山东动漫产业发展三足鼎立的基本格局已初步形成。在济南市，动漫产业已初步建成东中西三大动漫基地：东部是依托齐鲁软件园的山东动漫游戏产业基地，中部是位于槐荫区的齐鲁动漫游戏产业基地，西部是依托高校科技园的动漫游戏研发基地和交易市场。青岛则形成了四大动漫产业园区：青岛国际动漫游戏产业园、青岛软件园、崂山区创业软件园动漫产业园、市北区科技街动漫产业园。烟台市在芝罘区南部新城建设了动漫基地。三大基地先后建立了动漫技术服务平台，并吸引上百家动漫企业入驻。济南的动漫游戏企业从 10 余家增至 180 多家，从业人员从不足百人到过万人，动画片年制作能力从几百分钟增至 2 万多分钟，年产值从不足 3 亿元增至 20 多亿元，"动漫泉城"的风貌正在逐步显现。青岛动漫产业的发展尤其迅速，加上生产动漫玩具等衍生品的企业则有 300 余家。2010 年，青岛创作的动画片 133 部 516 集，共计 7200 分钟，投资总额 2 亿多元。烟台动漫基地拥有各类入驻企业 51 家，总注册资本超过 6500 万，从业人员超过 600 人，基地企业共完成动漫作品投资总额 8125 万元，在央视播出时长超过 2800 分钟，省级电视台播出时长超过 10000 分钟。山东各地的动漫和动漫行业组织纷纷建立并开始发挥重要作用。如成立山东省漫画家协会、济南动漫游戏行业协会、青岛市动漫创意产业协会、烟台市动漫协会等，以加强业内的管理、研究、交流与合作，发挥企业和政府、企业与消费者以及企业对外交流的桥梁和纽带作用，引导企业良性发展。

（2）动漫创作初具规模和影响

创作了一些具有中国特色、山东特色、在国内外播出并具有一定影响的动漫作品。《孔子》、《孔府》、《鲁班的故事》、《泰山》、《山东好汉武二郎》、《少年岳飞》、《新龟兔赛跑》、《崂山道士》、《八仙过海》、《小牛向前冲》、《精灵萝卜娃》、《帆船之都》、《八仙过海》、《少年诸葛亮》等，都具有浓郁的中国风格特色乃至山东特色。百集动画片《孔子》讲述了孔子人生传奇及儒家思想形成，是山东省将孔子与动漫创意结合的一次新尝试，是全球第一部讲述孔子人生传奇及儒家思想形成的史诗巨作；由青岛普达海动漫影视有限责任公司与央视联手制作的52集大型原创动画片《小牛向前冲》2009年8月登陆中央电视台一套黄金时段，创下14%的高收视率，成为青岛动漫创意产业走出青岛、走向全国的重要标志；高路动画公司创作的《孔府》获得了国家文物局颁发的第二届中国文化遗产动漫大赛动画优秀奖；青岛灵动数码公司创作的三维动画版《阿凡提》，在厦门国际动漫节上夺得"金海豚"动画大奖；烟台邦达动漫公司和韩国、日本动漫企业联合制作的动画片《光合宝贝》获中日动画片交流研讨会一等奖；欣奇林文化发展有限公司制作完成的52集、时长1144分钟动画片《鼠氏三国》已经在韩国KBS播出。

（3）探索多元化的动漫产业发展道路

动漫企业根据自身的优势和发展定位采取不同的动漫产业发展模式，例如，青岛国际动漫游戏产业园实施的"联盟化"发展战略、山东世博文化传播有限公司采取的"由外围向核心逼近"的企业发展战略、山东中动文化传媒有限公司的"打造产业链完善的动漫产业平台"战略等。

青岛国际动漫游戏产业园是由青岛市市南区人民政府投资6.3亿元建设的国际化产业园区，已经引进了国内外动漫游戏企业与合作机构近100家。产业园作为动漫游戏企业聚集的"平台"，扮演着企业服务平台、产业运营平台等多重角色，同时整合国内外优势资源，组织园区企业实现"联盟化"发展，打造产品外包服务联盟、人才培养联盟、人才实训联盟、发行推广联盟、衍生品产业联盟等,实现企业的组团出击,共同占领国际市场,先后组织承办了 2008 年度中国游戏产业年会、青岛市第七届动漫艺术节、青岛市第八届动漫艺术节、青岛市第一届青岛少儿科普动漫大赛等活动,并组织园区企业组团参加了日本东京第九届国际动漫节、韩国光州 G-STAR 游戏展会、中国第五届国际动漫节、中国第二届 CGDC(中国游戏开发者大会)、韩国 ITC 等展会活动。山东世博文化传播有限公司则先依靠动漫外围产业创造经济效益,积累资金、储备人才,蓄势待发。策划运作了"齐鲁动漫展"和"世博动漫嘉年华"这两个动漫展会品牌;组织"齐鲁漫联",致力于青少年漫画人才培养;提出"应用动画"的概念,把动画技术应用和服务于各行各业,机床机械、医疗动画、政务动画等。

(4)动漫服务外包成绩显著

依托济南、青岛、烟台等国家级动漫产业基地,山东省加快培育骨干企业,加大市场开拓力度,动漫创意服务外包快速起步,一个以动漫、创意、服务外包为主要内容的产业正在迅速完善壮大。2011 年前三个季度,全省 60 余家动漫创意企业承接境外动漫制作业务,年承接跨境外包量超过 2 万分钟,形成了山东世博文化、山东中动传媒传播等一批动漫创意服务外包企业群体。2011 年山东省文化产品出口前 9 月已超 10 亿美元。青岛凤凰岛影视动漫创意城是国内首个 3D 动漫出口基地,以北京电影学院现代创意媒体学院为依托,项目包括高规格数字动漫实验室、培训中心、后期制作中心、动漫博物馆及相关配套设施等,根据规划,建成后的影视动漫创意城可实现年产影视动漫服务外包产量 3000 分钟、影视动漫原创产量 3000 分钟、制作 3D 立体电影 1—4 部,出口产值约占年销售额的 70%。中动文化传媒有限公司就与央视签订《战略合作协议》,获得央视历年所制作和播出的 200 多部动画作品的代理发行权,成为全国最大的出版发行代理商之一,公司还与美国、日本、韩国、加拿大、西班牙等 10 多个国家和地区的知名动漫企业进行合作。

(5)动漫产业发展势头强劲

2010 年 11 月,青岛数码动漫研究院成立,由青岛农业大学牵头,联合中国海洋大学、青岛大学、山东科技大学、青岛理工大学等高校共同成立。这种"产学结合"的新模式有利于实现优势互补,集合各院校和动漫公司的资源优势,形成合力。全省首个国家级版权交易中心——青岛国际版权交易中心项目正式投入运营,直接带动影视、动漫、软件、3G服务、文化传媒和网络游戏等相关产业的发展。

2011年5月,目标为建设亚洲最大的动漫影视作品制作和出口发行基地的工程在青岛城阳开工。总投资30亿元的中国动漫集团(青岛)国际动漫园区项目正式签约,将形成一个有特定主题统领的,集商务、科技、文化、旅游为一体的现代服务业聚集区和以动漫为主题的动漫游戏产业聚集区,预计引入动漫游戏企业100—200家,年均参访量达300万—500万人次,安置就业人员5000人以上,综合年产值突破50亿元。中国动漫集团(青岛)国际动漫园区项目计划三年内建设"中日韩国际动漫游戏合作研发中心"、"国际动画影视颁奖基地"、"国际动漫节会展中心"、"中国动漫集团(青岛)产业集聚区"、"国际动漫研发、制作、培训基地"等。北京电影学院在青岛开发区新创办的独立学院——北京电影学院现代创意媒体学院开始招生。学院计划将这里建设成中国影视动漫和文化创意产业领域应用型本科人才培养基地、媒体从业人员继续教育基地和数字影视节目产学研制作基地。

2. 山东省动漫产业改革发展存在的主要问题

(1) 山东动漫产业在全国处于中等水平

2010年初,我国在工商局登记的动漫公司近9000家,估计加上不在册的公司,从事动漫产业的公司早超过了上万家,是被誉为"动漫王国"的日本10倍之多。仅从数量看,已超过美、日,成为世界第一动漫生产大国。发行量最大的漫画杂志《知音漫客》,月发行量超过280万册,企业年产值2.3亿元;国产动漫产品出口迅速增长,已经突破4亿元;7家动漫企业荣获国家文化产业示范基地称号,占第四批总量的10%;出现了"喜羊羊"系列、"秦时明月"系列、张小盒、济公等优秀原创动漫作品。江苏、浙江、广东等省的动漫产业遥遥领先,走在全国动漫产业的前列。与先进省市相比,山东动漫产业在全国仅处于中等水平,与山东经济文化大省的地位很不相称。从创作数量看,尽管山东近3年动画片生产发展较快,从2008年的第17位上升到2009年的第15位,又上升到2010年的第12位,但在全国仍处于中等水平。全国动画片创作生产数量排在前五位的省份、国产动画片创作生产数量位居前列的十大城市、原创动画片制作生产七大机构、生产数量排在全国前列的国家动画产业基地等，山东无一上榜。

（2）山东动漫产业原创不足，缺少品牌形象

洋动漫形象在我国一直占绝对优势。近几年一些省市已经创造出自己的原创品牌形象，涌现出一些著名的动漫企业、动漫形象和动漫作品，如长沙三辰卡通集团有限公司的"虹猫"、"蓝兔"，上海东方传媒集团的《喜羊羊与灰太狼》等，受到广大读者的欢迎，漫画版《水浒传》、《西游记》陆续在国外出版，一批新老漫画作品走出国门赢得市场，我国国产原创网络游戏作品连续两年国内市场占有率超过60%，初步改变了美国、韩国等网络游戏一统天下的局面。但是山东在这方面还有很大的差距，原创动漫不仅数量少，也没有在全国叫得响的著名品牌。从2008年至2010年，山东的动画片产量分别为798分钟、1380分钟、4395分钟。虽然增长较快，但依然数量很小。以2010年为例，在全国位居前两名的江苏、浙江创作的动画片总长度均在山东的10倍以上。山东有几部动画片在全国甚至国外播出，但还不能形成品牌。

（3）企业规模小，难以形成良性产业循环

2010年底，我国年产值在3000万以上的动漫企业已近30家，年产值超过1亿元的大型企业有15家，涌现出湖南拓维、广东奥飞等成功上市的大型动漫企业，2010年被认定为重点动漫企业的湖北江通、中南卡通等企业正处在上市进程中。统计显示，截至2010年6月底，山东省实有动漫企业364户，注册资本5.8亿多元，全年完成动画片产量仅4395分钟。而杭州2009年在册动漫企业145家，全年原创动画产量共计35部27409分钟，占全国总产量的16%，位列全国各大城市第一位。山东动漫企业小而散，不具备大规模生产能力，无法使整个产业做大做强。

（4）创意型、复合型的动漫人才极为匮乏

根据有关部门估计，仅在青岛，动漫、网络游戏及相关衍生产品行业人才缺口就在5万人左右。山东目前有山东大学、山东工艺美院、山东艺术学院、山东轻工业学院等近10所院校开设了动画专业，每年动画专业大学毕业生有上千人。另外，各类动漫培训学校、企业也培养部分动漫人才。但能够迅速上岗的技术人才甚少，具有深厚的人文素养，兼通艺术、技术、管理与营销的创意型和复合型人才尤其匮乏，在数量和质量上都无

法满足需要。由于缺乏产业支撑,济南市本来就不多的动漫技术人才大量流向上海、杭州、广州、厦门等南方发达城市,造成山东动漫人才既"过剩"又"匮乏"的尴尬局面。

(5) 动漫企业投融资渠道有待进一步畅通和拓展

山东动漫企业绝大多数是中小企业,普遍缺乏资金、信息、管理经验和业务渠道,独立生存能力不强,在金融危机中更面临生存危机。动漫企业要生存发展,离不开政府的政策引导和扶持。据不完全统计,目前全国已经有 50 多个城市将动漫作为新兴产业大力扶持。杭州市政府出台了《关于鼓励杭州动漫游戏产业发展的政策意见》,建立了 2.5 亿元的动漫产业专项基金,采取奖励、资助、贴息等方法支持动漫企业和原创作品。为了扶持国家动漫产业基地建设,每年拿出 5000 万元的动漫游戏产业发展专项基金无偿提供给相关企业。目前山东还缺乏大的资本进入动漫市场,没有形成整体合力和市场开发力。

3. 加快山东省动漫产业改革发展的主要措施

(1) 扶持原创作品,培育齐鲁特色品牌

提高原创水平,打造动漫形象品牌。一个经典意义上的动漫品牌,是动漫产业可持续发展的立业之本。要打造山东的动漫品牌,应从大力扶持原创开始,山东是文化资源大省,具有极其丰富的历史文化、现代文化、革命文化、民俗文化,更应充分发挥、发掘丰富的文化素材和深厚的文化底蕴。山东动漫界在利用传统题材进行动漫创作方面已取得了一定的成绩,更重要的是要创作真正意义的原创作品。如美国的《米老鼠和唐老鸭》、日本的《聪明的一休》、韩国的《流氓兔》以及我国的《喜羊羊与灰太狼》等,关键是创意,是人文底蕴。

(2) 加强基地建设,扶持龙头企业,发挥集聚效应

山东动漫产业发展的基本格局已初步形成,发展重点是注重内涵发展,发挥产业聚集效应,提升动漫基地水平。济南、青岛、烟台的动漫基地已经初步建立起动漫公共技术服务平台,包括集群渲染系统、动作捕捉系统、音视频编辑合成系统、公共版权软件系统等,给动漫游戏企业提供了高水平的科研开发、产品测试和质量控制等技术支撑环境,青岛国际动漫游戏产业园在"联盟化"发展方面也已取得较大的进展,但仍需要进一步加强和完善。应调查并整合山东已有的动漫资源,包括动漫基地、动

漫企业、动漫教育机构等，落实政策，分类扶持，迅速集聚并壮大力量，将企业、院校、基地等各方面的力量联合起来，在条件成熟时，尽快成立山东动漫集团，以进一步整合资源，集中力量，形成完整的动漫产业链，壮大山东动漫产业的力量，打造齐鲁动漫著名品牌。

（3）建立艺术、技术、经营管理三位一体的动漫人才培养模式

山东一般动漫技术人才已比较充足，关键是缺乏创意人才、高层管理人才和复合型人才。要按照动漫人才的市场需求，调整培养目标，优化办学条件，提高教学质量。加强高等院校动漫学科建设，重点遴选培养一批优秀动漫产业人才，特别是动漫创意人才、高级制作人才、经营管理人才和复合型人才的培养。注重文化与技术的结合、培养目标与产业需求的对接。把动漫产业人才培养纳入相关的人才培养计划，把动漫专业纳入重点学科（专业）建设工程，把动漫产业相关专业纳入职业教育课程，在全省建设动漫人才培养基地。同时，鼓励动漫公司根据需要自行培训或与有关高校、国内外机构联合培训所需人才。创造良好的政策保障环境，积极引进国内外高层次动漫人才，对动漫人才调动、入户等方面给予优先考虑，对引进的具有高级专业技术资格、高级技师技术等级、硕士研究生毕业以上学历人员及留学人员，在子女入托入学、医疗保险和租用市、区政府提供安居房等方面享受高新技术企业人才引进优惠政策，引领产业发展。

（4）降低投资门槛，拓展融资渠道

山东省动漫企业多为中小企业，多以服务外包为重要业务。山东省要进一步降低行业准入门槛，鼓励多种经济成分共同参与动漫产业的开发和经营，加快培育多元化经营主体，尽快形成产业规模和良性市场机制。鼓励非公有资本积极参与竞争，吸纳和引导更多的民间资本，使其成为动漫产业市场的主要资金来源。要为动漫企业和金融、投资机构搭建相互交流、合作的平台，探索加强双方合作、促进共同发展的模式。2011年11月，中国人民银行对民间借贷的合法性给予肯定，财政部也会同国家发展改革委印发通知，决定从2012年1月1日至2014年12月31日，对小型微利企业免征管理类、登记类、证照类行政事业性收费，共计22项，以切实减轻小型、微型企业负担。这对动漫企业也是一个好消息，山东省有关部门应采取措施，确保符合条件的小型微型企

业享受到收费优惠政策。

二　提升山东民营文化企业竞争力

民营文化企业作为山东"文化强省"建设的生力军，能否在新一轮文化的大发展大繁荣中能有一席之地，关键还在于能否切实提高核心竞争力。核心竞争力是企业在长期竞争过程中逐步积累形成的能力，是研发能力、制造能力、营销能力、品牌吸引力、创新能力的重要集成，民营文化企业是山东文化产业发展的重要增长点。

(一) 山东省民营文化企业竞争力现状

1. 民营文化企业成为山东文化产业的新生力量

全省 5700 多家图书、电子音像发行企业中，民营企业占据半壁江山，涌现出一批销售过亿的民营发行企业。山东世纪天鸿书业有限公司是志鸿教育集团旗下的全资子公司，2004 年成立，当年 4 月被国家新闻出版总署授予"出版物国内总发行权"和"全国性连锁经营权许可"，是国内首家同时获得两项资质的民营企业。以此为标志，民营书业开始享受与国有新华书店完全平等的政策空间。其销售码洋达 11 亿元，在全国 30 个省（区、市）设有营销机构，是目前全国规模最大也是唯一一家获得全国连锁和总发行资格"双牌照"的民营文化企业。山东爱书人音像图书有限公司实现销售收入 2.5 亿元，在全国各地拥有连锁店 1530 多家，吸引就业 4600 多人，连锁经营网络覆盖全省 17 市及周边省份，连锁店数量占山东省音像连锁店总数的 60%，占全国的 25% 以上，是国内最大的音像连锁经营企业。其连锁店占全国总数的 40%，被国家文化部命名为首批全国文化产业示范基地。泰山体育产业集团是大型国家级民营体育产业集团，是亚洲最大的综合性体育器材生产企业和人工草坪生产基地，下辖 10 个分（子）公司，现有职工 2300 余人，"泰山牌"无形资产达 9.8 亿元，是全国重点行业效益十佳体育用品类第一名。民营文化产业不断发展壮大，对优化山东省产业结构、转变经济增长方式、缓解社会就业压力、丰富群众精神文化生活，促进和谐山东建设发挥着重要作用。

2. 民营文化企业涉及门类齐全，重点行业业绩突出

山东民营文化企业覆盖了文化产业的绝大部分种类，既有书、报、刊印刷，包装装潢及其他印刷；也有文化旅游服务、文化娱乐服务，文化产品出租与拍卖服务，广告和会展文化服务，文化用品和文化设备生产及销售等。山东民营文化企业在图书发行、音像连锁经营和文化制造等行业有突出的表现，有的企业已经拥有了著名的品牌产品，并在行业中占据领军地位。如山东世纪天鸿书业有限公司被国家新闻出版总署授予"出版物国内总发行权"和"全国性连锁经营权许可"，是国内首家同时获得两项资质的民营企业。山东爱书人音像图书有限公司实现销售收入 2.5 亿元，已经发展成国内最大的音像连锁经营企业，在全国各地拥有连锁店 1530 多家，占全国的 25% 以上。泰山体育产业集团发展成为亚洲最大的综合性体育器材生产企业和人工草坪生产基地，是全国重点行业效益十佳体育用品类第一名。

3. 民营文化企业体制灵活，蕴藏巨大文化生产力

民营资本寻求发展必将追求规模化、利益最大化，因此会冲破现有市场格局，对推动旧有体制改革将起到重要的作用。民营资本加入营利性行业，有利于调整国有资本垄断的格局，促进文化产业结构的进一步优化，从而最大限度地释放文化生产力。山东有更多的民营文化企业正在投入到文化产业发展中，凭借民营企业灵活机制，市场嗅觉灵敏的特点与优势，伴随着大众文化消费的欲望更强烈，老百姓文化消费需求不断变化，民营企业能够紧盯市场，更好地适应这种变化，因此生存能力更强，抗风险能力更大。以《梦海》为例，梦海演艺有限责任公司，积极探索大众的消费需求，借助灵活的经营机制，打造了集杂技、芭蕾和民族舞蹈为一体的大型演艺项目《梦海》，并逐渐形成了当地的旅游文化品牌。梦海演艺有限责任公司又适时地推出了民乐、歌舞等老百姓喜爱的"梦海"系列剧目，使《梦海》的文化市场价值得到最大程度发挥。

（二）山东省民营文化企业发展存在的主要问题

1. 民营文化企业管理相对处于比较落后的状态

由于中国市场经济刚刚起步，没有形成稳定的职业经理人群体，民营文化企业的管理还处在一个相对比较落后的阶段。在为数不少的民营文化

企业中，赚钱就是战略目标，不关心人力资源、资本运作等职能战略，缺乏全局眼光，以业务战略取代企业整体发展战略。民营文化企业在捕捉市场机会，解决商业问题时，采取的手段往往是"见招拆招"的应急管理，错把战术当战略，不能实施有效的战略过程管理，是当前民营文化企业发展的通病。

2. 在经营理念、战略战术上存在不少盲点

企业多元化也一度成为很多民营文化企业的选择。关于相关业务的成本共用、品牌共用、渠道共用等，在多元化问题上往往只能跟着感觉做决策，这种状况尤以民营企业居多，山东省的民营文化企业当然也不例外。

以市场敏感见长是民营文化企业最大的优点，也是最大的缺点。民营文化企业最经常和相对合理的多元化往往是有限相关多元化，主要目的在于原有资源的利用和挖潜。企业该不该搞多元化，还要看企业自身在行业中的地位和竞争力。企业在所处行业中的地位如果相对稳定或靠前，有很大的上升空间，在同行中有较强的竞争力，则宜坚持核心业务不动摇，不宜盲目多元化。如果企业在行业中的地位岌岌可危，处于维持状态，则多元化战略成为转型战略。

3. 现行文化管理体制是障碍

长期的计划经济条件下形成的文化管理体制，已经严重影响了民营文化企业竞争力的提高。一方面，部门的条块切割，地方保护主义的壁垒，层层设卡，层层审批，给经营带来巨大的风险和困难，也使得企业难以与国际同行业保持高效的沟通和接轨；另一方面，当民营公司出现的时候，文化行政部门有意无意地抵制和限制民营文化企业，很多民营文化企业面对这种不公平的竞争，只能忍气吞声。

4. 重点扶持优惠政策不配套

由于多年惯性思维，一些文化管理部门往往把直属单位当成"亲生子"，而把民营企业当作"外人"。虽然一直强调鼓励引导民营文化企业发展，但相应的配套政策法规却未跟上。一是专项政策法规亟待建立，原有的相关法规需要完善。现有涉及文化产业的众多具体政策法规条文中，有的已不适应发展需要，却未得到及时清理和修订，相关行政主管部门对条文有各自的话语权，有时导致多头行政，使企业无所适从。二是一些已有的引导鼓励政策，有些地方在落实过程中打了折扣，让民营文化企业感

受到"亲疏之别"：文化援助基金，一般只发给国有单位；项目招标，民营文化企业有时难以全面获得项目信息；发生知识产权纠纷时，往往偏向国有单位一方；民间博物馆被排斥在体制之外，难以得到对外交流和人员培训的机会。如演艺行业，演出报批、审查的程序很烦琐，一个大型演出要从市报到省，还要求提前两个月。三是利用金融手段扶持民营文化企业发展不够。银行对文化产业十分陌生，对文化产业的价值，对实现价值的评估知之甚少，可以贷款做贸易、开发房地产、修公路、架桥梁，还可以贷款买汽车，却不愿意贷款给民营文化企业，极大地挫伤了民营文化企业发展的积极性。

5. 没有形成集约化经营的合力

一是在文化资源方面，属地开发、各自利用的现象较为突出，常常是不同地区、部门、行业和企业各自为政，将文化资源和品牌据为己有，各自规划开发、各自宣传利用，导致文化资源和文化品牌整合度低。比如就演出来说，就存在市场垄断的现象，少数人控制着优质的演出资源，以致演出产品周转慢，好的演出资源得不到充分利用，直接影响了文化企业竞争力的提高。二是在市场开拓方面，无序竞争、自毁品牌的问题时有凸显，以前便曾有省内几个灯会在国外同一城市同时展出，出现相互杀价、互相诋毁的情况，最终不仅影响到经济效益，而且使品牌形象受到损害。三是在项目交流方面，文化企业单打独斗、互不相干的状况依然存在，缺少项目之间的配套和联动。

（三）提高山东省民营文化企业竞争力的主要措施

目前，在国家政策的鼓励下，必将有大批民营文化企业在原有基础上进行整合，并进行实质上的推动。做强靠的是科技创新，做大靠的是资本经营，做优靠的是管理水平，做响靠的是文化品牌。在这四个方面，山东民营文化企业还有很长的路要走。

1. 在政府扶持方面，加强法规建设

加强政府在宏观调控上的支持，在行业规范经营方面加强力度，在信息化管理方面的加强支持，放宽政策，减少事前审批环节，加强事后跟踪监督，打破地方壁垒，盘活市场经营，消除所有制歧视，实现真正的公平国民待遇，与国际接轨。有重点地培育民营文化企业品牌，通过品牌建设扩大我省民营文化企业的影响,把有限的资源、精力投入到成长性强的企业中去,最大限度地发挥品牌带动效应。逐步推行公益性文化项目和重大文化产业项目政府采购制度和公平招投标机制,由政府投入来体现政府的文化导向,由"养人"向"养事"转变。针对当前民营文化企业发展中急需解决的一些法律盲点,抓紧制定地方法规。

2. 在金融扶持方面,重点开展五方面工作

一是与金融资本对接,与金融机构合作开辟贷款绿色通道,开展无形资产质押贷款试点;二是从省文化产业发展专项资金中安排专款用于支持金融机构参与文化创意产业发展,实行银行贷款贴息政策;三是建立并推出省文化产业贷款担保工作机制;四是构筑投融资服务平台,吸引社会资本投资文化创意产业;五是探索融资上市,培育和支持一批文化创意企业做强做大。

3. 民营文化企业重点做好自身建设

一是实现品牌个性化。当前,产品同质化现象严重,企业间的模仿行为比比皆是,在差别化生存的年代,需要提倡品牌的个性化;二是提高文化内涵。消费者对于产品的消费已经由功能性消费转向精神性消费,文化企业需要做的就是赋予品牌以更多的文化内涵;三是技术创新。如果没有创新,产品只是别人技术的叠加。四是学会利用合作。根据国外的经验,当本国企业尚不具备最基本的技术时,就要让他们学会合作,分享技术。等到积累到一定高度时,就可以根据各自的特点和优势发展自己的技术。

4. 以现代经营管理替代"家族化"经营

我国大多数民营企业都属于"家族企业"。"家族化经营"的方式存在的温床和最直接表现,就是缺乏科学规范的管理体系,缺乏合理的监督机制和制衡机制,致使企业中怀疑的氛围充斥,决策随意多变、用人唯亲多疑,缺乏激励高压、实行人治管理,缺乏公平、公开的竞争机制,不断流失优秀人才,总是面临人力资源短缺危机。家族文化企业建设关键是确立公开、合理的游戏规则,建立科学的用人程式、决策程式、考核机制、财务制度。在企业文化、企业战略、企业组织和流程和管理制度等方面形成一系列完整、正确的做法,并通过企业战略调整、组织变革和制度修订加以贯彻执行,以"科学、系统"的现代经营管理替代"家族化"经营,建立完善的决策营销管理体系。

三　提高山东对外文化贸易效益

文化对外贸易是山东实施"走出去"战略、弘扬中华文化的主要载体，是推动文化产业发展的重要动力。党的十七届六中全会强调要实施文化"走出去"工程，完善支持文化产品和服务走出去政策措施，支持重点主流媒体在海外设立分支机构，培育一批具有国际竞争力的外向型文化企业和中介机构，完善译制、推介、咨询等方面扶持机制，开拓国际文化市场。山东文化出口相对落后，总量小、结构差、企业弱，对文化产业发展的拉动作用明显不足，也是齐鲁文化走向世界的瓶颈。推动文化产业成为山东的支柱性产业，实现快速、可持续发展，必须依靠投资、消费、出口"三驾马车"的协同拉动。加快山东文化出口贸易发展，必须扬长避短，突出重点，努力扩大对外文化贸易规模，提高文化出口效益。

（一）发达国家文化贸易快速发展的主要原因

全球文化贸易特别是文化服务贸易发展迅速，发达国家占据国际文化贸易的绝对主导地位。根据统计，在核心文化产品的全球出口中，美国、英国、德国、法国、加拿大、西班牙、中国香港、荷兰、意大利和爱尔兰等 10 个发达国家和地区的出口额超过 70%，其中文化服务出口美国就占一半左右。进口额中，以美国为首的前十大发达国家占据了全球核心文化产品进口额的约 60%。发达国家能够长期占据国际文化贸易主导地位，主要在于：

一是依托雄厚产业优势。发达国家较早认识到文化产业投入少、产品附加值高的"绿色产业"特点，积极推动文化产业向规模化、集团化和高科技化发展，产业实力快速壮大，为长期占据全球文化贸易主导地位奠定基础。1997 年韩国数字内容产业（如电影、电视、游戏等）成为韩国第一大产业，1999 年美国版权产业的出口额达到近 550 亿美元，超出汽车、农业、航天等传统行业，成为美国最大宗出口产品。

二是注重"文化品牌"的带动。文化产品利润主要来自其高附加值。美国时代华纳等文化传媒巨头在树立品牌上不遗余力。通过衍生产品的开发，迪士尼把艺术产品的多重商业化发挥到了极致，一件普通售价 10 美元的小童装，贴上迪士尼动画人物的图案，就要卖 40 美元，这正是"文化品牌"带来的效益。

三是积极搭建发展平台。日本先后成立"内容产业全球策略委员会"和"内容产业国外流通促进机构"，协助文化企业获取对外情报和开拓海外市场。韩国成立"文化产业振兴院"，相继在北京、东京、巴黎、洛杉矶等文化出口战略地区建立办事处，推动文化贸易发展。

四是强调文化政策的扶持推动。为支持动漫产业扩展海外市场，日本外务省利用"文化无偿援助"资金，从日本动漫制作商手中购买动漫片版权，无偿提供给发展中国家的电视台播放，等待其对日本动漫产品形成依赖后，逐步形成出口。韩国则设立奖励制度，为获奖单位提供国内外经营出口的多种优惠。

（二）中国对外文化贸易现状特点

中国文化产业也取得了较快发展，文化产业的国际化进程也逐渐加快，文化出口取得了一定成绩。"十一五"期间国际文化贸易逆差局面明显改观。2010 年整个核心文化产业进出口总额 143.9 亿美元，出口电影票房收入 35 亿元人民币。目前，中国的出版物已经进入世界 190 多个国家和地区，图书版权输出引进比从 2005 年的 1∶7.2 缩小至 2010 年的1∶3，出现明显改善。2010 年的深圳文博会交易额突破千亿元，是 5 年前第一届的 3 倍。2011 年 9 月举行的第 18 届北京国际图书博览会共达成中外版权贸易协议 2953 项，比上年增长 24.13%，实现了"十二五"开局之年版权输出的开门红。截至 2011 年 9 月，我国正式运营的海外文化中心达 9 个；另有 3 个文化中心正在建设施工中；1 个文化中心即将开工建设；6 个文化中心已进入选址阶段。中华文化在世界上的影响力与日俱增，推出了一批具有国际竞争力的外向型文化企业，取得了良好的社会效益和经济效益。针对国际市场打造的《武林时空》，11 年来巡演 260 多个城市，累计演出近千场。《时空之旅》，重点面向海外商务、旅游群体，总演出场次已达 2000 余场，观众人数突破 200 万人次，累计票房收入超过 2 亿元，成功建立了"出口不出境"的商业演出模式。中国对外文化集团 2004 年至 2010 年共向近 80 个国家和地区派出演出团组 630 多个，演出 33000 场,现场观众超过 7000 万人次,其中商业化演出比例超过 60%,实现直接贸易价值 5.5 亿元。

总体来看,中国文化贸易仍处于起步阶段,主要呈现以下特点:数量上增长快速,占比较低。与 2002 年相比,2010 年中国核心文化产品和服务的进口和出口均成倍增长。但是,由于基数小,中国文化产品和文化服务进出口在全国货物进出口和服务进出口中占的比重均微不足道。结构上具有核心内容的文化出口比重低。中国以加工贸易方式出口文化产品占出口总额的近七成;外资企业文化产品出口额占七成以上;中国对美国、欧盟和中国香港的文化产品出口额合计占出口总额的 85% 以上;东部省市文化产品出口占中国文化产品出口总额的 95% 以上,其中广东省占 70% 以上。中国出口电子游戏机占文化产品出口总额的 50% 以上,雕塑品及装饰品等视觉艺术品出口占 30% 以上。真正体现中国文化内容的出口产品出口占比不足 15%。效益上总体顺差,结构逆差。近年来,中国长期存在的文化贸易逆差问题总体上有所改观。但是,体现中国文化内容的文化贸易逆差严重。在一般贸易方式下,图书、报纸和期刊的进口数倍于出口。境外商业演出的收益大多为外国合作方所得,中国长期逆差。2009 年,我国相关团体在境外商业演出 16373 场,演出收益只有 7685 万元,平均每场不到 5000 元。

2010 年 9 月,中国政治学会政治与战略文化专业委员会、中宣部时事报告杂志社等联合发布《文化走出去战略评估报告》,对当前文化"走出去"面临的困难作出分析:一是意识形态和文化差异;二是"走出去"的企业弱、小、散,缺乏国际品牌,难与世界知名文化企业同台竞技;三是文化出口市场无序竞争状况堪忧,一些地方政府的非市场化操作破坏了商业市场的操作规律;四是缺少高端复合型人才;五是缺乏"走出去"的桥梁;六是缺乏海外推广资金;七是财税政策手续繁杂,不易操作。

(三) 山东对外文化贸易存在的主要问题

山东文化出口贸易略具规模,2011 年 1—8 月,全省文化产品出口 8.94 亿美元,同比增长 17.7%。文化产品服务出口企业达到 1639 家,形成了 15 家年出口额过千万美元的文化产品出口企业群体。但从总体上看,

山东省文化出口还处于起步阶段,存在许多不足,主要表现在:

1. 文化出口贸易发展相对落后

2010 年山东对外贸易出口总额 1042.5 亿美元,同比增长 31.1%,其中文化产品出口 11.6 亿美元,同比增长 12.5%,仅占出口总额的 1.1%,且增长缓慢。而同期广东文化产品出口 37.2 亿美元,占我国文化产品出口的 48.4%。这种状况与山东文化大省的地位不相称,与推动文化产业成为支柱产业的目标要求相去甚远。

2. 文化出口对文化产业发展拉动作用明显不足

发达国家文化贸易在文化产业发展中占重要位置,2001 年美国文化产业增加值 7912 亿美元,文化出口贡献了 890 亿美元。目前山东文化产业发展投资依赖明显,2009 年文化产业项目投资 1196.2 亿元,2010 年投资达 1315.9 亿元,这与文化产业以创意为核心、集约发展的特点不相符。与投资相比,山东文化出口对文化产业发展贡献明显不足,这种失衡局面从长远看会影响文化产业的可持续发展。

3. 文化出口结构不合理

2010 年山东文化出口产品构成中,手工艺品的出口额占比超过 57%,美术品出口额占 33%,两项相加超过 90%。文化服务出口尚处在起步阶段,在文化出口中的比例基本可以忽略不计。这表明,山东文化出口还停留在简单的加工贸易阶段,原创的文化"内容"产品不多,亟须提高文化出口的质量和效益。

4. 文化出口企业竞争力不强

山东省缺少大型文化出口企业和文化出口项目,在中央部门公布的《2009—2010 年度国家文化出口重点企业目录》中,山东仅有 4 家,而北京有 56 家,上海 20 家,江苏 21 家,浙江 24 家;在《2009—2010 年度国家文化出口重点项目目录》中,北京占 104 项,上海 9 项,江苏 13 项,浙江 36 项,山东一项都没有。重点文化出口企业和项目匮乏,导致山东文化出口竞争力不强。

(四)促进山东对外文化贸易发展的主要措施

加快山东"文化强省"建设,必须采取各种措施,大力发展文化出口贸易,形成文化贸易新优势,形成对文化产业发展的强劲拉动,扩大齐鲁文化的国际影响力。

1. 增强文化企业外向发展能力

加快山东省文化出口贸易发展，关键是要提升文化产业发展的规模化和集约化水平。一是打造实力雄厚的文化出口集团。骨干文化企业是文化出口贸易的中坚，要通过支持和鼓励大型国有文化企业集团实行跨地区、跨行业兼并重组，优先培植一批主业突出、实力雄厚的大型文化企业和企业集团，打造出具有国家水准、能够与国际同行竞争的主力军和"国家队"。二是鼓励文化企业开展对外直接投资，以投资带动出口。把文化交流与文化贸易结合起来，把政府推动与企业市场化运作结合起来，鼓励有实力的文化企业收购、兼并境外企业或资产，使山东文化产品打入国际主流社会，扩大齐鲁文化影响力。三是推动文化企业改进生产流程，主动与国际标准和偏好接轨。引导文化出口企业按照国际标准改进生产、工作流程，创作生产既体现齐鲁文化特色又符合境外市场需求的文化产品。四是引导文化企业科学选择产品出口的目标市场，减少"文化折扣"。文化出口要充分考虑目标市场的文化认同和文化开放程度，对山东文化的认知和接受程度，目前重点放在东亚、东南亚。

2. 提升文化产品国际竞争力

文化贸易优势的建立最终要取决于出口文化产品和服务的竞争力。针对山东文化对外贸易的状况，要提高文化出口效益，一是优化文化产品出口结构。深入实施重点出口项目带动战略，提高文化产业核心层图书、影视、动漫作品版权输出和文化艺术服务出口的比重。二是提高文化出口的质量和效益。积极推动文化产业向多元产业、先进产品、高新技术、现代架构升级，向新的生产模式、供给模式和消费模式扩展，形成文化出口的高科技含量、高附加值、高赢利水平。三是扩大自主品牌文化产品出口规模。重点打好"孔子牌"，提高山东精品杂技演艺项目的国际市场营销能力，培育更多具有国际影响力的文化创意品牌，以品牌带动产品出口。

3. 提升山东国际文化形象

文化贸易的扩大和文化形象的提升是一个双向促动的过程，提升山东文化形象有利于增强"山东造"文化产品和服务在海外的认可度、信赖度。一是依靠发挥历史文化名人、演艺名人、社会名人的名人效应，树立名人辈出的文化强省形象；二是依靠对外贸易输出具有浓郁山东地域特色的名牌产品，靠品牌产品提高山东的知名度；三是打造旅游、休闲娱乐、会展节庆活动等名牌工程，吸引广大海外游客，提高山东的美誉度和吸引力；四是加强宣传推介，积极利用各种文化交流活动，提高山东的国际认可度和影响力。

4. 实施多元文化出口战略

根据文化贸易发展的阶段性规律和文化企业的实际需求，促进文化出口，形成多元文化出口模式。一是"借船出海"，在文化出口贸易初期，主动与境外文化企业开展合作，借助其销售渠道销售文化产品和服务；二是"搭船出海"，利用山东货物贸易已有渠道，推广文化产品，形成"经济搭台、文化唱戏"的模式；三是"造船出海"，随着文化出口企业实力不断壮大、对目标市场逐渐熟悉，必须建立自己的海外销售网络；四是"创汇不出海"，建立与国内外文化贸易中介机构的战略合作，引导来华游客到山东进行文化消费。上海重金打造的《时空之旅》，重点面向海外商务、旅游群体，总演出场次已达 2000 余场，观众人数突破 200 万人次，累计票房收入超过 2 亿元。

5. 重视对外文化贸易人才培养

"人才资源是第一资源"，加快发展文化对外贸易，必须构建一支门类齐全、结构合理、梯次分明、素质优良的文化贸易工作者队伍。要在对外文化贸易人才形成方式上有新思路，形成高效的文化贸易人才培养、流动、引进、淘汰机制。充分发挥山东高校教育、科研和培训资源丰富的优势，建立起产学研一体化人才培养机制，加强基础研究，对文化、艺术、经贸专业进行整合，设置"国际文化贸易"专业。加速培养文化产业方面的国际化经营人才、国际文化商务谈判人才、外语人才、法律人才、金融保险人才、旅游人才等外向型、创新型、复合型、协作型人才。要在文化贸易人才成长机制上有新举措，建立和完善有利于优秀人才健康成长和脱颖而出的体制机制。充分发挥市场在人才资源配置中的作用，加快人才聚集，引导文化人才合理、有序流动。完善人才选拔、聘用、激励机制，尽快健全技术、管理、品牌等参与收益分配的具体办法，实行一流人才，一流待遇。不断为文化贸易人才的成长创造机会，搭建平台，最大限度地调动其积极性、主动性、创造性，形成人尽其才、各展所长的良好局面。

6. 加大文化贸易规划扶持力度

尽快成立山东省文化贸易促进机构,对国际文化贸易进行跟踪监测,建设山东对外文化贸易数据库,为文化出口企业提供信息咨询服务,为全省文化外贸决策提供参考。制定《山东省对外文化贸易中长期发展规划》,对文化出口企业进行正确导向,促进山东文化贸易的科学发展。设立山东省文化出口扶持资金,对文化出口企业进行担保、贷款贴息、重点资助等。加大文化产品的出口退税力度,合理利用国际贸易规则对文化产品进行补贴。

四　推进山东文化企业上市融资发展

(一) 山东文化企业上市发展背景

1. 宏观背景

国际上对全球经济疲软的担心情绪蔓延,2011 年 8 月标普下调美国主权信用级别,美国股市波动巨大,这是自 2009 年金融危机以来,全球股市的又一次猛烈震荡。在美国上市的中国概念股全线大跌,上百只股票跌幅超过 5%[①]。而过去几年中,由于中国经济持续高速增长,中国概念股一直是国际资本市场的宠儿,但是今年以来,多家中国在美上市公司遭遇国际对空基金的做空狙击,股价下跌。面对剧烈波动的国际资本市场,一些中国概念股公司已开始采取制定回购计划、私有化进程,以发布新战略、约谈投资银行、宣传引导等不同措施积极应对,很多中国公司也认识到了与美国市场投资者加强沟通的重要性。2011 年 6 月、7 月,当当网、分众传媒等由高层出面回购公司股票以提振市场信心。而搜狐、优酷等则通过在相关媒体发表声明等方式,消除公众误解。在美国的股市寒流之下,国内企业纷纷放慢境外上市的步伐,目前,迅雷、盛大文学等都推迟了赴美 IPO 征途。只有文化网络企业土豆网在 2011 年 8 月 17 日逆流而上,成功上市。[②] 今后,中国公司将在公司治理、财务营收、业务模式等

① 吴华:《在美接连遭"做空"中国互联网概念股当自强》,《软件工程师》,2011 年第 9 期。

② 李萧然:《土豆网上市一波三折终修正果,中概股赴美 IPO 春天远未到来》,《IT 时代周刊》,2011 年 9 月 5 日。

方面进行自我规范，促使公司自身加强治理，提高管理水平，保证业绩的稳步增长，提升信任度，重塑国际市场形象。

国内在国家利好政策护航下，文化传媒企业境内上市进入快车道。以出版为例，辽宁、安徽、江西、湖南、河南、浙江、湖北、江苏等省的出版集团都已完成上市或者即将上市，其他省未上市的企业也在积极争取上市。随着文化体制改革步伐的明显提速，文化传媒板块成为近期资本市场关注的热点。2011 年 4 月公布的《新闻出版业"十二五"规划》指出，鼓励有条件的新闻出版企业跨区域、跨行业、跨所有制经营和重组，推动新闻出版资源适度向优势企业集中。"十二五"末期要打造 10 家左右跨地区、跨行业、跨媒体经营的大型国有报刊传媒集团。预计"十二五"期间，会有更多的文化企业出现在境内股市，而众多文化企业首选的是创业板块。进入 2012 年后，以人民网为代表的官方网站的上市是顺应中国政府对文化产业扶持的政策东风，未来该产业相关企业上市或成为中国资本市场的又一道风景。

2. 行业背景

在文化产业上升至国家战略高度的大背景下，文化企业上市大幅增加。在符合上市条件的前提下，在审批程序中将会对文化企业予以照顾，给予更多的便利。目前，国内文化企业正掀起新的一轮上市热潮。

2011 年 9 月 29 日，浙报传媒成功重组 ST 白猫，成为国内首个经营性资产整体上市的报业传媒集团。成功重组之后，ST 白猫变身浙报传媒恢复上市交易，首日股票简称"N 浙传媒"，自第二个交易日起股票简称为"浙报传媒"。浙报传媒是国内首个经营性资产整体上市的报业传媒集团，也是浙江省第一家上市的国有文化企业。公司董事长高海浩表示，未来 10 年将是中国报业的黄金发展期。浙报传媒上市后，将创建立足浙江、面向全国的综合性媒体发展平台，形成"全媒体、全国化"发展格局，力争在 3—5 年内进入资产超过百亿元、销售超过百亿元的大型传媒集团序列。2011 年 10 月 19 日，粤传媒非公开发行股份购买资产暨重大资产重组事宜获得有条件通过。此次重组完成后，广州日报社经营性资产实现整体上市，粤传媒将成为 A 股市场最大的报业上市公司。据粤传媒此前公告，公司拟以 11.24 元每股，向实际控制人广州日报社全资子公司广传媒发行约 3.4 亿股，购买其持有的广报经营、大洋传媒及新媒体公司的

100%股权,以此实现广州日报社及其下属企业所控制的优质报刊经营性业务资产的上市。交易完成后,广州日报社将直接及间接持有上市公司68.45%的股份,处于绝对控股地位。2011年10月21日,湖北省长江出版传媒集团有限公司重组ST源发获批准。ST源发公告称,公司发行股份购买资产暨关联交易事宜的申请获得有条件通过,目前正在等待证监会的相关核准文件。ST源发本次定向增发拟购买的资产是长江出版传媒集团出版、发行、印刷、印刷物资供应等出版传媒类主营业务资产及下属企业股权。涉及教材中心相关业务资产以及下属15家全资子公司的股权。据相关负责人介绍说,集团的经营亮点可以概括为3个板块:文艺板块、少儿板块和教育板块。10月24日,国内最大的出版集团——江苏凤凰出版传媒股份有限公司IPO获通过。以营业收入计算,凤凰传媒上市后将成为文化传媒板块的最大成员。①

3. 政策背景

十七届六中全会通过的《中共中央关于深化文化体制改革、推动社会主义文化大发展大繁荣若干重大问题的决定》中指出,要"创新投融资体制,支持国有文化企业面向资本市场融资,支持其吸引社会资本进行股份制改造"。在国家政策的强力推动下,文化产业成为众望所归的快速成长行业。可以预计,"十二五"期间,中国上市文化企业的数量还将有可观的增长。作为文化大省,山东目前仍然没有一家文化传媒企业成功上市,与广东、江苏、浙江、安徽等兄弟省份相比,在推进文化企业进军资本市场的进度上存在不小差距。为加快山东省文化企业上市步伐,充分利用资本市场实现文化产业跨越式发展,山东省金融办、省委宣传部、山东证监局和省文化改发办联合出台了《关于鼓励和支持文化企业上市融资的意见》,大力支持本省文化企业上市进程。山东省从2011年到2015年,力争全省实现境内外上市文化企业10家以上,从资本市场筹资(含上市公司再融资)100亿元以上,形成资本市场的"山东文化板块"。

为支持文化产业发展,山东财政支持力度不断加大,全省各级普遍设

---

① 《中国文化产业步入重组时代》,《中国经济时报》,2011年10月25日,资料来源:中国资讯行,http://www.bjinfobank.com。

立了文化产业发展专项资金，总额度已经达 4 亿元。省里还将设立总规模为 10 亿元的文化产业投资基金。同时，鼓励支持金融机构加大对文化产业的支持力度，拓宽文化产业融资渠道，推动文化企业上市融资、做大做强。《意见》还提出了对上市重点培育文化企业的具体政策。省有关部门对上市重点培育文化企业改制上市过程中涉及的行政收费项目在规定范围内从低标准收取；上市重点培育文化企业在省内投资新建、扩建符合国家产业政策的项目，有关部门根据情况予以支持；对符合条件的上市重点培育文化企业，文化产业发展专项资金、企业上市专项扶持资金、技术创新资金、中小企业发展专项资金等给予支持。

（二）山东文化企业上市途径分析

目前企业上市一般包括 IPO、买壳上市、借壳上市 3 种具体方式，2010 年，文化传媒企业借助买壳借壳途径获得上市的例子较多，各省内实力较强的地方文化企业借壳也较容易获得支持与通过。2010 年我国 A 股市场共有 45 家传媒类上市公司，累计融资金额达到 300 多亿元，其中有 8 家是通过借壳上市进入资本市场的。[①] 而 2011 年 8 月，证监会对借壳、发行股票购买资产等行为出台新规，要求拟借壳对应的经营实体须满足持续经营 3 年以上，最近两个会计年度净利润为正且超过 2000 万元，借壳完成后的公司应与实际控制人及其关联企业不存在同业竞争或者显失公平的关联交易。由于证监会此举意味着加大了对上市公司重组的监管，借壳与 IPO 的政策正逐渐趋同，标准也日趋接近，借壳上市已不再是一条捷径。若实力并不显著的地方出版集团要想通过借壳达到上市目的，将不一定能够顺利通过管理层的审核。如广西日报传媒集团借壳索芙特、南方报业借壳 ST 炎黄都因未获得主管部门批复而"夭折"。[②]

与其他公司一样，文化传媒企业如果选择 IPO，要经过剥离可经营性资产、改制重组、资产评估、选择中介机构进行上市辅导、证监会核准、

---

① 数据来源：文化中国网：http：//founder. china. cn/cul/2011—03/16/content_ 4068416. htm。

② 搜狐财经：《中国文化企业将掀 IPO 热潮》，2011 年 10 月 27 日，资料来源：中国资讯行，http：//www. bjinfobank. com。

公开发行、上市等诸多环节。另外，主板 IPO 上市除需要有连续三年盈利、不同编制人员要分类安置外，文化传媒企业在境内板块上市还有三大核心要求：一是国有股要达到一定控股比例；二是导向符合国家要求；三是电视台、报刊类企业的经营采编要分开，即经营权可以剥离进入上市公司，采访、编辑部分暂时禁止注入。

　　无论是借壳还是 IPO，都只是上市的一种方式，实际上并无优劣之分。IPO 进入门槛较高，而国有文化传媒企业在体制和产权上的先天不足，运作直接上市相对较为困难，所以 2010 年多家大型国有文化传媒企业买壳或者借壳上市，但这些文化企业之所以能够上市，自身已然具备比较过硬的条件，即拥有收购股权的大量资金，掌握潜力股的经营项目，选择了经验丰富的中介机构或者咨询公司进行策划，规范收购行为减少收购风险，通过资本经营盈利。站在企业的角度来看，借壳上市会快一些，但借壳上市要对壳公司原有资产进行处置，并支付买壳费用，且大约一年以后才能实施再融资。IPO 虽然慢些，但能立即融资，而且没有像对壳公司资产处理那样的包袱。可以肯定的是，虽然借壳标准提高，但是对于国内目前的文化企业，借壳和 IPO 这两条上市通道都是畅通的。企业愿意选择哪种方式，主要还要结合企业自身的情况。

　　由于目前借壳和 IPO 的政策逐渐趋同，对于符合条件的文化企业来说，IPO 将更受青睐，因为 IPO 与借壳买壳等方式相比，风险较低。但不容忽视的问题是，公开上市即 IPO 对于文化传媒企业实力要求较高，上市等待时间较长，上市相关手续繁杂，代价较高。但也有专家认为，在目前国内难得的发展机遇面前，大部分文化企业会更愿意按 IPO 要求，积极进行公司结构、财务状况、资产管理等方面改革，争取能 IPO。

（三）推动山东文化企业上市的主要措施

1. 积极开拓融资渠道，做好金融服务

　　山东省地方金融主管部门要主动承担起指导、推动、帮助企业上市的职能，要与本地银行积极联系，为推动文化企业上市做好综合金融服务。在这方面，许多兄弟省份已经积累了很好的经验。例如，上海市针对文化产业快速发展与金融服务滞后这一矛盾，上海等地通过建立文化产权交易所、培育专业评估机构、扶持文化产业融资担保机构、鼓励银行加大信贷引导力度、建设"文化企业上市后备资源库"等一系列具体措施为文化产业提供支持力量。而在支持企业数量、支持重组兼并收购、培育文化品牌、支持中小企业等方面，中资银行也持续发力，不断创新信贷模式。例如，交行上海市分行为企业提供"版权抵押"融资模式，建立新颖的"版权融资"品牌。中行上海市分行向某文化发展有限公司发放上海首笔播映权质押贷款，在无形资产融资方面开展了有益尝试。工行上海市分行则先后推出担保公司项下贷款、产业集群联保小组贷款、担保池项下的保证担保贷款、文化名人无限连带责任担保贷款、商用房租赁改造贷款，满足了众多小型文化企业的个性化需求。同时，浦发银行上海分行与15家市级文化产业园区合作，引入优质担保公司，探索推进"银行＋园区＋担保"的"银元宝"风险共担合作模式，满足园区内中小企业融资需求，该行还创造了"投贷联动＋股权质押"新模式、联动开发批量贷款模式、针对文化创意园区运营方案的"未来租金质押"融资模式。上海银行与知识产权局搭建了知识产权质押贷款的平台，与东方惠金文化产业担保公司合作搭建了专项融资担保平台，通过"风险投资＋担保"两种方式，为本市文化产业提供融资支持。目前，仅东方惠金担保公司一家担保平台已为30户文化企业提供融资支持，贷款规模累计达7800万元。上海农村商业银行与普陀区政府合作设立了2000万元的互助担保基金，已为3家文化信息企业贷款900万元。①

2. 强化龙头企业效应，推动省内并购

就传媒业强国的情况看，美国六大集团基本控制了全国的报刊、广电、互联网等媒体，日本五大报纸控制了全国报纸50％的市场份额。由分散走向集中、集聚，并形成某些行业的垄断经营，是传媒业的发展趋势。目前，山东省已基本具备上市条件的文化企业达到40余家。政府应鼓励龙头企业整合传媒资源，积极推动省内并购。例如，我省大众报业集团注重谋划好报业的全省布局，凭借强大的主业优势和品牌报纸，加快整合社会报刊资源，近几年先后整合、重组了5份报纸，特别是2009年开始以产权为纽带，控制、控股了《潍坊晚报》、《沂蒙晚报》、《鲁南商

① 《上海金融支持文化产业持续加码》，《第一财经日报》，2011年8月9日，资料来源：中国资讯行，http：//www.bjinfobank.com。

报》，基本完成全省生活类报纸的市场布局，形成了在国内独一无二的市场控制力。目前大众报业集团正加快整合地市县和行业非时政类报刊步伐，加快建立全省统一的报业市场。① 大众报业集团是山东省首家实现整体股份制改造的大型国有文化企业，目前拥有 14 报 5 刊和 1 个以山东重点门户网站大众网为龙头的网站群，集团总资产 46 亿元，总收入、利润进入全国报业第四、第三位。旗下半岛传媒成立于 1999 年，现下辖 3 报 1 刊 1 网（《半岛都市报》、《城市信报》、《潍坊晚报》、《魅丽》杂志、半岛网）。其中，《半岛都市报》创刊于 1999 年 8 月 9 日，目前已成为青岛市和山东半岛地区信息量最大、发行量最大、影响力最强的报纸。2008 年，《半岛都市报》位列世界日报第 55 强，2010 年，《半岛都市报》稳步上升至 48 强，2009 年和 2010 年连续入选中国 500 最具价值品牌，品牌价值达 13.56 亿元。《大众日报》发行量突破 40 万份，居全国省级党报前两位，广告收入近 3 年连破 5000 万元、6000 万元、7000 万元大关，2011 年上半年又同比增长 48%。《齐鲁晚报》广告收入近 3 年连破 4 亿元、5 亿元、6 亿元大关，2011 年上半年同比增长 16%。半岛都市报社上半年实现经营收入 3.07 亿元，实现利润增幅 13%。2011 年 5 月 19 日，大众报业集团联合战略投资方北京国际信托有限公司共同发起设立了山东大众报业集团半岛传媒股份有限公司。下一步，大众报业集团将继续扩大整合地市报业资源成果，探索出新的模式和方向。②

　　3. 重视跨界跨区合作，支持多元经营

　　尽管获得利好政策支持，但是受新媒体和数字出版威胁较大的报业和出版行业的未来发展前景还不能乐观。因此，多元化经营策略作为规避风险的手段之一，应当得到适当重视。例如，有线电视是一个市场前景广阔的领域，具有很强的生命力。2011 年 6 月，大众报业集团抓住全省有线电视网整合的机遇，投资 8 亿元成功入股山东广电网络公司，并以 11.96% 的占股比例，成为第二大股东。据了解，报业集团出资参股有线

---

　　① 《大众报业集团：努力实现"双百四强"大目标》，资料来源：百灵网 http://www.beelink.com/20111017/2830976.shtml。

　　② 和讯股票：《半岛传媒揭牌　大众报业集团融资上市迈出关键步伐》，资料来源：http://stock.hexun.com/2011—05—19/129781034.html。

电视网,这在全国尚属首例。再以出版为例,辽宁、安徽、江西、湖南、河南、浙江、湖北、江苏等省的出版集团都已完成上市或者即将上市,其他省未上市的企业也在积极争取上市。但不容忽视的问题是,上市的出版集团的核心业务是教材教辅和一般图书的出版发行,而适龄学生人数的减少以及图书销售不断萎缩,导致其主营业务难以为继,业绩平平,对投资者缺乏吸引力。必须鼓励其突破省内教材教辅及一般图书出版发行的单一业务,加快跨地区、跨媒介的并购重组,开展文化多元化经营。以江西中文传媒为例,2011 年 4 月借壳 ST 鑫新登陆资本市场,中文传媒的主营业务包括出版、印刷、物资供应、发行、报刊文化等,拥有完整的"编、印、发、供"产业链。据公司中报显示,公司 2011 年上半年实现归属于母公司股东净利润同比增长 28.26%,而这块利润的主要来源则是公司的主业教材教辅。半年报显示,2011 年上半年公司教材教辅业务实现收入 8.04 亿元,同比增长 16.2%,公司教材教辅业务毛利率高达 50.9%,远高于公司其他业务销售毛利率。教学图书市场在中文传媒的业绩贡献中占比较高。中文传媒在 2011 年 8 月已通过定向增发募集资金 13 亿元,主要投向 5 个项目的开发,而这些项目都是基于公司优势业务的拓展。其中,新华文化城项目是为公司发行业务树立新的标杆,而现代出版物流项目则是将公司书刊物流项目延伸至第三方物流,印刷技术改造项目、环保包装印刷项目则是对公司出版印刷业务的加强,并拓展至包装印刷领域。还有江西晨报立体传播系统项目将扩大《江西晨报》的影响力和收入规模。公司将成为以出版发行为核心业务、拥有第三方物流、包装印刷等高成长性业务的企业集团。其中,物流及新华文化城有望成为公司未来重要的增长点。除利用募集资金进行多元化的投资以外,中文传媒还将业务拓展到省外地区,拟和中国出版集团公司以业务合作为基础和核心、以资本合作为纽带,共同出资重组新华联合发行有限公司,打造跨地区、跨产业的出版物发行平台、信息交换平台、物流配送平台①。

---

① 《中国中文传媒重金布局优势业务》,中金在线,2011 年 10 月 10 日,资料来源:中国资讯行,http://www.bjinfobank.com。

第八章　山东"文化强省"建设的
文化资源与非遗保护

山东是文化资源大省，不仅拥有大量以物质形态为主的有形传统文化资源、红色文化资源，还有大量以非物质形态存在的非物质文化遗产。加强山东文化资源与非物质文化遗产保护的实践创新，对于推进山东"文化强省"建设、提高山东文化软实力具有重要意义。

一　山东传统文化资源保护开发利用

文化资源转化为文化产品，是文化产业发展的关键，也是文化向经济渗透的必然结果，它在很大程度上改变着文化在现代社会的存在方式，影响着文化的发展和演变。文化经济的兴起，使文化对社会生活的影响不再局限于传统意义上的意识形态范畴，而是可以通过资本的形式为社会带来直接的经济利益和价值增值，产生某种实际的效用。

（一）山东传统文化资源的保护开发概况

山东又称齐鲁，素有"礼仪之邦"的美誉，是中国历史上诸子百家时代里表现最优异并首先崛起的文化中心，涌现了一大批至今仍对中华文化乃至世界文化产生影响的文化巨子，如孔子、孟子、管子、曾子、孙子、墨子等，他们为奠定中华文化的基脉贡献巨大，宋代苏轼诗云："我生本西南，为学慕齐鲁"，齐鲁学风为士夫文人所景仰，从中可见一斑。

山东传统文化资源丰富多彩，种类繁多，主要有以下几类重要形态：

一是历史遗址。它指从历史、审美、人种学或人类学角度看，具有突出的普遍价值的人类工程或自然与人联合工程以及考古地址。遗址是指人类活动的遗迹，特点表现为不完整的残存物，具有一定的区域范围，很多史前遗址、远古遗址多深埋地表以下，很多遗址属于战争、灾难之后的遗存。

二是典籍文献。浩如烟海的历史文化典籍，蕴藏着中华各民族的历史发展、社会生活、历代中国人的创造智慧与经验，对人类未来的发展都具有十分宝贵的借鉴意义。

三是器物形态。如园林、建筑、服饰、陈设、饰物等，它们不只成为旅游观光的看点和艺术品市场的拍卖品，还可以成为现代建筑业、服装业、首饰业和家庭装饰业等进一步提高文化品位和文化附加值的创造性元素。

四是艺术表演。如各类民族民间音乐、歌舞与地方戏曲等，中国民乐在维也纳金色大厅演出的成功已展示出发展的美好前景。

五是技能技艺。如刺绣、蜡染、剪纸等工艺和一些颇具地方特色的烹调技能等。由这些技能和技艺支持的产品虽然已有了较为广阔的市场，但仍有提升的巨大空间。

六是节庆活动。如春节、元宵节、清明节、端午节、中秋节之类，其间包容了中国人的诸多习俗文化。搞好这些传统节庆活动，有利于弘扬传统美德，凝聚民族精神。

在现代社会发展中，传统文化资源的价值表现得更加突出：

第一，是人类思想的重要源泉。思想是人类独有的一种精神现象，是人类社会文化活动的直接产物，它从传统文化中产生，是文化资源的重要组成部分。传统文化资源为人类思想观念的形成提供了丰富的资料。

第二，是人类价值观念形成的依据。价值观念是文化的一种内在规定，它构成一个民族的精神追求，它不仅从根本上影响和制约着一个民族的行为方式，也决定着一个民族的基本生活方式。每一种价值观念实际上都与特定的文化传统联系在一起，是特定文化所赋予的一种内在精神属性。美国人类学家本妮迪克特曾说过，真正把人联系起来的是他们的文化，亦即他们共同具有的观念和标准。这些内在的精神属性为一个民族所共同遵守和践行，形成具有凝聚力和整合作用的某种东西，这正是文化所起到的一种特殊作用。

第三，是人类文化遗产的重要来源。文化遗产是人类文明的重要标志，是形成人类文化传统的重要组成部分。现在，大多数遗产地都成了国家文化旅游的吸引物，像埃及的金字塔，中国的长城等，几乎成为国家的象征，并且也得到了全世界的公认。文化遗产是一种脆弱的、不可修复的资源，必须受到保护，以保有它的真实性并留给后人享用。

第四，是文化生产力的重要基础。文化也是生产力，文化生产力是对文化资源加以有效整合和开发利用的结果，它对推动社会进步、增加社会财富起到巨大的带动作用。文化的"软力量"与文化产品有关，而文化产品又是靠文化资源来打造的，它与文化资源密切相关。

山东充分利用自身的传统文化资源优势，进行了卓有成效的开发，取得了重大成就。

一是山东历史文化资源的开发多种多样，如东夷文化、齐鲁文化、汉代画像石碑文化及其他历史遗存，开展了丰富多彩的文化旅游和展览。如建起了中国古车博物馆、齐国故城遗址博物馆、齐长城遗址、孔子闻韶处等。济宁市更是利用孔孟文化，如建设孔子文化馆、六艺城、祭孔表演等促进当地的文化旅游和发展。

二是节庆文化形态的传统文化的特色开发，如孔子文化节、潍坊国际风筝会、菏泽牡丹节、梁山水浒文化旅游节等，既带动了民俗资源的开发，又促进了当地经济的发展。

三是名人文化资源的开发利用琳琅满目，对名人遗迹的保护性开发，三孔三孟、范公亭、太白楼、王羲之故居、蒲松龄故居、魏氏庄园等；对名人文化的建设性开发，李清照纪念馆、中国孙子兵法城等，这些都使得山东的名人文化效应迅速扩大。

四是传统自然人文资源的开发利用特色鲜明，山东的自然人文资源主要包括山文化和水文化两大系统。山文化方面主要是对泰山的多元文化、崂山的道教文化及蒙山文化、峄山文化、千佛山文化等的旅游开发。水文化资源方面主要是利用运河（德州、聊城、济宁、枣庄）和海洋进行的运河文化和滨海文化等一系列的保护和开发。如聊城的"北方水城"、济宁的"运河文化节"、枣庄的"台儿庄古城"；青岛的海洋节、海底世界娱乐项目、日照的"水上运动之都"等文化旅游品牌。

（二）山东传统文化资源开发存在的主要问题

山东传统文化资源开发虽然取得了很大的成绩，但是仍然存在一些主要问题：

一是开发的思路比较狭窄。对齐鲁传统文化资源开发的思路狭窄，视野拓宽不够，对传统文化内涵及形态的丰富性认识不够全面深刻，与当代社会生活的紧密关联度不够。

二是创新意识薄弱。传统文化资源可持续发展的核心在文化创新，文化创新的前提是全民性文化生产力的解放。对传统文化资源的取用不可能是简单、机械的，而必然是推陈出新，在某些方面甚至要突破樊篱，创造出全新的境界。

三是推广与营销还在低水平上徘徊。一些"大片"满足于拿传统元素当噱头而懒得追求成为经典，一些大型古代题材电视连续剧满足于帝王情结和宫闱秘事而对厚重的历史感几乎完全无知，当下一些文学面对激烈变革的现实和丰富多彩的生活避而不见，仅仅满足于鸡零狗碎的叙事而缺乏干预社会生活的能力。

四是市场的开拓与运作水平较低。多年来，传统文化资源的拥有者往往只关注保管与保护，不关注这些资源的经济价值开发，传统文化产品的生产与研发以及市场的发展都处于较低水平状态。

（三）山东传统文化资源开发利用主要措施

山东传统文化资源具有独特的地域文化价值及自身特色，在建设文化强省的进程中，传统文化深厚的资源提供了良好的基础。随着文化体制改革的逐步推进和文化产业的快速发展，各级政府和一些文化企业已开始对齐鲁传统文化所蕴含的经济潜能有了新的认识，并采取了一些市场运作方式来加快发展。

1. 打造文化品牌，彰显山东传统文化资源魅力

一种艺术形式立足市场，必须具有品牌意识。面临市场的考验，必须在继承的基础上有新的变化，不断推出新的花样，最终才能树立观众支持的品牌。山东应鼓励有实力、有经验的文化经纪人和文化经营公司进入传统文化市场，打造一批传统文化品牌，引领消费潮流，逐步使传统文化消

费成为新的消费时尚，逐步造就一批有研发实力和市场开拓能力的文化企业集团。

2. 山东传统文化资源开发利用的新增长点

文化与旅游互动发展是契合山东传统文化资源开发利用的基本思路。山东传统文化资源丰富多样，民俗文化风情特色突出。发展文化旅游业，要以山东旅游资源的空间结构、地域分类组合为依据，充分发挥旅游资源多样性、独特性和稀有性的特点，有效推动文化产业的集约式发展，使文化旅游产业成为文化产业发展的龙头，带动其他产业形态迅速成长。

3. 创新文化产品生产，实现传统文化资源的产业化转化

经济与文化的交流与碰撞，使得各种文化形态获得更多更大的生存发展空间。传统民间工艺与人们的生产生活和文化发展休戚相关，这种技艺和产品形态在旅游和文化的融合发展促动下，呈现出产业化的态势，并逐步壮大成为文化产业的重要门类。山东民间文化、传统手工艺等素材，为民间工艺品产业的开发提供了良好的基础。山东应对民间工艺资源进行深度挖掘和产业化开发，形成文化产业发展的一种重要模式。

4. 发展节庆和演艺娱乐产业，打造文化惠民新载体

节庆根源于人类社会的精神生产活动，是在特定时间和空间中进行的文化活动，不仅是对日常生活的延续，也是人们重要的情感寄托和精神信仰方式。节庆活动也是提升文化内涵、拉动旅游、招商引资、增加人流和物流、提高群众生活水平、丰富人民群众精神文化生活的重要有效手段。山东节日丰富多彩，具有很大的节庆产业开发潜质。坚持市场化办节思路，是推动节庆产业发展的重要方式。注重传统与现代结合，提升节庆活动的文化品质，是节庆产业保持长久生命力的关键所在。节庆产业的发展需要与时俱进，既注重对传统节庆活动的继承，也要加强现代会展的开发与运营。要挖掘各地独具特色的演艺形态，以内容创作为主体，培育演艺娱乐产业的市场主体，使演艺娱乐产业成为新的经济增长点和文化惠民的重要载体。

二　山东红色文化资源产业化发展

"红色文化"逐渐成为文化产业中一支颇具潜力的重要力量，既有利

于传播先进文化，又有利于把红色资源转变为经济资源。山东红色文化资源丰富多样，加强与现代文化产业的结合，实现社会效益的最大化，更好地弘扬革命精神，让红色文化薪火相传，转化为推进山东改革发展的强大精神力量。

（一）山东红色文化资源概况

山东是文化资源大省，红色文化资源更是丰富多彩，可以概括为"一个核心，三个区域，一条主线"。一个核心是指以临沂为中心的沂蒙山老革命根据地，包括临沂、淄博、莱芜、潍坊4个地级市，其中，临沂是国家18个革命老区之一，其辖区的沂水、临沭、苍山、莒南4个县是山东的一类革命老区，这里有"沂蒙红嫂"、"小推车送粮"等感人故事，这一地区是沂蒙革命精神的主要承载地，是山东红色文化积淀最深的地区，号称华东的"小延安"。4个区域是指原冀鲁豫边区的鲁西地区、铁道游击队活动区、胶东革命根据地和渤海革命老区。鲁西地区以菏泽为中心，主要包括菏泽、济宁、聊城三个地市，这一地区具有边区革命特色，也是山东重要的革命根据地。其中菏泽的郓城、定陶、巨野是山东二级革命老区，是山东红色旅游的重要区域。铁道游击队活动区以枣庄和微山湖为中心，主要包括枣庄和微山湖周边地区，这一地区是山东人民敌后游击斗争的主要区域，是抗日游击战争的一个典范，充满了革命英雄主义的传奇色彩，是山东红色旅游的重要区域。胶东革命根据地以烟台、潍坊、青岛、威海为中心，主要集中在平度、莱州、海阳、招远、莱阳、文登以及潍城等地区。这一地区是山东敌后武装斗争的主要区域，是滨海地区重要的红色文化资源。渤海革命老区以滨州、东营、德州为中心，包括垦利、阳信、惠民、邹平、博兴、沾化、乐陵等县，在抗日战争、解放战争和土地战争时期，这里曾是最重要的革命根据地之一。一条主线是指八路军115师在山东的转战路线，自1939年3月开始，115师转战大半个山东，从冀鲁豫边区到沂蒙革命根据地，再到胶东革命根据地。115师进行了大小数百次战斗，留下了数量众多的革命遗迹，是山东红色文化资源的重要组成部分。这条主线把红色文化资源的一个核心和四个区域串联起来，形成一个巨大的山东半岛红色文化资源聚集区。

山东丰富多样、影响深远的红色文化资源，按照其形成特点、分布形态和产品开发的形态，大致可以分为以下几种类型：一是以红色文化为主题的建筑历史遗存，主要包括对中国革命史产生重要影响的重大事件的遗址、遗存，及其实物资料、重要文献和与之相对应的纪念馆、博物馆等，如济南战役纪念馆、枣庄台儿庄大战遗址、孟良崮战役遗址等及对中国革命和建设产生重大影响的重要会议会址，如山东省战工会遗址纪念馆（沂南）、山东省军事工作会议旧址（日照）等。二是以红色文化为主题的名人遗存，主要包括对中国革命和建设产生重大影响的重要的人物出生地和历史遗物及与之相关的纪念性建筑。三是以红色文化为主题的城市、村寨和特定区域，如山东海阳地雷战纪念馆、中华抗日第一村——渊子崖（莒南）等。四是以红色文化为主题的文化艺术产品，如以宣传红色文化、弘扬红色精神为代表的影视剧作品《沂蒙》、《铁道游击队》等和大型实景演艺《蒙山沂水》等。

红色文化资源的合理开发利用，不仅有利于坚持社会主义核心价值体系的实践性，还能够产生良好的经济效益和市场效益，具有发展文化产业的良好基础和独特优势。一是唤醒历史记忆。红色文化史忠实地记载了中国共产党为人民利益而奋斗的历史，红色文化昭示了"只有社会主义才能救中国"的真谛。传承红色文化，解读革命历史，有利于帮助人们了解共产党执政地位的来之不易，有利于巩固党的执政地位。二是传承红色文明。了解过去，目的是启迪和指导未来。红色文化是马克思主义中国化理论成果发展进程中的重要环节，它凝聚了中国共产党人的革命精神并在中国革命、建设和改革开放的实践。深入发掘红色文化的传承价值功能，是培育新的民族精神的现实需要。三是彰显教化功能。红色文化倡导的是崇高思想境界和革命道德情操，传播其理念、彰显其精神有利于红色革命精神深入人心。红色文化遗址、遗物、纪念馆等是进行中国革命和建设发展史特别是中共党史教育的重要的爱国主义教育基地，许多博物馆、纪念碑等已成为一个地方的标志性建筑，是一座城市的精神符号和文化象征，在城市发展中起着重要的精神引领和价值放大作用。四是推动经济发展。红色文化具有良好的知名度和品牌效应，革命老区保留下来的遗址和可歌可泣的革命故事，既是宝贵的精神财富，也是发展红色文化产业的重要资源。红色文化资源的开发利用，既有利于传播先进文化，又有利于把红色资源转变为经济资源，从而推动革命老区的经济发展，红色旅游已成为推动老区经济社会发展的重要动力。

（二）山东红色文化资源开发特点

山东红色文化资源开发如火如荼，红色文化产业发展取得了巨大进展，具有以下特点：

1. 打造了一批在全国具有影响力的红色文化品牌

山东立足发挥比较优势，积极促进红色文化旅游业快速发展。临沂市立足自身优势，以文化产业为载体大力弘扬沂蒙精神，实现了社会效益和经济效益的双丰收。莒南县曾是抗战时期山东省的政治、军事指挥中心和文化中心，被誉为"齐鲁红都"、山东"小延安"。革命战争年代，莒南人用血肉抗击了敌人，用小米喂养了军队，用真情支援了革命。莒南人民依托丰厚的红色文化底蕴，着力打造创意旅游产业谱写了新篇章。2009年，莒南县成功争取并组织了"山东省妇女爱国主义教育基地"、"全国妇女爱国主义教育基地暨沂蒙红嫂陈列室"揭牌仪式、"中国红色体育展示大会暨莒南·天马岛休闲旅游节"三大红色文化活动。2010年，莒南县成功举办了融合红色文化元素、体育竞赛于一体的群众性体育赛事——中国首届红色运动会，并逐步使之成为享誉全国的经典红色旅游文化品牌。依托得天独厚的红色资源优势，莒南县把发展红色旅游与构建党员干部教育平台紧密结合起来，走出了一条充分利用红色资源开展干部教育培训的新路子。

2. 红色文化聚集区成为红色文化产业发展新引擎

临沂是全国著名的革命老区，是全国持续时间最长、影响最大的革命根据地之一。在长期的革命斗争中，形成了"爱党爱军、开拓奋进、艰苦创业、无私奉献"的沂蒙精神，成为党和国家的宝贵精神财富。新中国成立后特别是改革开放以来，临沂人民大力弘扬沂蒙精神，使临沂发生了翻天覆地的变化。临沂市委、市政府高度重视红色文化的传承与发扬，坚持商文旅一体化发展思路，打造了以电影《沂蒙六姐妹》、电视剧《沂蒙》、实景演艺《蒙山沂水》为代表的一批红色文艺精品，规划建设了"一个中心、八个组团"的红色文化产业聚集区。临沂先后被列为全国30条红色旅游精品线路、100个红色旅游经典景区和全国8大红色旅游重点城市。"沂蒙山"、"六姐妹"、"红嫂"、"厉家寨"、"九间棚"等，成为凝聚红色文化内涵、见证革命建设实践的形象标识、红色文化产业的著名品牌。

3. "红色旅游"成为红色文化产业发展的重要载体

山东省作为全国著名的革命老区,红色旅游资源丰富。新时代沂蒙精神铸就品牌红色文化,临沂"红色"品牌的产品已达数百个,涉及上百个门类,带动起数十万人走上致富路,促进了新农村建设。临沂确立了建设"旅游经济强市、红色旅游名市"的发展目标,共开发建设红色旅游项目24个,规划总投资8.91亿元,红色旅游成为临沂市旅游业的新亮点,取得了较好的社会效益和经济效益。如新四军军部旧址纪念馆自开馆以来,已累计接待参观者20多万人次,被授予全国爱国主义教育示范基地和山东省关心下一代教育基地,成为临沂市十大红色旅游景点之一。临沂目前正集中力量对沂蒙红色旅游园区进行整合提升,以充分发挥沂蒙山丰富的红色旅游资源潜力,带动餐饮业、宾馆业、交通业、旅游商品生产加工销售等相关红色旅游产业要素的发展。同时,策划编制了沂蒙红色风情游、齐鲁红色文化经典游、鲁南苏北红色之旅等多条以红色旅游为主轴的复合型旅游线路和专项线路。

4. "红色经典"的消费需求呈现急速增长态势

"红色经典"是指新中国建立初期以讴歌中国革命、讴歌中国共产党,表现革命英雄主义和理想主义为主题的作品,几乎涵盖了各种媒介手段和艺术样式,如小说、广播、戏剧、影视、绘画、音乐等,其中洋溢着强烈的革命英雄主义和浪漫主义气息的"红色经典"电影流传广、影响大。如电影《沂蒙六姐妹》在临沂市仅放映1个多月,票房已达到220万元人民币。电影《沂蒙六姐妹》作为山东省唯一一部向新中国成立60周年献礼影片,被中宣部、国家广电总局确定为"全国向新中国成立60周年献礼影片"之首,并已荣获第13届中国电影华表奖优秀故事片奖提名,并在全国范围电影院线推广上映。另外,山东推动城市优惠、农村免费放映工程,如《小兵张嘎》、《林则徐》、《闪闪的红星》、《狼牙山五壮士》、《鸡毛信》等62部"红色经典"影片和优秀儿童国产影片,共放映500多场,1万多名儿童观看了电影,使孩子们在观看影片的同时接受了爱国主义和革命传统教育。重拍"红色经典"是对原著的激活和重建,有利于新的历史背景下红色文化的传播,并对当下的意识形态格局、大众精神信仰重塑等产生一定的积极影响。

5. 红色文化生态与遗产得到有力保护性开发

红色文化遗产是中华民族宝贵的精神财富，是中国共产党成立至解放前夕 28 年的历史阶段内，包括中央革命根据地、红军长征、抗日战争、解放战争时期的重要革命纪念地、纪念馆、纪念物及其所承载的革命精神。科学地保护与开发红色文化遗产，对于发挥红色文化遗产价值与功能，加强革命传统教育，增强全国人民特别是青少年的爱国情感，弘扬和培育民族精神，带动革命老区经济社会协调发展，具有重要的现实意义和深远的历史意义。红色文化遗产开发的特殊性在于更加强调社会效益，更加强调它的政治功能和文化教育功能。枣庄市把发展文化产业作为城市转型的一个战略性支柱产业来培育，擦亮了"江北水乡·运河古城"的城市名片，创造了一个文化遗产保护、传承、发展的新模式，打造了山东文化遗产保护的新亮点。重建台儿庄古城，始终遵循"存古、复古、创古"的原则，坚持原材料、原结构、原形制、原工艺建设，保留真实的历史气息，让古城在原有面貌、形态、规制等历史的基因上复活起来。古城内打造了百庙、百馆、百业、百艺，体现了物质文化景观和非物质文化空间的完美结合。

6. 以创新创意激活红色文化产业健康发展

山东在挖掘红色文化资源、弘扬红色文化时，以人民大众喜闻乐见的文艺作品表现"红色主题"，用独具时代特色的方式唤醒储藏在人们心底的美好记忆，赋予了红色文化全新的时代内涵。临沂市把沂蒙精神与现实生活有机结合，打造出具有浓郁时代气息的时尚文化，是临沂的红色旅游持续绽放魅力的重要基础。"沂蒙山根据地景区"是一个既突出自己特色个性又在国内具有广泛市场的红色旅游项目。临沂以原发生在本地的中共中央山东分局及历史人物为切入点，把红色主题转为突出表现沂蒙山根据地老百姓为中国革命特别是抗日战争中作出的突出贡献，就是一个成功的创意。沂蒙山红色文化本身就是以老百姓参军支前的无私奉献的平民文化，对普通游客更富有感染力也更具有红色教育意义。

（三）科学开发山东红色文化资源的主要措施

科学、合理、有效地开发红色文化资源，使教化作用和经济效益有机统一，是需要进一步进行规划研究的重要课题方向。

1. 做好红色文化产业规划，实现红色文化资源科学开发

红色文化资源是不可再生的宝贵财富，应全面普查山东红色文化资源现状，制定有效措施，实现对红色文化资源的全面保护和综合开发。要把红色文化资源作为一种可资利用的文化资源认真对待，以创新的思维方式，结合社会文化需求和市场消费需求，出台相关专项规划，以指导红色文化资源的产业化开发利用。

2. 在开发方式上注重从粗放型到集约型的转变

贯彻可持续性发展战略，是文化资源开发的全局性行为，可持续性旨在寻求人与自然的和谐发展，山东开发红色文化资源，应避免盲目性，尊重现在，尊重未来，立足于既有技术条件、消费水平，有序开发，重点建设，由数量型向质量型开发转变。注意统筹布局，注重整合，彰显特色，实现红色文化资源开发的综合性效益。

3. 把红色旅游作为红色文化产品市场销售的载体

通过红色旅游，将革命圣地、重要红色文化遗址遗存和烈士陵园等作为重要的旅游目的地，在旅游过程中自觉地购买红色文化产品，消费红色文化产品。另外，开发适宜现代旅游的文化旅游项目，精心打造大型实景演出、场景再现等文化体验基地，让游客自由选择角色，融入其中，接受教育熏陶。

4. 把红色文化资源开发与相关产业发展相结合

红色文化资源已成为一些地方的城市名片，人们既能接受红色文化精神的熏陶，又能够领略秀丽的山水景观，还能体验独特的民风民俗。红色文化资源既是一种旅游资源，也是一种绿色资源，要把红色文化资源和绿色观光资源综合开发，将革命特色和地方特色、精神感悟和休闲生态结合起来，增强地区的吸引力和竞争力。

5. 打造文化精品力作，延伸红色文化产业链

把红色文化产品的打造与当地品牌塑造有机结合，创作一批红色经典影视作品、红色文化演出精品、红色歌曲音像制品、红色文化旅游系列纪念品等，拉长拉大产业链，使得生产规模进一步扩大，产业形态进一步完善。注重红色经典演出、红色经典影视剧制作等，提升城市品牌，树立有影响力的红色文化形象，提高知名度、社会影响力和市场辐射力，从而推

动经济社会的协调可持续发展。

三 山东非物质文化遗产资源保护传承

山东境内具有丰富的非物质文化遗产,数量多,种类全,在全国各省市区中名列前茅,已形成了较为完善的国家、省、市、县四级非物质文化遗产保护体系。

(一) 山东省非物质文化遗产资源概况

2006 年国务院批准文化部确定的第一批国家级非物质文化遗产名录 10 大门类,共 518 项。其中山东省有 27 项(共 24 大项)非物质文化遗产入选,分布于民间文学、民间音乐、传统戏曲、曲艺、杂技与竞技、民间美术、传统手工技艺、民俗 8 个门类,占全国 5.2%。[1] 2008 年国务院批准文化部确定的第二批国家级非物质文化遗产名录共 510 项,其中山东省有 68 项(43 大项),第一批国家级非物质文化遗产扩展名录 25 项(17 大项),共 93 项(60 大项)。包括民间文学、传统音乐、传统舞蹈、传统戏剧、曲艺、传统体育游艺与杂技、传统美术、传统技艺、民俗 9 个门类,占全国的 18%。[2]

2011 年 5 月底,国务院公布了第三批国家级非物质文化遗产名录项目共 191 项,扩展项目 164 项。山东省共有 33 个项目入选第三批国家级非物质文化遗产名录,第三批国家级非物质文化遗产名录包括民间文学、传统音乐、传统舞蹈、传统戏剧、传统体育、游艺与杂技、曲艺、传统美术、传统技艺、传统医药及民俗等项目,加上 2006 年、2008 年公布的两批,目前我国国家级非物质文化遗产名录项目共 1219 项。山东省共计 153 个项目入选国家级非物质文化遗产名录,位于全国前列。[3]

---

① 《第一批国家非物质文化遗产名录》,文化传通网,http://www.culturalink.gov.cn/. 2006 年 6 月 2 日。

② 《国务院关于公布第二批国家级非物质文化遗产名录和第一批国家级非物质文化遗产扩展项目名录的通知》,中央政府网站,www.gov.cn. 2008 年 6 月 14 日。

③ 《山东省 33 个项目入选第三批国家级非遗名录项目》,山东省文化厅网,http://www.sdwht.gov.cn. 2011 年 9 月 13 日。

表 14　　　　第一、二、三批国家级非物质文化遗产名录数量分布表

	全　国	山　东	山东占全国比率
第一批国家非物质文化遗产名录	518	27（24 大项）	5.2%
第二批国家非物质文化遗产名录	510	93（60 大项）	18%
第三批国家非物质文化遗产名录	191	33（27 大项）	17%
共　计	1219	153	13%

　　2009 年山东省政府批准省文化厅确定的第二批省级非物质文化遗产名录共 10 类，150 项，包括民间文学 24 项，传统音乐 12 项，传统舞蹈 19 项，传统戏曲 2 项，曲艺 7 项，传统体育、游艺、杂技 19 项，传统美术 9 项，传统技艺 41 项，传统医药 7 项，民俗 10 项。第一批省级非物质文化遗产扩展项目名录 21 项。与第一批省级名录相比，第二批名录中传统技艺成为突出重点，共有 41 项，占总数的 27% 以上。山东省各地市，及部分县区也相继公布本地市、县区的第二批非物质文化遗产名录，如济南 10 类 49 项，泰安 11 类 24 项等。

表 15　　　　　　山东省第一、二批省级非物质文化遗产名录

序号	类　别	名　称	申报地区或单位	批　次
1	民间文学 （17 项）	梁祝传说	济宁市	第一批
2		孟姜女传说	淄博市	
3		崂山民间故事	青岛市崂山区	
4		陶朱公传说	定陶县	
5		麒麟传说	嘉祥县、巨野县	
6		董永传说	博兴县	
7		孟母教子传说	曲阜市、邹城市	
8		鲁班传说	曲阜市、滕州市	
9		孔子诞生传说	曲阜市	
10		闵子骞传说	济南市历城区、鱼台县	
11		炉姑传说	淄博市张店区、桓台县	
12		牛郎织女传说	沂源县	
13		八仙过海传说	蓬莱市	
14		秃尾巴老李传说	文登市、即墨市、莒县、诸城市	
15		卧冰求鲤传说	临沂市兰山区	
16		东方朔民间传说	陵县	
17		女娲神话	枣庄市	

序号	类 别	名 称	申报地区或单位	批 次
18	民间文学 （1项）	孟姜女传说	济南市长清区、莱芜市 莱城区、莒县	第一批 扩展名录
19	民间文学 （24项）	大舜传说	济南市历下区、诸城市	第二批
20		尧舜传说	菏泽市牡丹区	
21		泰山传说	泰安市	
22		秦始皇东巡传说	荣成市	
23		徐福传说	胶南市、青岛市黄岛区、龙口市	
24		扁鹊传说	济南市长清区	
25		范蠡与陶山的故事	肥城市	
26		颜文姜传说	淄博市博山区	
27		庄子传说	东明县	
28		奚仲造车传说	枣庄市薛城区、滕州市	
29		公冶长传说	诸城市、安丘市	
30		琅琊台传说	胶南市	
31		柳毅传说	潍坊市寒亭区	
32		鬼谷子传说	淄博市淄川区	
33		牡丹传说	菏泽市牡丹区	
34		伯乐传说	成武县	
35		长勺之战传说	莱芜市	
36		丘处机传说	栖霞市	
37		刘备在平原的传说	平原县	
38		凤凰山传说	东阿县	
39		柳下惠传说	兖州市、平阴县	
40		临淄成语典故	淄博市临淄区	
41		大禹治水的传说	宁阳县	
42		蒙山传说	蒙阴县	
43	民间美术 （29项）	杨家埠木版年画	潍坊市寒亭区	第一批
44		高密扑灰年画	高密市	
45		宗家庄木版年画	平度市	
46		东昌府木版年画	聊城市东昌府区	
47		张秋木版年画	阳谷县	
48		清河镇木版年画	惠民县	
49		东昌葫芦雕刻	聊城市东昌府区	
50		曹州面人	菏泽市牡丹区	
51		曹县江米人	曹县	
52		郎庄面塑	冠县	

序号	类别	名　　称	申报地区或单位	批　次
53	民间美术（29项）	聂家庄泥塑	高密市	第一批
54		苍山泥塑	苍山县	
55		惠民泥塑	惠民县	
56		伏里土陶	枣庄市山亭区	
57		莒县过门笺	莒县	
58		五莲剪纸	五莲县	
59		滨州剪纸	滨州市滨城区	
60		高密剪纸	高密市	
61		烟台剪纸	烟台市	
62		胶州剪纸	青岛市黄岛区、胶州市、胶南市	
63		潍坊核雕	潍坊市	
64		鄄城砖塑	鄄城县	
65		郯城木旋玩具	郯城县	
66		西关村王家锡雕	莱芜市莱城区	
67		滕县松枝鸟	滕州市	
68		曲阜楷木雕刻	曲阜市	
69		嘉祥石雕	嘉祥县	
70		掖县滑石雕刻	莱州市	
71		洛房泥玩具	枣庄市薛城区	
72	民间美术（或传统美术9项）	济南面塑	济南市	第二批
73		泰山泥塑	泰安市岱岳区	
74		曹县木雕	曹县	
75		威海剪纸	威海市	
76		茌平剪纸	茌平县	
77		黄县窗染花	龙口市	
78		莱芜吕家泥塑	莱芜市	
79		高密半印半画年画	高密市	
80		鲁绣	济南市、文登市	
81	民间音乐（14项）	聊斋俚曲	淄博市	第一批
82		鲁西南鼓吹乐	嘉祥县、菏泽市牡丹区	
83		道教音乐（崂山道教音乐、泰山道教音乐、胶东全真道教音乐、腊山道教音乐）	青岛市崂山区、泰安市、烟台市、东平县	
84		山东古筝乐	菏泽市	
85		菏泽弦索乐	菏泽市	

序号	类别	名　称	申报地区或单位	批　次
86	民间音乐（14项）	临清架鼓	临清市	第一批
87		鱼山呗	东阿县	
88		鲁南五大调	郯城县、日照市东港区	
89		海洋渔号（长岛渔号、岚山渔民号子）	长岛县、日照市岚山区	
90		运河船工号子	武城县	
91		沂蒙山小调、包楞调	费县、成武县	
92		邹城平派鼓吹乐	邹城市	
93		大杆号吹奏乐	蓬莱市	
94		诸城派古琴	诸城市	
95	民间音乐（传统音乐3项）	鲁西南鼓吹乐	巨野县、单县	第一批扩展名录
96		海洋渔号(荣成渔民号子)	荣成市	
97		运河船工号子（枣庄运河号子）	枣庄市	
98	民间音乐（传统音乐12项）	韶乐	曲阜市	第二批
99		箫韶乐舞、齐韶	淄博临淄区	
100		博山锣鼓	淄博市博山区	
101		商家大鼓	淄博市淄川区	
102		石岛渔家大鼓	荣成市	
103		黄河号子	滨州市	
104		阳谷寿张黄河夯号	阳谷县	
105		东平硪号子	东平县	
106		挫琴	青州市	
107		章丘扁鼓	章丘市	
108		张氏吹打乐	莱芜市莱城区	
109		牛屯鼓乐	定陶县	
110		薛城唢呐	枣庄市薛城区	
111	民间舞蹈（21项）	鼓子秧歌	商河县、济阳县	第一批
112		胶州秧歌	胶州市	
113		海阳大秧歌	海阳县	
114		龙灯扛阁	临沂市河东区	
115		芯子（周村芯子、阁子里芯子、章丘芯子）	淄博市周村区、临淄区、章丘市	
116		商羊舞	鄄城县	
117		陈官短穗花鼓、花鞭鼓舞	广饶县、商河县	

序号	类　别	名　　称	申报地区或单位	批　次
118	民间舞蹈（21项）	磁村花鼓	淄博市淄川区	第一批
119		鲁南花鼓	枣庄市台儿庄区	
120		莘城镇温庄火狮子	莘县	
121		颜庄村花鼓锣子	莱芜市钢城区	
122		百兽图	新泰市	
123		独杆跷	新泰市	
124		抬花杠	武城县	
125		绣球灯舞	齐河县	
126		逛荡灯	新泰市	
127		阴阳板	邹城市	
128		手龙绣球灯	济南市长清区	
129		栖霞八卦鼓舞	栖霞市	
130		踩寸子	淄博市临淄区	
131		柳林花鼓	冠县	
132	民间舞蹈（1项）	鼓子秧歌	阳信县	第一批扩展名录
133	传统舞蹈（民间舞蹈19项）	郴鼓秧歌	济南市历城区	第二批
134		地秧歌	高密市	
135		德平大鞅歌	临邑县	
136		莱西秧歌	莱西市	
137		小章竹马	昌邑县	
138		加古通	平阴县	
139		月宫图	寿光市	
140		火　虎	邹城市	
141		羊抵头鼓舞	东明县	
142		担　经	鄄城县、成武县	
143		三皇舞	鄄城县	
144		柳林降狮舞	冠县	
145		蹉地舞	莱芜市莱城区	
146		猴呱嗒鞭	苍山县	
147		闹　海	寿光市	
148		独杆轿	枣庄市峄城区	
149		四蟹抢船	枣庄市市中区	
150		盐垛斗虎	东营市东营区	

序号	类别	名　称	申报地区或单位	批　次
151	戏曲 （23项）	柳子戏	山东省文化厅	第一批
152		五音戏	淄博市	
153		茂　腔	胶州市、高密市	
154		蓝关戏	莱州市	
155		一勾勾（四音戏）	临邑县、东平县	
156		柳琴戏	枣庄市、临沂市	
157		京　剧	山东省文化厅、济南市、青岛市	
158		吕　剧	山东省文化厅、济南市、东营市东营区、广饶县、博兴县	
159		柳　腔	即墨市	
160		山东梆子	泰安市、菏泽市嘉祥县、梁山县	
161		莱芜梆子	莱芜市	
162		东路梆子	惠民县	
163		枣　梆	菏泽市	
164		大弦子戏	菏泽市	
165		两夹弦	定陶县	
166		大平调	菏泽市牡丹区、东明县	
167		四平调	成武县、金乡县	
168		皮影戏（黄墩皮影戏、山亭皮影戏、济南皮影戏、定陶皮影戏、泰山皮影戏）	日照市岚山区、枣庄市山亭区、济南市、定陶县、泰安市	
169		木偶戏（贾家洼村傀儡戏、宁阳木偶戏）	莱芜市莱城区 宁阳县	
170		渔鼓戏	沾化县	
171		扽　腔	博兴县	
172		鹧鸪戏	淄博市临淄区	
173		王皮戏	平阴县	
174	传统戏剧 （7项）	柳子戏 （马堤吹腔）	定陶县 夏津县	第一批 扩展名录
175		五音戏	章丘市	
176		茂　腔	胶南市	
177		吕　剧	滨州市	
178		山东梆子（汶上梆子）	汶上县	

序号	类别	名 称	申报地区或单位	批 次
179	传统戏剧	周姑戏	莒县、临朐县	第二批
180	（2 项）	蛤蟆嗡	冠 县	
181	曲艺 （10 项）	山东大鼓	山东省文化厅、济南市	第一批
182		山东琴书	山东省文化厅、济南市、菏泽市	
183		山东快书	山东省文化厅、济南市	
184		胶东大鼓	烟台市、青岛市	
185		山东八角鼓	胶州市、聊城市东昌府区	
186		山东落子	单 县	
187		山东花鼓	菏泽市	
188		莺歌柳书	菏泽市	
189		端公腔	微山县、东平县	
190		鼓儿词	枣庄市市中区	
191	曲艺 （5 项）	山东大鼓	夏津县	第一批 扩展名录
192		山东琴书	枣庄市山亭区、郓城县	
193		胶东大鼓	栖霞市	
194		山东八角鼓（青州八角鼓）	青州市	
195		山东落子	金乡县	
196	曲艺 （7 项）	评 词	济南市	第二批
197		山东渔鼓	汶上县、单县	
198		东路大鼓	安丘市、滨州市滨城区、沾化县	
199		西河大鼓	无棣县、阳信县	
200		小曲子	东明县	
201		枣木杠子乱弹	广饶县	
202		临清时调	临清市	
203		评 词	济南市	
204		山东渔鼓	汶上县	
205	民间杂技 （3 项）	聊城杂技	聊城市	第一批
206		宁津杂技	宁津县	
207		孔楼杂技	巨野县	
208	民间手 工技艺 （18 项）	潍坊风筝	潍坊市寒亭区	第一批
209		彩印花布	山东省文化厅	
210		蓝印花布	山东省文化厅	
211		鲁锦（鲁西南民间 织锦技艺）	山东省文化厅 鄄城县、嘉祥县	
212		黄金溜槽碓石碌灶冶炼技艺	招远市	
213		周村烧饼	淄博市周村区	

序号	类　别	名　　称	申报地区或单位	批　次
214	民间手工技艺（18项）	龙口粉丝传统手工生产技艺	招远市	第一批
215		郓城水浒纸牌及雕版印刷工艺	郓城县	
216		郓城古筝制作技艺	郓城县	
217		周村铜响乐器制作技艺	淄博市周村区	
218		临清贡砖制作技艺	临清市	
219		潍坊嵌银漆器	潍坊市	
220		柘砚制作技艺	泗水县	
221		柳疃丝绸技艺	昌邑市	
222		潍坊刺绣	潍坊市	
223		海草房民居建筑技艺	荣成市	
224		景芝酒传统酿造技艺	安丘市	
225		莱州草辫技艺	莱州市	
226	传统技艺（传统手工技艺3项）	彩印花布印染技艺	嘉祥县	第一批扩展名录
227		蓝印花布印染技艺	苍山县、东明县、滨州市、嘉祥县	
228		鲁锦	聊城市东昌府区	
229	传统技艺（传统手工技艺41项）	棒槌花边技艺（临淄花边、青州府花边大套）	栖霞市、淄博市临淄区、青州市	第二批
230		微山渔家虎头服饰	微山县	
231		五莲割花技艺	五莲县	
232		枣庄民间缝绣技艺	枣庄市高新区	
233		曹县戏文纸扎	曹　县	
234		长岛木帆船制造技艺	长岛县	
235		潍坊仿古铜铸造技艺（潍坊仿古青铜器铸造技艺、潍坊市奎文区仿古铜印铸造技艺）	潍坊市　潍坊市奎文区	
236		曹县龙灯制作技艺	曹　县	
237		曲阜大庄绢花制作技艺	曲阜市	
238		滕州张汪竹木玩具制作技艺	滕州市	
239		威海锡镶技艺	威海市环翠区	
240		即墨大欧鸟笼制作技艺	即墨市	
241		聊城牛筋腰带制作技艺	聊城市东昌府区	

续表

序号	类别	名 称	申报地区或单位	批 次
242		高密菜刀工艺	高密市	
243		德州古埙制作技艺	德州市	
244		济南石家老陶烧制技艺	济南槐荫区	
245		曲阜尼山砚制作技艺	曲阜市	
246		桑皮纸制作技艺	曲阜市、临朐县	
247		柳编编织技艺	博兴县、曹县	
248		胶南泊里红席编织技艺	胶南市	
249		草编编织技艺	枣庄市薛城区、垦利县、博兴县	
250		曲阜琉璃瓦制作技艺	曲阜市	
251		青州井塘村石砌房民居建筑技艺	青州市	
252		黄县民居雕刻技艺	龙口市	
253		武定府酱菜制作技艺	滨州市	
254		成武酱菜制作技艺	成武县	
255	传统技艺	蠔子虾酱制作技艺	荣成市	
256	（传统手工	强恕堂白酒传统酿造技艺	淄博市	第二批
257	技艺41项）	兰陵美酒传统酿造技艺	临沂市	
258		玉堂酱菜制作技艺	济宁市	
259		王村醋传统酿造技艺	淄博市	
260		通德醋传统酿造技艺	平原县	
261		仲宫白酒传统酿造技艺	济南市	
262		宏源白酒传统酿造技艺	寿光市	
263		扳倒井白酒传统酿造技艺	高青县	
264		清梅居香酥牛肉干手工技艺	淄博市	
265		聊城铁公鸡制作技艺	聊城市东昌府区	
266		崔字小磨香油传统技艺	潍坊市	
267		济南油旋制作技艺	济南市	
268		糖瓜祭灶制作技艺	文登市、莱芜市莱城区	
269		淄博陶瓷烧制技艺	淄博市	
270	消费习俗	德州扒鸡制作技艺	德州市	
271	（4项）	孔府菜烹饪技艺	曲阜市	第一批
272		鲁菜烹饪技艺	烟台市福山区	
273		济南烤鸭制作技艺	济南市	

序号	类 别	名 称	申报地区或单位	批 次
274	岁时节令（1项）	宁阳端午彩粽习俗	宁阳县	第一批
275	民俗（10项）	千佛山庙会	济南市	第二批
276		仿山山会	定陶县	
277		桃源花供	曹县	
278		长岛显应宫妈祖祭典	长岛县	
279		宁阳斗蟋	宁阳县	
280		周村古商城商贸习俗	淄博周村区	
281		章丘铁匠习俗	章丘市	
282		转秋千会	莒县	
283		胶东花饽饽习俗	烟台市、文登市	
284		淄博花灯会	淄博市张店区	
285	民间信仰（2项）	泰山石敢当习俗	泰安市	第一批
286		桃木雕刻民俗	肥城市	
287	传统中医药（1项）	阿胶（东阿阿胶制作技艺、东阿镇福牌阿胶制作技艺）	东阿县 平阴县	第一批
288	传统体育与竞技（4项）	蹴鞠	淄博市	第一批
289		查拳	冠县	
290		梁山武术	梁山县	
291		螳螂拳	莱阳市	
292	传统体育、游艺与杂技（1项）	螳螂拳	栖霞市青岛市崂山区	第一批扩展名录
293	传统体育、游艺与杂技（杂技与竞技19项）	东阿杂技	东阿县	第二批
294		梅花拳	梁山县	
295		文圣拳	汶上县	
296		子午门	梁山县、东平县	
297		徐家拳	新泰市	
298		孙膑拳	青岛市市北区、李沧区、安丘市	
299		大洪拳	菏泽市牡丹区、郓城县、滕州市	
300		二洪拳	鄄城县、曹县	
301		佛汉拳	东明县	
302		二郎拳	巨野县	
303		崂山道教武术	青岛市崂山区	
304		济南形意拳	济南市	

序号	类　别	名　　称	申报地区或单位	批　次
305	传统体育、游艺与杂技（杂技与竞技 19 项）	青州花毽	青州市	第二批
306		傅士古短拳	青岛市城阳区	
307		临清肘捶	临清市	
308		临清潭腿	临清市	
309		吴氏太极拳	莱州市	
310		戚家拳	蓬莱市	
311		牛郎棍、郎才女貌	乳山市	
312	文化空间（10 项）	祭孔大典	曲阜市	第一批
313		惠民胡集书会	惠民县	
314		泰山东岳庙会	泰安市	
315		泰山封禅与祭祀习俗	泰安市	
316		渔民节祭祀仪式	荣成市	
317		渔民节	日照市	
318		周戈庄上网节	即墨市	
319		渔灯节	烟台市	
320		海云庵糖球会	青岛市四方区	
321		天后宫新正民俗文化庙会	青岛市	

山东的非物质文化遗产蕴含了中华民族特有的精神价值、思维方式、想象力和文化意识，承载着中国民族的文化基因，体现着齐鲁人的智慧与独特的审美情趣，既是历史发展的见证，又是珍贵的、具有重要价值的文化资源。保护和利用好非物质文化遗产，对于继承和发扬齐鲁文化优秀传统、增强民族自信心和凝聚力、促进山东经济文化强省建设都具有重要深远的意义。

（二）山东省非物质文化遗产的保护传承

山东省在对非物质文化遗产的保护方面做了大量工作，形成了十分宝贵的经验和做法，创造出了"非物质文化遗产"保护的"山东模式"。

1. 建立了相对健全的保护体制

山东对国家级、省级等重点项目，逐一研究，分类施策，针对每个项目制定了总体保护规划和实施方案。山东省文化厅委托省非物质文化遗产保护中心与全省所有省级以上项目保护单位签订了《山东省非物质文化遗产名录保护项目任务书》，对项目单位应完成的保护项目目标任务逐条作出了明确规定。

2. 非物质文化遗产保护采取"边普查、边抢救、边保护"

为加强对非物质文化遗产的保护,山东省对非物质文化遗产工作设了四个标准,即非物质文化遗产普查资料等汇编的一套书、非物质文化遗产档案资料室、非物质文化遗产珍贵实物陈列厅、非物质文化遗产资料数据库。在非遗普查过程中,山东省挖掘出濒临灭绝或失传的线索 33400 余项,渔鼓戏、阴阳板、火狮子等项目重获新生。济南市一批珍贵的、濒危的、具有杰出价值的非物质文化遗产项目得到了有效的抢救和保护;还有一部分国家级、省级以上的项目代表性传承人得到了政府的专项经费资助,商河的鼓秧歌、济南皮影戏、章丘芯子,国家都拨出了专款,对保护项目和代表性传承人进行了资助,使这些项目得到了充分的保护。到2010 年 7 月,全省 140 个县(市、区)都建立了自己的"四个一",在此基础上建立的山东省非物质文化遗产资源数据库被国家数据库中心确定为全国试点单位。

3. 注重充实完善"非遗"项目资料

山东省共新增国家级、省级项目珍贵实物 20870 余件,图片 39560 余张,录音录像 7700 多小时。组织开展了系列基地的评审工作,先后命名7 个单位为"山东省非物质文化遗产研究基地",20 个单位为"山东省非物质文化遗产保护示范基地",9 个单位为"山东省非物质文化遗产教育传承基地",这些基地大多以各级项目为主要研究、保护和传承对象,有力地推动了项目保护工作的开展。① 全省各类非物质文化遗产馆和传习所达 180 多处,国家级非物质文化遗产名录项目达到 153 个,进入国家级非物质文化遗产名录的项目居全国前列;有 2 个项目被评为国家级非物质文化遗产生产性保护基地,潍水文化生态保护实验区被评为"国家级文化生态保护实验区"。2010 年在济南成功举办了首届中国非物质文化遗产博览会,并经过积极争取,使山东成为中国非物质文化遗产博览会永久举办地。2011 年 10 月 24 日由山东省文化厅主办、山东画院承办的"山东省非物质文化遗产民间文学中国画展"创作工程在济南启动。

4. 大力推进"非遗"项目的传承工作

针对非物质文化遗产后继乏人和非物质文化遗产严重流失,随意滥

---

① 《我省非物质文化遗产 4.398 万项》,《大众日报》,2011 年 11 月 18 日。

用、过度开发非物质文化遗产的现象，山东各地有关部门下大功夫，认定了非物质文化遗产项目代表性传承人，建立传承基地及相关研究机构。目前山东省共有国家级非物质文化遗产项目代表性传承人 50 名，省级非物质文化遗产项目代表性传承人 262 名，市级传承人 812 名，县级传承人3078 名。把对国家和省级代表性传承人的资助作为重点，对各级传承人，采取建立传承基地、提供传习场所、资助生活等方式，积极鼓励各级传承人收徒传艺。对中央拨付的国家级传承人保护专项经费，文化厅及时协调各级财政部门，按时发到各传承人手中，并要求各级代表性传承人至少要带 3 名徒弟进行传承。目前，山东省各级代表性传承人共收徒 7890 名，其中国家级、省级项目代表性传承人收徒 3270 余名。同时，对传承工作有突出贡献的代表性传承人给予表彰奖励。

（三）　加强山东省非物质文化遗产传承保护的主要措施

国务院《关于加强文化遗产保护的通知》制定了非物质文化遗产保护规划，要求采取各种有效措施，抢救非物质文化遗产，建立非物质文化遗产的名录体系；强调对文化遗产丰富且传统文化生态保持较完整的区域，进行动态的整体性保护。加强山东非物质文化遗产的保护工作，成为当前需要重点加强的中心工作。

1. 坚持可持续发展的理念，培养全民的保护参与意识

民间性、群众性是非物质文化遗产的主要特征，不断提高公众的参与意识，形成全社会主动参与保护的文化自觉性，坚持用科学发展观指导非物质文化遗产保护工作，以人为本，以高度自觉的精神，珍惜历史文化遗产，延续民族的精神文化血脉，守护好人民群众的精神文化家园；坚持全面、协调、可持续的发展理念，以统筹兼顾的方法，处理好加快现代化、城市化步伐和保护非物质文化遗产的关系，实现经济社会进步和弘扬优秀传统文化的双赢；着眼于让齐鲁文化参与到世界文化的竞争与合作中，充分保护和利用好山东的优秀历史文化资源，大力发展文化事业和文化产业，培育民族感情和爱国精神，不断增强文化软实力，为建设山东"文化强省"作出更大贡献。

2. 加强非物质文化遗产保护传承人才队伍建设

建立非物质文化遗产保护与开发人员的培养机制，有计划地进行非物

质文化遗产保护与开发队伍的建设，加强专业队伍培训，提高从业人员的能力和文化素质；不断储备非物质文化遗产保护与开发的人力资源。政府部门设置一定数额的专项资金，加大现有传承人的资助力度，从制度、资金、设备等方面保证非物质文化遗产传承人和民间艺术家的艺术创作活力，在技能传授、生活补贴、设备更新等方面给以必要的资助，鼓励他们带徒传艺，开展非物质文化遗产传承及传播活动，普及非物质文化遗产保护知识，培养新的继承人。把山东非物质文化遗产列为素质教育的重要内容，在青少年各个学段开设有关非物质文化遗产内容的专题课程，聘请当地老艺人作为社会辅导员，培养青少年儿童对非物质文化遗产的认同感，加深对传统非物质文化的了解、认知、传承。

3. 正确处理好保护与开发利用的辩证关系

城市的高速建设将会导致文化遗产的快速消失；非物质文化遗产保护追求的是非物质文化遗产的客观、可持续的存在，而开发却看重投入的同时必须有所回报。在非物质文化遗产的保护过程中，应当鼓励各方对非物质遗产的活用，从民俗表演到旅游开发，从工艺品销售到文化创意发展，多手段全方位地开发非物质文化遗产中的文化价值和经济价值，使非物质文化遗产在弘扬传统文化、振兴民族艺术的同时也为开发人文旅游景观、刺激地方经济发展发挥应有的作用。我们要尊重事物的发展规律，把非物质文化遗产的保护或开发看作一种文化事业。在非物质文化遗产保护中，要坚持"保护为主、抢救第一、合理利用、传承发展"工作方针；同时，正确处理保护和利用的关系，保持非物质文化遗产的真实性和整体性，在有效保护的前提下合理利用，防止对非物质文化遗产的误解、歪曲和滥用。

4. 加大非物质文化遗产保护开发的投资力度

改善非物质文化遗产保护的相关条件，拓宽融资渠道，确保非物质文化遗产保护与开发的物质基础。根据文化产业的性质和效益特点，正确引导长期投资和短期投资、公共投资和商业投资在文化产业中的比重，合理分担投资责任。积极培育产业投资和风险投资等文化投资形式，鼓励、吸纳金融资本介入文化领域，拓宽文化投资的渠道。对文化产业实施积极的投资鼓励政策和投资分配政策。制定非物质文化遗保护与开发的投资机制和政策，营造公平、公开和公正的投资环境，发挥市场对于投资的正面引导作用。

5. 提高非物质文化遗产保护的经营管理水平

加快非物质文化遗产保护与开发的网络平台建设，科学高效地发挥组织管理网络、制度规范网络、计算机信息网络、非物质文化遗产网站等的作用。规范文化市场运行机制。法制化是文化市场发育成熟和运行规范的基础，国家已经颁布了《文物保护法》、《著作权法》、《传统工艺美术保护条例》、《中国民族民间文化保护工程实施方案》、《中华人民共和国非物质文化遗产保护法》、《关于加强我国非物质文化遗产保护工作的意见》、《关于加强文化遗产保护工作的通知》等。这些条例和规定，对加强非物质文化遗产保护与健康发展发挥了积极作用，但由于管理单位多头，立法往往滞后，有法不依等原因，仍然存在问题较多，因此，加强调研和管理，及时建立、健全法制是非常必要的。

6. 建立社会效益与经济效益有机统一机制

非物质文化遗产是人类的宝贵财富，保护利用是为了促进社会的和谐发展，必须做到社会效益与经济效益的统一。基于非物质文化遗产的特殊性，资源发掘、保护是基础，宜产业开发则合理开发与利用，不宜产业开发则不开发，不能抛开文化价值、社会效益而唯利是图。社会效益与经济效益、文化事业与文化产业的存在与发展，是相互依赖、相互作用、互为条件的。各级文化馆、博物馆、科技馆、图书馆等公共文化机构进一步开展对非物质文化遗产的传播和展示；教育部门将优秀的、体现民族精神与民间特色的非物质文化遗产内容及时编入教材；新闻出版、广播电视、互联网等媒体对非物质文化遗产及其保护工作进一步作宣传展示、知识普及，在全社会形成保护文化遗产的共识和氛围。

第九章 山东"文化强省"建设的 文化消费与服务体系

一 推动促进城乡文化消费增长

建设山东"文化强省",推动社会主义文化大繁荣、大发展,扩大文化消费是不容忽视的重要途径。党的十七届六中全会《决定》明确指出了扩大文化消费在文化产业发展中的重要作用以及扩大文化消费的措施,这在我们党的历史上还是第一次。文化消费的作用不仅仅局限于对文化产业发展的拉动作用,它对山东文化事业发展,对"文化强省"建设,都具有重大的推动作用。

(一) 文化消费的重要地位和作用

文化消费是社会消费的重要组成部分,主要是指用于文化娱乐产品和服务等相关方面的支出和消费,是人们为了满足精神文化需求,以提高文化知识水平,陶冶思想性情,提升整体素质等为目的的一种消费,主要包括学习、教育、文化娱乐、体育健身、旅游观光等方面。文化消费不同于消费文化。消费文化是对社会消费理念、消费规范、消费方式、消费产品、消费环境等各种消费现象的总称,是物质消费和精神文化消费的总和。积极发展文化消费具有重要的政治、经济、文化和社会意义。

文化消费是拉动文化产业发展的重要原动力。文化需求的多少、文化消费能力的高低,在某种意义上决定着文化产业的发展潜力、发展规模及其发展水平。人们的文化需求越旺盛,人们的文化消费能力就越强,文化市场就会越发达,文化产业发展就会获得越大的发展动力。文化消费本身也是一种文化创新的过程,文化消费个体凭借着自己与众不同的消费经验、文化背景、理解能力和实践能力，在文化消费的过程中会产生新的文化消费需求，从而使文化产业获得进一步发展的动力。广大城乡居民文化消费的增长会对文化产业的资源配置和供给产生提升作用，促使整个社会的产业结构趋向优化。相对于物质消费，文化消费的主要消费对象是精神产品。物质产品经过消费后，其价值发生了转移，原有物品的价值会消失，而文化产品的消费则不同，文化产品可以被人们重复消费，并能长期保存自己的价值，所以文化消费对资源的消耗远低于物质消费，对精神文化产品的消费，能够大大缓解日趋沉重的资源压力和环境压力，促进国民经济的良性循环，维护社会的可持续发展。

文化消费是提高人们精神境界和社会文明水平的重要抓手。马克思曾经说过："当人们还不能使自己的吃喝住穿在质和量方面得到充分供应的时候，人们就根本不能获得解放。"① 仓廪实而知礼节，衣食足而知荣辱。物质生活需求的满足对于人们思想道德素质的提高和人的全面发展具有基础性意义。但是，物质生活水平的提高并不必然带来人们精神文化生活水平和思想道德素质的提高。要实现二者同步发展，就需要借助文化本身的力量，让人们在文化的熏陶中不断提高思想觉悟和精神境界。在文化消费的过程中，人的知识水平、精神面貌、创造力等整体素质会得到进一步提高，正如马克思早就深刻指出的："消费生产出生产者的素质。"② 人作为社会的主体和发展目的，其素质的提高必然会带来社会的全面发展和进步。文化消费能够改善人们的审美情趣和能力，能充实人的精神生活，让人们缓解精神紧张和情绪压力，充分享受文化娱乐休闲所带来的愉悦，从而形成科学、健康、文明的生活方式，推动社会文明程度的提高。

(二) 山东省城乡居民文化消费的新特点

山东经济实力的进一步壮大以及文化产业的快速发展，社会保障体系的进一步完善，消费市场的日益繁荣，为广大城乡居民文化消费的增长提供了坚实的基础和保障。据统计，2010 年山东省城镇居民人均可支配收入达 10046 元，比 2005 年增加 9201 元，增长 85.6%，年均增长 14.2%；

---

① 《马克思恩格斯选集》第 1 卷，人民出版社 1995 年版，第 85 页。

② 《马克思恩格斯选集》第 2 卷，人民出版社 1995 年版，第 10 页。

农村居民人均纯收入达 6990 元，比 2005 年增加 3059 元，增长 77.8%，年均增长 12.97%。与文化消费的物质基础日益厚实相对应，山东广大城乡居民的文化消费能力不断增强，文化消费水平不断提升，文化消费领域出现了一些新变化和新特点。

1. 文化消费水平逐渐提升

根据统计资料显示，山东省城乡居民食品消费占消费支出的比重逐步降低，2010 年恩格尔系数为 32.1%，较 2005 年 34.8%下降了 2.7 个百分点，而在文化娱乐、教育等方面的消费支出则呈现加速上升趋势，文化消费正在成为山东城乡居民消费的新热点。2005 年山东省城乡居民人均文化消费支出为 708.1 元（城镇为 1039 元，农村为 377.16 元），2009 年这一数值为 866.47 元（城镇为 1332.97 元，农村为 399.95 元），较 2005 年上涨 20%。

2. 文化消费结构趋向优化

山东省城乡居民文化消费结构开始从休闲娱乐等基本文化消费向学习教育等发展型文化消费转变，发展型文化消费在整个文化消费中所占据的比率越来越大。随着知识经济时代的到来和学习型社会建设的逐步推进，山东城乡居民越来越重视知识的学习和更新，教育性文化消费开始上升为文化消费的重点，在文化消费结构中占据主导地位。统计数据表明，2005年山东省人均文化消费支出 708.1 元中，人均教育消费额为 385.85 元，占整个文化消费的 54.5%。2009 年山东省人均文化消费支出 866.47 元，人均教育消费为 419.56 元，占整个人均文化消费的 48.4%。

3. 文化消费向多元化、多层次发展

除了传统的文化娱乐方式外，一些新兴文娱活动如上网、健身、旅游等文化消费活动蓬勃展开。文娱活动的数字化特征日益明显，各种新式数字娱乐产品 MP3、MP4、数码照相机、家用电脑逐渐普及。彩电不断更新换代，从显像管电视到液晶电视，从无线信号到接入有线网络，网民数量迅速增长。据 2011 年 1 月 19 日上午中国互联网络信息中心（CNNIC）在北京发布的《第 27 次中国互联网络发展状况统计报告》显示，截至 2010年 12 月底，中国网民规模已达到 4.57 亿，其中，山东省网民人数多达3332 万，居全国第二位，仅次于广东。随着网络的普及和网民的迅速增加，网上读书报看、欣赏音乐、玩游戏等网络文化消费以其新颖、便捷等优势，日益为人们所喜爱。

(三) 山东省文化消费领域存在的主要问题

山东省城乡居民的文化消费发展出现了令人欣喜的局面，但也存在一些比较严重、亟待社会各个方面去重视、研究和解决的问题。

1. 文化消费总量较小，在总消费中所占据的比例较低

根据国际经验，一定的 GDP 发展水平与一定的恩格尔系数以及一定的文化消费支出具有相关性。人均 GDP 在 1000 美元以内，人们主要关心的是基本的物质消费需求的满足；人均 GDP 在 1000—3000 美元之间，人们消费需求进入物质消费需求与精神文化消费需求并重的时期；人均 GDP 超过 3000 美元以后，人们的物质消费需求增长将逐步趋缓，精神文化消费需求逐步占据主导位置。山东省统计数据显示，2009 年山东省人均 GDP 已超过 3000 美元，但同年城乡人均文化消费占人均总消费的比例仅仅为 11.1%。山东无论是经济总量还是经济发展速度，都在全国前列，但文化消费水平与经济发展水平相比，明显偏低，与全国其他省市相比，还有一定差距。

表 16　2003—2009 年山东省城镇居民人均文化消费支出及比重　　（单位：元）

指标\年份	2009	2008	2007	2006	2005	2004	2003
人均文化消费支出	1332.97	1277.43	1191.18	1201.97	1039.99	983.07	931.46
人均文化消费支出比重	11.1	11.6	12.3	14.2	13.9	14.7	15.3

表 17　2008 年山东与北京、上海等地文化消费支出状况比较　　（单位：元；%）

地区	人均文化消费支出	人均文化消费支出比重
山　东	1277.43	11.6
北　京	2383.52	14.5
上　海	2167.09	11.2

地 区	人均文化消费支出	人均文化消费支出比重
江 苏	1799.75	15.0
浙 江	2195.57	14.5
重 庆	1267.03	11.4
全 国	1358.25	12.1

2. 文化消费层次较低

文化消费结构是指人们在文化消费过程中所享用的各种不同的文化消费品和文化服务之间的比例关系。在现实生活中，人们文化消费的内容很多，在社会收入等因素一定的条件下，人们不可能充分实现所有类型的文化消费，因而就必须区分轻重缓急，确定不同的文化消费重点。这就意味着，在文化消费总量中，娱乐休闲性基本文化消费和学习教育性文化消费不可能占据同样的比例。近些年来，山东省城乡居民的文化消费，从支出结构看，文化娱乐消费中耐用机电消费品占据文化消费的大部分，从热点看，休闲娱乐性文化消费居多。广大居民最主要的文化消费活动是看电视、报纸、影碟和光盘，其次是上网、听广播、打麻将、打牌，再就是逛公园、运动健身、盆栽养花、旅游、看学习研究类书籍、看戏剧歌舞、绘画书法。上述情况说明山东省居民文化消费的构成较单一，主要目的是放松自我、休闲娱乐，尚处在改善生活环境、休闲减压的初级阶段，文化消费层次偏低。

3. 城乡居民文化消费差别较大

随着农民收入水平的不断提高，农民精神文化消费在总消费中的比重不断提高，但与城镇居民相比，仍显得较低。2005 年山东省城镇居民人均文化消费为 1039 元，是农村人均文化消费额 377.16 元的 2.8 倍。2009 年城镇居民人均文化消费为 1332.97 元，是农村人均消费额 399.95 元的 3.3 倍。以上数据说明山东省城乡居民文化消费差别近些年来并没有缩小。

4. 不良文化消费现象大量存在

一方面社会整体文化消费严重不足，另一方面文化消费中的奢侈性、炫耀性现象大量存在。例如，追求感官刺激，不惜重金购买黄色淫秽书刊、音像制品;文化消费满足于低级趣味,封建迷信色彩严重;被动性文化消费大量存在,消费者的主体性、个性被不同程度的消解,许多消费者盲目随从文化生产者和经销商的商业包装和炒作,热衷于对时尚的模仿和仿真。

造成上述问题的原因较多,主要包括:

1. 文化消费观念相对滞后

山东省城乡居民的文化消费观念有了较大的发展,但与北京、上海、江苏、浙江、湖南等文化发达省市居民的消费观念相比,仍然显得相对滞后,主动享受文化的意识还不够强烈,文化氛围不够浓厚。山东省乐陵市、章丘市、淄博市、庆云县、惠民县的部分农民曾经接受过"关注农民文化需求"调查组的调查,调查结果显示,尽管这些地方的农民家庭年收入并不低,几乎都在万元以上,2万元至4万元的最多,最高的达7万元,但他们的文化消费水平却不高。对于"每月平均用于文化生活的花费"的回答,选择率最高的是少于5元(约占34.8%),其次分别为约50元(约占26.1%)、约10元(约占21.7%)、约20元和多于50元(各约占8.7%)。①

2. 文化消费能力不够强劲

市场经济条件下,任何消费都与经济发展水平相联系。文化消费也不例外,其消费水平和结构总是受消费大众的收入水平所制约。目前山东省人均GDP水平不高,最终消费占GDP的比重和居民消费率较低,恩格尔系数较高,地区经济发展、人们收入水平不平衡。近五年来,山东省城乡居民收入增速仍滞后于经济发展的速度,滞后于地方财政收入的增速。城镇居民人均可支配收入和农民人均纯收入均一直居全国第8位,在岗职工工资水平在全国第12—15位徘徊。原来由国家统包的医疗、教育、养老、住房等一系列社会福利制度,逐步改革为由国家与个人共同负担,导致居民收入预期越来越不确定,居民收入扣除衣食住行、医疗、养老等支出后,可用于文化消费的收入实际很少。

3. 文化消费环境不够优化

文化消费环境是指对消费者的文化消费过程有重要影响的、外在的、

---

① 《中国文化报》,2007年11月27日。

客观的因素，主要包括市场环境、政策环境、法制环境等。近些年来，经过社会各方面的努力，山东省的文化消费环境得到了较大的改善，但仍然存在着许多不利于文化消费健康发展的问题。目前，山东省文化消费产品和服务价格结构还不够合理，文化消费政策还不够到位，文化消费管理体制还没有理顺，文化消费管理还存在大量漏洞，文化市场秩序还欠规范，文化基础设施、文化消费权益、消费信息安全等宏观消费环境有待于进一步优化。

（四）推动山东文化消费快速增长的主要措施

要解决山东省文化消费领域中存在的诸多问题，推动城乡居民的文化消费健康而快速发展，必须重点做好以下几个方面的工作：

1. 引导树立以科学发展观为统领的文化消费观

首先，引导人们树立先进的文化观，引导人们积极参加社会主义文化建设的实践。其次，引导人们树立科学的文化价值观。文化消费不仅是对文化产品的占有和对文化服务的享受，更主要的是在使用和享受文化产品和文化服务的过程中，使其文化意义和价值得到实现，使人的心灵得到陶冶，素质得到全面提高。再次，引导人们树立健康、科学、文明的文化消费观。掌握正确的文化消费知识和文化消费方法，尊重文化消费发展的规律，提高文化消费生活的质量。

2. 建立健全公共文化服务体系，创新公共文化服务方式

建立和完善公共文化服务体系，创新公共文化服务方式，是提高广大居民特别是中低收入居民的文化消费水平、促进山东文化消费发展的根本途径。山东省应把建立健全公共文化服务体系，创新公共文化服务方式，作为促进山东省文化消费发展的着力点和突破口：首先，加大投入力度，特别是加大对农村文化设施建设的投入力度，大力加强公共文化服务设施建设，尽快建设齐鲁文博中心、山东演艺中心、泉城文化娱乐园、山东书城等重大文化设施，保证文化产品和服务的充足供给。加快构建城乡公共文化服务体系，兴建适合普通群众的文化消费场所，推进电影院线、演出院线向城乡基层延伸，鼓励商业演出中开辟一定低价位的演出形式。尽快构建城市居民"15分钟文化圈"，加强对低收入人群的文化消费保护补贴机制，有条件的地方要为困难群众和农民工文化消费提供适当补贴，定期发

放文化消费卡或者消费券，保证收入较低人群也有能力进行文化消费，构建公共文化保障体系；其次，改革公共文化管理体制，广泛吸引社会各方资金投入到公共文化服务设施的建设之中；再次，切实加强对山东省公共文化服务设施的管理，完善综合服务能力，保证公共文化设施和服务的有效利用；最后，充分提高和发挥机关、学校、部队、企业内部文化设施的利用率和作用，凡有条件的都要对社会开放，为丰富群众的文化生活服务。

3. 大力发展文化创意产业，不断增加文化消费产品

在经济收入一定的情况下，人们的文化消费能力在很大程度上取决于文化消费产品和服务的数量的多少、价格的高低和质量的好坏。如果文化消费品的价格合理，内容健康，质量优异，人们的文化消费意愿会比较强烈，文化的即期消费就会变大。但是如果文化消费产品和服务价格高高在上，超出人们的承受能力，或者内容不健康，或者质地比较粗糙，都会使人们的消费欲望受到抑制。因而，要大力发展文化产业，特别是要大力发展被称为"内容产业"的文化创意产业，坚持社会效益和经济效益的统一，在保证文化产品和服务的质量的同时，大力丰富文化产品的数量，使文化产品物美价廉，使文化服务周到体贴。要大力提升文化产品的档次，打造文化精品，满足消费者的不同层次需求。

4. 强化对文化消费的经济杠杆调控，扩大文化消费比率

充分发挥政府在财政、收入分配、税收价格和利率汇率等方面的政策的调控作用，强化对文化消费的经济政策和经济杠杆调控。大力提高居民的经济收入水平，提高消费者的文化消费能力，在保证基本文化消费的基础上，逐步扩大发展文化消费的比率。大力培养文化消费主体，形成以居民消费为主、单位或社区消费为补充、政府消费为引导的文化消费主体格局。根据发展实际，制定采取鼓励或限制文化消费的政策，鼓励高层次、高质量的文化产品和服务消费，鼓励文化企业"走出去"，限制低俗、劣质的文化产品和服务消费以及外国文化产品的进口规模、市场份额，形成本省文化消费为主、引进外来有益文化消费为补充的文化消费结构。加大对农村的文化投入，完善农村图书、通讯、电视电影、培训等网络，创造各种条件，最大限度地满足农民的文化消费需求。

5. 提高广大居民的文化修养和审美情趣，培养文化消费主体

人们对文化的自然消费力是由其文化修养和审美情趣决定的。有些文

化产品和服务如交响乐和抽象的绘画作品，必须具备专门的知识和修养才能进行消费。现代社会文化消费手段的改进和现代化，也要求消费者必须具备一定的知识水平和操作技能。例如电子计算机及其软件的发展和应用，早已扩展到了消费领域，如果不进行计算机有关知识的培训，显然就不会产生这方面的消费能力。较高的文化修养和审美情趣离不开相关的文化教育和实践中的熏陶、培育。为此，要从娃娃抓起，加强对青少年的音乐、美术等艺术教育，加强对各类文化产品和服务的科学宣传和普及，让人们在耳濡目染中逐渐提高自己的文化消费品位和水准。

6. 优化文化消费环境，保护消费者的文化权益

文化消费离不开法律的支持与规范，为此必须建立、健全相应的法律法规体系。严格贯彻实施国家劳动法，以保障劳动者有充足的自由支配时间。按照消费者权益法制定文化产品和服务的消费法规，制定反垄断、反不正当竞争的具体措施和文化产业守则，保护消费者的文化消费权益。制定相关的消费法律、道德规范、行为标准和守则，加强对不科学、不文明、不健康的消费活动的约束。参照 WTO 规则的要求，健全文化产品进口、外资进入文化产业的法规，维护国家文化安全。

二 构建完善的公共文化服务体系

加强公共文化服务体系建设是党对文化工作的战略部署，是繁荣发展社会主义先进文化、建设和谐文化、构建社会主义和谐社会的必然要求，是维护好、实现好、发展好人民群众基本文化权益的根本途径。保障人民基本文化权益，实现人民的基本文化权利是山东"文化强省"建设的必然要求，应进一步完善覆盖城乡、结构合理、功能健全、实用高效的公共文化服务体系，不断推动山东省公共文化事业健康快速发展。

（一）山东省公共文化服务体系建设成效和特点

近些年来，山东省大力推进文化建设，着眼于保障人民群众的基本文化权益，坚持统筹城乡、普遍均等的原则，努力体现公共文化服务的公平性、便利性、多样性、公益性、普及性。截至 2010 年底，省、市、县、乡、村文化设施配套齐全，文化精品不断涌现，文化生活丰富多彩的公共

文化服务体系建设取得重大进展。

1. 文化设施建设热潮兴起，公共文化服务体系全面铺开

文化服务设施是公共文化服务网络的主要表现形式，是人民群众文化生活最直接的影响因素和"硬件"制约因素，发达的公共文化设施往往成为城市形象品质的重要标志。以《实施"十一五"公共文化服务体系建设规划的意见》为依据，山东从省、市、县到乡镇、村各级重新制定了公共文化设施建设规划，并认真付诸实施，公共文化服务设施建设迈上了新台阶。省博物馆、省图书馆和省艺术馆等一批新建文化设施，体现了山东的文化形象和整体风貌，成为山东对外文化交流与合作的重要依托。县（市、区）文化馆、图书馆，乡镇文化站和村文化大院等农村公共文化设施，被列为城乡基础设施建设中的重点项目，进行规划建设，17 个市都有艺术馆、图书馆，烟台、潍坊、滨州等市已经建成或正在建设高标准的文化中心；全省 140 个县（市、区）都建有文化馆，135 个县（市、区）建有图书馆，1388 个乡镇全部建成综合文化站；7.69 万个行政村中，建有 100 平方米以上，具备基本功能的文化大院 5万多处。一大批文化设施建设为满足人民群众的文化需求提供了坚实的物质基础，在公益文化事业和精神文明建设方面发挥了重要的作用，推动了山东文化产业的发展。

2. 改革文化体制机制，公共文化服务活力释放

群众文化特别是基层群众文化工作，一直是山东文化事业的一大亮点。全省群众文化工作在坚持文化事业公益性的前提下，积极调整思路，转换职能和工作机制，努力使群众文化朝公共文化方向扩展。全省庄户剧团调演、企业文化调演、十佳文化广场评选、农村文化艺术节等活动深入开展；社区文化、广场文化、企业文化和村镇文化建设成效显著。全省以创建社会文化先进县和社会文化先进乡镇为抓手，促进基层文化建设全面发展。迄今为止，山东省委、省政府已命名表彰了 7 批共 72 个省级社会文化先进县，其中 34 个进入全国新标准文化先进县复查结果名单，位数全国第一。基本形成以县图书馆、文化馆为龙头、乡镇文化站为依托、村文化大院（室）为基础、各类文化专业户和民间文艺团队为骨干的群众文化工作网络，文化活动的开展实现了制度化、经常化。

公共文化活动在数量和形式上较以往有了较大突破。2008 年先后组

织参加了北京奥运会、残奥会文艺演出活动和赴北川灾区慰问演出，成功举办了"纪念改革开放30周年优秀剧目展演"、"鲁川血脉情抗震救灾义演"、"迎奥运全省美术书法摄影展"、"'向祖国献礼为全运喝彩'第九届山东文化艺术节"、"山东省歌颂新中国喜迎全运会系列群众文化活动"，组织开展了广场艺术节、社区文艺会演、农村文艺会演、舞蹈大赛、秧歌大赛、器乐大赛等。据不完全统计，各地举办广场文艺演出85000多场，社区文艺演出22000多场，各类艺术节、文艺会演28000多场。省会"泉城大舞台"实现了"天天有曲艺、周周有戏剧、月月有音乐会"，全年演出460多场，已成为山东省的公益演出品牌。

3. 高新技术广泛运用，重点文化工程建设突出

山东重视发挥高新技术在文化服务体系建设中的作用，用以新建或改造了一批文化服务设施。山东省文化信息资源共享工程在全国率先实现了全省覆盖，并率先建立起"互联网"加"卫星"双重覆盖到村的"山东模式"传输网络，省、市、县三级中心功能进一步提升。文化共享工程已经成为山东省基层文化建设中科技含量最高、信息资源含量最丰富、对群众吸引力最强的公益性服务项目，并成为推动山东新农村建设的重要力量。2008年山东作为全国首个文化共享工程"示范省"，多方面建设走在了全国前列。网络体系方面：全省17市、140个县支中心全部达到国家要求，基层站点在全面覆盖的基础上，规范化站点接近总数的20%；资源建设方面：数字资源开发总量达到33TB（1TB的数据量相当于25万册电子图书或926个小时的视频节目），专门建起了"山东新农村网上图书馆"，农业科技电子图书增加到19000多种，涉农电子期刊1500多种，农村文化及农业科技视频资源2570部，供8万多个基层站点免费方便使用；服务群众方面，采取紧扣农民增收开展主题培训、着眼民生热点开展信息服务、围绕和谐社会建设丰富群众精神文化生活、因人施教选择服务方式的手段和方法收到了良好的效果。以数字图书馆和资源镜像站为核心，建立起覆盖全省城乡、较完善的省、市、县、乡、村五级网络体系和综合性公共文化运行服务体系。

4. 城乡网络统筹发展，基层文化服务网络亮点纷呈

山东已经基本形成以县图书馆、文化馆为龙头、乡镇文化站为依托、村文化大院（室）为基础、各类文化专业户和民间文艺团队为骨干的群

众文化工作网络，文化活动的开展实现了制度化、经常化。全省农家书屋已实现全覆盖；2009 年已建成规范的乡镇综合文化站 719 处，占乡镇总数的 51%，计划再建 395 个，达到 81%，基本实现乡镇有综合文化站、村有文化大院或文化活动室、社区有文化中心的目标。

山东省连续实施农村文化设施建设"双百"示范工程以及文化下乡活动。各地积极组织开展"送戏下乡、进社区"公益演出活动，为基层群众送去高水平的文艺节目。威海市专门成立了"新农村文艺演出队"和"文艺拥军演出队"，开展了"千场演出进农村"活动；淄博市全年"送戏下乡"演出达到 1300 多场。全省国办院团"送戏下乡"演出近万场。为解决农村看电影难的问题，通过资本链接或签约形式，组建了覆盖全省广大农村的电影放映网络，以数字电影技术为基础，建成了以数字节目卫星接收、数字节目传送、数字电影放映、GPS 卫星定位和监控、GPRS 数据传输等为特征的全新农村电影放映系统。2008 年，全省组建农村电影院线 13 条，电影放映队 2500 多支，省、市、县三级财政落实放映补贴 8000 多万元，免费为农民群众放映电影 66 万多场，观众达到 2.64 亿人次，80% 多的行政村实现了"每月放映一场公益电影"的目标。2009 年前三季度，全省农村公益电影放映 39 万场、观众 1.56 亿人次。

5. 积极创新服务形式，公共文化服务网络不断延伸

山东重视各类文化活动的作用，使公共文化服务的内容得到丰富。打造了农村小戏会演、全省曲艺会演、全省庄户剧团会演、全省农村文化艺术节等主题品牌文化活动，有效地带动了全省各地文化活动的开展。重视常规文化活动的群众参与性，2007 年的首届农村文化艺术节参与农民群众 889 万人。2009 年"歌颂新中国、喜迎全运会"系列群众文化活动历时两个月，全省各地共组织县级以上规模群众文化活动 1610 多场，演出节目 2.1 万个，大型展览 290 多个，参与演职人员 26 万多人，观众 2700 多万人次。组织个性突出的地方节庆活动，东营市"黄河口文化艺术节"、淄博临淄区"国际齐文化旅游节"等既彰显了浓郁的地方特色，又有效地推动了山东文化"走出去"。据不完全统计，目前，全省县和县以下已形成品牌的知名文化节会 200 多个，参与节会文化活动的群众每年达 400 多万人次，平均每县每年举办各类广场文化活动 400 多场次，其中较

大规模的 40 多场次,基本实现了"月月有主题,周周有活动"。各类丰富的文化活动创新了公共文化服务形式,使公共文化服务网络得以不断延伸。

为探索新形势下开展公共文化服务的新思路,2009 年 8 月,山东启动了全省基层公共文化辅导工程,从全省选择 100 个基层文化示范辅导点,由三级文化馆 1600 多名业务辅导干部组成辅导队伍,加大对基层文化活动的辅导力度,积极推动农村基层群众文化活动有声有色地开展。各级图书馆借助文化共享工程推动数字化建设,增强了远程服务能力,把服务范围扩大到了农村基层。各级文化馆、艺术馆积极动员组织志愿者辅导团深入基层,依托乡镇文化站、村文化大院举办各类培训班 6000 多次,培训群众文艺骨干 20 多万人次,辅导排演群众文艺节目 2 万多个。

(二) 山东省公共文化服务体系建设存在的主要问题

山东省委、省政府始终坚持物质文明和精神文明两手抓,推动文化事业和文化产业同发展,文化建设取得巨大成就,城乡居民文明素质不断提高,公共文化设施明显改善,公共文化服务体系框架基本建立,文化产品创作生产活跃,精品力作不断涌现,为进一步完善公共文化服务建设提出了全新的任务。

1. 公共文化服务体系建设成就显著,但公共文化服务发展不平衡

山东省大力推进文化建设,着眼于保障人民群众的基本文化权益,坚持统筹城乡、普遍均等的原则,努力体现公共文化服务的公平性、便利性、多样性、公益性、普及性。虽然公共文化服务体系建设取得了显著的成就,但存在发展不平衡的情况,不仅限制了公共文化服务建设的速度,也制约着山东公共文化服务水平的整体提高。不平衡主要体现在以下几个方面:

一是经济发展水平与公共文化设施建设的不平衡。山东省与江苏省、广东省经济发展水平大体相当,但在公共文化设施建设方面处于落后地位。2009 年,山东省的人均国民生产总值为 35894 元、共有艺术表演团体 118 个、公共图书馆 150 个、博物馆 111 个,每百万人口拥有艺术表演团体 1.25 个、公共图书馆 1.58 个、博物馆 1.17 个。

表 18 　　　　　　2007 年山东省、江苏省、上海市、广东省主要
　　　　　　　　　　　　文化设施数量及人均 GDP

项目 省份	艺术表演团体(单位:个)		公共图书馆(单位:个)		博物馆(单位:个)	
	总数	百万人口拥有量	总数	百万人口拥有量	总数	百万人口拥量
山东省	119	1.27	145	1.55	87	0.93
江苏省	127	1.67	105	1.38	99	1.3
上海市	103	7.47	30	2.18	106	7.68
广东省	138	1.46	131	1.38	149	1.58

　　资料来源:根据山东、江苏、上海、广东国民经济和社会发展统计公报
整理。

　　从数据可以看出,山东省每百万人拥有的公共图书馆数量多于江苏省
和广东省,艺术表演团体与博物馆则处于劣势,与上海市相比,山东省整体
上处于劣势。

　　二是城乡发展的不平衡。公共文化服务设施建设欠账较大,尤其是一
些地方农村基层地方的文化欠账加大,文化经费缺乏,文化设施落后。全省
有 2 个地级市没有公共图书馆,3 个地级市没有综合博物馆,乡镇综合文化
站达到国家最低标准的有 719 个,仅占总数的 51%,相当一部分行政村没
有文化活动设施,有些基层农村文化生活贫乏的状况还比较突出。相当一
部分图书馆特别是县级图书馆无购书经费,不少文化馆没有活动经费,乡村
基层公共文化服务机构无活动经费的问题更为突出。基层政府及其文化行
政管理部门,仍然按照计划经济体制下形成的办文化的思路建设公共文化,
停留在"依靠财政拨款、建设文化设施"的层面,对新建成的文化设施和机
构,也缺乏在运作机制、管理手段上的创新,大投入后的文化设施得不到充
分利用,公共文化服务的作用难以发挥。

　　2. 人民群众的文化需求日益增长,有效的文化产品和服务供给不足

　　2010 年,山东 GDP 达到 39416 亿元,城镇居民人均可支配收入 17811
元,农民人均纯收入 6119 元。伴随物质生活水平的提高,城乡居民消费结
构逐步升级,文化消费市场不断扩大。人民群众的精神文化需求日益呈现
"井喷"之势,对文化产品和文化服务需求的拉动作用进一步增强。消费能
力不断增强,鉴赏水平不断提高,丰富多彩的精神文化生活越来越成为人民

群众的热切愿望。山东在新的发展阶段人民群众精神文化需求的内涵不断扩大、程度不断加强、境界不断提升，呈现出多元化、多层次、多样性的趋势，且不同的群体对精神文化表现出差异显著的需求取向。

山东人均公共文化建设投入偏少，极大地限制了广大人民群众公共文化服务需求。2007年山东文化事业费占财政支出的比重和人均文化事业费均居全国第22位，增幅低于全国平均水平5.4个百分点，低于同期全省地方财政收入增幅近3个百分点。2010年全国文化事业费用198.91亿元，虽然比2009年增加40多亿，同比增长25.9%，但是山东省文化事业费总投额及增长速度仍然明显低于全国平均水平。

公共文化服务经费保障机制不完善，多元化、多渠道的文化产业投融资体系尚未完全建立，导致公共文化产品和服务的供需矛盾突出。一是艺术创作生产能力不足，组织创作的措施力度不够大，缺乏观众追捧的精品佳作，文化市场体系不完善，如没有形成规范统一的票务市场，制约了文化产品的供给；二是国有博物馆、文物保护单位的事业性收入全部用于文物保护的规定执行不力，展览、展示活动缺乏一定吸引力；三是社会力量投入文化建设的自觉意识欠缺，尚需要引导和激励；四是社区及农村居民自觉开展公益文化建设的能力亟须加强。

3. 各级政府文化建设热情提高，扎实有效的工作抓手缺乏

各级政府逐渐认识到文化对当地经济、社会发展的重要推动作用，文化建设热情空前高涨。山东已建成省级精神文明城市12个、文明县市区63个、文明村镇1121个、文明单位3092个。1369个乡镇已建成综合文化站1343个，村级文化大院5.3万个，8万多个建制村建成农家书屋4.5万多家，数量居全国第一。全省五级公共文化服务网络基本形成，提前两年实现广播电视"村村通"。文化资源共享工程累计服务达5000万余人次。"三下乡"活动坚持常下乡，2010年全省各级专业院团演出6400多场。

人民群众的文化需求日益增长，消费方式的深刻变化，给文化发展注入了新的活力，对公共文化产品服务、设施网络、资源配置提出新的要求，实现和保障人民群众基本文化权益的任务十分艰巨，给文化部门的工作带来了很多难题和压力。一是文化服务网络布局不合理。目前各类公共文化服务都有各自不同的主管部门，没有一个有效的规划执行和管理结构，因此各类公共文化服务网络发展不平衡，在场馆数量、设施布局、服务效果等方面存

在很大差距。如广电系统、资源共享工程、群众文化活动场馆的建设成绩显著;图书馆、博物馆、出版发行等系统的建设出现萎缩。流动文化服务网络的建设缺乏系统性和持久性,资金来源、服务方式和服务效果的不稳定性等问题有待进一步解决。文化服务网络的各个子系统虽然初步形成了各自的体系,但是相互之间缺乏明确有效的互联互通机制,使得文化设施的建设不具备通用性和互补性。很多文化设施的建设具有随意性,没有考虑文化设施的辐射半径以及居民的实际需求,使用不方便。二是公共文化服务部门条块分割严重。文化事业建设按行业条块、行政区域、门类、部门分割,加大了公共文化服务的难度,如不少单位拥有比较完整的图书馆(室)、文体活动场馆,却不对社会公众开放,利用率较低。这种文化资源配置的欠合理,严重降低了公众对文化资源的实际占有率和使用率,使原本就极为有限的公共资源因为管理权的分离而被人为闲置和浪费,弱化了政府的公共服务能力。

(三)推进山东公共文化服务体系建设的主要措施

《中国公共文化服务发展报告》指出,未来 10 年是我国公共文化服务体系快速发展时期,也是公益性文化事业取得实质性进展的关键时期。山东省各级政府及文化管理部门要紧紧围绕"文化强省"建设目标,抓住国家增加投资、扩大内需、加快发展社会事业的机遇,以新的文化发展理念架构全省公共文化服务体系,以改革创新精神推动山东省的文化大发展大繁荣。

1. 明确公共文化服务体系建设的定位和要求

党的十七大报告突出强调了文化发展对国家建设的重要性和紧迫性,提出了覆盖全社会的公共文化服务体系基本建立的战略目标。当前,一个转换职能、构建公共服务型政府的革命正在兴起。对于公共部门而言,包含业绩、效果和效率意义的"绩效"是衡量其满足公众需求、管理公共事务能力高低的重要指标。服务型政府提高政府绩效是实现政府职能到位、确保优质高效服务的必然要求和重要保障。公共文化服务是否合理,是否满足了人民群众的文化需求,是否实现了人民群众的文化权益,这些问题需要通过一套覆盖公共文化服务各个方面的科学、完整的指标体系来衡量。有了这样的指标体系,就可进行服务质量评估并依据评估结果对公共文化服务的执行情况进行有效的监督和管理,使公共文化服务的质量与国家投入及群众期望相吻合,真正让老百姓满意。推行公众参与的绩效管理,一方面可以强化公众对政府(包括对非营利组织)文化服务的监督责任;另一方面可以促进政府树立均等服务的宗旨理念,使政府提供的文化服务真正惠及全体公民特别是农村地区以及弱势群体,帮助各阶层的文化需求和文化权益能够通过正常的渠道及时满足。

2. 加快推进公共文化设施建设,努力健全公共文化资源共享机制

继续组织实施好广播电视"村村通"、全国文化信息资源共享、乡镇综合文化站和基层文化阵地建设、农村电影放映、"农家书屋"建设五大与人民群众切身利益密切相关的、日常生活离不开的公共文化服务工程。按照2010年我省实现市有图书馆、艺术馆、博物馆,县有图书馆、文化馆,乡镇有文化站,村有文化活动室或文化大院的规划要求,针对农村基层文化设施落后的现状,把重点继续放在加快乡镇综合文化站建设上。按照文化部2009年9月颁布的《乡镇综合文化站管理办法》,在文化站原有活动内容和方式的基础上,增加数字文化信息服务、公共文化资源配送和流动服务、青少年校外活动等项目,更加体现文化站服务的多功能、综合性和时代感。在抓好乡镇和农村基层文化设施建设的同时,要统筹搞好各市、县正在建设的重点文化设施,加快建设进度,争取尽早投入使用。凡是市级馆达不到一级馆标准、县级馆达不到二级馆标准的,要抓紧制订改扩建计划,争取尽快达标。目前没有公共图书馆、博物馆的市和没有公共图书馆的县区,更要积极做好工作,争取尽早纳入当地建设规划,尽快开工建设。

搞好公共文化服务关键在于丰富服务内容。在保持全省公共文化资源共享工程建设走在全国前列的前提下,进一步增加资源总量,通过制作、整合、购买和共建等多种途径,把群众需求的资源数字化,通过互联网、卫星和光盘等形式送到群众身边。一是将文化系统的图书馆文献、文化遗产有关资料、各类艺术作品等,进行数字化加工,丰富共享工程资源库。二是拓宽视野,面向全社会进行资源整合,加强农业、林业、畜牧、卫生、防疫、科技、教育、劳动保障、广播影视、新闻出版等有关部门的文化资源的共建共享。三是大力发展"网上图书室"、"视频剧场"、"公益网吧"等,进一步完善基层文化站点的设施设备,改善服务条件,提高服务质量,使其真正成为基层公共文化服务的重要阵地。

3. 加快构建公共文化服务绩效评估指标体系,推进公共文化服务规范化建设

绩效评估作为绩效管理的核心,是公共管理的必要手段,它是运用科学的标准、程序和方法对行为主体的成就和工作效果作出尽可能准确的评价。绩效评估具有辅助计划、监控支持、促进提高、强化激励、资源优化等公共管理的主要功能。我省应在建设服务型政府的过程中,明确政府作为公共文化服务责任主体的角色定位,以保障城乡群众基本文化权利的实现为核心,以确立的"经济文化强省"战略为导向,按照"经济、效率、效果、公平"的原则,根据"发展规模、政府成本、运作机制、社会参与、公众满意度"的基本维度等,尝试进行公共文化服务绩效评估体系的模式选择和总体构建。通过这种管理科学和系统科学的途径,实现公共文化服务效益最大化,更好地满足公众的文化消费需求。

对公共文化服务质量的保障作用,在许多情况下取决于其规范化操作。抓好全省公共文化服务的规范化建设,首先要认识到规范公共文化服务的供给行为,需要法律和道德的支持。公共文化服务要取得健康快速发展,相关法律法规的制定和执行是重要的保障。同时,政府行政部门出台的公共文化服务政策和提供的公共文化服务,要符合公共伦理和公共行政的要求,尊重人民群众的合法权利。其次,具体到实施手段,一是要努力改善公共文化服务体系的社会服务功能和社会效益,制定实施以服务为核心、以群众满意度为基本准则的公共文化服务标准;二是要按照文化部制订的文化设施标准,搞好公共文化设施配套规范化建设;三是要按照图书馆、文化馆、文化站等各类公共文化服务机构的职能制定服务规范,注重健全完善公共文化服务机构的服务机制、管理机制,特别是经费保障机制。再次,以规范化服务为目标,大胆突破传统服务理念的束缚,改善服务方式,增加服务项目,丰富服务内容,在搞好阵地服务的同时,面向基层群众,开展延伸服务,拓展服务空间,最大限度地发挥公共文化服务机构的效能。

4. 推进公益性文化事业内部机制改革,加大对文化事业的财政投入力度

按照转换机制、增强活力、改善服务的总体要求,积极推进公益性文化单位劳动人事、收入分配、社会保障制度改革,大力推行合同聘用制、岗位管理制和绩效考核制,引入竞争和激励机制,调动每位员工的积极性,着力解

决活力不足、效率不高的问题。要积极探索改进对公益性文化单位的投入方式,采取建立基金、项目补贴、定向资助等方式,提高资金使用效益。建立健全对公益性文化单位的考评机制,并把经费投入与提供服务的水平和质量直接挂钩,促进公益性文化单位创新服务方式,提高服务质量和服务效率。

生活水平的提高,物质产品的丰富,促使公众文化消费和参与文化创造的公共诉求急剧上升,这就要求政府尽快解决文化投入上的历史欠账大、投入不平衡等问题。据统计,2008 年我省人均文化事业费仅为 9.9 元/人,远远低于全国 15.06 元/人的水平,与文化大省、经济大省的地位极不相称。全省各级要进一步加大文化事业投入,形成稳定的经费保障机制,确保财政对文化投入增幅高于同级财政经常性收入的增长幅度,力争使全省人均文化事业费达到全国总体水平。要进一步制定和完善鼓励捐赠和赞助公益性文化事业的各项配套政策,引导社会资金以多种方式投入文化建设,尤其要加大对我省农村文化基础设施和城市社区文化设施建设的投入。

5. 壮大公共文化服务队伍,创新文化服务手段和方式

把培养造就文化人才、专业文化艺术队伍和公益性社会文化服务队伍作为实现公共文化服务体系的重要支撑和保障,大力提高文化服务队伍的人员规模、服务意识和服务能力。建立健全以培养、使用、激励、评价为主要内容的政策措施和制度保障,实行职业资格管理制度,加强对从业人员的规范化管理,加大培训力度,创新培训方式、注重培训实效,全面提高公共文化服务队伍的总体素质。采取各种有效激励措施、完善相关激励机制,使公共文化服务领域成为各类优秀人才向往之地。省、市、县三级都要制定出台专业文化艺术队伍和公益性文化服务队伍建设规划;在注重引进人才的同时,对现有从业人员进行大规模培训,通过在职教育、举办各类专业技能竞赛评比活动,建设一支作风好、业务精的公共文化服务队伍。尤其要注重培养基层文化人才,充分发挥基层文化骨干、文化能人的积极作用,培育和发展农村业余文艺团队、文化中心户、义务文化管理员等,宣传推介、表彰奖励一批优秀的农村业余文艺团队,形成一支扎根基层、服务群众的专兼职公共文化服务队伍。

6. 加大对特殊人群和农村的文化投入,保障人民群众基本文化权益

进一步推动公共文化资源向基层和农村倾斜,着力满足城镇居民就近

便捷享受公共文化服务的需求。优化整合各种文化资源配置,保证公共文化资源配置向农村、社区和欠发达地区倾斜,增强公共文化产品供给能力,推进文化信息资源共享。城市在搞好群艺馆、文化馆、图书馆建设的同时,加强社区和居民小区的配套建设,发展文化广场等公共文化活动场所。打破行业壁垒,广泛联合教育、体育、民政等部门,在现有公共服务设施中开辟老年、少儿和残疾人文化活动场所,建设老年文化活动中心、老年大学、青少年校外文化活动场所。农村因地制宜建设乡镇文化站和村文化室,积极发展流动文化车、汽车图书馆和流动剧场等。

7. 学习先进省市经验,增强山东公共文化服务体系建设的创新力度

广泛借鉴广东、上海、浙江等与山东经济发展相当的省市公共文化服务体系建设的经验。学习广东省创新思路,借鉴现代物流原理,以资源共享为目标,首创"流动图书馆"、"流动博物馆"、"流动演出服务网"等文化工作服务模式。广东省"流动服务机制"荣获全国文化系统文化创新最高奖,全民健身的场地设施、组织、活动、服务管理四个网络建设全国第一。参考上海市显示城市文化高点的标志性设施与遍布全市社区、村镇、街道的文化中心交相辉映。采取"政府拨一点、社会筹一点、街道社区出一点、有关职能部门给一点"的资金投入机制,不断增强公共文化产品和公共文化服务供给能力。政府"买单"、居民"点菜"、有效"配送",内容服务体系逐步形成。博物馆、纪念馆的免费开放不是简单的"开放迎客,政府补贴",而是充分利用博物馆、纪念馆的资源发挥其展览、教育等功能。上海图书馆联同东方宣教服务中心提供图书资源,政府部门还建起了一支统一管理的专业与兼职相结合的文化辅导员队伍,为各种活动提供人才支撑。借鉴浙江省重视农村公共文化服务体系的建设,以丰富农村群众有效文化供给为目标,不断扩大农村公共文化的影响力;以推进文化服务创新为重点,大力激发农村公共文化发展的活力;以形成多元化的文化投入为保障,着力增强农村公共文化建设的驱动力。

第十章　山东"文化强省"建设的
区域探索与实践创新

改革开放以来，特别是党的十七大以来，山东各地在建设物质文明的同时努力建设社会主义精神文明，在发展先进社会生产力的同时努力发展文化生产力，积极推进经济文化强省建设。特别是在文化建设中，寓"破"于"立"之中，寓质变于量变之中，锐意创新，大胆突破，开拓出了一条为实践所证明，为人民群众所称道的文化创新道路。如临沂创造了文化体制改革的"临沂模式"，青岛开创出"文化青岛"发展新格局，泰安打造国际旅游文化名城，济宁打造孔子国际文化品牌，德州塑造"太阳文化"品牌。认真总结山东"文化强省"建设的经验，分析面临的新问题新矛盾，对于更自觉、更主动地确立和实施文化软实力战略，为科学发展提供强大的精神动力和智力支持，具有重要的理论和实践意义。

一　济南：打造全国重要区域文化中心

济南是山东省的省会，也是全省的政治、文化中心。近年来，济南市委、市政府始终坚持社会主义先进文化前进方向，以科学发展为主题，以建设社会主义核心价值体系为根本任务，以满足人民精神文化需求为出发点和落脚点，以改革创新为动力，深化文化体制改革，努力建设"文化强市"，全力打造全国重要区域文化中心，文化建设取得了令人瞩目的成就。

（一）全面加快文化建设发展步伐，文化体制改革稳步推进

济南市是全省文化体制改革试点市之一。2003 年 6 月以来，本着"积极稳妥、突出重点、扎实推进"的总体思路，在推进文化体制改革方

面进行了积极的探索。

率先实施了文化行政管理体制改革。原济南市文化局、济南市广播电视局、济南市新闻出版局行政职能整体划入新成立的济南市文广新局。大文化管理部门职责更加明确，逐步实现了由办文化向管文化、由管微观向管宏观、由主要管理直属单位向社会管理的转变。

积极推进经营性文化事业单位的转企改制进程。济南出版社整体转企改制，济南市影剧公司及所属6家影剧院整体转企，舜网完成转企改制，济南日报报业集团成立专业报刊发行公司，济南时报、都市女报和当代健康报等非时政类报刊积极推行独立法人模式的企业化运营。

文艺院团的改革取得突破性进展。济南市依托济南曲艺团，引进鲁商集团和济南日报报业集团等战略投资者，合资组建济南明湖居演艺有限公司。该公司2010年演出281场，观众2万多人次，收入100多万元。济南市杂技团有限责任公司2010年国内演出215场，国外演出96场，均创历史新高。

（二）积极推动文化产业发展

济南市出台了《关于建设文化强市、推动文化大发展大繁荣的意见》等一系列推动全市文化建设的指导性、政策性文件。济南市发改委等部门确立了以奖代补的项目资金扶持方式，引导更多社会资金投入文化建设；税务部门对全市文化事业单位采取减免企业所得税等优惠政策；工商等部门放宽文化企业工商登记注册限制；人事、劳动等部门对进入文化产业就业的高校毕业生实行"三放宽、一鼓励"政策。一系列政策取消了文化企业的后顾之忧，为产业壮大创造了优越的成长环境。

2008年，济南市文化产业增加值达到101亿元，2009年达到144.1亿元，2010年达到185亿元，占全市GDP的4.73%。年均增速超过25%，已经进入快速发展时期。文化产业核心层、外围层、相关层的比例由40：13.5：46.5发展到34：34：32，产业结构日趋完善。目前全市从事文化及相关产业的单位达万余家，从业人员超过10万人。文化产业行业门类齐全，广播影视、新闻出版、印刷发行、文化旅游、文化产品生产与销售等传统行业和新兴行业都形成了一定的规模。动漫游戏、休闲娱乐、广告会展等外围层新兴文化产业异军突起，增速加快，成为济南文化产业中具有增长潜力的新亮点。

（三）大力实施文化惠民工程，公共文化服务设施不断健全

近年来，济南市高度重视文化基础设施建设，基本建立起市、区县、乡镇和街道办事处综合文化站、社区文化中心和农村文化大院四级公共文化服务体系。济南市图书馆、市博物馆免费开放，市中、天桥、商河等区县新建了图书馆和文化馆，全市 60 个乡镇综合文化站提前一年完成建设目标，市区 84 个街道办事处有 33 个初步建起综合文化站，全市 4572 个行政村已有 1502 个初步建成农村文化大院。

文化建设让泉城更精彩。刚成立的济南明湖居演艺公司坐落在大明湖畔，每天晚上前来喝茶听书的观众络绎不绝，这种在济南"扎根"已久、群众喜闻乐见的艺术形式以市场为平台，更具韵味地再次走近群众。山东大鼓、山东快书、山东琴书、说唱民歌、吕剧、相声小品纷纷登场亮相。在 2011 年的国庆长假里，泉城市民享受到了丰盛的文化大餐——35 场歌舞、曲艺、讲座、展览，75 场戏曲、童话剧等专业演出各具特色，为省城营造出浓郁的"文化过节"氛围。

2011 年 11 月召开的济南市委九届十一次全会明确提出，要把济南建设成为全国重要的区域文化中心。按照这一总体要求，济南市将科学分析判断省会文化建设面临的新形势，牢牢把握"四个导向"，着力推进"四个建设"：以大众化为导向推进社会主义核心价值体系建设；以均等化为导向推进公共文化服务体系建设；以市场化为导向推进现代文化产业体系建设；以科学化为导向推进宏观文化管理体系建设；以高度的文化自觉和文化自信推动文化改革发展，努力把省会文化强市建设提高到一个新水平。

一幅幅文化大发展、大繁荣的绚丽画卷，正在泉城大地徐徐展开。在"文化立市"的旗帜下，济南市步入文化创意时代。2013 年第十届中国艺术节、2015 年第 22 届国际历史科学大会将先后在济举办。那时的济南又是怎样一番文化繁荣景象，值得人们热切期待。

二　青岛：文化事业与文化产业比翼双飞

2010 年在青岛召开的全国文化体制改革工作会议，使"文化青岛"

建设驶上了发展的快车道。青岛市文化事业的发展正以"文化惠民"为理念,不断向包括外来务工人员在内的更广大的基层群体覆盖和延伸;高产出、蓄势待发的青岛文化产业,也产生出越来越大的集聚效应,一个文化事业与文化产业比翼齐飞的"文化青岛"建设格局已经形成。

(一) 实现惠民共享:群众文化事业走在全国前列

文化发展的目的是为了更好地满足人民群众的精神文化需求,保障人民群众的基本文化权益。为此,青岛市坚持走政府主导、社会参与的路子,以公共财政为支撑,以吸引社会投资为补充,不断加大财政投入和建设力度,加快推进公共文化服务体系建设,努力为人民群众提供更多更好的公共文化产品。

"十一五"时期,青岛市政府先后投入 30 多亿元,吸引社会资金 20 多亿元,兴建或改扩建了青岛大剧院、人民会堂、青岛音乐厅、市图书馆、市群众艺术馆、市博物馆、市美术馆、汇泉影城、中国电影院等一大批文化设施,并投资对全市公共图书馆和文化馆进行升级改造。全市 44 处公共图书馆、文化馆、博物馆全部免费开放,进一步满足了人民群众的基本文化需求。财政先后投资 4.64 亿元,改扩建了全部街道社区文化中心、镇综合文化站和村文化活动室;投资 5732 万元,建设农家书屋 4440 个;投资 800 万元,向街道和社区图书室增配图书 60 余万册,解决了基层群众活动无场所、看书无去处的问题。积极探索适合基层特点、适应群众需要的文化服务方式,建立文化信息资源共享工程与数字电视、农村党员远程教育、农村中小学远程教育、公益文化阵地、政务网"五连线"模式,形成文化资源共享、互动开放的良好态势。大力丰富群众文化生活,每年组织举办群众性文化活动 1000 场以上,呈现出"周周有演出、月月有活动、季季有高潮,岛城无处不飞歌"的生动局面。

(二) 全力推动文化产业成为支柱性产业

青岛市委、市政府把文化建设纳入到城市经济和社会发展总体规划,近年来,颁布了《青岛市文化产业发展专项规划 (2008—2012)》、《关于加快文化产业发展的若干政策》等文件,实行了一系列文化发展举措。一是发挥龙头文化企业的带动作用,采取整合资源、调整结构、跨地区经营、引进资本等方式,培育形成12强国有骨干文化企业、30强民营和外资文化企业。二是发挥文化产业基地(园区)的集聚效应,以打造环胶州湾文化产业带为载体,规划并建成华强科技文化产业园、青岛国际动漫游戏产业园、青岛数字出版基地等25个文化产业基地(园区)。三是发挥文化产业品牌的示范作用,培育形成达尼画家村等一批文化产品品牌,"公信文化"等一批文化服务品牌,青岛国际啤酒节等一批文化节会品牌。特别是充分利用青岛的城市街道文化特点,规划建设了青岛文化街、青岛体育街、青岛啤酒街等总长度达15公里的18条特色文化街,成为城市文化建设的新亮点。青岛已构建起了"一城一带多集聚区"的文化产业发展总体布局,并初步形成了影视传媒、演艺娱乐、文化产品研发制造、出版发行印刷、文化创意、动漫游戏、文化节庆会展和文化旅游业等滨海优势文化产业群。2010年,青岛文化产业增加值436.3亿元,文化产业增加值占地区生产总值比重达到7.7%,文化产业已成为青岛新的支柱性产业。文化在加快地区经济发展方式转变、推进传统产业优化升级方面正日益发挥着不可或缺的作用。

在青岛文化产业的发展建设中,非公有制经济的比重也呈现出日益明显优势。2010年,青岛三资企业文化产业单位创造增加值193.8亿元,个体私营文化产业单位创造增加值100.3亿元,两者累计同比增长21.4%,占全市文化产业增加值的比重为65.1%,同比提高1个百分点。以胶南达尼画家村为依托的青岛绿泽画院,现在已经扩大到覆盖7个村、10平方公里的规模,位列中国文化制品七大品牌之一,年出口油画量达4万余幅,形成了规模化、集约化的文化艺术产品研发生产基地。

文化软实力正在成为一座城市发展竞争的重要决定力量。改革开放以来,青岛市的文化生活开始从小众走向大众,从城市走向乡村,从事业兴旺拓展到产业崛起,这仅仅只是一个新的文化大发展大繁荣时期的开端,一场自上而下、遍及城乡的文化革新运动正在轰轰烈烈地上演,全面展示蓝色文化的魅力影响。

三 临沂:创新文化体制,增强发展动力

临沂有着丰厚的历史文化、革命文化、富于现代风情的旅游、商贸和

城市文化。汉晋文化、红色文化与当代文化共存互依，书法文化、兵学文化、孝文化、商文化根深叶茂。诸葛亮、王羲之、刘洪等文化名人闪耀在历史的天空，如何激活历史文化积淀，形成推动经济与社会发展的动力？临沂人民在探索中前行。

发展文化产业必须转变政府文化管理职能，按照行政管理和市场经济的内在规律，建立廉洁高效的文化管理体制。2005年10月，临沂市委、市政府研讨文化发展的总体思路，组织考察团分两路到全国调研，寻觅到经济相对欠发达地区文化发展的突破口：对文化体制进行深度改革。临沂市围绕文化体制改革发展，连续组织开展6次解放思想大讨论。紧接着建立健全领导机制，成立了文化体制改革领导小组，市委书记任组长，市政府把重点文化改革项目列入议事日程，把文化体制改革纳入经济和社会发展规划。2008年6月，出台了一揽子改革方案，涵盖了宏观文化管理、新闻媒体、文艺院团、出版印刷、电影发行放映等诸多方面。整合市文化、新闻出版、广播电视3家执法职能和执法队伍，组建了市文化市场管理执法局，解决了多层多头执法和责任不清的问题。整合管理职能，强化管理主体。归并市文化局、新闻出版局，组建了市文化出版局，归并市文化出版局和广播电视局组建了市文广新局，创造了文化体制改革的"临沂模式"。这些文化管理体制的改革尝试在解决文化管理部门的职能交叉、重叠、低效等问题上，取得了很好的成效。2009年3月，刘云山同志来临沂调研时曾指出："这种模式在全国文化综合执法机构改革中有创新、有特色，符合文化体制改革的方向，值得在全国推广。"在2009年召开的全国文化体制改革经验交流会上，临沂市荣获全国文化体制改革先进地区。2010年，在山东省文化体制改革和文化产业振兴大会上，临沂又被评为"全省文化体制改革先进市"。体制机制创新成为文化发展的内生动力，文化产业迸发出新的活力。

调整文化产业结构和规模，理顺政企关系。政企关系问题与管办关系有较大的关联性，随着文化单位企业化改革的深入，如何解决政企关系？随着文化管理市场化趋势的出现，如何管理市场化的文化产品生产和传播？这些问题成为临沂文化体制改革迫切需要解决的核心问题。临沂市采取了强制行政模式，对文化单位的制度选择进行强力干预。2009年，临沂市针对市直文艺院团基础差、实力弱的实际情况，坚持"先给项目后改革，先壮大实力后推向市场"的思路，按照"政府推动、市场运作、社会参与、公司经营"的原则，多方筹措资金 6000 余万元，聘请国内一流的创作团队，精心打造了荣获舞蹈类国家级最高奖项"荷花奖"的国内首部室外红色文化大典——大型水上实景演出《蒙山沂水》。以此为依托进行市歌舞团的转企改制，新组建了临沂市蒙山沂水演艺有限公司、临沂红色沂蒙文化演艺有限公司两个文化演艺企业。在新闻媒体方面，成立临沂日报报业集团。2010 年以来，更加快了推进非时政类报刊转企改制的步伐，临沂日报报业集团与大众报业集团实施战略合作，实现了多方合作共赢。积极推进全市广电网络资源整合，2011 年 4 月山东省网络公司临沂分公司正式挂牌运营。目前，临沂文化产业呈现出蓬勃发展的局面。全市建成文化产业园区 13 个、文化产业基地 11 个，文化企业发展到7000 多家，投资过千万元的文化产业项目 51 个，其中过亿元的 20 多个，文化产业连续 5 年以年均 40% 以上的增幅发展，占 GDP 的比重由不足1% 提高到 5%，成为经济社会发展的新亮点。

寻求文化产业市场突破的同时，也在公益性文化事业方面作出了积极的探索，取得了不少可资借鉴的宝贵经验。临沂市在公益性文化事业的资金保障方面，形成以政府资金为引导、以企业投入为基础、以银行信贷和民间资金为主体、以股市融资和境外资金为补充的多元化文化产业融资体系，先后投资 50 多亿元建成了市广播电视发射塔、博物馆新馆、图书馆、书法城、兵学城、文化艺术中心等一大批标志性基础文化设施。在临沂城区先后开工建设了市图书馆、文化大厦、市博物馆新馆、兵学博物馆、市文化艺术中心等一批重大文化设施建设项目，结束了临沂没有市级图书馆、综合性博物馆的历史。河东、罗庄建设了区图书馆、文化馆，实现了全市12 个县区"县县都有图书馆、文化馆"的建设目标。乡镇综合文化站和村级文化大院、文化信息资源共享、农家书屋、有线广播电视"村村通"和农村电影放映等"五大文化惠民工程"强力推进。目前已累计投入资金9860 万元，提前一年全面完成 180 个乡镇综合文化站建设任务，建成村级文化大院 4850 个、农家书屋 3800 个，建设 13 个文化信息资源共享工程市、县支中心，7200 个基层服务站点，建设率达 100%，基层站点规范化建设达标率达 50%，农村电影放映工程实现了每月每村放映一次，有线广播电视"村村通"工程入户率达到 75%。五大文化惠民工程积极推进，创作推出了电影《沂蒙六姐妹》、电视连续剧《沂蒙》、水上实景演出《蒙山沂水》3部红色精品，极大地丰富了市民的公共文化生活。

临沂文化发展的成就和经验来自于对文化的高度重视和高瞻远瞩的筹划。站在新起点，实现新发展，认识到了文化在区域发展中的巨大力量，认识到了文化不仅是资源、也是生产力而且是更重要的生产力。随着文化体制改革的深入，文化事业、文化产业蓬勃发展，临沂文化建设势头锐不可当，正在成为经济社会发展的重要支点，必将在"十二五"期间绽放更大光芒。

四 烟台：大手笔推动文化建设，实施文化惠民举措

舍弃7亿元黄金地段的土地出让收益，反由财政投入10亿元建设集大剧院、博物馆、群众艺术馆、京剧院、青少年宫和图书城于一体的，总建筑面积12.6万平方米的文化中心。"包场、团购"是演出市场的通例，但烟台大剧院的众多世界一流演出，却"禁止包场、严控团购"。除了建设"经济适用房"，还推出了"经济适用票"，市财政每年拨款1500万元进行票价补贴，使票价平均降幅超过50%，在山东烟台的文化建设中，这样的事情不胜枚举。通过探本溯源，从中看到的是烟台市委、市政府文化惠民的大手笔。

近年来，烟台市委、市政府将文化视为"城市软实力"，全力建设公共文化服务体系，以"硬措施"打造起一条普惠民生的"文化高铁"。早在"十一五"规划时，烟台市委、市政府重锤定音，在城市黄金地段，"建设烟台市民共同的文化乐园"，在寸土寸金的地块建成了烟台文化中心。在2007年规划建设时，烟台市曾面临一个选择：如果出让这块土地搞商业开发，政府将有超过7亿元的收益；建设文化设施，政府则需要投入10亿多元。而烟台市委、市政府选择的正是文化。"搞好文化建设，可以为城市发展提供有力的思想保证、强大的精神支柱、坚实的道德基础和良好的人文环境，文化投入的回报是无价的。这笔大账必须算清，不能目光短浅！"烟台近年来对文化投入的力度不断加大，投入8.56亿元建设滨海文化广场，投入5000多万元建设美术博物馆和烟台画院新馆，投入2亿多元对烟台山近代建筑群、福建会馆、白石村遗址等全国重点文物保

护单位和朝阳街等历史街区进行修缮保护。

为了不断丰富群众文化生活，烟台将运用院线制、公益演出和社会经营等多种形式，推出国内外高档次剧目演出，同时将"烟台市专业艺术院团演出季"作出特色，并抓好市京剧院周末小剧场演出等活动。2011年5月，国家舞台艺术精品剧目《大梦敦煌》在烟台大剧院上演。高水平节目票价不菲，为保证市民享受到低价高档的文化服务，烟台向市民推出了"经济适用票"，市财政每年拨款1500万元进行票价补贴，使票价平均降幅超过50%。这一措施，使烟台大剧院的散票出票率高达68%，列全国大中城市院线演出前4名，除拨款补贴外，烟台市还要求院线演出降低票价，大剧院每年推出不少于20场的公益演出，免费面向广大市民，使市民在家门口就能欣赏到国内外艺术家的精彩表演。烟台市还规定，凡是有政府补贴的院线演出禁止包场，严格控制团购，以惠及更多的市民。

烟台市建立健全了市、县、乡、村四级文化服务网络，努力扩大文化服务的覆盖面。目前，全市县级"三馆一院一场"（文化馆、图书馆、博物馆、影剧院、文化广场）机构网络健全，功能完善；全市乡镇（街道）综合文化站、村文化大院均已实现全覆盖，农家书屋年底前也将实现全覆盖；农村电影放映在全省率先实现市、县两级专项补贴和放映数字化，其中市财政每年拨付100多万元购置100部故事片、100部科教片拷贝和数字影片，达到每村每月放映一场电影的目标，文化信息资源共享工程实现了"村村通"。

五 威海：改革催生"文化之花"绽开

威海市的文化资源十分丰富，秦汉唐历史文化、民俗文化、道教文化、甲午文化、英租文化、侨乡文化、渔村文化、红色文化、海文化、福文化等，异彩纷呈，各具特色。近年来，威海各地各部门深入贯彻落实科学发展观，按照中央和省里关于加强文化建设、深化文化体制改革的部署要求，紧紧抓住文化体制改革重点领域和关键环节，强力推进、狠抓落实，推动文化体制改革和发展取得显著成绩。

2009年4月，威海市被增列为全省文化体制改革综合试点地区后，市委、市政府认真贯彻落实上级部署和要求，解放思想，更新观念，积极探索，认真做好改革的各项工作，经过努力，基本完成了机构组建、职能理顺和机制完善任务。2010 年 10 月 29 日，威海市召开文化体制改革和文化产业振兴大会，出台了 28 条扶持政策，力促文化产业全面振兴。2010 年 1 月 7 日，威海市文化广电新闻出版局、威海市文化市场综合执法局、威海报业集团、威海市广播电视台集中揭牌，标志着威海市文化体制改革取得重大突破和实质性进展。2011 年 4 月，中共中央宣传部、文化部、国家广电总局、新闻出版总署日前对已完成文化体制改革各项重点改革任务、进度较快的 12 个省（区、市）和 72 个地（市、盟）予以通报表彰，威海则名列受表彰的 72 个地（市、盟）之一。

威海市在解放文化生产力，推动文化大发展大繁荣的轨道上砥砺奋进，硕果累累。文化产业快速发展，日益成为推动经济发展的"支柱产业"。近年来，威海市相继出台了《威海市文化产业发展规划》、《威海市文化产业对外合作指引》、《威海市文化产业园区评选认定管理办法》、《威海市文化产业基地评选认定管理办法》、《威海市优秀文化企业评选认定管理办法》，在"十二五"规划要求"推动文化产业成为国民经济支柱性产业"之际，2010 年威海市就同步出台《关于促进文化产业振兴的意见》，营造了文化产业发展的良好氛围。

2010 年，威海市文化产业投资额达 61.8 亿元，同比增长 37.6%，文化产业增加值达到 54.7 亿元，同比增长 20.1%。全市文化产业正展现出"姹紫嫣红、气象万千"的生动局面，日益成为推动经济发展的"支柱产业"。全市文化市场整体呈现有序快速发展的良好态势，全市注册各类文化企业 2816 家，拥有国家级文化产业示范基地 1 处、省级文化产业示范基地 2 处。10 家"文化产业示范基地"实现蓬勃发展，1080 家网络文化企业擎起文化产业发展的大旗。总投资 55 亿元的华夏文化城、4 亿元的仙姑顶如意园、50 亿元的大乳山母爱文化基地等一批大项目已经先后建成投入运营。

文化惠民，威海市构建起"普遍均等、覆盖城乡"的公共文化设施网络。近年来全市共投资 20 多亿元，在城乡搭建起一个"普遍均等、覆盖城乡"的公共文化设施网络。威海市把满足群众文化需求作为出发点和归宿点，积极组织引导、广泛吸引群众参与各类文化活动。目前，全市图书馆、博物馆、美术馆进一步落实了免费开放和延时服务措施。市群众艺术馆开放了 15 个琴房；市图书馆增设了 21 个基层流动服务点，启动了"流动图书馆"，将图书服务延伸到社区、军营、企业、学校和广大农村；市美术馆新馆 6 月份正式开放；市博物馆新馆正在进行内部装修陈列设计。各市区结合旧城改造，普遍加强了社区文化活动中心建设，目前建有社区文化活动中心 52 处，同时巩固规范了全市 72 个镇综合文化（中心）站、2369 个农村文化大院、530 个文化信息资源共享工程基层规范化站点，新设立电子阅览室示范点 61 个，新建农家书屋 380 个。

六　潍坊:挖掘地域文化资源打造特色文化品牌

传承中创新，挖掘中发展，立足传统文化的深厚积淀，潍坊市努力培育文化品牌。久远的历史给潍坊境内留下了不同时期的文化群带，有古遗址、古建筑、古石刻和遗像等不可移动文物 1800 多处，其中国家级重点文物保护单位 6 处，省级文物保护单位 47 处，市级文物保护单位 71 处。潍坊自古以来人才辈出，齐国名相晏婴、东汉经学大师郑玄、"建安七子"孔融、徐干、北魏农学家贾思勰、北宋画家张择端、清代书法家刘墉、金石家陈介祺、名医黄元御等历史文化名人家喻户晓。曾在潍坊为官的北宋宰相寇准、文学家欧阳修、范仲淹、苏轼、清代郑板桥等名人留下了许多珍贵的诗文墨迹，为中外游客所景仰。历经数千年发展，众多的历史文化遗存、丰富的民间艺术资源、绚丽的民间工艺制品、淳厚的乡风民俗，构造了潍坊地区特色鲜明的地域文化，也为潍坊文化产业的发展奠定了坚实的基础。如今的潍坊重大文化产业项目遍地开花，文化企业集团生机勃勃，文化产业群、产业基地、文化标志园地方特色鲜明。

（一）加强历史文化资源保护利用，积极申报非物质文化遗产

2006 年 5 月，国务院公布的 518 项国家级非物质文化遗产名录中，潍坊风筝、杨家埠木版年画、高密扑灰年画和高密茂腔 4 项入选，名列山东省第一。2007 年 1 月，山东省政府公布的 157 项省级首批非物质文化遗产名录中，潍坊市更有 13 项入选，列省内各地前茅。潍坊市开展非物质文化遗产名录普查、工作人员业务培训、建立非物质文化遗产保护网站、建立民间文化传承人保护机制、举办非物质文化遗产保护大型图片展

览、全市剪纸大赛以及保护非物质文化遗产万人签名等活动，加强对非物质文化遗产申报的宣传。

积极拯救抢救濒临绝迹断代的民间民俗工艺，潍坊人付出了很大的努力。潍坊工艺美术有 30 多个门类、上千个品种，是潍坊传统民间文化艺术瑰宝的重要组成部分，有很多已经濒临绝迹。潍坊市 100 多名民间艺人发起了"让民间工艺留下记忆"的活动，抢救濒临绝迹断代的潍坊工艺美术，继承、发掘、保护、发展民间工艺，让其再现辉煌。潍坊市工艺美术协会专门对已经绝迹和濒临绝迹断代制作技术进行调查，如"潍县花丝首饰"与"潍县铜铃脖锁"，在我国京剧名角名旦中评价较高的"潍坊刺绣戏衣"，与蜡染媲美的"潍坊蓝淀印花"，"潍坊麻布绒绣"制作及配字技术，民间喜闻乐见的潍坊扎彩"潍坊老猫灯"，潍县黄家庄泥孩子，以郑板桥字画为主要内容的"潍坊拓片"技术，全国唯一的"潍坊铜印"印模及铸造技术，仿古铜上锈、鎏金、鎏银、嵌金、嵌银技术，"草柳编织"、"潍坊毡帽"、"潍坊民间色纸"、"彩蛋绘画"等。根据调查分析了造成这种失传或接近失传的主要原因，为民俗文化的传承和发展留下了火种。

（二）把文化产业与旅游资源有机结合，搭建文化产业发展新平台

旅游自开始就与文化结下不解之缘。旅游是文化的重要经济依托，文化是旅游的灵魂和引力来源，二者相辅相成。游客更多地追求旅游所能带来的文化享受以及人文体验，不仅仅满足于对民风民俗的简单恢复，文化在旅游中的分量越来越重了。一般地方的旅游景点建设都是以文化为旗帜，强调特有文化对旅客的吸引。潍坊成立了文化旅游统筹发展委员会，把旅游的力量和文化的力量充分结合起来，出台了文化与旅游融合的一些措施，坚持旅游与文化一起规划，项目一起抓，成果一起要，促进了共同发展。潍坊旅游最先吸引世人眼球的就是文化与旅游的结合——民俗旅游。寒亭杨家埠的木版年画、高密聂家庄的泥塑、潍城的布玩具、安丘石家庄的民俗村成就了潍坊经济的一个拳头产品——千里民俗一线游。安丘青云山民俗游乐园以旅游观光、休闲、娱乐、度假、购物于一体，其娱乐项目紧扣民俗风情，有骑马、射箭、荡秋千、扎风筝、印年画、打铁、织布等。除此而外，还有"齐鲁第一园"之称的富华游乐园和潍坊金宝乐园，前者注重参与性，后者则注重观赏性，虽不是民俗娱乐，但游乐项目

堪称丰富多彩，令人欲罢不能。

（三）创新传统文化元素，促成新的产业增长点

年画和风筝都是潍坊的民俗文化代表，潍坊寒亭区把年画独有的艺术表现手法融入建筑、环境、消费等领域发展文化创意产业，则实现了年画风筝由欣赏到实用的"华丽转身"。而依靠汲取年画等民间传统文化精华，把其该区以年画、风筝为创意元素，选准文化和产业的结合点，打造文化创意产业。把年画风筝元素及其艺术表现手法引入传统文化工艺产品、室内装潢、时尚艺术、环境艺术、城市规划、园林景观等领域进行创意开发，让年画风筝文化渗透到吃、穿、住、行、游、乐、玩的各个层面。根据统计，潍坊目前大规模的风筝厂达 300 多家，吸纳从业人员上万人，风筝年销售收入 20 多亿元。民俗文化产业的拉动作用日益增强。潍坊的旅游纪念工艺品，在特色创新、制作精致程度、外观包装设计、携带方便、中英文介绍等方面，开始与世界接轨，为快速发展奠定了基础。

"一座城市的特色和魅力，不在于它有多少高楼大厦，而在于它有哪些独特的、不可复制的文化。潍坊之所以是潍坊，潍坊人之所以认同自己是潍坊人，就是以当地特有文化为印记和纽带的。"特色，不仅是城市或区域文化品牌的生命力，也是一个城市或区域最有价值的名片。特色一旦形成，就会造成一种牢固的"特色占有"，成为最稳定的知识产权。一个城市或区域的文化品牌要享誉全国，走向世界，先决条件是如何对那些能够体现城市特色的文化资源进行有效集聚、整合和利用，使其以独特的魅力在城市竞争的舞台上独领风骚，这是制定城市文化战略的立足点。在区域文化品牌定位上最大的弊端就是特色危机，"数城一面、个性缺失"，简单模仿导致的直接后果是城市的同质化，这一点必须引起高度重视。潍坊市的思路做法无疑是值得肯定的，因为只有个性化才是不可替代的，才能获得长久的生命力。

七   泰安：打造国际旅游文化名城

文化是旅游的灵魂，旅游是文化的载体。进入新世纪以来，泰安市委、市政府审时度势，提出"建设经济文化强市、打造国际旅游名城"

的战略目标。紧紧依托泰安丰富的文化和旅游资源,在加快旅游产业发展上积极融合更多的文化,逐步走上了以文化提升旅游品位、以旅游拓展文化内涵的相互促动之路,为进一步做大做强文化产业,实现由文化资源大市向文化强市的跨越奠定了坚实的战略产业基础。近年来,泰安市文化产业以 56% 的速度增长。2011 年上半年,全市文化产业增加值达到 45.5 亿元,同比增长 24.5%,占 GDP 的比重为 4.06%,增幅居全省前列。文化旅游业,2011 年 1—9 月,泰安接待境内外游客 2663 余万人次,实现旅游总收入超过 220 亿元,同比分别增长 23% 和 27% 以上。

(一) 创新机制体制,不断增强活力

首先是政策到位。泰安市出台了一系列政策措施,对文化产业在税收减免、贷款扶持、土地出让、行政性收费、项目审批等方面给予优惠,引来了深圳华强等多家知名文化产业企业,使泰安的文化产业迅速站到了整个产业的高端和前沿。从 2008 年起,泰安市将发展文化产业纳入经济社会发展总体规划,制定出台了《关于推动文化大发展大繁荣的意见》、《泰安市文化产业发展专项资金管理办法》等文件,在政策、资金、人才、环境等方面重点倾斜。市县两级设立了每年 6300 万元的文化产业发展专项资金,为强化工作落实,成立了由市委、市政府主要领导任组长和常务副组长的文化体制改革和文化产业发展领导小组,加强对文化建设工作的组织领导和工作协调。2009 年,市委专门成立了创建国际旅游名城工作领导小组,打破常规、整合资源,创新领导体制和工作机制,设立了文化建设、旅游、城市环境综合整治、大汶河综合开发等十二大重点工程项目指挥部。同时成立了市政府投融资管理中心和若干分平台等融资平台,确保项目建设的资金需求。

泰安市良好的文化旅游发展环境,吸引了深圳华强文化科技集团股份有限公司、杭州宋城旅游发展股份有限公司、辽宁民间艺术团有限公司"刘老根大舞台"、深圳东部华侨城等 4 家"中国文化企业 30 强"前来落户。2011 年 9 月 16 日,本山传媒总监刘双平深有感触地说:"昔日山东人闯关东,今日二人转入山东,刘老根大舞台落户泰安,将促进博大精深的泰山帝王文化与喜闻乐见的东北大众文化相互融合,打造中国演艺产业第一品牌。"

（二）深入挖掘泰山的独特资源，使文化融入旅游

泰安市是国家历史文化名城、中国优秀旅游城市，位于山东省"一山、一水、一圣人"旅游热线的中间。境内的泰山是世界首例文化与自然双遗产、世界地质公园，被誉为"东方历史文化宝库"，是中华民族精神的象征。如何挖掘文化内涵，构建"大旅游"格局，泰安人已经破了这道难题！

作为山东重点文化旅游产业项目，大型实景演出《中华泰山·封禅大典》不仅填补了泰安夜间游的空白，也使泰山文化旅游由单纯游泰山升级到品泰山，解决了泰山"如何留住人"的问题，为泰山品牌年轻化、现代化增添了新活力。2011 年 10 月 18 日晚，泰山东麓，大型实景节目《中华泰山·封禅大典》进行到第 167 场演出，现场观众几近爆棚。在国庆黄金周之后仍然能够看到这么火爆的场面，确实让人感到震撼。自 4 月 1 日以来，仅仅半年时间，演出门票收入就已接近 4000 万元。

文化是旅游的核心竞争力。文化产业与旅游的结合，让泰山旅游更有魅力。

泰山方特欢乐世界，被称为"国产迪士尼"的高科技文化主题公园，总投资高达 20 亿元。公园将利用综合运用声、光、电、数字科技高科技手段，展示飞跃极限、恐龙危机、生命起源等 30 多个娱乐项目，盘活了大泰山文化旅游资源，被誉为再造一座新泰山。

泰山特有的资源开发花卉园艺旅游，泰山区分别建设了泰山女儿茶园、名药园、名果园、盆景奇石园、兰花园 7 个特色园区，为游客提供了一个天然氧吧和极具特色的科普基地。

泰安市在旅游业转型升级中，一方面着力改造提升现有的旅游产品，发掘厚重的泰山文化资源与旅游业"接枝"；另一方面，积极推进重点旅游项目建设，着力打造精品文化旅游项目、文化遗产型旅游项目，一大批古色古香、极具泰山文化特色的文化旅游项目，如雨后春笋般破土而出。

不仅如此，泰安市在文化产业发展中挖掘潜在的文化资源，开发建设了小津口度假区、邱家店地下漂流、泰山民俗休闲园、白马石民俗村、亓家滩生态旅游村等一批新的景点。建设开发的泰山赤磷鱼、津口女儿茶、

泰山石敢当、泰山赤灵芝、泰山何首乌、泰山大红石榴、泰山板栗等一系列具有泰山特色的文化产品，已成为中外游客购物的首选。

"旅游没有文化就没有魅力，文化没有旅游就没有活力。泰安丰富的文化和旅游资源禀赋，注定了两大产业有机融合，互动提升，有着广阔的空间和巨大的潜力。"从2010年起，泰安市每年举办一次高规格、高水平的泰山论坛，希望借泰山的名气打造新的文化品牌，形成具有鲜明个性特点、鲜活时代特征的新文化符号，从更高层次提高泰山的影响力、泰山文化的传播力，真正让泰山文化走向世界。目前的泰安旅游已初步实现由单纯的泰山旅游向依靠泰山多点联动的泰安大旅游转变，由单一的观光旅游向观光体验休闲度假全方位旅游转变，由传统旅游和文化的融合向现代旅游产业和文化产业大融合大发展转变，在打造泰安国际旅游文化名城之路上奋勇前行！

八　济宁:做大做强国际孔子文化品牌

孔子文化是中华文化的核心及代表，其底蕴深厚、资源丰富，是历史留给中国的最具世界性的文化品牌，是中华文化乃至东方文明的名片，两千多年来一直深刻影响着东方乃至全世界，特别是日韩及东南亚已形成了鲜明的儒家文化圈，新加坡总理李光耀曾经把亚洲"四小龙"的崛起，归功于儒家文化。作为孔子故里和儒家文化发祥地的济宁，孔子文化品牌具有更为广阔的发展前景，不仅对于经济文化强省建设具有有力推动作用，而且对于中华文化的传承与发扬也具有积极意义。近年来，济宁市大力实施孔子文化品牌带动战略，围绕孔子文化下功夫、做文章，积极推动文化产业这一新型产业形态发展。根据统计，截至2010年底，全市共有文化产业经营单位近9000个，资产总额9.68亿元，从业人员8.6万余人，2010年文化产业增加值98亿元，占全市GDP的3.8%，文化产业逐步走上快速发展的轨道，也进一步推动了全市文化的繁荣发展。

（一）以曲阜为龙头，塑造孔子文化品牌新优势

在文化产业大发展的背景下，曲阜提出"争做山东排头兵、全国创一流"的目标，以国家级文化产业示范园区为载体，大力实施孔子文化

品牌带动和重大文化项目带动战略，积极培育壮大文化产业集群，构建特色文化产业体系，塑造孔子文化品牌新优势，一批文化产业项目在曲阜集聚，折射着曲阜在建设经济文化强省中的担当意识。2009年全市实现文化旅游业增加值25.3亿，占GDP的比重达到了11.6%。2010年"三孔"接待中外游客380万人次，门票收入1.66亿元，年均分别增长10.9%和17%，文化旅游业成为当地经济发展的主导产业。

一是以孔子文化品牌为依托，以重大文化项目建设为切入点，以旅游、会展、演艺等产业为主要内容，规划实施并形成了以孔孟文化大中轴线、明故城文化产业核心区、尼山孔子出生地朝圣区等"一条轴线七大片区"，以及儒家文化体验基地等六大基地为主体的文化产业发展新局面，以图打破游曲阜只是看"三孔"的旧格局。舞剧《孔子》首当其冲成为带动曲阜国家级文化产业示范园区快速发展的"龙头"项目，吸引了更多的中外游客涌进这座被文化所浸润的城市，改变了曲阜"白天看庙、晚上睡觉"的旅游模式，推进文化旅游项目由"白"到"黑"延伸。

二是积极推进文化产业示范园建设，集成文化产业发展要素。先后完成大型游客服务中心、孔子文化会展中心、新大成桥等工程，两家五星级酒店顺利推进，一批经济型连锁酒店入驻，新西兰庄园完成投资1.2亿元，将成为集观光旅游、文化体验、休闲娱乐、会议接待于一体的大型综合场所。成立曲阜文化旅游发展投资集团公司，与省开发银行等确立战略合作意向，提报一批重点文化项目。

三是立足丰厚的文化旅游资源优势，坚持旅游景区景点的开发建设与城市建设、环境保护、文化建设"四位一体"一齐抓，积极打造文化旅游精品和特色旅游品牌，取得了良好的经济效益和社会效益。积极发展与孔子相关的文化旅游、文化演艺、孔府餐饮等文化产业，打造寻根朝觐游、成人之旅等旅游品牌；孔子文化节、文博会、科博会、书博会的成功举办，成就了节庆会展品牌；推出大型舞剧《孔子》、《杏坛圣梦》、祭孔乐舞等演艺项目，形成了演艺品牌。开发楷雕如意、竹简论语等文物复仿制品20大类300余种，出版儒家文化系列书籍、传统教育读物等360余种；102集大型儒家文化电视片《演说论语》以及《快乐国学》、《宝贝论语》等系列动漫产品成功推向市场。

（二）初步形成名人品牌优势，推动和壮大相关产业发展

近年来，孔子文化产业地位特别是其品牌优势得到一定提升，为相关产业、事业的发展提供了动力。孔子文化品牌犹如昂起的"龙头"，带动了文化产业的发展。济宁叫响了"儒家文化旅游名城"和"运河之都"品牌，打造国际旅游目的地；发展新型文化产业集团，规划建设济宁新闻大厦、体育中心等大型文化设施建设；整合旅游资源，加快了孔孟文化、运河文化、水浒文化、佛教文化和微山湖生态休闲旅游五大重点景区的建设，海内外游客连年攀升。开发的孔子、孟子等五大圣人纪念像、书籍和字画、微山湖文化纪念品、汉碑和汉画像石纪念品等文化旅游产品，十分畅销，年销售额达3亿多元。民间资本也在政策的扶持下，积极参与文化产业项目的投资开发，涌现出金宝迪娱乐有限公司、梁山枣梆民营剧团、科教图书馆等一批有影响的民营文化企业。目前，济宁市民办文化企业近4000家，总投资6亿多元，年增加值已占到全市文化产业增加值的70%。以孔子文化为内容，为商标、标记，不断设计和推出新的文化、商贸产品。除流行多年的孔府家酒、孔府宴酒、孔府御酒、孔府菜系、传统工艺品外，近年更渐向着高文化、科技含量发展。如金版《论语》，银版《论语》，石版《论语》，金版《文韬武略——〈论语〉及〈孙子兵法〉》及金箔、金质孔子像、山东历史文化名人像等，均有较强观赏、收藏和市场价值。

（三）开始走向世界，得到广泛欢迎和赞誉

孔子既属中国，又属世界，居世界十大历史文化名人之首，一向为世界人民特别是东南亚国家和地区人民所景慕。为打响孔子文化品牌，济宁开展了多种形式的对外文化交流，实施"走出去、联起来、请进来"三步走战略，主动到受儒家文化影响最大的日本、韩国、东南亚等国家和地区宣传推介孔子文化，宣传推介济宁的历史文化资源。2005年孔子文化节期间，联合世界各地孔庙首次举办全球联合祭孔活动，搭起了孔子品牌的国际化平台。2006年又举办了以"同根一脉两岸祭孔"为主题的海峡两岸同祭孔活动。连续、重头、丰富多彩的活动将国际孔子文化节打造成为中国最具影响力的十大节庆活动之一，成为济宁对外开放交流的窗口，

将国内外一些重大文化项目、儒学研究和交流活动吸引过来，在海内外已经形成了广泛的影响，成为每年的文化盛典。

九 德州:着力打造"太阳文化"品牌

作为龙山文化的发祥地之一，德州历史文化悠久。相传古书记载的夏代东夷族领袖后羿就出生在这里，"后羿射日"、"嫦娥奔月"等美丽的神话传说广为流传。近年来，德州市积极实施"中国太阳城"战略，发展太阳能产业、培育太阳文化，打造"中国太阳城"这一城市文化品牌。倡导太阳文化、低碳文化，成为德州文化建设的主旋律，为我国的新能源建设和城市文化发展作出了贡献。

（一）积极开发利用太阳能等新资源，发展新能源产业，打造"中国太阳谷"

在能源危机愈演愈烈的今天，可再生能源与新能源的开发被提上了议事日程。来自美国的一项研究报告认为，太阳能将成为 21 世纪重要的替代能源。而在山东省德州市，寻找新能源的步伐早已迈开。

在今天的德州市中心地带，耸立着一个由大约 2000 个太阳能集光板拼合而成的扇形建筑。这个被称为"日月坛"的建筑就是中国太阳能企业皇明集团总部。它的总面积达 7.5 万平方米，太阳能使用率达到 50%以上。皇明集团自 2006 年开始投资 7.4 亿美元，正在德州打造世界最大的太阳能产业集聚区——"太阳谷"（Solar Valley）。与此同时，皇明集团已在兴建太阳能文化中心，由"皇明科技馆"、"国际可再生能源论坛会议中心"、"太阳能国际专家会馆"、"皇明大学"、"中国可再生能源大学"、"太阳能体验示范园"等组成，是开展科普文化、培养人才的摇篮，是海内外人士了解太阳能，了解德州太阳文化的窗口。皇明还为宣传其提出的"绿色热水文明"概念，启动了声势浩大的太阳能科普万里行，科普车队行程总计 5000 多万公里，太阳能科普报发放逾千万份，在各地建太阳能科普园，普及太阳能知识……

一枝独秀不是春，百花齐放春满园。除了皇明，亿佳能、国强等一批太阳能龙头企业也在德州大地迅速崛起，已形成光热、光伏、光电等较为完整的产业体系。在原先是养鸡场和西瓜地的位置上，已进驻越来越多的太阳能企业、工厂和研发中心等。在推进太阳能产业发展上，政府给予大力扶持，不断健全、完善配套措施。德州市财政每年拿出 5000 万元配套资金，县财政每年拿出不少于 3000 万元资金，扶持可再生能源建筑应用示范项目。迄今为止，德州市在太阳能项目建设上的投入已达 148.5 亿元。现德州已拥有太阳能企业 100 多家，主营业务收入 200 多亿元，年生产太阳能热水器 300 多万平方米，年销售收入 40 多亿元、利税突破 6 亿元，产量占全省 70% 以上，占全国总量的 12% 以上，"中国太阳谷"正在悄然形成。这里汇聚了太阳能建筑、太阳能高温热发电、太阳能光电照明、太阳能光伏发电、温屏节能玻璃、太阳能空调、海水淡化等众多可再生能源应用领域，不仅拥有一流的热水器生产基地，还拥有太阳能研发检测技术中心、可再生能源主题公园、可再生能源国际会议交流中心、太阳能博物科技馆等。

（二）发挥产业优势，打造中国太阳城

为发挥德州市的太阳能产业优势，让太阳为民造福，2005 年初，德州市委、市政府从促进经济社会发展的战略高度，提出并确立了"中国太阳城"发展战略。2005 年 9 月 16 日，德州市被中国太阳能学会、中国资源综合利用协会可再生能源专业委员会和中国农村能源行业协会太阳能热利用专业委员会联合命名为"中国太阳城"，成为中国第一个获此殊荣的城市。2007 年，德州市被财政部、原建设部列为国家级可再生能源建筑应用示范城市。2008 年 7 月，德州市规划建设的"中国太阳谷"也被正式认定、命名。德州市市委、市政府专门印发了《关于加快实施"中国太阳城"战略的意见》、《关于推进建筑领域应用太阳能的实施意见》等文件，还出台规定将住宅小区建筑工程应用太阳能技术作为竣工验收的必备条件。在全市大力实施"5555"示范工程建设，即在 50 个主要路口应用太阳能信号灯，在 5 条主干道、5 个重点区域、5 个住宅小区推广太阳能路灯、景观灯；开展"百万屋顶"和"千村浴室"工程，推动太阳能应用向县、乡、村延伸。截至 2010 年底，德州市建起 500 个太阳能小区，500 个太阳能村庄，太阳能及相关产业产值突破 500 亿元。

德州市区街道上的特色景观是一排排太阳能路灯和小区楼顶上安装整

齐的太阳能集热器,与建筑浑然一体。这与德州市实施的"百万屋顶"计划和"千村浴室"工程息息相关。从 2009 年起,德州市要求新建住宅楼楼顶都要安装统一的太阳能集热板,楼体内装有专用的上下水管道。对于新建办公楼和大型公共建筑,德州严格推行太阳能建筑一体化和地源热泵技术,并做到同时设计、同时施工、同时验收。此外,有 1800 亩的长河公园已成为国内首家全部利用太阳能照明的景区,10 公里长的德城区东风东路也全部采用了太阳能照明。德州的太阳能产业链也正在不断延伸,太阳能路灯不仅"点亮"了德州,安装到了上海、安庆、呼伦贝尔、郑州等数十座城市的广场、小区和道路,还将光明送到了祖国的南端——西沙永兴岛。据统计,目前世界在光热开发利用方面的持有量为 7100 万平方米,其中中国为 6000 多万平方米。后羿射日之地山东德州如今成了太阳"显能"的舞台,这里有接受阳光照射 8 小时可以使用 7 天的长达10 公里的太阳能路灯街道、完全依赖太阳能提供热水、制冷、取暖、照明的"零排放"建筑群、中国第一个太阳能博物科技馆、太阳能游览观光车、遍及城镇居民屋顶普及率高达 90% 以上的各种太阳能热水器、生产总量相当于整个欧洲数量的众多太阳能生产企业群。① 太阳能走进千家万户,并为人们带来越来越多的舒适和便利,这是德州倾力打造中国太阳城发展阳光经济结出的丰硕成果。

德州是中国太阳能大规模商业化利用的发源之城,也是中国太阳能产业的启蒙之地,这本身就赋予了德州的独特性。无论是太阳能产业的发展,还是新生活方式体验区的建设,浓缩了对未来能源利用的畅想,成为太阳文化的重要部分,也必将推动太阳文化的传播和发展。随着德州品牌战略的进一步推进,"中国太阳城"这一品牌会越叫越响亮。

(三)成功申办举办第四届世界太阳城大会

2010 年 9 月 16 日至 19 日,第四届世界太阳城大会在德州市成功召开。本届大会由世界太阳城协会,科技部、工业和信息化部、财政部、住房和城乡建设部、商务部、能源局、外国专家局、旅游局和山东省政府主办,德州市政府承办。全国人大常委会副委员长华建敏,全国政协副主

---

① 忠东:《德州:倾力打造中国太阳城》,《科技潮》2005 年第 12 期。

席、科技部部长万钢，山东省委副书记、省长姜大明，爱尔兰前总理伯蒂·埃亨，韩国前总理李海瓒，世界太阳城协会主席克瑞斯·在德维德以及来自美、日、英、德、澳、加、俄等 50 多个国家和地区的政、产、学、研、传媒界人士和 52 个城市的政府代表近 3000 人参会。本届论坛以"太阳能改变生活"为主题，就太阳城发展、可再生能源开发利用及互利合作等问题进行了深入研讨。先后精心组织了 10 场高端论坛，与会嘉宾交流分享了可持续发展城市的宝贵经验。发表了指导今后国际太阳能城市运动开展的重要文件《德州宣言》，明确了太阳城今后的发展方向。

　　本届大会是德州首次承办的大型国际性盛会，主题鲜明，盛况空前，成果丰硕。各种展览、洽谈活动取得了一批重大合作成果。会议期间，仅德州市在主会场内就签约项目 35 个，投资总额 856 亿元，呈现"块头大、质量好、结构优"的特点。其中，投资超 10 亿元的项目达 22 个，齐河东盟现代生态旅游城项目、宁津薄膜太阳能电池生产基地及太阳能高效农业一体化项目的投资额均超 100 亿元。35 个重点签约项目中，光电、风电等新能源项目达 21 个，项目数量、投资总额均占总数的一半以上。德州各县市区也开展了一系列招商引资及项目洽谈活动。大会市场开发工作取得显著成效，与 156 家国内外知名企业签订了合作协议。与大会同时开幕的八大展览，以其独特的内容和新颖的布展吸引了中外嘉宾的眼球，成为本届太阳城大会一大亮点。据统计企业参展有 1000 多家，集中展示了山东节能减排工作取得的主要成就、198 项重大新技术新产品和德州市各项事业发展成果，扩大了德州太阳能产业的影响。

　　世界太阳能看中国，中国太阳能看山东。最新统计显示，山东省太阳能热水器年产量突破 400 万台，推广面积 1300 万平方米，产能居全国第一位，太阳能热水器产业化和应用居于世界领先水平。在山东太阳能行业的发展史上，德州是一个无法回避的城市。德州太阳能产业的产值占了全省的 70% 以上，这是一个极占优势的比例。如果与世界太阳能的普及率相比，世界上太阳能的普及率为 16%，德州却高达 50% 以上。太阳能产业的聚集优势可见一斑。德州培育出了皇明、亿家能、国强、旭光等太阳能行业龙头，成为我国知名的太阳能产业基地。

　　文化是一个城市的灵魂。对于一座城市来讲，品牌问题至为关键而重要。随着"中国太阳城"的升起，这意味着德州这座城市将拥有属于自己的"太阳文化"。"德州太阳谷"以皇明、亿家能等龙头企业为依托，产业规模不断扩大，已经发展为目前世界上最大的太阳能光热研发检测、制造物流及光伏终端研发生产基地，已成为新世纪齐鲁文化新地标，成为世界了解和学习中国太阳能产业的窗口。

随着全球性能源危机、环境污染的加剧，保护地球环境、寻找新的可替代常规能源的解决方案成为世界各国的重要课题。太阳能以丰富、清洁、方便被众多能源专家看好，近年来，各国都纷纷展开太阳能开发利用的相关项目，太阳能应用日新月异。在打造"中国太阳城"的过程中，德州注重文化的引导作用，重塑"太阳文化"，在城市建筑形态、城市文化、居民生活等各方面，都有明显的"太阳城"直观感受和深厚内涵。"中国太阳城"品牌的提出，反映出德州人民对人与自然和谐关系的高度自觉，对人类社会发展的理性思考与极大责任感。这是一种富有前瞻性、超前性的认知与决定，也是德州市委、市政府执政能力，非凡魄力的真实写照，更是对贯彻落实科学发展观，以人为本，构建和谐社会的最经典的诠释。

十 聊城:历史文化名城着力培育文化建设新优势

聊城历史悠久，名士众多，历史文化底蕴深厚，黄河文化与运河文化、农耕文化与商业文化、齐鲁文化与燕赵文化的不断碰撞、交流、融合，使聊城逐渐形成了独特的地域文化特色。近年来，聊城市以打造"江北水城·运河古都"城市文化品牌为核心，大力发展文化事业和文化产业，加快把潜在的文化影响力转变为现实的城市竞争力，把丰富的文化资源转变为现实生产力，一个思想基础巩固、服务体系健全、产业优势突出、发展活力强劲的新聊城正向我们走来，为打造文化强市奠定了坚实基础。

（一）保护文化遗产，使传统文化重发"新枝"

立足于国家级历史文化名城，着力打造独具特色的历史文化、遗迹文化、名人文化、民间文化、名著文化和革命文化，形成了打造文化强市潜在的比较优势。聊城全市文物古迹达 400 多处，其中国家级 9 处、省级

31 处、市级 85 处、县级 300 多处；非物质文化遗产 293 项，其中国家级 11 项、省级 26 项、市级 102 项。近年来，聊城市对所有省以上文物保护单位都制定了保护规划、落实了保护措施。通过多方筹资，按照"修旧如旧"的原则，对山陕会馆等古建筑进行了维修，积极推进运河申遗工程的实施，《大运河申报世界文化遗产聊城段保护规划》已经市政府批复公布实施。为加大非物质文化遗产保护力度，我市建立了聊城市非物质文化遗产档案资料室、资料数据库和珍贵实物陈列厅，建立起比较完整的非物质文化遗产名录保护体系。

目前，光岳楼、山陕会馆、海源阁等名胜古迹已成为一张张夺目的"城市名片"，景阳冈、狮子楼等县（市区）景点也逐渐形成了自己的特色。通过与现代旅游"联姻"，聊城传统文化焕发出勃勃生机。在 2010 年上海世博会"山东活动周"期间，聊城四位非物质文化遗产传承人的现场表演吸引了众多参观者的目光。

（二）打造"江北水城·运河古都"，提升城市品牌建设

城市的品牌在于打造，近年来，聊城市不断加大宣传促销力度，精心打造"江北水城·运河古都"这一强势品牌。聊城市按照"严格保护、合理开发、持续利用"的原则，以水和文化为主题，编制了《聊城市旅游发展总体规划》，并按照"市场运作，突出重点，营造靓点"的思路，聊城市根据自身优势。突出特色，做足水的文章，投资近 7 亿元，开发建设了东昌湖、古运河、徒骇河三大景区。聊城市结合历史文化名城的自然与人文景观，组织编制并初步形成以历史文化为内涵，以北方水城为特色的《聊城市特色旅游街区规划》。规划提出了"一、三、五"发展战略，即以建设中国最具魅力的特色街区集群为目标，突出文化旅游、餐饮娱乐、精品购物三大特色，重点打造古城历史文化区、运河文化休闲区、北关街特色餐饮区、南关岛水城休闲港及女人街特色商品区五大品牌。其中，古城历史文化区将打造成为以传统街区为主，恢复和新建各具特色的商业；运河文化休闲区将塑造成为富有水城特色的标志性滨水商业区，形成"桨声灯影连十里、歌女花船戏逐波"的夜东昌风光区；北关街特色餐饮区定位为新城北区连接古城区的中轴线和过渡景观带，汇聚国内外名优餐饮，成为特色鲜明的美食一条街；南关岛水城休闲港定位为集休闲、

娱乐、购物等于一体，形成景观与商业相交融的休闲娱乐品牌；女人街特色商品区将增加景观小品、休息座椅、雕塑等，打造成现代时尚的都市丽人一条街。

（三）构建公共文化服务体系，着力为城乡群众提供基本文化服务

随着群众生活水平的提高，对文化的渴求也日益迫切。聊城市按照"整体规划、分期实施、先主后次、逐步到位"的原则，采取政府投资与市场运作相结合的方式，先后投资建设了中国运河文化博物馆、水城明珠剧场、市京剧院、市豫剧院等一批标志性文化设施，聊城市民中心文化艺术馆建设也全面启动。各县（市、区）也建设了一批符合各自文化传统的基础设施，公共文化设施建设在全省走在前列。

同时，聊城市充分利用各种传统节日、纪念日和全市重大活动，组织开展各类群众文化活动。特别是节日期间，广场文化活动非常火爆，除了专业剧团、文化单位举办各种文艺演出外，聊城市的一些文艺社团、单位也在广场举办合唱、专题晚会等，活跃了城区文化生活。

（四）改善文化产业发展环境，文化产业活力四射

聊城市高度重视文化产业，把发展文化产业摆在突出位置，作为新的增长点来抓。通过召开高规格、大范围的全市文化建设工作会议，制定下发一系列文件等方式，对文化产业进行了动员部署。制定了财政扶持政策、税费优惠政策、投融资政策、工商管理和价格政策、土地扶持政策、社会保障政策、人才政策等一系列扶持优惠政策，对加快文化产业的发展提供了有利条件。聊城市每年都组团，分别到北京、天津、青岛、济南、郑州、香港等城市举办大规模的旅游促销活动。连续几年成功地举办了文化旅游节和水城之秋观光周活动，对提高聊城知名度起到了至关重要的作用。

近年来，聊城市文化产业不断壮大，形成了以印刷发行、广播电视、报纸期刊、文化演艺、古玩工艺品等为重点的产业群体，文艺演出市场、文化娱乐市场、文化旅游市场等初步形成。文化活动开展和市场培育势头较好，连续举办的文化旅游节等活动，带动了民间艺术展演、绝活大赛、消夏艺术节等活动的开展，促进了演出、娱乐、音像制品、艺术培训等市

场的形成和发育,目前全市有文艺表演团体 7 家,年演出 1000 多场,观众达 200 多万人次。民间工艺品展销活动日益频繁,木版年画、牛筋腰带、雕刻葫芦等民间工艺品等形成了一定规模。

一批重点文化项目的实施,为文化产业发展注入了强劲活力。聊城市将中华水上古城和世界运河之窗博览园作为全市重大文化产业项目进行开发,努力形成文化产业园区,成为聊城文化产业的聚集区和发展龙头,东阿阿胶文化苑、高唐圣树湾世界民居大观园等已经建成或正在建设,电视剧《张自忠》正在筹拍。文化产业已初具规模,形成了以印刷发行、广播影视、报纸期刊、文艺演出、文化娱乐、音像制品、艺术培训、文化旅游、古玩工艺品等为重点的产业群体。《聊城日报》、聊城电视台、聊城广播电台、《聊城晚报》成为文化产业的龙头,聊城日报社总资产及控制资产总额达 1.8 亿元,报纸日发行量 6 万余份,广播电视综合覆盖率达100%,全市拥有省级文化产业示范基地 4 个。

十一 东营:努力打造黄河口文化品牌

东营市高度重视文化建设,始终把推动文化事业和文化产业发展摆在十分重要的位置,先后制定出台了《关于推动文化大发展大繁荣的意见》和《关于推动文化大发展大繁荣的若干政策》,采取了各种有力措施,在推进文化强市建设方面取得了显著成绩。

(一) 依托当地文化资源,发展特色文化产业

东营市文化资源较为丰厚。东营是中华民族的母亲河——黄河入海的地方,拥有我国暖温带最完整、最广阔、最年轻的湿地生态系统;我国第二大油田——胜利油田也坐落在东营;东营市是我国古代军事家孙武的故乡,也是吕剧的发源地;1925 年建立的中共刘集支部,是山东最早的农村党支部,保存着全国最早的《共产党宣言》中文译本之一。源远流长的黄河文化、神奇独特的生态文化、艰苦创业的油田文化、底蕴深厚的古齐文化、薪火相传的革命文化交汇融合,构成了东营特有的黄河口文化。

依托当地文化资源,东营市规划建设了三大文化产业集聚区。南部文化产业集聚区突出古齐文化资源,发挥名人文化优势,以广饶县为中心,

主动与临淄齐文化区对接，建设孙子文化产业园区；中部文化产业集聚区突出水城文化特色，以"黄河水城"建设为依托，重点发展文化旅游、休闲娱乐、文化演艺、广告会展、科教信息、创意设计等产业，形成独具特色的黄河水城创意产业园区；北部文化产业集聚区以黄河三角洲国家级自然保护区为中心，以文化旅游业为突破口，重点建设以休闲旅游为主题的生态文化产业园区。

以提高文化产业规模化、集约化水平为目标，东营市组织实施了一批具有显著示范效应和产业拉动作用的重点文化产业项目。总投资8亿元的黄河国际会展中心建成运营以来，先后举办了多次大型节庆会展活动，带动会展产业迅速升温。建设面积3万平方米的黄河口文化市场正式投入运营以来，已有30余家文化经营企业和画廊入驻。另外，由东营日报社、东营广播电视台、东营市新华书店、北京九鼎科技有限公司共同出资，注册资本1000万元的东营文化产权交易所筹建工作正在积极推进。总投资50亿元的黄河口文化产业基地项目、总投资16亿元的孙子文化主题公园项目、黄河口生态旅游区建设项目、总投资22亿元的黄河水城河海风情街等项目，目前正在建设之中。

培育骨干企业，提升文化产业规模。东营市采取多种措施，不断加大对文化企业的培育扶持力度，重点实施了"五个一批"：利用文化产业专项资金的引导作用，选择具有良好市场发展前景、有一定实力的文化产业项目进行重点扶持，扶持了一批文化企业；推进东营市艺术团等经营性文化事业单位转企改制，转制形成了一批文化企业，如东营市演艺有限公司；制定优惠政策，加大招商力度，引进了东营通达动漫设计有限公司、东营长青美术馆等一批文化企业；积极鼓励引导有实力的大企业新上文化产业项目或转型为文化企业，转型促成了一批文化企业，如华泰集团投资兴建了黄河国际会展中心、孙武湖旅游度假区，鑫都集团有限公司投资建设了黄河口文化产业基地项目等；放宽准入条件，鼓励自然人创办文化企业，催生了一批文化企业。截至2010年底，全市文化及相关单位3825家，从业人员2.91万人，分别比2005年增加了1460家和1.18万人。经过近些年的发展，东营市文化产业取得了明显的成效。据统计，2010年全市文化产业增加值达到73.94亿元，占GDP的比重达到3.13%。

（二）突破文化设施建设，健全公共文化服务体系

完善的公共文化服务体系，是保障人民群众文化权益、提高人民群众文化生活质量的重要载体和基础条件。东营市统筹城乡文化建设，坚持以政府为主导、以公共财政为支撑、以农村和城市社区为重点，以公益性、基本性、均等性、便利性为原则，以文化设施建设为突破口，加快构建覆盖城乡、惠及全民的公共文化服务体系，公益性文化事业发展取得显著成绩。

一是加快城市文化设施建设。集中抓好博物馆、科技馆、艺术馆、水城雪莲剧院和奥体中心"三馆一院一中心"建设，力争 2012 年底全部建成投用。二是完善基层文化服务体系。深入实施重点文化惠民工程，有线电视通村率达到 93.8%，文化信息资源共享工程覆盖率达到 100%。广泛开展"三下乡"、"四进社区"等群众性文化活动，不断丰富基层群众文化生活。三是积极推动文化创作。大力实施精品工程，加强重大题材的创作，推出了一批具有鲜明时代特色、蓬勃生命力、强大感染力和较强影响力的精品力作。深入挖掘东营文化内涵，制作推出了大型电视纪录片《黄河入海流》、26 集革命历史题材电视剧《宣言》等文化精品，丰富了群众文化生活。四是举办了一批重大文化节会，形成全年十大文化活动品牌。其中，黄河口之春系列文化活动已举办三届，黄河口文化艺术节已举办两届，深受广大市民欢迎。2011 年黄河口文化艺术节共有 30 项单项活动，吸引市内外观众 60 余万人次参与，成为建市以来内容最多、规模最大的群众性文化活动。中国（东营）国际石油石化装备与技术展览会、黄河口国际马拉松赛、孙子国际文化节、黄河口文化旅游节已经发展成为国内外知名的文化节会，品牌影响力与日俱增。此外，黄河三角洲高效生态经济区建设投资贸易洽谈会、黄河口自驾车旅游节、黄河水城龙舟大赛、自行车拉力邀请赛、黄河口大闸蟹美食节、首届国际观鸟节等节庆活动也搞得有声有色，异彩纷呈。

2009 年、2011 年，山东省黄河三角洲高效生态经济区、山东半岛蓝色经济区相继上升为国家战略，东营作为黄河三角洲高效生态经济区的核心区域和山东半岛蓝色经济区的前沿城市，迎来了难得的重大历史机遇。伴随着"黄蓝"两大国家战略的深入实施，建设文化强市的理念已深入

人心。"力争到 2015 年文化产业增加值达到 205 亿元，占全市生产总值的比重达到 5% 以上，年均增幅超过 30%"，这是"十二五"时期东营文化产业发展的目标。有了扎实的发展基础、良好的发展环境以及科学的规划布局，东营市文化产业发展的目标一定会实现，东营市"文化强市"建设一定会取得更大成绩。

十二　滨州：大力弘扬地域特色文化

滨州市位于黄河下游、鲁北平原，地处黄河三角洲腹地，有着丰富的自然资源和深厚的文化积淀。这里是古代著名军事家中国武圣孙武的故里，也是宋代著名政治家范仲淹的生长地，相传还是汉孝子董永的故乡，"孝"文化的发源地。此外，滨州剪纸艺术历史悠久，在国内外享有盛名。源起滨州的吕剧健康活泼，戏词诙谐风趣；渤海大鼓、邹平芯子、胡集书会，也都是独具特色的文化资源。近年来，滨州市开拓思路，大力弘扬地域文化，将文化大发展大繁荣同人民群众的日常生活紧密结合起来，走出了一条与众不同的文化发展之路。

（一）　承接地气，文化惠民

"胡集书会"是兴起并扎根于山东省惠民县胡集镇的一种曲艺集市盛会，相传已有 900 多年的历史。每年农历正月十二，各地民间艺人都会不拘远近，负鼓携琴，云集于此。2006 年，"胡集书会"被国务院批准为首批国家级非物质文化遗产。为了保护和传承像胡集书会这样的非物质文化遗产，滨州市各级政府及文化部门不断出实招、出新招。从 2007 年起，胡集书会实行了"政府买单，送书下乡"，由政府为说书艺人安排食宿，提供演出场所，这给每年一届的书会提供了极大便利。目前，滨州市已有国家级非遗项目 9 项，省级非遗项目 17 项。从 2008 年市里开始设立专项资金，对非物质文化遗产项目传承人进行扶持。在首届中国非物质文化遗产博览会上，滨州的博兴草柳编、民间剪纸、清河镇木版年画等多项非物质文化遗产项目集体亮相，非遗项目传承人耿延帧、张凯、王庆亮等分别展示蓝印花布印花、泥娃娃着彩、木版年画雕版等技艺，令现场群众惊叹不已。在文物保护上，滨州市多年来一直贯彻"保护为主，抢救第一，合理利用，加强管理"的方针，全面推进。惠民县"魏氏庄园"、邹平县"丁公遗址"、博兴县"龙华寺"遗址先后被国务院公布为国家级文物保护单位。

在公共文化服务体系建设上，滨州市卓有成效。渤海革命老区纪念园已建成使用，市奥林匹克公园一期工程已完成，基层文化"五大"惠民工程扎实推进。滨州市文化中心是滨州市委市府谋划长远发展、推进公共文化服务建设及打造生态宜居名城的一项重要举措，该项目是滨州市新中国成立以来建设规模最大、投资最多、标准最高的公共文化设施工程，建设规模达 56000 平方米，投资约 7 亿元人民币，将于 2012 年投入使用。自 2009 年 9 月开始规划以来，得到广大市民的广泛关注，市委市府主要领导从项目选址、功能定位、方案规划、资金筹措、施工要求等方面做了大量工作，该工程的建成将改善滨州市公共文化服务设施条件，全面提升城市文化品位，不断满足人民群众日益增长的精神文化需求。

（二）搭建平台，文化产业快速发展

近年来，滨州市委、市政府对文化产业的管理和服务已逐渐走出摸索阶段，抓住调查研究、政策制定、典型推广、打造平台、提供服务等重要环节，工作思路逐渐清晰，推出了一系列促进文化体制改革和文化产业发展的优惠政策，不断加大对文化事业和文化产业发展的财政扶持力度。如 2010 年出台《关于促进文化产业发展的若干政策》，规定从 2011 年起，市财政每年统筹安排不少于 500 万元的文化产业发展专项扶持资金。2011 年 9 月，滨州市文化广电新闻出版局、中国人民财产保险股份有限公司滨州市分公司联合下发了《关于印发滨州市保险业支持文化产业发展实施方案的通知》，推出包括演艺活动取消保险、艺术品综合保险、文化企业信用保证保险等 11 个新险种，涉及演出、动漫、展览、艺术品、知识产权等文化产业多个领域，以降低文化产业风险，支持产业良性发展。

在政策支持下，滨州市以打造地域特色产业作为文化产业发展的重要内容，重点挖掘整理以老渤海革命文化为代表的红色文化，以滨州剪纸、胡集书会、博兴吕剧、沾化渔鼓戏、东路梆子、鼓子秧歌、泥塑等为代表的民间文化,以孙武、东方朔、范仲淹、董永等为代表的历史文化,以孙子兵法城、魏氏庄园、杜受田故居、贝壳堤、麻大湖、鹤伴山、碣石山、秦皇台为代表的历史名胜和自然生态文化,形成了滨州独具特色的文化品牌优势。2011 年 12 月,山东省公布了 20 个文化产业重点园区(基地),滨州的西王玉米文化产业园名列其中。

西王玉米文化产业园位于滨州市邹平县济青高速公路以南,占地 5000 亩,总投资 100 亿元。该项目将以玉米文化产业的"绿色、健康"概念为主线,打造集玉米科研、文化创意、观光旅游、休闲娱乐、生态度假于一体的国际级的玉米文化产业胜地,这在世界上也是首家。业内人士认为,西王集团将玉米和文化联系在一起,将文化产业与现代农业、食品产业高度融合,提高现代农业和食品产业的文化含量,延伸产业链,提高附加值,拓展发展空间,使其成文化产业新型业态,将为我国众多工业企业转型升级探索一条成功之路。①

目前,滨州市文化发展已经彰显出独特的活力、实力和魅力,全市深入贯彻党的十七届六中全会关于建设文化强国,推动社会主义文化大发展大繁荣精神,按照《关于加快文化强市建设的意见》的要求,健全文化产业发展长效机制,深入推进文化体制改革,大力繁荣文化事业,强化战略思维,进一步增强推进文化建设的责任感、使命感和紧迫感,在迈向文化强市的征程中继续阔步向前、顺风扬帆。

十三　莱芜:文化发展助推城市转型

莱芜市素有"钢都"之称,钢铁产业较为发达,资源型城市特点非常突出。一直以来,莱芜市城市发展深受资源的制约,产业链条短、污染较为严重,严重影响了莱芜市可持续发展的进行。为突破产业结构单一、钢铁一业为大的制约瓶颈,莱芜市凭借其独特的区位优势、丰富的资源优势、强力的行政优势和深厚的历史文化优势,高度重视高端服务业,特别是文化产业的发展,促进资源性城市转型,走出了一条独具特色的文化发

---

① 胡哲等:《新思路打造玉米神话,西王玉米文化产业园呼之欲出》,人民网,2012 年 2 月 17 日。

展道路。

（一）发挥地方文化资源优势，打造特色文化旅游品牌

莱芜是齐鲁文化的交汇地，历史悠久、古迹众多、山清水秀、文化灿烂。大汶口文化距今已有几十万年的历史；境内有保存较好、比秦代万里长城还早四百多年的齐长城、著名的春秋战国时期"长勺之战"遗址、齐鲁夹谷会盟遗址；有 3000 多年的冶炼史，矿冶历史文化底蕴深厚；还有莱芜梆子、锡雕等一批非物质文化遗产和陈毅指挥所、汪洋台、莱芜战役纪念馆等一批近现代红色革命史迹。此外，农业文化、生态文化、神异文化、民俗文化资源也很丰富。

依托冶铁文化，打造"中国冶铁之都"旅游品牌。莱芜冶铁文化历史悠久，有着三千多年的冶炼史、两千多年的冶铁史，矿冶铸造一脉相承，贯穿古今。"十一五"期间，莱芜市年钢铁产量达到 2000 多万吨，钢铁已经成为莱芜市国民经济最大的支柱产业，莱芜正成为名副其实的"绿色钢城"。目前，莱芜市委、市政府充分利用丰富的钢铁资源，以钢铁博物馆为依托，以冶铁文化为主线，确立莱芜的特色文化定位，充分利用现代科技手段，大力开展钢铁产业博览和文化交流，提升莱芜钢铁产业品牌，全力打造"中国冶铁之都"旅游品牌。实现文化发展和产业发展双赢，在城市形象策划上突出冶铁文化品位，在城市的主干道和文化广场、重点街区、城市出入口规划建设具有冶铁文化内涵、各具特色的城市雕塑群，如仿制汉代钱范、宋代铁铧、金代铁钟等，使以冶铁文化为主题的旅游文化品牌形成声势、形成氛围，真正起到提升特色、叫响品牌的作用。

挖掘长勺文化，弘扬长勺精神。借助长勺精神，提升莱芜的知名度和影响力，让长勺精神响彻全国，走向世界。莱芜是春秋时期"长勺之战"发生地，流传着"一鼓作气、再而衰、三而竭"的经典故事，春秋时期"长勺之战"的遗址，位于长勺战鼓的制造地山东莱芜官厂村。目前，官厂村从本村情况出发，大做"鼓"文章，发展"鼓"文化，发展乡村旅游，全力打造"中国战鼓之乡"，唱响了经济大戏，尝到了文化创业的甜头。"2008 中国（莱芜）长勺鼓乐大赛"就是文化强省、文化强市的重要一笔，来自全国 12 支参赛代表队，用浑厚的鼓声，传达着激励、喜悦

与和谐的气氛。鼓声,鼓动出了春秋时期"一鼓作气"精神,鼓动出了华夏五千年的文明,鼓动出了现代和谐向上的时代主旋律。

挖掘嬴秦文化,提升城市古韵。莱芜为"伯益封地,嬴秦祖里",嬴秦文化是莱芜城市的灵魂和崭新名片。莱芜市充分推动嬴秦古城挖掘、嬴秦文化资源开发,丰富莱芜旅游文化资源,规划建设嬴牟历史文化园,推动莱芜经济社会发展,借助嬴秦文化,提升莱芜城市的古韵和魅力。

传承红色文化,发展红色旅游。莱芜是革命老区,红色文化资源十分丰富,莱芜战役纪念馆已创建为国家 4A 级旅游景区和国防大学现代教学基地。近些年来,莱芜市加大红色文化的挖掘、创作和传播力度,大力提高莱芜红色文化发展水平。

(二) 大力发展文化产业,促进产业结构转型升级

近年来,莱芜市委、市政府以"支柱产业"、"惠民产业"为发展取向,深入实施大项目带动战略,引进培植精品文化工程,把发展文化产业与城市建设、旅游开发、培植骨干企业等有机结合起来,在全市规划建设三大文化产业集聚区、六大文化产业基地。从 2008 年开始,莱芜市、区分别设立了"文化产业发展专项资金",采取贴息、奖励、资助等形式,支持文化产业发展,激发了社会力量投资文化产业的热情。

目前,莱芜 1 个项目列为全省文化创意基地,2 个项目列为省级文化产业示范基地,6 个项目列入全省文化产业发展专项规划。其中,九羊文化产业园被省文化厅命名为全省文化产业示范基地,被文化部列为文化产业重点投融资项目;正顺印务、圣龙印务等一批企业成长为莱芜市莱城区文化产业龙头企业;莲花山等 4 家旅游景点被评为全国农业旅游示范点;一批文化传播公司加快成长,各类文化经营单位达到近千家;燕子石、奇石、陶艺、锡雕等特色产品畅销省内外,莱芜锡雕、贾家洼傀儡戏被列入《全国非物质文化遗产名录》,其锡雕艺术品九色鹿、吉祥缸在上海世博会展出,成为莱芜市文化产业发展的一颗新星。目前全区从事四大特色文化产品开发的企业和个体户达到 300 多家,2011 年实现销售收入 2800 多万元。同时,大力发展以旅游业为主的边缘文化产业,2011 年 1—10 月,全区完成旅游开发总投入达 2.8 亿元,接待游客 223 万人次,实现旅游综

合收入 4.74 亿元。2011 年 3 月，美国好莱坞影视传媒集团到莱芜考察，决定参股落户雪野旅游区的山东影视文化产业园项目。文化产业正成为推动莱芜城市转型的重要动力。

（三）加快公共文化服设体系建设，强力推进文化惠民

在硬件设施方面，加快公共文化服务体系建设。莱芜市文化中心的规划馆、博物馆、文化馆主体工程已完工，新建成 50 个高标准文化大院，全市 70% 的村建成农家书屋，建成镇、村两级文化信息资源共享工程规范化站点 200 处，市图书馆分馆 20 个，并为全市 51 家农村庄户剧团分别增配了一套演出器材。

在软件服务方面，创新公益文化社会办机制，利用社会力量、社会资金组织开展了中国京剧院名家名段演唱会、长勺鼓乐大赛、职工文艺汇演、新春音乐会、"莱芜梆子精品剧目"演出周等一系列文化活动，受到群众欢迎。加强文艺精品创作，莱芜梆子大型廉政剧目《儿行千里》在省直部门和全省 17 市巡回演出。莱芜梆子小戏《暖水袋·痒痒挠》在第九届全国艺术节上获得政府文化最高奖——群星奖，实现了历史性突破。2010 年，莱芜市在全国城市公共文明指数测评中列地级市第 12 位。文化产业的繁荣发展，使莱芜市城乡文明程度连年提升，"和谐莱芜、幸福莱芜"正走向人民生活。

十四　日照：创新文化发展之路

日照市的区位条件良好、自然环境优越，又是山东半岛蓝色经济区的重要节点。近年来，日照市委、市政府坚持从实际出发，把挖掘优秀历史文化、弘扬红色革命文化、发展现代先进文化作为城市发展的战略任务，坚持"传统与现代并重，现代为主；事业与产业并重，产业优先"，坚持走以人为本、独具特色的文化创新发展之路，成为山东"文化强省"建设中的重要力量。

（一）科学谋划，长远发展

文化发展是一项长期任务、系统工程，日照市全面贯彻党的十七大精

神,高举中国特色社会主义伟大旗帜,以邓小平理论和"三个代表"重要思想为指导,全面落实科学发展观,紧紧围绕建设滨海文化名城的目标,抓住机遇、发挥优势、突出特色,以做深"昨天文化"、做实"今天文化"、做活"明天文化"为主题,加快文化建设产业化、品牌化、市场化、大众化、国际化、信息化进程,大力实施思想道德建设、公共文化服务体系建设、文化产业发展和文化精品打造"四项重点工程",着力在思想观念、文化设施建设、政策引导扶持、文化建设投入、体制机制创新等五个方面实现新突破,全面兴起文化建设的新高潮。

(二) 政策先行,积极推动

日照市先后成立了市、县两级文化产业发展办公室,全面负责全市文化产业发展、重点文化产业发展项目、文化产业项目基地建设等工作。根据全市文化建设工作会议所提出的建设滨海文化名城要求,制定出台了《关于推动文化大发展大繁荣的意见》、《关于加快公共文化服务体系建设的意见》、《日照市文化产业示范基地管理命名办法》、《关于加强文艺演出管理的若干意见》、《关于加强网吧管理的通知》、《日照市文化市场咨询服务工作制度》等重要文件,拟定了《日照市 2009—2020 年文化产业发展专项规划》、《关于加快文化产业发展的若干政策》等政策性草稿文件,为日照市文化发展确立了长远目标。

(三) 准确定位,丰富内涵

根据城市文化资源优势、人文特色和产业结构等实际,日照市紧紧围绕建设滨海文化名城的目标,丰富城市的文化内涵,做深"昨天文化"、做实"今天文化"、做活"明天文化"主题。做深"昨天文化",就是要深挖历史,发掘并弘扬传统历史文化,不断丰富莒文化、东夷文化、龙山文化、太公文化、太阳文化、名人文化、民俗文化、革命文化的内涵。做实"今天文化",就是要着眼当前,充分发挥日照后发优势,做大做强海洋文化、港口文化、生态文化、茶文化、水运文化等特色文化。做活"明天文化",就是要面向未来,超前谋划和推动创意文化、休闲文化、影视文化、会展文化、国际文化等现代文化发展,加快培植新的文化增长点。依照此思路，日照把丰厚的文化资源优势转化为文化产业优势，加快文化产业发展，把大力发展文化事业和文化产业作为转方式、调结构的重要抓手，提高了经济发展的质量和效益，走出了一条经济社会又好又快发展的新路。

（四）创新思路，融合发展

日照市在文化建设中坚持以改革创新为动力，在推动文化科技创新、提升文化产业发展层次上增创新优势。从 2006 年到 2010 年，日照市文化产业增加值由 8.96 亿元增长到 27.1 亿元，年平均增速达 31.8%，切实推动文化产业又好又快发展。

首先，积极做好文化与旅游相结合文章，文化旅游业蓬勃发展。加强姜太公、项橐、刘勰、焦竑、丁肇中等名人文化和森林公园、太阳广场、五莲山、九仙山、浮来山等生态旅游资源的开发力度，重点发展民俗旅游、渔文化、饮食文化等。据统计，2009 年共接待国内外游客 1741.7 万人次，实现旅游收入 101.47 亿元，同比分别增长 18.8% 和 24%。水运文化迅速崛起，依托奥林匹克水上运动基地，已连续举办国际欧洲级和国际 470 级帆船世界锦标赛、2007 年中国水上运动会、2009 年全运会水上项目比赛等 40 多项国内外重大体育赛事，"水上运动之都"成为日照最亮丽的城市名片。

其次，坚持文化与市场、科技的结合，使文化发展绽放出生机活力。日照重点加强各类文物和非物质文化遗产的抢救保护，突出抓好两城遗址保护等重点项目，充分挖掘并合理利用文化遗产的历史价值、科学价值和社会价值。进一步发掘和传承农民画、黑陶等民间工艺，龙舞、旱船舞等民间舞蹈，满江红、渔家号子等民间音乐，吕剧、茂腔等传统戏剧，做大做强民俗文化品牌，充分展示民俗风情和传统文化魅力。开发、保护、利用好姜太公、孙膑、刘勰、丁肇中等名人资源，扩大日照的人文影响。弘扬沂蒙老区的革命精神，发挥日照烈士陵园、安哲纪念馆等爱国主义教育基地的作用，积极开发革命文化红色旅游资源。实施生态建市战略，围绕构建"大绿量、花园式、开放型、生态化"和"蓝天、碧海、金沙滩"的城市特色，进一步整合生态文化资源，加快森林公园、灯塔广场、太阳广场、五莲山的生态建设。

（五）重点打造，发展精品

文艺精品创作硕果累累，由李应该执笔创作的现代京剧《铁道游击队》在第五届中国京剧艺术节上获一等奖；音乐作品《秧歌》在第十四届文华奖评选中获创作优秀奖，受文化部表彰；2011年，成功打造的大型历史吕剧《毋忘在莒》搬上舞台，并赴省进京演出，共荣获中国戏剧文学奖、山东省第九届精神文明建设"文艺精品工程奖"等17个奖项，深受好评。此外，广播电视作品《龙山水魂》、《曙光》、《刘勰》，《金牌情》、《飞跃历史的天空》、《我们都是中国人》；京胡曲《黄海明珠随想》、歌曲作品《向你拜年》、黑陶作品《山东大嫚》、剧本《借头》、小说《武训大传》等作品也均获得国家级、省级荣誉。大型吕剧和旅游歌舞《日出先照》成为游客认识日照的窗口，电影《日照好人》荣获国家电影华表奖，日照农民画、黑陶作品及其衍生产品多次在国内获奖，蓝色日照正显示出自有的文化自信。

（六）夯实基础，文化惠民

针对文化投入不足、历史欠账较多的实际，日照市在政策、资金等方面向文化领域倾斜，着力打造惠及全民的公共文化服务体系，先后建成了莒州博物馆、市文化艺术博览中心等大型文化设施。成立了莒文化、农民画、尧文化等研究组织，并开展了一系列研究，研发了一系列日照瑰宝、农民画丝巾等黑陶、农民画衍生产品，夯实了日照文化艺术交流、展示的平台和基础。社区"千百重点文化工程"和广播电视"村村通"、文化信息资源共享、社区乡镇综合文化站建设、农村电影放映、农家书屋建设等"五大惠民工程"的实施，使设施齐全、功能完备的基层文化场所让城乡、村镇社区的老百姓享受到越来越多的文化权益。目前，日照乡镇综合文化站、行政村文化大院、文化活动室建成率实现100%，农家书屋覆盖率达90%，丰富多彩的群众性文化活动也极大地满足了群众对文化生活的渴求。

日照市在保留和传承古老传统文化的同时，正以年轻、繁荣、多元的文化业态，展示着她独具一格的城市内涵。这座具有海洋特色的新兴城市，在文化灌溉和文化指引中，日渐成为山东"文化强省"建设中的璀璨明珠。

十五　菏泽：着力打造"一城四乡"文化品牌

菏泽历史悠久，物华天宝，人杰地灵，文化灿烂，名胜古迹众多，素有书画之乡、戏曲之乡、武术之乡、民间艺术之乡的美誉，是水浒文化、黄河文化的游览胜地，是著名的中国牡丹城和中国平原森林城市。"十一五"以来，全市上下以科学发展观为指导，贯彻落实党中央、国务院一系列大政方针和省委、省政府决策部署，在"突破菏泽"的战略指引下，文化建设取得了丰硕的成果，积累了宝贵经验，为打造"文化发展"高地奠定了坚实基础。

（一）党委政府高度重视，政策保障有力

近年来，随着山东省委、省政府"突破菏泽"、鲁南经济带开发战略的进一步实施，菏泽市积极实施"文化强市"战略，相继出台了《关于推动菏泽文化大发展大繁荣的意见》、《关于加强公共文化服务体系建设的实施意见》、《关于加强农村文化建设的意见》、《关于进一步加快文化产业发展的意见》等一系列推进文化改革发展的文件，提出了建设"文化强市"的奋斗目标，文化事业和文化产业得到了蓬勃发展。大剧院、演武楼等数十处文化基础设施的建成使用，曹州牡丹园的提升改造，大型演艺节目《山东汉子》、《国色天香》、《包楞调》等精品力作，都充分展示了日益发展的菏泽特色文化。

（二）充分挖掘资源，打造"一城四乡"文化品牌

菏泽市充分挖掘文化资源优势，倾力打造"一城四乡"（"一城"即中国牡丹城，"四乡"即戏曲之乡、武术之乡、书画之乡、民间艺术之乡）文化品牌。目前，菏泽现有国家3A级旅游景区3处：曹州牡丹园、金山旅游区、水浒文化旅游城；国家2A级旅游景区5处：曹州百花园、古今园、冀鲁豫边区革命纪念馆、仿山旅游区、孙膑旅游城；国家级农业旅游示范点一处：曹州牡丹园；省级工业旅游示范点一处：艺达菏泽工业园。尤其是

山东省文化建设工作会议召开之后，菏泽市委、市政府把文化旅游产业细化为7个产业，即文化演出娱乐产业、书画与工艺品产业、图书报刊印刷发行产业、体育（武术）产业、艺术培训产业、会展产业、旅游产业，并从中筛选确定全市重点项目61个，各县区也自行确定了各自的重点项目。

1. 挖掘"牡丹"文化资源，打造中国牡丹城

菏泽牡丹栽培历史悠久，始于唐代，盛于明清，辉煌近千年，素有"曹州牡丹甲天下，天下牡丹出菏泽"之美誉。1997年，国家颁证授予菏泽为"中国牡丹之乡"称号。截至2011年底，牡丹栽培面积已达10万余亩，发展牡丹种植专业乡镇10个，牡丹专业村40个，大型牡丹苗木繁育基地30多处，反季节牡丹温室催花大棚200多个，规模化种苗基地1.2万亩，标准化生产示范基地1600亩，认定品种1156个，九大色系和十大花型。菏泽市已成为世界上牡丹栽培面积最大、品种最多、色系最全的集生产、科研、旅游为一体的大型牡丹花卉基地。

2. 挖掘丰富地域文化资源和民间艺术资源，打造戏曲之乡、武术之乡、书画之乡、民间艺术之乡

菏泽剧种多、剧团多、名演员多，有中国戏曲声腔剧种博览会和展览馆之称，戏曲之盛为中原之冠。曾走出柳子戏著名演员张春雷、豫剧表演艺术家马金凤、崔兰田、全国梅花奖演员朱桂芹等一大批优秀的地方戏名家。凡有影响之剧种，诸如山东梆子、大平调、枣梆、柳子戏、大弦子戏、两夹弦、四平调、豫剧等，在此皆有流布、演变之迹。

菏泽书画历史源远流长、名人辈出，宋代燕素、北宋晁补之兄弟、元代商挺至明代曹州何氏家族以诗书艺传家，历代不衰。清代马延熙、郭如仪、刘琨、田如烩等皆为当时书画名家。近代著名书画家牛千古、郑树屏、李楣川等都为菏泽的书画艺术作出较大的贡献。新中国成立以来，菏泽的书画艺术有了更快的发展，涌现出一大批才华横溢、有较高艺术水平和影响的书画家，如中国版协副主席、北大荒派创始人晁楣、著名国画艺术家田伯平、著名雕塑家庞媛以及何方华、鲁风、吴东魁、李荣海等。菏泽的书画艺术有着广泛的群众基础。全市成立有各类书画协会、书画研究会等30多个，全国书协、美协会员49人，省级美协、书协会员242人，每年举办各类书画比赛、展览、笔会等活动上百次，建有各类书画、美术专业培训中心近百处。全市书画营销门市400多个，从业人员4000多人，

形成了产、供、销一条龙的文化产业大军。特别是以农民为主体的牡丹绘画队伍异军突起，成为菏泽市牡丹文化的一大亮点。

菏泽也是中国武术发祥地之一，流传在全市的传统拳种流派共有 39 种之多。牡丹区、郓城、东明、单县、巨野被国家体育总局命名为全国"武术之乡"。武术馆校发展迅速，具有一定规模的武术馆校发展到 28 所，在校生达到 1 万多人，近几年来培养输送了 3 万多名各类优秀人才，其中宋江武校、东方武校、曹州武校固定资产都在亿元以上，被评为全国十大名优民间武术学校。

菏泽市共有市级非物质文化遗产名录 96 项、省级名录 26 项、国家级名录 20 项，入选省级和国家级名录数量均居全省第一位；市级非物质文化遗产项目代表性传承人 74 名，省级代表性传承人 33 名，国家级代表性传承人 10 名，国家级、省级代表性传承人数量均居全省第一位。菏泽市民间艺术种类繁多，享有"曲山艺海"的美誉，民间小调、民间曲艺丰富多彩、韵味悠长，十分盛行。鼓吹乐班遍布城乡，全市有"响器班"（唢呐）300 多个，艺人达 2000 余人。古筝艺术历史上辉煌一时，在全省乃至全国都占有一席之地。菏泽市民间舞多达 70 余种，曹县被文化部命名为"民间舞蹈之乡"。民歌、民谣、民谚已收录成文者不下 700 万字。民风民俗赏心悦目，民间工艺巧夺天工。木版年画、剪纸、面塑、纸扎被誉为鲁西南民家艺术"四绝"。木制工艺品、鲁锦、柳条编、人发已发展成初具规模的产业，杂技、说唱艺术、花供、彩绘、楹联、斗鸡斗羊等都有较大的影响。

十六　淄博：齐文化建设快速推进

淄博素有"齐国故都，聊斋故里，陶瓷名城，足球故乡"的美誉，历史文化遗存丰富。全市拥有 190 处市级以上重点文物保护单位，16 项国家级、省级非物质文化遗产，已形成蹴鞠、淄砚、周村烧饼等几十个产业型文化品牌，齐文化旅游节、聊斋文化节等 10 余个节庆文化品牌。丰富的文化资源，为淄博发展文化产业提供了必要的载体和基础。淄博抓住"把文化资源转化为文化生产力"这一关键，实施"文化兴市"发展战略，把文化产业塑造成支柱产业。淄博颁布实施了《关于推动文化大发展大繁荣的意见》、《淄博市文化产业发展专项规划》等 6 个促进文化强市建设的措施及专项规划,为发展文化产业提供了政策支持、决策依据和环境保障,还专门设立了文化产业发展专项资金,由财政每年统筹安排3000 万元,采取贴息、奖励等形式,支持文化产业发展。

(一)培育文化发展的主要载体

经过几年的努力,淄博市文化体制改革基本完成,文化建设取得了巨大成就。在公共文化服务领域,目前已建成 20 个综合性文化活动中心,社区活动中心覆盖率超过 7 成,在 2100 多个行政村建立文化大院,全市有近 200 家民间剧团活跃在基层一线。文化发展质量不断提升,天鸿书业民营图书出版、长征教育幼儿动漫电子教材销量、卓创化工资讯网站经营、泰宝镭射公司全息防伪产品市场占有率、汇祥电动跑步机市场占有率和覆盖率均居全国第一,民营发行、书刊印刷、电影单院票房收入、文博及工艺美术品销售、工艺美术人才建设在全省领先。2012 年 2 月,为表彰先进,发挥典型示范作用,推动文化体制改革深入开展,中共中央宣传部、文化部、国家广播电影电视总局、新闻出版总署对已基本完成中央确定的文化体制改革任务、文化事业和文化产业发展成效明显的 17 个省(区、市)和 148 个市(州、盟)进行了通报表彰,淄博市位列其中。

淄博市文化产业发展特别突出。2005 年以来,淄博市文化产业增加值连续 6 年保持 20%以上的增长速度,2010 年,淄博市文化产业增加值达到 125 亿元,同比增长 30.2%,占全市 GDP 比重约为 4.37%,对全市服务业的贡献率达 13%。淄博在文化产业发展方面,主要通过优先发展、平台助推、政策扶持等思路举措。

第一,着力打造五大优势产业。一是大力发展文化旅游业。积极探索文化与旅游融合发展的新路子,着力打造千年齐都文化、旱码头商埠文化、牛郎织女爱情文化、鲁中生态高地等文化旅游产业链,不断提高文化旅游业的附加值。2009 年,淄博市文化旅游总收入达到 162.1 亿元,接待国内游客 2057 万人次。二是大力发展印刷发行业。规划建设现代印刷发行物流基地,集中培育泰宝镭射、世纪天鸿、鸿杰印务等一大批大型包装印刷企业集团。2009 年,淄博市印刷业总产值实现 38 亿元。泰宝镭射公司全息防伪产品市场占有率全国第一,世纪天鸿书业公司发展成为国内最大的民营图书企业。三是大力发展影视传媒业。规划建设周村古商城影视基地和聊斋城影视基地，策划拍摄了《大染坊》、《旱码头》等一批影视作品。《大染坊》、《旱码头》均在中央一套黄金时间播出，取得了良好的经济社会效益。在全省率先推行院线体制改革，对原有 4 家事业体制影剧院进行股份制改造，组建成立了全省第一家五星级影城，2010 年票房收入达到 1587 万元，实现利润 208 万元。四是大力发展文博和工艺美术业。充分发挥淄博传统工艺美术比较优势，大力扶持陶琉、刻瓷、内画、书画古玩等产业发展。中国陶瓷馆是目前国内规模最大、展品最全的专业陶瓷馆；淄博刻瓷在国内外独树一帜，正逐步成为全性刻瓷艺术中心；淄博荣宝斋是北京荣宝斋在全国设立的第一家分店，年交易额突破 5 亿元。五是大力发展创意会展业。淄博的创意产业从无到有、快速起步，《藏羚羊》、《漫话齐文化》等 10 多部动漫作品在国内重要媒体播出，卓创资讯成为全国大宗商品资讯领域第一门户网站。中国（淄博）国际陶瓷博览会和新材料技术论坛已经连续举办 9 届，2010 年交易额突破 40 亿元。

　　第二，集中培育四大载体。一是着力抓好文化项目建设。坚持文化产业项目化。集中抓好一批规模大、效益好、带动力强的文化产业项目。2009 年，淄博市在建设亿元以上文化产业项目达到 30 个，其中 10 亿元以上的 7 个，总投资达到 199.49 亿元。二是着力抓好文化产业园区建设。投资 20.5 亿元，开工建设了齐文化生态园；投资 7 亿元，开工建设了周村古商城；投资 1.5 亿元，开工建设了牛郎织女爱情主题公园；投资 13 亿元，开工建设了中华陶琉文化城；投资 6 亿元，开工建设了齐赛创意产业园。目前，这五个园区已累计完成投资 9.1 亿元。三是着力抓好文化企业发展。对重点文化企业在资金、税收、土地等方面予以重点倾斜，促进做大做强。目前淄博市文化法人单位达到 4600 余家，其中，年销售收入过亿元的 37 家，过 5 亿元的达到 8 家。四是着力抓好齐文化品牌建设。淄博是齐国故都，历史文化底蕴深厚。近年来，淄博市积极整合资源，着力推动文化产业品牌化发展，世界足球起源地、"淄博陶瓷当代国窑"等齐文化品牌，在国内外的影响力和美誉度不断提升。

（二）打造齐文化发展高地

相较于当前全国文化建设的实际和山东"文化强省"建设的目标要

求来说，淄博市文化改革发展仍然存在一些不足和问题。一是文化资源开发利用不够。淄博是齐文化核心区域，历史遗留的物质、非物质文化遗产众多，在山东省文化发展史上具独特价值，相比以孔子文化产业为代表的鲁文化资源开发，齐文化资源的挖掘开发程度远远不够。二是文化市场主体弱小。淄博市文化体制改革相对落后，国有文化市场主体缺乏，民营文化市场主体实力弱小，直接影响文化资源开发和文化产业项目运作。打造一批实力强大、竞争力强、具有行业引领示范作用的文化产业集团已成为淄博市文化产业发展的当务之急。三是文化产业结构不合理。淄博市文化产业门类集中于传统行业，休闲娱乐、广告会展、动漫游戏等现代文化产业门类发展缓慢，新闻出版、文化演艺等文化单位的技术改造升级缓慢，影响文化产业的持续健康发展。

站在全省文化改革发展新的历史节点上，淄博市进一步推动文化繁荣发展，积极贯彻党的十七届六中全会精神，紧密结合文化强省建设的任务，正在全面实施"231"战略，抓好"326工程"，"围绕一个中心、打造两个亮点、建设三大基地、突出四个重点、完善五种机制、开展八大活动"，充分发挥文化资源丰富的比较优势，将文化资源转化为现实生产力，将淄博市建设成齐文化的影响力强，与淄博文化资源相匹配、与综合实力相适应、与富民强市目标相承接的文化强市。

十七 枣庄：努力构建"文化发展"新高地

枣庄市委、市政府认真贯彻落实中央和山东省委、省政府加快文化建设的重大决策部署，坚持把发展文化事业、文化产业作为推动枣庄城市转型的重要举措，作出了建设"文化强市"的重大战略部署，努力构建文化发展的新高地。全市各级各部门深入推进文化体制改革，加快文化事业和文化产业发展，在重点领域和关键环节取得了突破性进展，文化产业步入持续快速健康发展的快车道，成为全市经济社会发展的新亮点。

（一）进一步做大做强文化产业

1. 文化体制改革稳步实施

2010年成立了市文广新局、枣庄广播电视台、市文化市场综合执法支队，区（市）文化行政管理体制改革陆续完成。报业、影视业、文艺院团改革进展顺利。2010 年 12 月底，经国家新闻出版总署批准，枣庄日报社整合新闻资源，创办了《枣庄晚报》。2008 年 7 月，原枣庄电视台影视剧制作中心改制为枣庄微山湖影视文化传播有限公司，薛城区、滕州市、峄城区相继成立了影视文化公司，为进一步做大做强影视产业奠定了基础。枣庄市艺术剧院、滕州柳琴剧团、市青年艺术团 3 家专业艺术院团，实行"老人老办法、新人新办法"经营管理方式，努力培育自主经营、富有活力的市场主体，年均演出 700 余场。

2. 文化产业总量持续增长

2008 年全市文化产业增加值为 28.35 亿元，同比增长 16.9%；2009 年为 31.9 亿元，同比增长 12.6%；2010 年为 36 亿元，同比增长 12.8%，占全市生产总值（GDP）的比重达到 2.65%。

3. 文化产业项目建设势头良好

2008 年以来，全市共推出了涉及出版发行和版权服务、广播电视电影服务、文化艺术服务、文化娱乐服务、文化产品生产销售等 6 大类 76 项重点文化产业项目，总投资额约 200 亿元，其中，过亿元项目 35 个，占 46%，已建成项目 27 个，占 35.5%。台儿庄古城文化产业园、葫芦套铁路主题影视文化产业园、中华车祖苑、民国影视文化城、八路军抱犊崮抗日根据地遗址群、鲁南水城·枣庄老街、中华石榴文化博览园、冠世榴园书画名家写生基地等一批重点文化项目相继开工建设并投入使用。

4. 文化产业结构不断优化

从文化产业内部结构来看，全市 76 个重点文化产业项目中，新闻服务、出版发行和版权服务、广播电视电影服务、文化艺术服务等核心层项目 20 个，占 26.3%，文化休闲娱乐服务、其他文化服务等外围层项目 47 个，占 61.8%，文化用品设备及相关文化产品生产、销售等相关层项目 9 个，占 11.9%。从所有制结构来看，社会各界投资兴办文化企业和项目的热情不断高涨，尤其在文化休闲娱乐服务等领域，民营资本正逐步成为推动产业发展的主力军。

（二）推动文化全面繁荣发展

1. 抢抓机遇，积极营造良好的文化发展环境

一是市委、市政府高度重视。市委常委会、市长办公会多次专题研究

文化改革发展工作，把发展文化旅游作为城市转型的"第二大战役"来抓。2008 年、2010 年，市委、市政府先后两次召开文化建设工作会议和文化产业振兴大会，安排部署文化改革发展工作。二是强化组织领导，健全工作机制。成立了市文化体制改革和文化产业发展领导小组，初步形成了党委政府统一领导、宣传文化部门牵头负责、党政各部门齐抓共管、社会各方面共同参与的工作格局。三是制定出台文化发展政策措施。2008 年以来，先后出台了《关于推动文化大发展大繁荣的意见》、《2008—2015 年枣庄市文化建设规划纲要》、《关于加快文化产业发展的实施意见》等一系列政策文件，明确了文化改革发展的整体思路和目标任务。同时，把文化改革发展工作中的重大事项分解落实到各区（市）、各有关部门，由市委宣传部每年底进行量化考核，奖优罚劣。四是加大资金扶持和保障力度。从 2009 年起，市里设立了 800 万元的全市文化旅游产业发展专项资金，采取贴息、奖励、资助等形式扶持文化产业发展，并且每年随经济社会发展和产业发展需要适当增加。五是加强人才队伍建设。积极实施"枣庄宣传文化英才培养工程"，深化文化人才培育、使用、管理和考核机制改革。大力实施文化人才"请进来、走出去"计划，从 2009 年开始，先后在清华大学、北京大学举办三次文化发展高级研修班，对 150 余名宣传文化系统和市直有关部门负责人进行集中培训。同时，采取举办市委理论报告会、市民大讲堂、文化专访等形式，先后邀请国内著名专家学者作高端文化讲座，为枣庄文化产业发展谋良方。

2. 构建完善的公共文化服务体系，筑牢文化产业发展基础

一是"六大文化惠民工程"扎实推进。截至 2010 年底，全市无线广播和电视综合覆盖率分别为 96.6% 和 91.9%；农村电影放映工程覆盖率达到 100%，完成了放映设备数字化改造工程；建成"农家书屋"1260 个；全面完成了 47 个乡镇综合文化站建设任务；投资 500 余万元，相继建成市、区（市）文化信息共享工程分中心。二是文艺精品创作生产持续繁荣。近年来，全市各艺术门类佳作不断涌现，获省级以上奖项达 200 多个。三是文化遗产研究和保护不断深入。2009 年，枣庄市被列为省级历史文化名城，现有各级文物保护单位 1422 处。编撰出版了《枣庄运河文化丛书》、《墨子大全》、《枣庄古代史》、《奚仲文化丛书》等大型出版物 30 余种。四是群众性文化活动广泛开展。先后

以纪念改革开放 30 周年、庆祝新中国成立 60 周年、庆祝中国共产党成立 90 周年暨枣庄建市 50 周年等为主题举办各类文化活动,打造省内知名文化活动品牌。

3. 积极发展重点文化业态,培育壮大文化企业

一是影视产业集群效应凸显。近年来,先后推出了电视连续剧《铁道游击队》、《村主任李四平》等 20 多部 200 多集影视剧作品。2010 年,高清数字电影《血染北沙河》在全国上映。2011 年 8 月,电视连续剧《小小飞虎队》在央视一套黄金时间播出。同时,以影视制作为基础,集实景拍摄、观光旅游为一体的影视文化产业链快速发展。葫芦套铁路主题影视文化产业园、民国影视文化城、山亭翼云山石板房影视基地、马场影视基地等一批影视文化产业园区相继建成使用。二是文化旅游业强劲突破。通过走文化与旅游融合发展之路,全市文化旅游业发展取得了显著成效。台儿庄古城自 2010 年"五一"运营以来,接待游客总量突破 190 万人次,被国台办确定为首个海峡两岸交流基地,荣登新世纪"齐鲁文化新地标"榜首。2009 年枣庄荣获"中国优秀旅游城市"称号。2011 年上半年,全市共接待国内外游客人数达 813 万人次,与去年同比增长超过 31%。三是传媒业产业化水平不断提升。目前,全市有国内统一刊号的报刊 5 种,图书发行网点 179 个,从业人员 590 余人。2010 年,全市新华书店完成图书音像销售码洋 1.62 亿元,实现利润 338 万元;2011 年上半年,完成图书音像销售码洋 9098.1 万元,实现利润 185.15 万元,比去年同期分别增长 7.9% 和 6.3%。枣庄日报社目前已发展到三报(《枣庄日报》、《枣庄晚报》、《枣庄手机报》)、两网(鲁南在线网、视频联播网)、一刊(枣庄晚报视听周刊)的出版规模,形成了以"发行为龙头、广告为支柱、印刷为骨干、实业为新增长点"的报业发展新格局。2010 年,枣庄日报社实现总收入 3860 万元;2011 年上半年,实现总收入 2029 万元,比去年同期增长 23%。广播、电视非新闻类节目产业化发展较快。2010 年,枣庄广播电视台实现总收入 12184.68 万元,同比增长 22.68%;2011 年上半年,实现总收入 6386.08 万元,比去年同期增长 13.67%。四是节庆会展业蓬勃发展。滕州市成功打造了微山湖湿地红荷节和国际墨子文化节两大节会品牌,2008 年以来,以市场化模式先后举办了欢乐《中国行·走进滕州》、《中华情·情系滕州》等 8 场大型演出活动。五是文

化企业特色突出，实力不断壮大。据不完全统计，目前全市有文化生产企业 364 家，文化服务企业 611 家，出口文化企业 13 家。其中，资产总额在 1000 万元以上企业 76 家，1 亿元以上企业 13 家；经营收入在 1000 万元以上企业 42 家，1 亿元以上企业 4 家。

第十一章　山东"文化强省"建设的政策保障与对策措施

积极贯彻实施"文化强省"战略，既与山东省委、省政府以往提出的发展目标和重要工作思路一脉相承，又体现了现阶段发展的新要求，是山东当前转方式、调结构中的重大战略举措。因此，在工作措施上，要按照抓住重点问题、突出薄弱环节、着眼长远发展、强化创新发展、狠抓贯彻落实的根本要求，着重抓好保障体系建设和具体对策措施。

一　山东"文化强省"建设的政策保障体系

（一）加强组织领导保障

1. 树立科学的文化发展理念

全省各级党委、政府从中国特色社会主义事业总体布局的战略高度，树立抓文化就是抓发展的观念，把"文化强省"建设工作摆在更加突出的位置，要把"文化强省"建设纳入山东省"十二五"国民经济社会发展规划。要进一步打破传统观念，实现"五个转变"：从传统的重经济、轻文化思想转变为经济文化融合发展的思想，促进文化与经济的可持续发展；从重管理、轻服务的观念，转变为政府为文化发展服务的新理念，充分发挥市场配置文化资源的基础性作用；从重视地域发展忽视融合发展的思想转化为开放包容的文化发展思想，实现文化要素的有效配置和合理流动；从单纯地追求文化资源开发的思想转变为多层次、大空间、资源综合开发的现代文化经济思想，改变无序、盲目开发文化资源的弊端；从片面追求文化发展的经济效益的思想转变为经济效益和社会效益并重的思想，推动山东文化的高起点、宽领域、深层次发展。

2. 建立长效的领导工作机制

由山东省委、省政府成立"文化强省"建设指导委员会,全省"文化强省"建设实行各级党委、政府负总责,省"文化强省"建设指导委员会进行指导、组织和协调,各部门齐抓共管,各负其责,人大、政协督促推动的领导体制和工作机制。加强领导目标责任制和奖励制度建设,定期召开"文化强省"建设工作会议,及时研究解决问题,各级党委、政府主要领导要亲自抓,分管领导具体抓。文化厅、发展改革、财政、社保、税务、工商等与建设"文化强省"密切相关的部门要根据分工,各司其职、密切配合,切实担负起涉及文化强省建设和管理的相关职责,积极提供支持和保障。各市、县(市、区)要建立相应的机制和制度,确保组织领导到位、工作措施到位。

3. 深化文化管理体制改革

进一步健全党委领导、政府管理、行业自律、企事业单位依法运营的文化管理体制。理顺文化管理部门的职责分工,强化政策调节、市场监管、社会管理、公共服务的职能。完善国有文化资产监管体制,建立国有文化资产经营管理绩效考评机制。加快推进国有文艺院团以及电台、电视台制播分离改革,培育自主经营、富有活力的市场主体。完善经营性文化事业单位转制中的土地使用、人员安置、税收减免等配套政策。推动完成转企的国有文化企业完善法人治理结构,加快国有文化企业产权制度改革,实现投资主体多元化。支持改革到位的优势国有文化企业跨地区、跨领域、跨所有制兼并重组,推动文化企业股改上市。创新公益性文化事业单位管理体制,落实文化事业单位在用人、财务、业务运营等方面的自主权。推动符合条件的公益性文化事业单位建立法人治理运行模式。继续深化公益性文化事业单位内部人事、分配和社会保障制度改革。

4. 搭建高效的文化服务平台

成立各类文化行业协会,扩大行业协会的覆盖面,支持和鼓励行业协会履行好市场协调、监督、服务、维权等职责,在规范会员行为、制定行业标准、维护行业权益、规范资质认证、组织行业交流、加强政企沟通等方面发挥积极作用。加大对文化创意实验室、大型检测设备、信息中心、数据库、培训机构等基础设施的建设力度,充分利用高等院校、科研机构、大型企业的基础设施和科研平台,实现文化资源共享,降低信息搜集、人员培训、技术研究与开发等活动的成本。鼓励设立咨询服务、项目推介、资本运作和代理服务等中介机构，规范文化中介企业的设立和运行，完善文化经纪人与经纪组织的资格评定体系，鼓励文化中介机构向规模化、网络化、品牌化、规范化方向发展。

（二）强化政策法规保障

1. 认真落实事业保障政策

认真梳理国家及山东省关于文化工作的各项政策，切实抓好贯彻落实。进一步完善山东省文化体制改革以及各项社会事业改革的配套政策，认真落实财政投入、税收优惠、融资投资、劳动和社会保障、人事制度等各项政策措施。努力做到 2013 年 12 月 31 日前，经营性文化事业单位转制为企业，自转制注册之日起免征企业所得税；由财政部门拨付事业经费的文化单位转制为企业，自转制注册之日起对其自用房产免征房产税；出版发行企业库存呆滞出版物按规定作为财产损失在税前据实扣除；符合条件文化企业出口图书、报纸、期刊、音像制品、电子出版物、电影和电视完成片等文化产品应给予退税优惠政策；重点文化企业进口国内不能生产的自用设备及配套件、备件等，应减免进口环节税；文化企业境外演出从境外取得的收入免征营业税。文化事业单位转企改制后，财政部门要按转制前的渠道和标准继续拨付经费。

2. 科学制定产业扶持政策

整合现有各类文化产业扶持资金，提高财政投入的使用效益，盘活国有文化资源，推进国有文化企业的股份制改造和兼并重组，打造一批具有较强实力、竞争力和影响力的国有或国有控股文化企业和企业集团。加大对文化产业园区的扶持力度，鼓励文化企事业单位采用土地置换的方式入驻文化产业园区。鼓励盘活存量房地资源用于发展文化产业，支持老城区原有工业功能区改造为文化产业园区。进一步完善民营文化产业发展的各项政策，实现民营文化企业与国办文化企业在产业政策上一视同仁。继续贯彻落实国家现行关于对文化产业发展的税收优惠政策，文化企业按规定认定为高新技术企业的，减按 15% 税率征收企业所得税。文化企业开发新技术、新产品、新工艺发生的研究开发费用，允许按国家税法规定在计算应纳税所得额时加计扣除。积极向中央有关部门争取将文化企业设备购置费、经营收入中支持采编业务经费等方面费用，参照研究开发费政策予以加计扣除，延长现行对动漫企业减按 3% 征收营业税优惠政策的执行期。

3. 设立综合奖励政策

专门设立繁荣文化政府奖励基金，每年组织开展一次大规模的评选表彰活动，高规格、大范围、大额资金，奖励为"文化强省"建设作出突出贡献的团体和个人，形成促进"文化强省"建设的长效激励机制。深入贯彻落实《山东省文化创新奖励办法》，加大对文化发展的激励措施力度，对有突出贡献的文化产业市场主体、产品和个人进行奖励。开展优秀文化产业园区、优秀文化企业、优秀文化企业家、知名文化品牌、优秀文化产业项目、优秀文化作品等评选活动。鼓励文化企业争创名牌和著名商标，按照文化产业特点，依据相关奖励办法，对获奖的文化企业进行表彰和奖励。政府每年安排一定资金，通过奖励、补助或购买服务的方式支持民办非企业单位的发展。对文化企业具有自主知识产权的文化产品、文化服务出口给予奖励。建立文化企业信用档案和信用评级制度，提高诚信企业的知名度和贷款授信额度。对纳税数额和纳税增幅达到一定幅度的文化企业及原创动漫产品的播出、发行和获奖，按有关规定给予重点奖励。

4. 明确责任考核政策

各级宣传文化部门要进一步增强责任感、使命感，实行工作目标责任考核制度，形成干事创业的浓厚氛围。研究制定"文化强省"建设的综合评价指标体系，建立党政领导干部的量化考核指标，每年实行单独考核，各级人大、政协要加强对文化建设工作的督促检查，推动把"文化强省"建设的各项工作落到实处。科学发展促进社会和谐考核监督体系中增加文化强省建设的相关考核内容，并增加其所占比例。把"文化强省"建设工作纳入各级政府和部门的目标责任制考核内容，并在年度计划中提出具体的分解目标、任务和措施，年终总结时进行认真分析和评价。按照"三个体系"建设的要求，把文化产业发展的目标任务分解细化，落实到具体部门和单位，做到有部署、有检查、有考核，督促工作落实。建立公共财政投入的绩效考核评估制度，强化国有文化资产监管，加大对欠发达地区和农村、社区等基层文化建设的投入，加强对文化重点建设项目的引导和扶持。建立健全国有经营性文化资产监管体系，加强文化资产和经营收益管理，科学制定考核指标体系，确保国有文化资产保值增值。全面推行岗位管理和人员聘用制度，建立绩效目标考核，事业拨款由"养人"向保障项目和发展转变，引入用人竞争机制，激发内在活力。

5. 营造良好的法治环境

在严格执行国家颁布的一系列法律法规的前提下，根据山东省实际，制定有利于"文化强省"建设的法规和条例，重点是制定和完善文化资源、文化知识产权保护的法规。制定和实施文化领域的有关工作条例，建立和完善文化领域宏观调控和管理的各种法规制度，制定和完善文化市场管理的各项有关法规制度。建设运行规范的文化市场综合执法体系、建立科学合理的文化市场运行管理体系、构建开放有序的现代文化市场体系、建立完善的文化市场政策法规体系、不断发展壮大文化市场队伍、建设先进高效的文化市场技术监管体系。出台文化领域高新技术企业认定办法，鼓励运用现代科技手段改造传统文化产业。建立一支高素质的文化市场执法队伍，大力提升执法的科技化水平，依法加强对文化市场的科学化、规范化管理，促进文化市场健康、有序发展。加大文化法制宣传工作的力度，不断提高广大文化消费者、经营者的法律意识和文化素质，为"文化强省"建设营造良好法制环境。

（三）加强投入支持保障

1. 加大政府的财政投入

认真贯彻落实中央对文化事业和文化产业的财税优惠政策，适当增加财政资金在文化产业领域的投资额，引导社会资金投向，并积极争取国家资金支持，逐步建立健全建设"文化强省"的财政保障机制。全省各级财政每年文化事业经常性投入增长幅度应不低于经常性财政支出的增长幅度。改革现有财政投入机制，调整优化投入结构，有效整合和优化配置各类文化资源，避免重复建设和浪费现象。各级政府要增加文化事业产业投入规模，各级财政对文化建设的投入增幅不低于同级财政经常性收入的增幅。省财政每年安排文化产业引导资金10亿元，文化事业发展资金5000万元。各市、县市区财政要安排并逐步提高文化事业和文化产业发展引导资金，出台使用和管理办法。要按照中央和省有关政策标准，确保公共文化基础设施和公共文化服务体系建设足额投入，社区公共文化设施建设要落实从城市住房开发投资中提取1%的规定，农村行政村公共文化基础设施建设由市、县（区）两级财政按比例分担。加大对贫困地区、少数民族地区文化建设的财政转移支付的力度，支持东西两翼和山区未达标的市、县图书馆、文化馆、博物馆建设和乡镇综合文化站、农村与社区综合文化室建设。省、市两级要设立农村文化建设专项资金，确保农村重点文化建设资金需求。改革政府对文化事业投入方式，实行按项目拨款和以奖代拨，逐步将政府对文化经营单位的无偿投入转为国有资本金的投入。进一步加大财政对主流媒体的投入设立文化精品创作扶持资金，扶持省内外文化工作者围绕山东题材的文化创作。

2. 鼓励社会资本投入

积极探索和拓宽文化发展投融资渠道，引导社会资金进入文化领域。创新文化无形资产质押担保制度，畅通文化产业"绿色贷款通道"，完善文化投融资服务平台。建设文化会展、交易和投融资三大平台，健全文化产业与金融机构的合作机制。鼓励山东省优势文化企业充分对接境内外资本市场，通过上市、私募、发行债券等方式融资发展。设立山东文化产业投资基金（公司），引导信贷资金投入，逐步增加对有潜力、有效益项目的贷款额度，在国家规定的范围内，吸引国际金融资金投入山东省的文化建设，积极探索利用外资办文化产业的有效途径。以政府支持、社会赞助的方式建立并壮大各类文化发展基金会，吸收利用社会资金成立文化投资公司、文化资产经营公司等机构，积极创造条件发行文化彩票，鼓励支持文化产业集团上市。

3. 加强基础文化设施投入

各级政府要加大投入力度，逐步完善公共财政支持公益性文化建设的政策，每年的文化投入根据财政状况作相应增加。加大对基层文化单位的投入，切实加强农村和社区公共文化设施建设。建立健全基层公共文化服务的财政保障机制，保障县图书馆购书费、文化共享工程运行费、文化馆和文化站业务活动费等。制定《山东省公益性文化事业发展条例》，加强广播电视基础设施建设，提高广播电视人口有效覆盖率，加强博物馆、图书馆、群艺馆、文化馆、科技馆、青少年宫、体育场（馆）等公共文化设施建设。把基层公共文化服务设施建设，纳入地方经济、社会发展规划，特别是把县（市、区）文化馆、图书馆，乡镇（街道）文化站等农村公共文化设施，列为城乡基础设施建设中的重点项目，进行规划建设。历史文化名城和文物遗产相对丰富的地区，要从城市维护费中划拨一定比例用于文物保护。城市新建小区要按建筑造价的一定比例配套建设公共文化设施。各级财政安排足额经费，确保公共图书馆、文化馆（站）、博物馆免费开放，逐步推动纪念馆、美术馆等免费开放。提高公共文化设施使用效率。采取政府补贴的方式，推动音乐厅、剧院、电影院等国有经营性文化场馆开展公益性文化活动的低票价服务。

4. 重视基层弱势群体投入

进一步推动公共文化资源向基层和农村倾斜，着力满足城镇居民就近便捷享受公共文化服务的需求。加大财政对经济欠发达地区以及革命老区的公共文化服务体系建设的支持力度。优化整合各种文化资源配置，保证公共文化资源配置向农村、社区和欠发达地区倾斜，增强公共文化产品供给能力，推进文化信息资源共享。打破行业壁垒，广泛联合教育、体育、民政等部门，在现有公共服务设施中设置方便残障人士以及老年人、未成年人的活动区域、服务设施和服务项目。建设老年文化活动中心、老年大学、青少年校外文化活动场所。有条件的市要逐步建设少儿图书馆，县级以上图书馆要设立少儿阅读区和盲人阅读区。农村因地制宜建设乡镇文化站和村文化室，积极发展流动文化车、汽车图书馆和流动剧场等。在农村学校、外来务工人员子弟学校提供免费的少儿图书阅读、电影放映服务。

二　山东"文化强省"建设的主要工作举措

（一）成立山东"文化强省"建设领导小组，形成"文化强省"建设工作长效机制

由山东省委、省政府成立"文化强省"建设领导小组，各级党委、政府负总责，党政各职能部门在文化强省建设领导机构及其办公室的指导协调下，建立省、市、县（市、区）三级"文化强省"建设工作联席会议制度。动员组织全社会的力量积极参与"文化强省"建设。"文化强省"建设领导小组提出"文化强省"建设具体的分解目标、任务和措施，研究制定"文化强省"建设的综合评价指标体系，从 2012 年开始实行年度专项考评。

（二）在各级领导干部中进一步形成"文化强省"建设的共识

进一步结合深入学习实践科学发展观活动，通过会议交流、理论研讨、现场考察、措施对接等方式，强化各级领导干部在"文化强省"建设问题上的共识，进一步统一思想，提高认识水平，把山东省委、省政府的部署切实转化为各级干部的自觉行动。全省召开务虚会、现场会和工作会，深入研究"文化强省"建设的重大问题，制定推进工作的具体措施。

（三）进一步出台系列"文化强省"政策、法规

研究制定出台《贯彻实施山东"文化强省"战略的意见》、《山东"文化强省"建设规划纲要》、《山东"文化强省"考核指标体系》、《山东"文化强省"建设人才培养规划》等一系列政策文件，强力推进山东"文化强省"建设。加强文化法制建设，加快地方性文化立法进程，修订完善现有的关于文化建设的法规或政府规章，制定出台《山东省公共文化服务促进条例》、《山东省非物质文化遗产保护条例》、《山东省文化产业促进条例》、《山东省知识产权保护条例》、《山东省历史文化名城名镇名村保护条例》、《山东省文化体育设施管理办法》、《山东省印刷业管理办法》等法规规章，为山东"文化强省"建设提供法制保障。

（四）研究制定"文化强省"总体战略规划

尽快制定《山东"文化强省"建设规划纲要》，进一步明确发展目标、工作重点和工作步骤，使"文化强省"走上健康可持续发展之路。根据全省"文化强省"建设总体部署，全面开展市、县（市、区）文化发展规划工作，制定文化体制改革、公共文化服务、文化产业、文化人才等文化发展重点领域的专项规划，以及重要文化聚集区域的布局规划，确保"文化强省"建设的细化和落实。组织省社科院等有关科研部门和专家，对"文化强省"指标体系深入研究论证，既要充分体现"文化强省"建设的内在要求，又要确立有说服力的参照坐标。在深入调查研究的基础上，对"文化强省"的目标任务进行量化，以确保"文化强省"建设顺利推进。

（五）强化"文化强省"建设的投入力度

全省建立健全文化事业发展财政保障机制，各级财政的文化事业经费投入要随着当地经济社会和财政发展逐步增加。2012—2016 年，全省投入 50 亿元以上，用于支持"文化强省"建设。从 2012 年起，全省财政的文化事业经费支出占财政总支出的比例达到 1% 以上。各级财政要安排专项资金支持公共文化设施和公共文化服务体系建设。省级文化产业发展专项资金要年均递增 4000 万元，各地级以上市要设立文化产业发展专项资金，并随着文化产业的发展逐年增加。2012—2016 年 5 年内，省财政每年安排扶持文艺精品创作专项资金，用于扶持和打造一批文艺精品佳作。

（六）实施"文化强省"建设两步走战略

第一步，"十二五"期间为文化发展结构调整优化阶段。以提高传统文化产业开发为主，加快产业的技术改造，不断壮大规模，增加对公共文化服务的投入和建设，初步形成文化产业结构合理、发展势头强劲，文化事业繁荣，公共文化服务设施建设基本到位，公民文化素质逐步提高的文化发展体系。第二步，"十二五"后为发展升级阶段。建立覆盖全省城乡的公共文化服务体系，文化产业基本实现由传统产业为主向新兴、高科技产业为主转变，形成门类齐全、结构合理的文化产业体系，基本形成先进的现代文化传播体系，全面建成"文化强省"。

（七）开展山东"文化强省"建设重大课题研究

强化山东文化建设中理论与实践重大问题的研究，发挥山东社会科学院等高等科研院校的智库作用，成立山东"文化强省"建设专家咨询委员会，对一批事关全省文化大局和长远发展的重大课题和项目展开研究，为"文化强省"建设提供科学决策咨询服务。一是文化遗产保护问题研究，特别是曲阜文化大遗址保护问题，要与中华文化标志城规划建设相衔接，争取把该片区大遗址保护列入国家有关规划，建成国家级文化生态保护区。二是城乡文化统筹建设问题研究，重视社区文化和乡镇文化的完善与发展，关注促进城市文化与县镇文化的完善与发展。三是文化强省与蓝黄战略发展关系问题研究，积极利用山东半岛蓝色经济区和黄河三角洲高效生态经济示范区上升为国家战略的优势，为山东"文化强省"建设提供有力支持。

（八）加强"文化强省"建设统计考核工作

高度重视文化产业统计工作，在国家统计局关于《文化及相关产业分类》的基础上，建立文化产业年度统计调查和定期发布制度。建立完善文化发展指标体系，准确、及时地掌握、跟踪、检测和分析文化发展状况。加强文化科学研究和决策咨询，建立和完善文化研究体系和全省文化学科重点科研基地和文化信息库，加大文化科研经费投入，保证各项研究工作高质量展开，把"文化强省"建设的各项统计指标纳入全省各级科学发展考核体系中。

（九）总结推广"文化强省"建设先进经验

密切跟踪广东、浙江、江苏、河南等"文化强省"建设的进展情况，把握趋势，总结经验，指导全盘工作。特别要注意总结和推广各地区各部门的好思路、好做法，以点带面，引领"文化强省"建设各项工作的开展。山东省委政策研究室、省政府研究室加强这方面的调查研究，对各行各业推进"文化强省"建设的典型及时总结、梳理，并加以宣传推广。

（十）优化"文化强省"建设社会环境

要组织各种媒体，广泛宣传文化发展重大作用，提高全省人民的文化经济意识和文化环境意识，为建设"文化强省"营造良好的社会环境，形成促进文化发展的整体合力。加大各级各种新闻媒体对"文化强省"建设的宣传力度，积极推动全省人民的具体实践。强化新闻媒体的社会责任，使之成为宣传社会主义核心价值体系和促进社会和谐的重要力量。加强对外媒体宣传，支持山东主流媒体在境外办报、办刊、办台、办网，广泛宣传报道山东"文化强省"新形象。

第十二章　国内"文化强省"建设的思路做法与经验借鉴

为贯彻落实党的十七大作出的"兴起社会主义文化建设新高潮、推动社会主义文化大发展大繁荣"的伟大号召，顺应世界文化与经济融合发展的趋势，充分发挥文化在经济社会发展中引导社会、教育人民、推动发展的重要作用，全国先后有20多个省市提出了建设"文化强省"、"文化强市"的发展战略和目标。广东、浙江、江苏、河南、陕西、湖南等省在"文化强省"建设方面取得了较好的成绩，积累了宝贵而丰富的经验，这些经验对山东"文化强省"建设具有重要的借鉴意义。

一　广东、浙江、江苏、河南、陕西、湖南"文化强省"建设的思路做法

（一）广东"文化强省"建设的思路和主要做法

广东省作为中国改革开放的排头兵，早在2002年就作出了建设"文化大省"的重大战略决策。2009年，广东省委、省政府又明确提出了建设"文化强省"战略，吹响了广东"文化强省"建设的号角。2010年10月16日召开的广东省委十届七次全会上专题讨论"文化强省"战略，并出台了《广东省建设"文化强省"规划纲要》。目前，广东"文化强省"建设已经取得较好成绩。2003—2010年，广东省文化产业增加值年均增长率为12.6%，高于同期全省GDP增长水平。文化产业增加值占全省GDP比重保持在5.5%以上，约高出全国平均水平1倍。广东在"文化强省"建设中，值得借鉴的典型经验主要有以下几方面。

1. 树立"文化强省"建设的高标准和高目标

无论是国民经济和社会发展的"十二五"规划，还是"文化大省"建设规划、"文化强省"建设规划，广东都把建设目标定位在全国领先的位置上，甚至瞄准建设整个亚太地区的文化创意中心，依托经济优势和区位优势，高起点、高目标建设"文化强省"。

2. 在体制改革上，创新方法，敢为人先

广东在全国率先组建省级文化市场综合执法局，形成了全省统一、高效的文化市场综合执法体系。创新国有文化资产管理体制，2009 年率先成立了广东省国有经营性文化资产监督管理办公室，达到管人、管事和管资产的有效结合。2010 年 8 月，挂牌成立了由南方广播影视传媒集团和 19 个地级市电视台以联合发起、资产入股的方式组建的省广播电视网络股份有限公司，创造了独具特色的"广东模式"和"广东速度"，在全国广电行业引起了较大的反响。

3. 加大财政支持，创新文化投融资体制，拓宽资金保障渠道

为支持文化产业发展，广东从 2009 年开始设立"广东省文化产业发展专项资金"，每年 2 亿元支持重点文化产业项目，从 2011 年起每年再增加 4000 万元，到 2015 年专项资金规模增至 4 亿元。组建了规模 50 亿元的广东省文化产业投资基金，重点扶持文化企业的兼并重组、股改上市、重点园区和重大项目建设、文化新业态等。除了财政的雄厚支持，广东还创新投融资体制，省文资办等文化单位与有关金融机构签订了授信总规模达 1340 亿元战略合作协议，为文化企业提供贷款资助。吸引民营资本、外资进入文化产业领域，拓宽了文化产业发展的资金保障渠道。

4. 突出文化产业的核心动力作用

发挥文化产业科技含量高、资源消耗低、环境污染小、发展潜力大的特点，通过加强规划指导，健全政策保障，消除行业和区域壁垒，完善公平、竞争、有序的市场体系，促进文化产业健康发展。鼓励有条件的文化企业股改上市，提升市场竞争力。积极提升文化产业的科技水平，促进产业升级。通过完善文化产业统计体系，大力构建文化产业信息、交易和会展平台；完善文化市场综合执法机制，为文化产业发展提供良好的市场环境。

5. 弘扬广东人文精神，提升广东文化形象

广东除了注重"文化强省"建设的经济效益，还非常重视"文化强省"建设的社会效益。通过保护、继承岭南优秀传统文化，打造广东文化精品，培育广东人文精神等措施提升广东文化形象，并注意把"文化强省"建设的成果转化为老百姓感受得到的实惠，做到文化惠民。

（二）浙江"文化强省"建设的思路和主要做法

浙江省委、省政府历来高度重视文化建设工作。1999 年，浙江省委、省政府提出建设"文化大省"的战略构想，2000 年 12 月 31 日颁布了《浙江省建设文化大省纲要（2001—2020 年）》，这是全国第一个省级文化建设纲要。2008 年 7 月 3 日又颁布了《浙江省推动文化大发展大繁荣纲要（2008—2012）》，提出了文化建设的"八项工程"、"三大体系"，在文化建设方面走在了全国前列。截至目前，浙江省已经基本形成了覆盖城乡的公共文化服务体系，县级文化馆、县级图书馆、乡镇综合文化站、村级文化活动室的覆盖率分别达到 96%、78%、77%、80%。文化体制改革取得阶段性成果，全面完成文化市场综合执法改革试点工作。动漫、会展、广播影视业等文化产业获得较大发展，国产电视动画片产量为 28 部 18411 分钟，排名由全国第五升至第三；义乌文化产品交易博览会实现经贸展览洽谈成交额 18.6 亿元；全省广播影视业经营收入 97.44 亿元，增幅 10.76%。民营文化企业发展实力雄厚，截至 2010 年底，全省共有民营文化企业 4 万余家，投资总规模达到 1300 亿元以上，吸纳就业人员 75 万余人。文化遗产的保护工作不断取得新突破，申报或参与申报的 5 个项目入选联合国教科文组织"人类非物质文化遗产名录"，上榜数位居全国前列。有 85 个非遗项目被列入国务院第二批国家级非物质文化遗产名录，再次位居全国各省区第一。文化走出去步伐加快，已与世界 104 个国家和地区开展了文化交流，与 52 个国家和地区建立了相对稳定的交流关系。

1. 省委、省政府高度重视和周密筹划文化建设

浙江省委、省政府对"文化强省"建设非常重视，是全国较早提出进行"文化强省"建设的省份之一，也是国家最早确立的全国两个文化体制改革综合试点省份之一。浙江省委、省政府重要领导人多次就文化建

设进行深入细致的专题调研,多次召开全省文化体制改革综合试点工作会议和相关专题会议,成立了省文化建设领导小组,省委书记亲自担任组长,省委、省政府有关领导担任副组长,21 个职能部门负责人为成员。先后制定了《关于建立文化市场综合执法机构的实施意见》、《关于加快建设文化大省的决定》、《浙江省文化产业项目投资指南》、《关于支持文化体制改革和文化企业发展的意见》等重要政策措施,全方位、多角度地对"文化强省"建设提供战略导向和政策支持。

2. "文化强省"建设覆盖面广、系统性强

浙江的"文化强省"建设内涵丰富,覆盖面广,除了涵盖文化产业强省外,还把"文化强省"分解为教育强省、科技强省、卫生强省、体育强省四个方面。在提出"文化大省"建设之初,就提出要重点实施文明素质工程、文化精品工程、文化研究工程、文化保护工程、文化产业促进工程、文化阵地工程、文化传播工程、文化人才工程"八项工程",具有非常系统的规划和布局。

3. 以铸造和提升创业文化为重要抓手,打造强省建设的文化支撑

浙江省将发展文化产业置于"文化强省"工作全局、促进民生民富的高度,加以充分重视,在全省范围内广泛深入地开展创业文化的宣传教育,进行创业文化的提升和重塑,使创业文化成为浙江省文化崛起的内在动力,成为提升省域整体实力,实现文化强省崛起的重要支撑。

4. 重视和支持民营文化经济发展

早在 2006 年,浙江省政府就以"一号文件"的形式,颁布了《关于鼓励支持和引导个体私营等非公有制经济发展的实施意见》,大力扶持民营文化企业的发展,在文化产业领域,成就了许多资产规模过亿的航母型民营文化产业大集团。

(三) 江苏"文化强省"建设的思路和主要做法

江苏省在全国最早提出了建设"文化大省"战略。1996 年,中共江苏省委九届五次全委会决议率先提出要"把江苏建设成为与经济发展相适应的文化大省"的战略目标。2001 年,江苏省委、省政府颁布了《江苏省 2001—2010 年文化大省建设规划纲要》,2006 年,江苏省委、省政府颁布了《关于发展先进文化、建设文化江苏的决定》,进一步加快了文

化大省建设步伐。2011 年 2 月，江苏省在第十一届人大四次会议上提出了"文化强省"建设战略。经过 15 年的艰苦奋斗，江苏的"文化强省"建设硕果累累。全省文化产业增速连续 5 年达 30% 以上；覆盖城乡的公共文化设施体系基本形成；各地文化产业立项投资规模超过 3400 亿元。2010 年底，中央和江苏省政府确定的江苏文化体制改革时间表、路线图和任务书已在全国率先全面完成。江苏进行"文化强省"建设的经验主要有以下几个方面。

1. 把文化建设摆在全局工作的突出位置，自觉主动地推动文化改革发展

江苏省委、省政府始终坚持党对文化建设的正确领导，真正把文化建设摆上党委、政府的重要议事日程，纳入全省经济社会发展总体规划、全面建设小康社会目标内涵和科学发展评价考核体系，加强对文化体制改革的指导，从政策上、措施上加大对文化建设的支持力度，形成鲜明的文化发展导向、工作导向和考核导向。

2. 坚持"两手抓、两到位"，促进文化事业与文化产业共同繁荣发展

把政府的责任和面向市场的要求区别开来，一手抓公益性文化事业，一手抓经营性文化产业，公益性文化事业政府投入到位，经营性文化事业单位转企改制到位，以"两到位"落实"两手抓"，努力实现文化事业和文化产业"两轮驱动、两翼齐飞"。

3. 把中央要求与自身实际相结合，以创新精神推动文化改革发展

按照中央部署，结合江苏实际，解放思想，大胆开拓创新，在文化体制改革上积极探索、勇于突破。坚持区别对待、分类指导，根据不同文化单位具体情况制订改革方案和配套政策，及时总结推广文化改革发展的新鲜经验，努力走出了一条具有江苏特点的文化改革发展路子。

4. 正确处理社会效益与经济效益的关系，充分发挥文化发展的整体功能

深刻认识文化产品既有教育功能又有经济功能、既有意识形态属性又有商品属性的特征，始终把社会效益放在首位，努力实现社会效益和经济效益相统一。正确把握公益性文化事业和经营性文化产业对"两个效益"的不同要求，支持文化企业在坚持正确政治方向的前提下，把经济效益作为实现社会效益的重要形式，努力做到"两个效益"一起抓、

双丰收。

5. 充分调动广大文化工作者的积极性、主动性和创造性，形成推动文化改革发展的强大合力

把激发文化战线的创造活力作为文化体制改革的重要任务，切实加强政策宣传、思想引导、权益保障，使广大文化工作者真心拥护改革、热情参与改革，在改革中施展才华、得到实惠，夯实支持改革的群众基础。坚持在实践中培养锻炼一支文化改革发展的带头人队伍，形成文化战线勇于改革创新的骨干力量。

（四）河南"文化强省"建设的思路和主要做法

党的十六大以来，河南省委、省政府坚持以科学发展观为指导，站在推动经济社会全面协调可持续发展、全面建设小康社会、实现中原崛起的战略高度，确立了建设"文化强省"的奋斗目标，目前已经取得明显成效，公共文化服务体系不断完善，文化精品战略成效显著，文化产业发展迅速、招商成果丰硕，文化体制改革初见成效，成立了中原出版传媒投资控股集团有限公司，河南文化影视公司完成股份制改造，公益性文化事业单位普遍推行了内部三项制度改革，大大激发了内部活力。河南"文化强省"建设已经进入由理论到实践、由规划到实施、由局部探索到整体推进的崭新发展阶段。

1. 把"文化强省"建设置于践行科学发展观与构建和谐社会的高度加以重视

河南省委常委会、省政府常务会每年都要专题研究、协调解决文化体制改革和"文化强省"建设的重大问题。组建了由省长担任组长的文化体制改革和文化强省建设工作领导小组和专门工作机构。2005年、2006年和2008年三次召开全省文化体制改革和文化产业发展工作会议，相继出台《河南省文化强省规划纲要》、《关于大力发展文化产业的意见》、《关于加快文化资源大省向文化强省跨越的若干意见》、《关于进一步深化文化体制改革加快文化产业发展的若干意见》等一系列重要政策措施，为"文化强省"建设提供政策支持。各级党委、政府的文化自觉意识提高，把文化产业作为地方经济新的增长点，在发展经济的同时强化文化建设。一些市、县编制了文化产业发展与文化遗产保护、民生改善相结合的

文化发展规划，制定了促进文化产业发展的政策措施，形成了全社会参与支持文化建设的良好氛围。

2. 把文化产业作为"文化强省"建设的突破口和着力点

一是项目推动。每年确定一批重点文化产业发展项目，靠项目融合资源、市场、资本和技术，形成一批具有较强带动力的文化企业。二是企业带动。支持国有大型文化企业跨地区、跨行业、跨媒体经营，培育发展一批实力雄厚、具有较强竞争力和影响力的文化企业集团。三是市场拉动。通过市场抓商机，瞄准市场上项目，努力提供适销对路的文化产品和文化服务。四是旅游促动。推动文化建设与旅游发展相结合，形成文化旅游产业联合体，带动交通、餐饮、旅店、商业、娱乐等相关行业发展。国际金融危机爆发后，河南省委、省政府抓住文化产业逆势上扬的特点，实施"五大动作"应对危机，推动发展。一是成立了文化产业投资公司，打通文化产业投融资渠道。二是设立文化产业发展专项资金，支持重点文化产业项目。三是把文化产业项目推介招商作为河南国际投资贸易洽谈会的主要内容，着力推进文化产业招商引资。四是设立8个文化改革发展试验区，为"文化强省"建设寻求新的突破。五是实施"旅游立省"战略，促进文化与旅游联姻。

3. 坚持把深化文化体制改革作为"文化强省"建设的主动力

靠改革破难题，靠改革促发展，靠改革增效益。河南省2005年启动了文化体制改革工作，确立了郑州等5个文化体制改革试点城市、河南日报报业集团等13个试点单位，分类指导，探索经验。一是积极推动经营性文化单位转企改制。二是积极推进文艺演出院团改革。郑州歌舞剧院实行投资主体股份制、市场运营项目制、主要演员签约制，先后推出了《风中少林》《云水洛神》等3部优秀剧目，减少了生产成本，提高了演出效益。三是深化事业单位改革。全省公益性事业单位全面推行劳动、人事、分配三项制度改革，强化公共服务功能。四是大力发展民营文化企业和民办非企业文化单位。民营文化单位已经成为河南文化事业和文化产业发展的新生力量。

4. 依托厚重的文化底蕴，把文化资源优势转化为产业优势

坚持创新理念、创新思路、创新方法，把内容创新作为着力点，注重对传统文化进行开发包装，把文化资源转化为现实文化生产力。把形式创

新作为关键点，博采众长，探索新的艺术表现形式。把业态创新作为切入点，采用新技术、新手段改造传统的创作、生产和传播模式，大力发展电子出版、数字影视等现代文化业态。

5. 着力打造艺术精品，创出文化市场品牌

近年推出了一系列反映中原风情、体现河南特色的"文化名片"，创作推出了《风中少林》、《清明上河图》、《木兰诗篇》、《云水洛神》等一批精品剧目，在全国产生良好反响。

6. 积极实施"走出去、请进来"战略

一是让中原文化走向全国、走向世界。河南豫剧长期在国内巡回演出，并远赴欧洲、南美等地演出，河南的武术、杂技也常年在国外演出。二是以中原文化的独特魅力吸引中外游客走进河南。利用河洛文化、姓氏文化、功夫文化、古都文化、民俗文化等资源优势，组织开展以中原文化为纽带的重大文化活动，吸引大批海外华人来河南寻根谒祖，感受中原文化的博大精深，海内外游客、客商的文化大交流带动了经贸大合作和经济的大发展。

（五）陕西"文化强省"建设的思路和主要做法

陕西省文化积淀深厚，文化资源极其丰富，既包括厚重的历史文化资源，也包括灿烂的革命文化资源，还包括特色鲜明的民俗文化资源和壮美雄奇的自然文化资源，还有深受海内外关注的宗教文化资源，以及一定实力的现代文化资源。2002 年，陕西省提出了建设西部"经济强省"与建设"文化强省"互动并进的发展目标。2007 年 5 月，陕西省第十一次党代会提出了把陕西建设成西部强省的奋斗目标，其内涵包括经济强、科教强和文化强。文化强，就是要建立起与经济社会发展水平相适应的文化发展格局，文化事业整体水平和文化产业实力处于西部前列。

1. 注重社会主义核心价值体系建设

充分发挥先进文化的引领作用，提高人们的思想道德素质；全面繁荣文化艺术和哲学社会科学事业，推出一批在全国具有较大影响的精品力作；加强文化基础设施建设，形成覆盖全省的公共文化服务体系；有效整合文化资源，形成若干具有核心竞争力的文化产业集团，打造一批具有陕西特色的优势文化品牌。尤其是在非物质文化遗产的

保护和利用上，采取积极措施，充分开发利用这些资源，成为陕西的突出文化特色。

2. 以资源对接资本，创新文化体制改革发展新思路

以全面转企改制，塑造市场竞争新主体。积极推进省直文化单位实施转企改制，并出台系列配套措施。减轻改制单位经济负担，省财政一次性给予部分资金支持。对有财政正常拨款的"事转企"单位，财政原有拨款不减少，既调动了文化单位改革的积极性和主动性，也在社会保障等方面给改革保驾护航。

3. 创造文化产业发展的良好环境

2007 年 12 月，出台了《关于加快发展陕西省文化产业的若干政策措施》，通过实施加强对文化产业的政策引导、加大对文化产业发展的政策扶持力度、鼓励支持民营文化企业加快发展、创造文化产业发展的良好环境等措施，力促陕西文化产业大发展、文化事业大繁荣。民营文化企业逐渐成长为陕西文化产业发展的生力军。目前，西安市民营文化企业占90%，特别是在影视制作、数字娱乐、广告、文化创意、会展等非公有制资本和外资率先开放的领域，民营企业发展势头良好。

4. 利用金融杠杆，为文化产业发展提供充足动力

2009 年 9 月，陕西省人民政府发布了《关于金融支持陕西文化产业做大做强的指导意见》，明确提出将对曲江国家级文化产业示范基地、西安高新区文化创意产业园、延安革命文化园区等文化产业示范区和示范基地建设进行重点投入。通过开展银团贷款、资产证券化及以项目受益权和收费权为质押的贷款业务，为大唐不夜城、汉唐长安城、大明宫国家遗址公园、西安文艺路演艺一条街等重点项目和重大文化基础设施建设提供必要的信贷投入。陕西还将重点支持西影集团、陕西旅游集团等大型文化产业集团，通过发放并购贷款等途径，帮助其以资本和业务为纽带，实现跨地区、跨行业、跨媒体、跨所有制的资源整合和快速发展，并争取金融机构各自总行（部）支持在陕开展专利权、著作权、"版权+票房收益"等无形资产质押贷款的试点，满足大型文化产业集团和重点文化企业的合理资金需求。

5. 全力打造文化产业发展航母，促进文化产业跨越式发展

成立陕西文化产业投资控股（集团）有限公司，集团依托陕西大文

化、大旅游、大文物优势，以机制创新为动力，以资源整合为手段，以重大项目为带动，集团以实施大产业布局、大项目带动、大资源整合、大资本运作为发展战略，通过建设一批文化园区，完善造血功能；实施一批重大文化项目，彰显文化产业引领作用；推出一批文化精品，提升文化影响力。积极开展项目投资、资源整合、资本运作工作，业务领域不断扩张，规模和实力显著壮大。相继启动西安文艺路演艺基地、延安红色旅游、安塞黄土风情园、黄帝陵中华精神家园园区、韩城历史文化景区、铜川照金香山红色文化景区等文化板块建设。投资设立了中国电视剧版权交易中心、陕西书画艺术品交易中心、陕西文物复仿与旅游纪念品开发中心等。主投或参与投资了《张小五的春天》、《漂亮女人》、《三十里铺》、《盘龙卧虎高山顶》、《叶落长安》等电视剧，大型纪录片《黄帝》、《我们在延安》，歌舞电影《兰花花》等于 2011 年与观众见面。集团首创了"中国西安国际民间影像大赛暨民间影像节"，联合陕西广播产业集团成功创办了"秦腔广播·西安乱弹"，发起成立了陕西中华文化促进会，成功运营并参展了第五届西部文博会。

（六）湖南"文化强省"建设的思路和主要做法

文化湘军从 2006 年开始享誉全国。先是电视湘军在全国一鸣惊人，接着出版湘军、演艺湘军、动漫湘军也纷纷亮相，一时间湖南的文化产业成为全国最活跃、最具竞争力、最具国际化风格、最具湖湘文化底蕴的特色产业。湖南作为中部大省，早在 1989 年就在全国率先作出了"发展文化经济，建设文化大省"的战略决策。20 世纪 90 年代以来，全省解放思想，转变观念，把文化体制改革和文化产业发展作为湖南跨越式发展的重要组成部分，全面实施经济文化、文化经济强省战略。2001 年，湖南确立了"发展文化产业，建设文化强省"的战略。2006年 11 月，湖南省第九次代表大会正式提出了"文化强省"战略。湖南实施"文化强省"战略以来，"文化强省"与经济强省、教育强省相互促进、相互补充、互为支撑，为富民强省提供了有力精神支撑和文化保障。目前，湖南省特色文化产业发展的路子基本形成，城乡公共文化服务能力和水平得到大幅提升，湖湘文化优良传统得到大力弘扬，呈现出实力提升、体系健全、活力增强的良好态势。作为一个内陆省份，湖南建设"文化强省"在资金、区位等很多方面并不具有优势，然而成效却非常显著。

1. 思想解放、观念领先，成为文化产业发展的内在动力

湖南省准确把握国内外发展大势，把握了湖南省情，特别是湖南文化资源的优势和特点，先人一步地挖掘出文化的经济属性，在认识和行动上早了半拍，从而赢得了文化改革发展的先机和主动权。

2. 坚持把"文化强省"放在富民强省的大局中加以推进

在文化建设中坚持紧贴富民强省的中心，服务富民强省的大局，在大局中谋划，在大局下推进。围绕富民强省提供精神动力、智力支持，促进认识统一、民心凝聚，充分发挥了对大局的促进和保证作用，把建设经济强省、文化强省和教育强省统一起来，形成合力，推动湖南经济社会又好又快发展。

3. 按照文化自身发展规律来推进文化的改革发展

根据文化产品既有意识形态属性、又有商品属性，文化建设既是精神形态建设又是物质形态建设这一特点，坚持一手抓公益性文化事业，一手抓经营性文化产业；一手抓高雅文化，一手抓大众文化；一手抓繁荣，一手抓管理。对公益性文化事业，政府加大投入，确保人民群众的基本文化权益。对经营性文化单位，大胆推进转企改制，面向市场增强活力。同时，正确处理坚持主旋律和大众化的关系，坚持用先进文化教育人、激励人、塑造人，积极发展优秀的传统文化、通俗文化、民俗文化，努力满足人民群众各层次的精神文化需求；正确处理经济效益和社会效益的关系，努力实现经济效益和社会效益的有机统一，当经济效益和社会效益发生冲突时，经济效益服从社会效益。

4. 做大做强文化产业，引领"文化强省"建设

首先，积极培育市场主体，按照集中优势、保护竞争、创造品牌、强力扩张的思路，大力发展集团化经营，着力培养产业突出、原创能力强且具备核心竞争力的文化产业市场主体。其次，在突出特色品牌上下功夫，"广电湘军"、"出版湘军"就是典型代表。再次，积极打造人才队伍。湖南省委宣传部在中宣部"四个一批"的基础上，组织了宣传系统"五个一批"人才的选拔和培养，一批懂经营会管理的文化经营管理人才逐步成长起来，为湖南"文化强省"建设作出了巨大贡献。

二　国内先进地区"文化强省"建设的经验启示

他山之石，可以攻玉。国内文化先进省市的"文化强省"建设经过多年探索，已经形成了比较成熟、具有特色的模式，对促进山东"文化强省"建设具有重要的参考价值和借鉴意义。广东、浙江、江苏充分利用经济优势打造"文化强省"，把经济发展与文化发展有机结合起来，创新思路，用改革促发展，用发展惠民生。河南、陕西充分利用资源优势打造"文化强省"，突出核心文化，提升文化生产力。湖南充分发挥创新优势打造"文化强省"，体制机制改革体现新思路，文化产业发展走出新道路。对于山东省来说，不论是经济方面、资源方面，还是创新能力方面，都有自己的优势和特点，如何充分利用这些优势和特点，既好又快地建设"文化强省"，借鉴国内文化先进地区的经验无疑非常重要。

（一）解放思想，更新观念，强化意识

纵观各省市的成功经验可以发现，坚持解放思想、更新观念、强化意识，无疑是文化体制创新、产业加速发展、打造文化强省的内在动力。山东要建设"文化强省"，也必须做到进一步解放思想、更新观念、强化意识。

首先要认真贯彻落实中央关于文化建设的一系列重大决策部署，牢牢把握社会主义先进文化的前进方向，坚持以科学发展观统领文化建设，把文化建设摆在全局工作的突出位置，始终坚持党对文化建设的正确领导，把文化建设纳入经济社会发展总体规划、全面建设小康社会目标内涵和科学发展评价考核体系。要打破传统观念，在思想观念、发展思路上实现"五个转变"：一是从传统的重经济轻文化转变为多元化的大文化发展思路，促进文化与经济的可持续发展。二是从重管理、轻服务的观念，转变为政府服务文化发展新理念，充分发挥市场配置文化资源的基础性作用。三是从重视地域忽视融合发展思想转化为开放的文化发展思想，实现文化要素的有效配置和合理流动。四是从单纯地追求文化资源开发的思想转变为多层次、大空间、资源综合开发的现代文化经济思想，改变无序、盲目开发文化资源的弊端。五是从片面追求文化发展的经济效益转变为经济效

益和社会效益并重，推动山东文化的高起点、宽领域、深层次发展。

其次必须把中央要求与自身实际相结合，解放思想，勇于探索，把"文化强省"建设与黄河三角洲高效生态经济区建设、山东半岛蓝色经济区建设有机结合。根据山东不同文化单位具体情况制订改革方案和配套政策，走出一条具有山东特点的文化体制改革和发展的路子，以创新精神推动文化发展繁荣。根据山东特有的文化资源，合理开发，积极筹划，走出一条具有齐鲁特色的文化产业兴盛之路，以开拓精神促进文化产业的大发展。

再次"文化强省"建设必须要用一种世界的眼光和国际的视野来谋划。山东文化资源丰富，文化底蕴深厚，又拥有孔子等享誉世界、具有国际影响力的独特文化资源。所以，山东建设文化强省不能仅仅囿于省内区域，而是要走出国门，走向世界。通过完善对外文化交流体系，大力发展对外文化贸易，使更多的人了解齐鲁文化，让更多的人向往山东，做客山东，扩大山东文化的影响力。

最后在思想解放和观念更新的基础上，增强责任感和紧迫感，强化责任意识，坚定不移；强化机遇意识，积极作为；强化创新意识，勇于创新。开拓思路、知难而进，以时不我待、奋发有为的精神和勇气，以一种"等不起、坐不住、拖不得"的紧迫感责任感，千方百计地推动山东"文化强省"战略的实施。

（二）积极有效开发利用齐鲁文化特色资源

作为全国重要的文化资源大省，山东对文化资源的开发利用目前还处于起步阶段，与河南、陕西等省份存在一定差距。具体表现为资源浪费闲置现象严重，开发经营较为粗放，集约化和产业化程度低，缺乏有机整合和深度开发，文化资源转化发展思路、模式、业态及路径等都亟待探索和改进。建设"文化强省"，必须推动文化资源深度合理开发，推动文化资源与旅游、创意、高新技术等行业的融合，形成新的文化业态。

首先，对山东文化资源进行彻底、全面的调查摸底，全面掌握文化资源的种类、特色、分布、优势等。科学评估这些资源的经济价值、社会价值和文化价值。

其次，打破文化资源的行政化配置体制，进一步整合全省文化资源。

对已有的文化产业园区进行整合，提升文化资源的利用水平。可以尝试建立"特区"，给予政策、资金上的支持，用文化发展带动社会发展、经济发展，做到统一定位、统一规划、统一品牌，共同打造特色鲜明的文化产品，提升品牌知名度。在这方面，可以借鉴陕西"曲江新区"的做法。

再次，大力实施品牌战略、精品战略。在国际范围内，打响"齐鲁"品牌。对"泰山"、"孔子"等品牌给予重点支持。通过动漫、歌舞、影视等精品生产，扩大品牌的国际影响力。

最后，正确处理好开发与保护文化资源的关系。"双赢"、"得兼"、"良性互动"的前提首先是保护，做到了保护就是合理，做不到保护就是不合理，在保护的前提下做到科学开发，可持续发展。

（三）抓好"文化强省"人才队伍建设

纵观各省市的"文化强省"建设战略，无不把人才队伍建设放到突出位置，因此，山东在文化人才队伍建设方面必须做到以下几个方面：

牢固树立人才是第一资源的观念，把人才培养作为建设方面："文化强省"的紧迫任务和重要途径，通过专业培养、实践锻炼、引进吸收等多种渠道，加快培养造就一支规模宏大、结构合理、适应"文化强省"建设需要的高素质人才队伍。建立包容人才、聚合人才、灵活开放的用人机制，对人才不求全责备，用其所长，不求所有、但求所用。大胆突破现有瓶颈，充分尊重人才创意价值，敢于树立个人品牌，建立符合市场规律的激励约束机制，不拘一格地重用、重赏人才。用价值回报、待遇认可、情感纽带营造人才气场。

坚持培养人才和引进人才相结合，着力培养文化资本运营、经纪代理、产业经营管理创新等高端专家人才队伍。切实加强对山东人才资源开发的总体谋划，健全、完善、加强文化人才工作的相关配套政策，努力营造鼓励人才干事业、支持人才干成事业、帮助人才干好事业的环境氛围，让各类人才的能力得到充分发挥。在文化领域重点造就一批在国内外具有重要影响的文化名人和文化大师。在大专院校和科研院所设立重点院系、重点学科、重点专业，建立文化强省人才培养基地，有组织、有计划地大力培养高素质人才。设立文化发展专项资金和基金，设立文化建设突出贡献奖。进一步拓宽培养渠道，加大对本地优秀人才的培养力度。

（四）加大财政支持力度

不论是经济优势明显的广东、江苏、浙江，还是经济优势不是很明显的陕西，都下大气力，拿出相当的财政投入，鼎力支持"文化强省"建设。山东省财政投入在文化建设上虽然卓有成效，但与上述省份相比，还具有一定的差距。为此，必须采取以下相应措施。

一方面，设立文化事业发展专项资金。各级政府要增加文化事业产业投入规模，各级财政对文化建设的投入增幅不低于同级财政经常性收入的增幅，确保文化基础设施和公共服务体系建设足额投入。加大对贫困地区、少数民族地区文化建设的财政转移支付的力度。省、市两级设立农村文化建设专项资金，确保农村重点文化建设资金需求。改革政府对文化事业投入方式，实行按项目拨款和以奖代拨，逐步将政府对文化经营单位的无偿投入转为国有资本金的投入。

另一方面，设立文化产业引导和投资专项资金，根据国民收入的增长情况逐年增加资金总额。学习陕西的成功经验，通过开展银团贷款、资产证券化及以项目受益权和收费权为质押的贷款业务，为重点项目和重大文化基础设施建设提供必要的信贷投入。对大型文化产业集团，通过发放并购贷款等途径，帮助其以资本和业务为纽带，实现跨地区、跨行业、跨媒体、跨所有制的资源整合和快速发展。并争取金融机构各自总行（部）支持在山东开展专利权、著作权、"版权＋票房收益"等无形资产质押贷款的试点，满足大型文化产业集团和重点文化企业的合理资金需求。陕西成立文化产业投资控股（集团）有限公司的模式，也是一种有益的积极探索。

（五）引入民营资本，实现资本多元化

把民营经济作为文化产业发展主力军和"动力源"，优先培育民营经济较易发展的行业领域，激发文化产业发展的活力。把打破束缚和政策扶持作为激励民营资本投资文化产业的两个"轮子"，强力驱动发展。

在加快国有占优势的传统文化产业体制改革，激活国有文化事业单位的同时，坚持以民营为主，多种经济成分参与的原则，通过政策扶持、盘活文化资源、公共服务平台支撑等措施突破民营经济起步"瓶颈"，做大做强一些民营企业较易进入并能够快速成长的行业领域，如动漫游戏、演艺娱乐、网络、文化旅游、文化产品制售业等。比如湖南的民营企业在动漫领域优势明显，产量、质量、效益都居全国领先地位，蓝猫、虹猫等卡通人物全国知名。再如浙江杭州的宋城集团，由其打造的大型歌舞《宋城千古情》，每年上演1000多场，观众逾200万人次，年演出收入约2亿元，成为杭州标志性演出。依托民营经济为主力军，培育文化产业局部优势，能够迅速提升区域软实力和城市品牌，吸引更多文化产业投资集聚，起到了激活和示范的效用。

（六）实施品牌战略和重大项目带动战略

"文化强省"建设一定要有品牌意识。品牌是一个地区、一个企业最重要的无形资产，通过维护、创立、重塑文化品牌，可以对"文化强省"建设产生资本聚集、品质提升、消费导向、产业示范、利润增值等多重效应。

首先，要把确立城市文化主题、打造城市文化展示载体作为"文化强省"建设的紧迫任务，抓紧落实。纵观世界上的著名城市，往往有不止一个城市文化主题，配合城市文化主题，又有享誉全球的若干个城市文化展示载体。从国内先进省市的经验来看，打造城市文化展示载体往往力求城市功能和城市文化形象的有机统一，有的是体现文化内涵的优美城市景观，有的是著名的城市文化节庆和会展活动，有的是彰显传统历史文化底蕴的民风民俗，也有的是保存了历史传承下来的浪漫风情。山东城市发展基本上"千城一面"，既缺乏城市特色，又没有体现出城市文化，应根据"可链接、可展示、可操作"的要求，以文化、创新、活力、生态四个要素为内涵，打造一批城市文化发展载体。

其次，要以文化创意、影视制作、出版发行、印刷复制、广告、演艺娱乐、文化会展、数字内容和动漫等产业为重点，积极实施重大项目带动战略，加快文化产业示范基地和区域特色文化产业群建设。通过放宽准入、简化审批手续吸引社会力量参与重大文化产业项目建设，同时调动中小文化企业积极性，形成富有活力的优势企业群体。

再次，要依托山东的优势文化资源，打造文化艺术精品，创出市场品牌，推出反映齐鲁风情、体现山东特色的"文化名片"。尤其是可以在泰山、孔子、孟子、沂蒙山等主题上，着重打造文化艺术精品，比如动漫、影视剧、歌舞等。继而，通过这些文化艺术精品，实施齐鲁文化"走出去"战略和"请进来"战略，增强齐鲁文化的世界影响力。

（七）铸造和提升创业文化活力

创业文化是一个国家、一个地区发展最深厚的底蕴，它营造经济发展的社会氛围，激发经济发展的内在活力。全球创业研究机构在考察世界主要国家和地区的创业活动后得出这样的结论：精神力量活跃程度与该地区经济增长之间存在明显的正相关。从先进省份"文化强省"建设的经验来看，先进地区之所以"文化强省"建设取得很大成绩，得益于有效地激发人们创业文化精神和文化竞争意识。比如，浙江、河南在全省范围内大张旗鼓地开展创业文化的宣传教育，进行创业文化的提升和重塑，使以求富、开拓、拼搏、自强、争先为内核的创业文化成为"文化强省"建设的重要组成部分，成为文化崛起的内在动力，成为提升省域整体实力，实现"文化强省"崛起的重要支撑。

（八）推进文化与科技融合，向科技创新要效益

科学技术是第一生产力，文化也是一种生产力，在科技日新月异的今天，要注意充分利用先进的科学技术，使科学技术生产力与文化生产力有机融合，让科技因素为文化强省建设锦上添花。要建立、健全以企业为主体、市场为导向、产学研相结合的文化创新体系，努力掌握一批具有知识产权的核心技术和关键共性技术，为山东文化产业的发展提供有力的技术支撑和创新动力。加强全球化进程中的文化科技自觉，同时推动科技进步引领下的文化创新。一是要运用现代科技手段提升公共文化服务能力，在推动公共文化设施建设、文化传承和传播体系建设、非物质文化遗产保护与古籍保护、文化市场监管体系建设中发挥科技的优势。二是推进现代科技与文艺创作特别是演艺创作、生产相结合，提升演艺产品的表现力并进而扩大其影响力，如浙江的"印象西湖"。三是推动现代科技与文化产业相交融，运用现代科技手段使民族文化资源优势变为文化产业优势，不断提升新兴文化业态在文化产业中的比重。四是调整文化领域的学科布局，促进系统内外的科技资源整合，积极吸引掌握核心技术的科技人才投身文化建设。

参考文献

［1］ Frex, Bruno, Pommerehne. International trade in arts: *Attitude and Behavior. Artists and cultural consumers*, 1987 （3）.

［2］ Allen J. Scott. *Cultural products Industries and Urban Economic Development. Urban Affairs Review*, 2004 （39）.

［3］ Loet Leydesdorff. *Technology and Culture: The Dissemination and the Potential "Lock – in" of New Technologies.* Journal of Artificial Societies and Social Simulation. 2001 （4）.

［4］ Murat F. Iyigun, Ann L. Owen. *From indoctrination to the culture of change: technological progress, adaptive skills, and the creativity of nations.* International Finance Discussion Papers. 1999 （7）.

［5］ P. S. Agutter, D. N. Wheatley, Thinking about Life, Springer Science + Business Media B. V. 2008.

［6］ Taylor, M. Z., Wilson, S., Does culture still matter: *The effects of individualism on national innovation rates*, J. Bus. Venturing （2010）, doi: 10. 1016/j. jbusvent. 2010. 10. 001.

［7］ 凯夫斯·理查德:《创意产业经济学:艺术的商业之道》,新华出版社 2004 年版。

［8］ 理查德·佛罗里达:《创意经济》,中国人民大学出版社 2006 年版。

［9］ 约翰·霍金斯:《创意经济:如何点石成金》,上海三联书店 2006 年版。

［10］ Allen, J. Scott:《城市文化经济学》,中国人民大学出版社 2010 年版。

［11］肖弘弈：《中国传媒产业结构升级研究》，中国传媒大学出版社2010年版。

［12］于平、傅才武：《中国文化创新报告（2011）》，社会科学文献出版社2011年版。

［13］韩永进：《新的文化发展观》，文化艺术出版社2006年版。

［14］马来平：《科技与社会引论》，人民出版社2001年版。

［15］汤莉萍主编：《世界文化产业案例选析》，四川大学出版社2006年版。

［16］林拓主编：《世界文化产业发展前沿报告》，社会科学文献出版社2004年版。

［17］陆地主编：《"世界文化产业"丛书》，外语教学与研究出版社2007年版。

［18］联合国教科文组织：《世界文化报告（2000）》，北京大学出版社2002年版。

［19］李长春：《正确认识和处理文化建设发展中的若干重大关系努力探索中国特色社会主义文化发展道路》，《求是》，2010年第6期。

［20］刘云山：《以改革创新精神谋划文化建设　促进社会主义文化大发展大繁荣》，《党建》，2010年第10期。

［21］王修智：《齐鲁历史文化丛书》，山东文艺出版社2005年版。

［22］安作璋：《王志民·齐鲁文化通史》，中华书局2004年版。

［23］柏杨：《中国人史纲》，同心出版社2005年版。

［24］刘德龙：《齐鲁历史文化名人传略》，齐鲁书社2006年版。

［25］刘德龙，张廷兴：《齐鲁之光》，齐鲁书社2003年版。

［26］许结：《中国文化史》，花城出版社2006年版。

［27］孟祥才：《齐鲁思想文化史》，山东大学出版社2002年版。

［28］王修智：《诚信山东》，当代中国出版社2005年版。

［29］冯志高：《和谐社会建设研究》，河南人民出版社2007年版。

［30］俞可平、李慎明、王伟光：《马克思主义视域中的和谐社会建设》，重庆出版社2007年版。

［31］张华、郑贵斌、王志东：《山东半岛蓝色经济区文化产业发展战略研究》，山东人民出版社2010年版。

［32］王志东：《2009 年山东省文化产业发展报告》，山东人民出版社 2010 年版。

［33］陆祖鹤：《文化：产业发展方略》，社会科学文献出版社 2006 年版。

［34］王强、包晓光：《中国传统文化精神》，昆仑出版社 2006 年版。

［35］王晓家：《由建设山东文化大省谈到齐文化开发利用的机制》，《理论学习》，2000 年第 12 期。

［36］杨丽霞、喻学才：《中国文化遗产保护利用研究综述》，《旅游学刊》，2004 年第 4 期。

［37］郭新茹、顾江：《文化遗产产业化运作的路径依赖与战略选择》，《特区经济》，2009 年第 4 期。

［38］张廷兴、艾思同：《山东文化资源的开发和利用》，中国档案出版社 2004 年版。

［39］杨丽霞：《文化遗产保护和旅游发展》，东南大学硕士学位论文，2005 年。

［40］陈修岭：《山东省文物旅游发展研究》，山东大学硕士学位论文，2006 年。

［41］刘香丽：《文化遗产旅游开发与保护研究》，辽宁师范大学硕士学位论文，2008 年。

［42］潘运伟：《自然与文化遗产的保护和开发研究》，中国地质大学硕士学位论文，2009 年。

［43］宣兆琦：《关于齐文化开发的若干思考》，《管子学刊》，2000 年第 3 期。

［44］于平：《全球化进程中的文化科技自觉》，《福建艺术》，2010 年第 3 期。

［45］张会军：《坚持特色与创新发展——关于电影教育的思考》，《北京电影学院学报》，2006 年第 5 期。

［46］胡惠林：《关于我国文化产业发展战略研究的思考》，《东岳论丛》，2009 年第 2 期。

附　录

《中共中央关于深化文化体制改革、推动社会主义文化大发展大繁荣若干重大问题的决定》

(2011 年 10 月 18 日中国共产党第十七届
中央委员会第六次全体会议通过)

中国共产党第十七届中央委员会第六次全体会议全面分析形势和任务，认为总结我国文化改革发展的丰富实践和宝贵经验，研究部署深化文化体制改革、推动社会主义文化大发展大繁荣，进一步兴起社会主义文化建设新高潮，对夺取全面建设小康社会新胜利、开创中国特色社会主义事业新局面、实现中华民族伟大复兴具有重大而深远的意义。全会作出如下决定。

一　充分认识推进文化改革发展的重要性和紧迫性，更加自觉、更加主动地推动社会主义文化大发展大繁荣

文化是民族的血脉，是人民的精神家园。在我国五千多年文明发展历程中，各族人民紧密团结、自强不息，共同创造出源远流长、博大精深的中华文化，为中华民族发展壮大提供了强大精神力量，为人类文明进步作出了不可磨灭的重大贡献。

中国共产党从成立之日起，就既是中华优秀传统文化的忠实传承者和

弘扬者，又是中国先进文化的积极倡导者和发展者。我们党历来高度重视运用文化引领前进方向、凝聚奋斗力量，团结带领全国各族人民不断以思想文化新觉醒、理论创造新成果、文化建设新成就推动党和人民事业向前发展，文化工作在革命、建设、改革各个历史时期都发挥了不可替代的重大作用。

改革开放特别是党的十六大以来，我们党始终把文化建设放在党和国家全局工作重要战略地位，坚持物质文明和精神文明两手抓，实行依法治国和以德治国相结合，促进文化事业和文化产业同发展，推动文化建设不断取得新成就，走出了中国特色社会主义文化发展道路。我们坚持解放思想、实事求是、与时俱进，不断推进马克思主义中国化时代化大众化，形成和发展了中国特色社会主义理论体系，为开辟和拓展中国特色社会主义道路、确立和完善中国特色社会主义制度提供了科学理论指导；坚持推进社会主义核心价值体系建设，用马克思主义中国化最新成果武装全党、教育人民，用中国特色社会主义共同理想凝聚力量，用以爱国主义为核心的民族精神和以改革创新为核心的时代精神鼓舞斗志，用社会主义荣辱观引领风尚，巩固了全党全国各族人民团结奋斗的共同思想道德基础；坚持为人民服务、为社会主义服务的方向和百花齐放、百家争鸣的方针，发扬广大人民群众和文化工作者的创造精神，推动优秀文化产品大量涌现，丰富了人民精神文化生活；坚持推进文化体制改革，创新文化发展理念，解放和发展文化生产力，推动文化事业全面繁荣、文化产业健康发展，大幅度提高了人民基本文化权益保障水平，大幅度提高了文化在经济社会发展中的地位和作用；坚持发展多层次、宽领域对外文化交流格局，借鉴吸收人类优秀文明成果，实施文化走出去战略，不断增强中华文化国际影响力，向世界展示了我国改革开放的崭新形象和我国人民昂扬向上的精神风貌。我国文化改革发展，显著提高了全民族思想道德素质和科学文化素质、促进了人的全面发展，显著增强了国家文化软实力，为坚持和发展中国特色社会主义提供了强大精神力量。

当今世界正处在大发展大变革大调整时期，世界多极化、经济全球化深入发展，科学技术日新月异，各种思想文化交流交融交锋更加频繁，文化在综合国力竞争中的地位和作用更加凸显，维护国家文化安全任务更加艰巨，增强国家文化软实力、中华文化国际影响力要求更加紧迫。当代中国进入了全面建设小康社会的关键时期和深化改革开放、加快转变经济发展方式的攻坚时期，文化越来越成为民族凝聚力和创造力的重要源泉、越来越成为综合国力竞争的重要因素、越来越成为经济社会发展的重要支撑，丰富精神文化生活越来越成为我国人民的热切愿望。我国仍处于并将长期处于社会主义初级阶段，人民日益增长的物质文化需要同落后的社会生产之间的矛盾仍然是社会主要矛盾。全面建成惠及十几亿人口的更高水平的小康社会，既要让人民过上殷实富足的物质生活，又要让人民享有健康丰富的文化生活。我们必须抓住和用好我国发展的重要战略机遇期，在坚持以经济建设为中心的同时，自觉把文化繁荣发展作为坚持发展是硬道理、发展是党执政兴国第一要务的重要内容，作为深入贯彻落实科学发展观的一个基本要求，进一步推动文化建设与经济建设、政治建设、社会建设以及生态文明建设协调发展，更好满足人民精神需求、丰富人民精神世界、增强人民精神力量，为继续解放思想、坚持改革开放、推动科学发展、促进社会和谐提供坚强思想保证、强大精神动力、有力舆论支持、良好文化条件。

我国文化领域正在发生广泛而深刻的变革，推动文化大发展大繁荣既具备许多有利条件，也面临一系列新情况新问题。我国文化发展同经济社会发展和人民日益增长的精神文化需求还不完全适应，突出矛盾和问题主要是：一些地方和单位对文化建设重要性、必要性、紧迫性认识不够，文化在推动全民族文明素质提高中的作用亟待加强；一些领域道德失范、诚信缺失，一些社会成员人生观、价值观扭曲，用社会主义核心价值体系引领社会思潮更为紧迫，巩固全党全国各族人民团结奋斗的共同思想道德基础任务繁重；舆论引导能力需要提高，网络建设和管理亟待加强和改进；有影响的精品力作还不够多，文化产品创作生产引导力度需要加大；公共文化服务体系不健全，城乡、区域文化发展不平衡；文化产业规模不大、结构不合理，束缚文化生产力发展的体制机制问题尚未根本解决；文化走出去较为薄弱，中华文化国际影响力需要进一步增强；文化人才队伍建设急需加强。推进文化改革发展，必须抓紧解决这些矛盾和问题。

全党必须深刻认识到，社会主义先进文化是马克思主义政党思想精神上的旗帜，文化建设是中国特色社会主义事业总体布局的重要组成部分。

没有文化的积极引领，没有人民精神世界的极大丰富，没有全民族精神力量的充分发挥，一个国家、一个民族不可能屹立于世界民族之林。物质贫乏不是社会主义，精神空虚也不是社会主义。没有社会主义文化繁荣发展，就没有社会主义现代化。在新的历史起点上深化文化体制改革、推动社会主义文化大发展大繁荣，关系实现全面建设小康社会奋斗目标，关系坚持和发展中国特色社会主义，关系实现中华民族伟大复兴。我们要准确把握我国经济社会发展新要求，准确把握当今时代文化发展新趋势，准确把握各族人民精神文化生活新期待，增强责任感和紧迫感，解放思想，转变观念，抓住机遇，乘势而上，在全面建设小康社会进程中、在科学发展道路上奋力开创社会主义文化建设新局面。

二　坚持中国特色社会主义文化发展道路，努力建设社会主义文化强国

坚持中国特色社会主义文化发展道路，深化文化体制改革，推动社会主义文化大发展大繁荣，必须全面贯彻党的十七大精神，高举中国特色社会主义伟大旗帜，以马克思列宁主义、毛泽东思想、邓小平理论和"三个代表"重要思想为指导，深入贯彻落实科学发展观，坚持社会主义先进文化前进方向，以科学发展为主题，以建设社会主义核心价值体系为根本任务，以满足人民精神文化需求为出发点和落脚点，以改革创新为动力，发展面向现代化、面向世界、面向未来的，民族的科学的大众的社会主义文化，培养高度的文化自觉和文化自信，提高全民族文明素质，增强国家文化软实力，弘扬中华文化，努力建设社会主义文化强国。

建设社会主义文化强国，就是要着力推动社会主义先进文化更加深入人心，推动社会主义精神文明和物质文明全面发展，不断开创全民族文化创造活力持续迸发、社会文化生活更加丰富多彩、人民基本文化权益得到更好保障、人民思想道德素质和科学文化素质全面提高的新局面，建设中华民族共有精神家园，为人类文明进步作出更大贡献。

按照实现全面建设小康社会奋斗目标新要求，到 2020 年，文化改革发展奋斗目标是：社会主义核心价值体系建设深入推进，良好思想道德风

尚进一步弘扬，公民素质明显提高；适应人民需要的文化产品更加丰富，精品力作不断涌现；文化事业全面繁荣，覆盖全社会的公共文化服务体系基本建立，努力实现基本公共文化服务均等化；文化产业成为国民经济支柱性产业，整体实力和国际竞争力显著增强，公有制为主体、多种所有制共同发展的文化产业格局全面形成；文化管理体制和文化产品生产经营机制充满活力、富有效率，以民族文化为主体、吸收外来有益文化、推动中华文化走向世界的文化开放格局进一步完善；高素质文化人才队伍发展壮大，文化繁荣发展的人才保障更加有力。全党全国要为实现这些目标共同努力，不断提高文化建设科学化水平，为把我国建设成为社会主义文化强国打下坚实基础。

实现上述奋斗目标，必须遵循以下重要方针。

——坚持以马克思主义为指导，推进马克思主义中国化时代化大众化，用中国特色社会主义理论体系武装头脑、指导实践、推动工作，确保文化改革发展沿着正确道路前进。

——坚持社会主义先进文化前进方向，坚持为人民服务、为社会主义服务，坚持百花齐放、百家争鸣，坚持继承和创新相统一，弘扬主旋律、提倡多样化，以科学的理论武装人，以正确的舆论引导人，以高尚的精神塑造人，以优秀的作品鼓舞人，在全社会形成积极向上的精神追求和健康文明的生活方式。

——坚持以人为本，贴近实际、贴近生活、贴近群众，发挥人民在文化建设中的主体作用，坚持文化发展为了人民、文化发展依靠人民、文化发展成果由人民共享，促进人的全面发展，培育有理想、有道德、有文化、有纪律的社会主义公民。

——坚持把社会效益放在首位，坚持社会效益和经济效益有机统一，遵循文化发展规律，适应社会主义市场经济发展要求，加强文化法制建设，一手抓繁荣、一手抓管理，推动文化事业和文化产业全面协调可持续发展。

——坚持改革开放，着力推进文化体制机制创新，以改革促发展、促繁荣，不断解放和发展文化生产力，提高文化开放水平，推动中华文化走向世界，积极吸收各国优秀文明成果，切实维护国家文化安全。

三 推进社会主义核心价值体系建设,巩固全党全国各族人民团结奋斗的共同思想道德基础

社会主义核心价值体系是兴国之魂,是社会主义先进文化的精髓,决定着中国特色社会主义发展方向。必须强化教育引导,增进社会共识,创新方式方法,健全制度保障,把社会主义核心价值体系融入国民教育、精神文明建设和党的建设全过程,贯穿改革开放和社会主义现代化建设各领域,体现到精神文化产品创作生产传播各方面,坚持用社会主义核心价值体系引领社会思潮,在全党全社会形成统一指导思想、共同理想信念、强大精神力量、基本道德规范。

(一) 坚持马克思主义指导地位

马克思主义深刻揭示了人类社会发展规律,坚定维护和发展最广大人民根本利益,是指引人民推动社会进步、创造美好生活的科学理论。要毫不动摇地坚持马克思主义基本原理,紧密结合中国实际、时代特征、人民愿望,用发展着的马克思主义指导新的实践。坚持不懈用中国特色社会主义理论体系武装全党、教育人民,推动学习实践科学发展观向深度和广度拓展,引导党员、干部深入学习贯彻党的基本理论、基本路线、基本纲领、基本经验,学习马克思主义经典著作,系统掌握马克思主义立场、观点、方法。科学分析世情、国情、党情新变化,深入研究解决改革开放和社会主义现代化建设新课题,不断深化对共产党执政规律、社会主义建设规律、人类社会发展规律的认识,不断把党带领人民创造的成功经验上升为理论,不断赋予当代中国马克思主义鲜明的实践特色、民族特色、时代特色。坚持以领导班子和领导干部为重点,以提高思想政治素养为根本,以建设学习型党组织为抓手,大力推进马克思主义学习型政党建设。深入推进马克思主义理论研究和建设工程,实施中国特色社会主义理论体系普及计划,加强重点学科体系和教材体系建设,推动中国特色社会主义理论体系进教材、进课堂、进头脑,加强和改进学校思想政治教育。

（二）坚定中国特色社会主义共同理想

中国特色社会主义是当代中国发展进步的根本方向，集中体现了最广大人民根本利益和共同愿望。要深入开展理想信念教育，引导干部群众深刻认识中国共产党领导和中国特色社会主义制度的历史必然性和优越性，深刻认识中国特色社会主义道路既是实现社会主义现代化和中华民族伟大复兴的必由之路，也是创造人民美好生活的必由之路，自觉把个人理想融入中国特色社会主义共同理想之中，最大限度把广大人民团结和凝聚在中国特色社会主义伟大旗帜之下。紧密结合中国特色社会主义成功实践，联系干部群众思想实际，针对社会热点难点问题，从理论和实践结合上作出有说服力的回答，引导干部群众在重大思想理论问题上划清是非界限、澄清模糊认识，有力抵制各种错误和腐朽思想影响。深入开展形势政策教育、国情教育、革命传统教育、改革开放教育、国防教育，组织学习中国近现代史特别是党领导人民进行革命、建设、改革的历史，坚定广大干部群众对中国特色社会主义的信心和信念。

（三）弘扬以爱国主义为核心的民族精神和以改革创新为核心的时代精神

爱国主义是中华民族最深厚的思想传统，最能感召中华儿女团结奋斗；改革创新是当代中国最鲜明的时代特征，最能激励中华儿女锐意进取。要广泛开展民族精神教育，大力弘扬爱国主义、集体主义、社会主义思想，增强民族自尊心、自信心、自豪感，激励人民把爱国热情化作振兴中华的实际行动，以热爱祖国和贡献自己全部力量建设祖国为最大光荣、以损害祖国利益和尊严为最大耻辱。广泛开展时代精神教育，引导干部群众始终保持与时俱进、开拓创新的精神状态，永不自满、永不僵化、永不停滞，以思想不断解放推动事业持续发展。大力弘扬一切有利于国家富强、民族振兴、人民幸福、社会和谐的思想和精神，大力发扬艰苦奋斗、劳动光荣、勤俭节约的优良传统。加强民族团结进步教育，增进对伟大祖国和中华民族的认同，促进各民族共同团结奋斗、共同繁荣发展。加强爱国主义教育基地建设，用好红色旅游资源，使之成为弘扬培育民族精神和时代精神的重要课堂。

（四）树立和践行社会主义荣辱观

社会主义荣辱观体现了社会主义道德的根本要求。要深入开展社会主义荣辱观宣传教育，弘扬中华传统美德，推进公民道德建设工程，加强社会公德、职业道德、家庭美德、个人品德教育，评选表彰道德模范，学习宣传先进典型，引导人民增强道德判断力和道德荣誉感，自觉履行法定义务、社会责任、家庭责任，在全社会形成知荣辱、讲正气、作奉献、促和谐的良好风尚。深化群众性精神文明创建活动，广泛开展志愿服务，拓展各类道德实践活动，倡导爱国、敬业、诚信、友善等道德规范，形成男女平等、尊老爱幼、扶贫济困、扶弱助残、礼让宽容的人际关系。全面加强学校德育体系建设，构建学校、家庭、社会紧密协作的教育网络，动员社会各方面共同做好青少年思想道德教育工作。深入开展学雷锋活动，采取措施推动学习活动常态化。深化政风、行风建设，开展道德领域突出问题专项教育和治理，坚决反对拜金主义、享乐主义、极端个人主义，坚决纠正以权谋私、造假欺诈、见利忘义、损人利己的歪风邪气。把诚信建设摆在突出位置，大力推进政务诚信、商务诚信、社会诚信和司法公信建设，抓紧建立健全覆盖全社会的征信系统，加大对失信行为惩戒力度，在全社会广泛形成守信光荣、失信可耻的氛围。加强法制宣传教育，弘扬社会主义法治精神，树立社会主义法治理念，提高全民法律素质，推动人人学法遵法守法用法，维护法律权威和社会公平正义。加强人文关怀和心理疏导，培育自尊自信、理性平和、积极向上的社会心态。弘扬科学精神，普及科学知识，倡导移风易俗、抵制封建迷信。深入开展反腐倡廉教育，推进廉政文化建设。

四　全面贯彻"二为"方向和"双百"方针，为人民提供更好更多的精神食粮

创作生产更多无愧于历史、无愧于时代、无愧于人民的优秀作品，是文化繁荣发展的重要标志。必须全面贯彻为人民服务、为社会主义服务的方向和百花齐放、百家争鸣的方针，立足发展先进文化、建设和谐文化，激发文化创作生产活力，提高文化产品质量，发挥文化引领风尚、教育人

民、服务社会、推动发展的作用。

（一）坚持正确创作方向

正确创作方向是文化创作生产的根本性问题，一切进步的文化创作生产都源于人民、为了人民、属于人民。必须牢固树立人民是历史创造者的观点，坚持以人民为中心的创作导向，热情讴歌改革开放和社会主义现代化建设伟大实践，生动展示我国人民奋发有为的精神风貌和创造历史的辉煌业绩。要引导文化工作者牢记为人民服务、为社会主义服务的神圣职责，坚持正确文化立场，认真对待和积极追求文化产品社会效果，弘扬真善美，贬斥假恶丑，把学术探索和艺术创作融入实现中华民族伟大复兴的事业之中。坚持发扬学术民主、艺术民主，营造积极健康、宽松和谐的氛围，提倡不同观点和学派充分讨论，提倡体裁、题材、形式、手段充分发展，推动观念、内容、风格、流派积极创新。把创新精神贯穿文化创作生产全过程，弘扬民族优秀文化传统和五四运动以来形成的革命文化传统，学习借鉴国外文化创新有益成果，兼收并蓄、博采众长，增强文化产品时代感和吸引力。

（二）繁荣发展哲学社会科学

坚持和发展中国特色社会主义，必须大力发展哲学社会科学，使之更好发挥认识世界、传承文明、创新理论、咨政育人、服务社会的重要功能。要巩固发展马克思主义理论学科，坚持基础研究和应用研究并重，传统学科和新兴学科、交叉学科并重，结合我国实际和时代特点，建设具有中国特色、中国风格、中国气派的哲学社会科学。坚持以重大现实问题为主攻方向，加强对全局性、战略性、前瞻性问题研究，加快哲学社会科学成果转化，更好地服务经济社会发展。实施哲学社会科学创新工程，发挥国家哲学社会科学基金示范引导作用，推进学科体系、学术观点、科研方法创新，重点扶持立足中国特色社会主义实践的研究项目，着力推出代表国家水准、具有世界影响、经得起实践和历史检验的优秀成果。整合哲学社会科学研究力量，建设一批社会科学研究基地和国家重点实验室，建设一批具有专业优势的思想库，加强哲学社会科学信息化建设。

（三）加强和改进新闻舆论工作

舆论导向正确是党和人民之福，舆论导向错误是党和人民之祸。要坚持马克思主义新闻观，牢牢把握正确导向，坚持团结稳定鼓劲、正面宣传为主，壮大主流舆论，提高舆论引导的及时性、权威性和公信力、影响力，发挥宣传党的主张、弘扬社会正气、通达社情民意、引导社会热点、疏导公众情绪、搞好舆论监督的重要作用，保障人民知情权、参与权、表达权、监督权。以党报党刊、通讯社、电台电视台为主，整合都市类媒体、网络媒体等宣传资源，构建统筹协调、责任明确、功能互补、覆盖广泛、富有效率的舆论引导格局。加强和改进正面宣传，加强社会主义核心价值体系宣传，加强舆情分析研判，加强社会热点难点问题引导，从群众关注点入手，科学解疑释惑，有效凝聚共识。做好重大突发事件新闻报道，完善新闻发布制度，健全应急报道和舆论引导机制，提高时效性，增加透明度。加强和改进舆论监督，推动解决党和政府高度重视、群众反映强烈的实际问题，维护人民利益，密切党群关系，促进社会和谐。新闻媒体和新闻工作者要秉持社会责任和职业道德，真实准确传播新闻信息，自觉抵制错误观点，坚决杜绝虚假新闻。

（四）推出更多优秀文艺作品

文学、戏剧、电影、电视、音乐、舞蹈、美术、摄影、书法、曲艺、杂技以及民间文艺、群众文艺等各领域文艺工作者都要积极投身到讴歌时代和人民的文艺创造活动之中，在社会生活中汲取素材、提炼主题，以充沛的激情、生动的笔触、优美的旋律、感人的形象，创作生产出思想性艺术性观赏性相统一、人民喜闻乐见的优秀文艺作品。实施精品战略，组织好"五个一工程"、重大革命和历史题材创作工程、重点文学艺术作品扶持工程、优秀少儿作品创作工程，鼓励原创和现实题材创作，不断推出文艺精品。扶持代表国家水准、具有民族特色和地方特色的优秀艺术品种，积极发展新的艺术样式。鼓励一切有利于陶冶情操、愉悦身心、寓教于乐的文艺创作，抵制低俗之风。

（五）发展健康向上的网络文化

加强网上思想文化阵地建设，是社会主义文化建设的迫切任务。要认真贯彻积极利用、科学发展、依法管理、确保安全的方针，加强和改进网络文化建设和管理，加强网上舆论引导，唱响网上思想文化主旋律。实施网络内容建设工程，推动优秀传统文化瑰宝和当代文化精品网络传播，制作适合互联网和手机等新兴媒体传播的精品佳作，鼓励网民创作格调健康的网络文化作品。支持重点新闻网站加快发展，打造一批在国内外有较强影响力的综合性网站和特色网站，发挥主要商业网站建设性作用，培育一批网络内容生产和服务骨干企业。发展网络新技术新业态，占领网络信息传播制高点。广泛开展文明网站创建，推动文明办网、文明上网，督促网络运营服务企业履行法律义务和社会责任，不为有害信息提供传播渠道。加强网络法制建设，加快形成法律规范、行政监管、行业自律、技术保障、公众监督、社会教育相结合的互联网管理体系。加强对社交网络和即时通信工具等的引导和管理，规范网上信息传播秩序，培育文明理性的网络环境。依法惩处传播有害信息行为，深入推进整治网络淫秽色情和低俗信息专项行动，严厉打击网络违法犯罪。加大网上个人信息保护力度，建立网络安全评估机制，维护公共利益和国家信息安全。

（六）完善文化产品评价体系和激励机制

坚持把遵循社会主义先进文化前进方向、人民群众满意作为评价作品最高标准，把群众评价、专家评价和市场检验统一起来，形成科学的评价标准。要建立公开、公平、公正评奖机制，精简评奖种类，改进评奖办法，提高权威性和公信度。加强文艺理论建设，培养高素质文艺评论队伍，开展积极健康的文艺批评，褒优贬劣，激浊扬清。加大优秀文化产品推广力度，运用主流媒体、公共文化场所等资源，在资金、频道、版面、场地等方面为展演展映展播展览弘扬主流价值的精品力作提供条件。设立专项艺术基金，支持收藏和推介优秀文化作品。加大知识产权保护力度，依法惩处侵权行为，维护著作权人合法权益。

五　大力发展公益性文化事业,保障人民基本文化权益

满足人民基本文化需求是社会主义文化建设的基本任务。必须坚持政府主导,按照公益性、基本性、均等性、便利性的要求,加强文化基础设施建设,完善公共文化服务网络,让群众广泛享有免费或优惠的基本公共文化服务。

(一) 构建公共文化服务体系

加强公共文化服务是实现人民基本文化权益的主要途径。要以公共财政为支撑,以公益性文化单位为骨干,以全体人民为服务对象,以保障人民群众看电视、听广播、读书看报、进行公共文化鉴赏、参与公共文化活动等基本文化权益为主要内容,完善覆盖城乡、结构合理、功能健全、实用高效的公共文化服务体系。把主要公共文化产品和服务项目、公益性文化活动纳入公共财政经常性支出预算。采取政府采购、项目补贴、定向资助、贷款贴息、税收减免等政策措施鼓励各类文化企业参与公共文化服务。鼓励国家投资、资助或拥有版权的文化产品无偿用于公共文化服务。加强文化馆、博物馆、图书馆、美术馆、科技馆、纪念馆、工人文化宫、青少年宫等公共文化服务设施和爱国主义教育示范基地建设并完善向社会免费开放服务,鼓励其他国有文化单位、教育机构等开展公益性文化活动,各类公共场所要为群众性文化活动提供便利。统筹规划和建设基层公共文化服务设施,坚持项目建设和运行管理并重,实现资源整合、共建共享。加强社区公共文化设施建设,把社区文化中心建设纳入城乡规划和设计,拓展投资渠道。完善面向妇女、未成年人、老年人、残疾人的公共文化服务设施。引导和鼓励社会力量通过兴办实体、资助项目、赞助活动、提供设施等形式参与公共文化服务。推进国家公共文化服务体系示范区创建。制定公共文化服务指标体系和绩效考核办法。

(二) 发展现代传播体系

提高社会主义先进文化辐射力和影响力,必须加快构建技术先进、传输快捷、覆盖广泛的现代传播体系。要加强党报党刊、通讯社、电台电视

台和重要出版社建设，进一步完善采编、发行、播发系统，加快数字化转型，扩大有效覆盖面。加强国际传播能力建设，打造国际一流媒体，提高新闻信息原创率、首发率、落地率。建立统一联动、安全可靠的国家应急广播体系。完善国家数字图书馆建设。整合有线电视网络，组建国家级广播电视网络公司。推进电信网、广电网、互联网三网融合，建设国家新媒体集成播控平台，创新业务形态，发挥各类信息网络设施的文化传播作用，实现互联互通、有序运行。

（三）建设优秀传统文化传承体系

优秀传统文化凝聚着中华民族自强不息的精神追求和历久弥新的精神财富，是发展社会主义先进文化的深厚基础，是建设中华民族共有精神家园的重要支撑。要全面认识祖国传统文化，取其精华、去其糟粕，古为今用、推陈出新，坚持保护利用、普及弘扬并重，加强对优秀传统文化思想价值的挖掘和阐发，维护民族文化基本元素，使优秀传统文化成为新时代鼓舞人民前进的精神力量。加强文化典籍整理和出版工作，推进文化典籍资源数字化。加强国家重大文化和自然遗产地、重点文物保护单位、历史文化名城名镇名村保护建设，抓好非物质文化遗产保护传承。深入挖掘民族传统节日文化内涵，广泛开展优秀传统文化教育普及活动。发挥国民教育在文化传承创新中的基础性作用，增加优秀传统文化课程内容，加强优秀传统文化教学研究基地建设。大力推广和规范使用国家通用语言文字，科学保护各民族语言文字。繁荣发展少数民族文化事业，开展少数民族特色文化保护工作，加强少数民族语言文字党报党刊、广播影视节目、出版物等译制播出出版。加强同香港、澳门的文化交流合作，加强同台湾的各种形式文化交流，共同弘扬中华优秀传统文化。

（四）加快城乡文化一体化发展

增加农村文化服务总量，缩小城乡文化发展差距，对推进社会主义新农村建设、形成城乡经济社会发展一体化新格局具有重大意义。要以农村和中西部地区为重点，加强县级文化馆和图书馆、乡镇综合文化站、村文化室建设，深入实施广播电视村村通、文化信息资源共享、农村电影放映、农家书屋等文化惠民工程，扩大覆盖、消除盲点、提高标准、完善服务、改进管理。加大对革命老区、民族地区、边疆地区、贫困地区文化服务网络建设支持和帮扶力度。深入开展全民阅读、全民健身活动,推动文化科技卫生"三下乡"、科教文体法律卫生"四进社区"、"送欢乐下基层"等活动经常化。引导企业、社区积极开展面向农民工的公益性文化活动,尽快把农民工纳入城市公共文化服务体系。建立以城带乡联动机制,合理配置城乡文化资源,鼓励城市对农村进行文化帮扶,把支持农村文化建设作为创建文明城市基本指标。鼓励文化单位面向农村提供流动服务、网点服务,推动媒体办好农村版和农村频率频道,做好主要党报党刊在农村基层发行和赠阅工作。扶持文化企业以连锁方式加强基层和农村文化网点建设,推动电影院线、演出院线向市县延伸,支持演艺团体深入基层和农村演出。中央、省、市三级设立农村文化建设专项资金,保证一定数量的中央转移支付资金用于乡镇和村文化建设。

六 加快发展文化产业,推动文化产业 成为国民经济支柱性产业

发展文化产业是社会主义市场经济条件下满足人民多样化精神文化需求的重要途径。必须坚持社会主义先进文化前进方向,坚持把社会效益放在首位、社会效益和经济效益相统一,按照全面协调可持续的要求,推动文化产业跨越式发展,使之成为新的经济增长点、经济结构战略性调整的重要支点、转变经济发展方式的重要着力点,为推动科学发展提供重要支撑。

(一) 构建现代文化产业体系

加快发展文化产业,必须构建结构合理、门类齐全、科技含量高、富有创意、竞争力强的现代文化产业体系。要在重点领域实施一批重大项目,推进文化产业结构调整,发展壮大出版发行、影视制作、印刷、广告、演艺、娱乐、会展等传统文化产业,加快发展文化创意、数字出版、移动多媒体、动漫游戏等新兴文化产业。鼓励有实力的文化企业跨地区、跨行业、跨所有制兼并重组,培育文化产业领域战略投资者。优化文化产业布局,发挥东中西部地区各自优势,加强文化产业基地规划和建设,发

展文化产业集群，提高文化产业规模化、集约化、专业化水平。加大对拥有自主知识产权、弘扬民族优秀文化的产业支持力度，打造知名品牌。发掘城市文化资源，发展特色文化产业，建设特色文化城市。发挥首都全国文化中心示范作用。规划建设各具特色的文化创业创意园区，支持中小文化企业发展。推动文化产业与旅游、体育、信息、物流、建筑等产业融合发展，增加相关产业文化含量，延伸文化产业链，提高附加值。

（二） 形成公有制为主体、多种所有制共同发展的文化产业格局

加快发展文化产业，必须毫不动摇地支持和壮大国有或国有控股文化企业，毫不动摇地鼓励和引导各种非公有制文化企业健康发展。要培育一批核心竞争力强的国有或国有控股大型文化企业或企业集团，在发展产业和繁荣市场方面发挥主导作用。在国家许可范围内，引导社会资本以多种形式投资文化产业，参与国有经营性文化单位转企改制，参与重大文化产业项目实施和文化产业园区建设，在投资核准、信用贷款、土地使用、税收优惠、上市融资、发行债券、对外贸易和申请专项资金等方面给予支持，营造公平参与市场竞争、同等受到法律保护的体制和法制环境。加强和改进对非公有制文化企业的服务和管理，引导他们自觉履行社会责任。

（三） 推进文化科技创新

科技创新是文化发展的重要引擎。要发挥文化和科技相互促进的作用，深入实施科技带动战略，增强自主创新能力。抓住一批全局性、战略性重大科技课题，加强核心技术、关键技术、共性技术攻关，以先进技术支撑文化装备、软件、系统研制和自主发展，重视相关技术标准制定，加快科技创新成果转化，提高我国出版、印刷、传媒、影视、演艺、网络、动漫等领域技术装备水平，增强文化产业核心竞争力。依托国家高新技术园区、国家可持续发展实验区等建立国家级文化和科技融合示范基地，把重大文化科技项目纳入国家相关科技发展规划和计划。健全以企业为主体、市场为导向、产学研相结合的文化技术创新体系，培育一批特色鲜明、创新能力强的文化科技企业，支持产学研战略联盟和公共服务平台建设。

（四）扩大文化消费

增加文化消费总量，提高文化消费水平，是文化产业发展的内生动力。要创新商业模式，拓展大众文化消费市场，开发特色文化消费，扩大文化服务消费，提供个性化、分众化的文化产品和服务，培育新的文化消费增长点。提高基层文化消费水平，引导文化企业投资兴建更多适合群众需求的文化消费场所，鼓励出版适应群众购买能力的图书报刊，鼓励在商业演出和电影放映中安排一定数量的低价场次或门票，鼓励网络文化运营商开发更多低收费业务，有条件的地方要为困难群众和农民工文化消费提供适当补贴。积极发展文化旅游，促进非物质文化遗产保护传承与旅游相结合，发挥旅游对文化消费的促进作用。

七　进一步深化改革开放，加快构建有利于文化繁荣发展的体制机制

文化引领时代风气之先，是最需要创新的领域。必须牢牢把握正确方向，加快推进文化体制改革，建立健全党委领导、政府管理、行业自律、社会监督、企事业单位依法运营的文化管理体制和富有活力的文化产品生产经营机制，发挥市场在文化资源配置中的积极作用，创新文化走出去模式，为文化繁荣发展提供强大动力。

（一）深化国有文化单位改革

以建立现代企业制度为重点，加快推进经营性文化单位改革，培育合格市场主体。科学界定文化单位性质和功能，区别对待、分类指导，循序渐进、逐步推开，推进一般国有文艺院团、非时政类报刊社、新闻网站转企改制，拓展出版、发行、影视企业改革成果，加快公司制股份制改造，完善法人治理结构，形成符合现代企业制度要求、体现文化企业特点的资产组织形式和经营管理模式。创新投融资体制，支持国有文化企业面向资本市场融资，支持其吸引社会资本进行股份制改造。着眼于突出公益属性、强化服务功能、增强发展活力，全面推进文化事业单位人事、收入分配、社会保障制度改革，明确服务规范，加强绩效评估考核。创新公共文

化服务设施运行机制，吸纳有代表性的社会人士、专业人士、基层群众参与管理。推动党报党刊、电台电视台进一步完善管理和运行机制。推动一般时政类报刊社、公益性出版社、代表民族特色和国家水准的文艺院团等事业单位实行企业化管理，增强面向市场、面向群众提供服务能力。

（二）健全现代文化市场体系

促进文化产品和要素在全国范围内合理流动，必须构建统一开放竞争有序的现代文化市场体系。要重点发展图书报刊、电子音像制品、演出娱乐、影视剧、动漫游戏等产品市场，进一步完善中国国际文化产业博览交易会等综合交易平台。发展连锁经营、物流配送、电子商务等现代流通组织和流通形式，加快建设大型文化流通企业和文化产品物流基地，构建以大城市为中心、中小城市相配套、贯通城乡的文化产品流通网络。加快培育产权、版权、技术、信息等要素市场，办好重点文化产权交易所，规范文化资产和艺术品交易。加强行业组织建设，健全中介机构。

（三）创新文化管理体制

深化文化行政管理体制改革，加快政府职能转变，强化政策调节、市场监管、社会管理、公共服务职能，推动政企分开、政事分开，理顺政府和文化企事业单位关系。完善管人管事管资产管导向相结合的国有文化资产管理体制。健全文化市场综合行政执法机构，推动副省级以下城市完善综合文化行政责任主体。加快文化立法，制定和完善公共文化服务保障、文化产业振兴、文化市场管理等方面法律法规，提高文化建设法制化水平。坚持主管主办制度，落实谁主管谁负责和属地管理原则，严格执行文化资本、文化企业、文化产品市场准入和退出政策，综合运用法律、行政、经济、科技等手段提高管理效能。深入开展"扫黄打非"，完善文化市场管理，坚决扫除毒害人们心灵的腐朽文化垃圾，切实营造确保国家文化安全的市场秩序。

（四）完善政策保障机制

保证公共财政对文化建设投入的增长幅度高于财政经常性收入增长幅度，提高文化支出占财政支出比例。扩大公共财政覆盖范围，完善投入方式,加强资金管理,提高资金使用效益,保障公共文化服务体系建设和运行。落实和完善文化经济政策,支持社会组织、机构、个人捐赠和兴办公益性文化事业,引导文化非营利机构提供公共文化产品和服务。加大财政、税收、金融、用地等方面对文化产业的政策扶持力度,鼓励文化企业和社会资本对接,对文化内容创意生产、非物质文化遗产项目经营实行税收优惠。设立国家文化发展基金,扩大有关文化基金和专项资金规模,提高各级彩票公益金用于文化事业比重。继续执行文化体制改革配套政策,对转企改制国有文化单位扶持政策执行期限再延长五年。

(五) 推动中华文化走向世界

开展多渠道多形式多层次对外文化交流,广泛参与世界文明对话,促进文化相互借鉴,增强中华文化在世界上的感召力和影响力,共同维护文化多样性。创新对外宣传方式方法,增强国际话语权,妥善回应外部关切,增进国际社会对我国基本国情、价值观念、发展道路、内外政策的了解和认识,展现我国文明、民主、开放、进步的形象。实施文化走出去工程,完善支持文化产品和服务走出去政策措施,支持重点主流媒体在海外设立分支机构,培育一批具有国际竞争力的外向型文化企业和中介机构,完善译制、推介、咨询等方面扶持机制,开拓国际文化市场。加强海外中国文化中心和孔子学院建设,鼓励代表国家水平的各类学术团体、艺术机构在相应国际组织中发挥建设性作用,组织对外翻译优秀学术成果和文化精品。构建人文交流机制,把政府交流和民间交流结合起来,发挥非公有制文化企业、文化非营利机构在对外文化交流中的作用,支持海外侨胞积极开展中外人文交流。建立面向外国青年的文化交流机制,设立中华文化国际传播贡献奖和国际性文化奖项。

(六) 积极吸收借鉴国外优秀文化成果

坚持以我为主、为我所用,学习借鉴一切有利于加强我国社会主义文化建设的有益经验、一切有利于丰富我国人民文化生活的积极成果、一切有利于发展我国文化事业和文化产业的经营管理理念和机制。加强文化领域智力、人才、技术引进工作。吸收外资进入法律法规许可的文化产业领域,保障投资者合法权益。鼓励文化单位同国外有实力的文化机构进行项目合作，学习先进制作技术和管理经验。鼓励外资企业在华进行文化科技研发，发展服务外包。开展知识产权保护国际合作。

八　建设宏大文化人才队伍，为社会主义文化 大发展大繁荣提供有力人才支撑

推动社会主义文化大发展大繁荣，队伍是基础，人才是关键。要坚持尊重劳动、尊重知识、尊重人才、尊重创造，深入实施人才强国战略，牢固树立人才是第一资源思想，全面贯彻党管人才原则，加快培养造就德才兼备、锐意创新、结构合理、规模宏大的文化人才队伍。

（一）造就高层次领军人物和高素质文化人才队伍

高层次领军人物和专业文化工作者是社会主义文化建设的中坚力量。要继续实施"四个一批"人才培养工程和文化名家工程，建立重大文化项目首席专家制度，造就一批人民喜爱、有国际影响的名家大师和民族文化代表人物。加强专业文化工作队伍、文化企业家队伍建设，扶持资助优秀中青年文化人才主持重大课题、领衔重点项目，抓紧培养善于开拓文化新领域的拔尖创新人才、掌握现代传媒技术的专门人才、懂经营善管理的复合型人才、适应文化走出去需要的国际化人才。创新人才培养模式，实施高端紧缺文化人才培养计划，搭建文化人才终身学习平台。鼓励和扶持高等学校和中等职业学校优化专业结构，与文化企事业单位共建培养基地。完善人才培养开发、评价发现、选拔任用、流动配置、激励保障机制，深化职称评审改革，为优秀人才脱颖而出、施展才干创造有利制度环境。重视发现和培养社会文化人才。对非公有制文化单位人员评定职称、参与培训、申报项目、表彰奖励同等对待。完善相关政策措施，多渠道吸引海外优秀文化人才。落实国家荣誉制度，抓紧设立国家级文化荣誉称号，表彰奖励成就卓著的文化工作者。

（二）加强基层文化人才队伍建设

基层文化人才队伍是文化改革发展的基础力量。要制定实施基层文化人才队伍建设规划，完善机构编制、学习培训、待遇保障等方面的政策措

施，吸引优秀文化人才服务基层。配好配齐乡镇、街道党委宣传委员、宣传干事和乡镇综合文化站专职人员。设立城乡社区公共文化服务岗位，对服务期满高校毕业生报考文化部门公务员、相关专业研究生实行定向招录。重视发现和培养扎根基层的乡土文化能人、民族民间文化传承人特别是非物质文化遗产项目代表性传承人，鼓励和扶持群众中涌现出的各类文化人才和文化活动积极分子，促进他们健康成长、发挥作用。壮大文化志愿者队伍，鼓励专业文化工作者和社会各界人士参与基层文化建设和群众文化活动，形成专兼结合的基层文化工作队伍。

（三）加强职业道德建设和作风建设

文化工作者要成为优秀文化的生产者和传播者，必须加强自身修养，做道德品行和人格操守的示范者。要引导广大文化工作者特别是名家名人自觉践行社会主义核心价值体系，增强社会责任感，弘扬科学精神和职业道德，发扬严谨笃学、潜心钻研、淡泊名利、自尊自律的风尚，努力追求德艺双馨，坚决抵制学术不端、情趣低俗等不良风气。鼓励文化工作者特别是文化名家、中青年骨干深入实际、深入生活、深入群众，拜人民为师，增强国情了解，增加基层体验，增进群众感情。文化工作者要相互尊重、平等交流、取长补短，共同营造风清气正、和谐奋进的良好氛围。

九　加强和改进党对文化工作的领导，提高推进文化改革发展科学化水平

加强和改进党对文化工作的领导，是推进文化改革发展的根本保证，也是加强党的执政能力建设和先进性建设的内在要求。必须从战略和全局出发，把握文化发展规律，健全领导体制机制，改进工作方式方法，增强领导文化建设本领。

（一）切实担负起推进文化改革发展的政治责任

各级党委和政府要把文化建设摆在全局工作重要位置，深入研究意识形态和宣传文化工作新情况新特点，及时研究文化改革发展重大问题，加强和改进思想政治工作，牢牢把握意识形态工作主导权，掌握文化改革发

展领导权。把文化建设纳入经济社会发展总体规划，与经济社会发展一同研究部署、一同组织实施、一同督促检查。把文化改革发展成效纳入科学发展考核评价体系，作为衡量领导班子和领导干部工作业绩的重要依据。制定社会主义核心价值体系建设实施纲要。在全党深入开展社会主义核心价值体系学习教育，使广大党员、干部成为实践社会主义核心价值体系的模范，做共产主义远大理想和中国特色社会主义共同理想的坚定信仰者。深入做好文化领域知识分子工作，充分尊重知识分子创造性劳动，善于同知识分子特别是有影响的代表人士交朋友，把广大知识分子紧紧团结在党的周围。

（二）加强文化领域领导班子和党组织建设

坚持德才兼备、以德为先用人标准，选好配强文化领域各级领导班子，把政治立场坚定、思想理论水平高、熟悉文化工作、善于驾驭意识形态领域复杂局面的干部充实到领导岗位上来，把文化领域各级领导班子建设成为坚强领导集体。加强领导班子思想政治建设，增强政治敏锐性和政治鉴别力，筑牢思想防线，确保文化阵地导向正确。各级领导干部要高度重视并切实抓好文化工作，加强文化理论学习和文化问题研究，提高文化素养，努力成为领导文化建设的行家里手。把文化建设内容纳入干部培训计划和各级党校、行政学院、干部学院教学体系。结合文化单位特点加强和创新基层党的工作，发挥文化事业单位、国有和国有控股文化企业党组织的领导核心和政治核心作用，重视文化领域非公有制经济组织、新社会组织党的组织建设。注重在文化领域优秀人才、先进青年、业务骨干中发展党员。文化战线全体共产党员要牢固树立党的观念、党员意识，讲党性、重品行、作表率，在推进文化改革发展中创先争优、发挥先锋模范作用。

（三）健全共同推进文化建设工作机制

推动社会主义文化大发展大繁荣是全党全社会的共同责任。要建立健全党委统一领导、党政齐抓共管、宣传部门组织协调、有关部门分工负责、社会力量积极参与的工作体制和工作格局，形成文化建设强大合力。文化领域各部门各单位要自觉贯彻中央决策部署，落实文化改革发展目标任务，发挥文化建设主力军作用。支持人大、政协履行职能，调动各部门积极性，支持民主党派、无党派人士和人民团体发挥作用，共同推进文化改革发展。推动文联、作协、记协等文化领域人民团体创新管理体制、组织形式、活动方式，履行好联络协调服务职能，加强行业自律，依法维护文化工作者权益。全面贯彻党的宗教工作基本方针，发挥宗教界人士和信教群众在促进文化繁荣发展中的积极作用。

（四）发挥人民群众文化创造积极性

人民是推动社会主义文化大发展大繁荣最深厚的力量源泉。要牢固树立马克思主义群众观点，自觉贯彻党的群众路线，为广大群众成为社会主义文化建设者提供广阔舞台。广泛开展群众性文化活动，提高社区文化、村镇文化、企业文化、校园文化等建设水平，引导群众在文化建设中自我表现、自我教育、自我服务。积极搭建公益性文化活动平台，依托重大节庆和民族民间文化资源，组织开展群众乐于参与、便于参与的文化活动。支持群众依法兴办文化团体，精心培育植根群众、服务群众的文化载体和文化样式。及时总结来自群众、生动鲜活的文化创新经验，推广大众文化优秀成果，在全社会营造鼓励文化创造的良好氛围，让蕴藏于人民中的文化创造活力得到充分发挥。

中国人民解放军和中国人民武装警察部队文化建设工作，由中央军委根据本决定精神作出部署。

中华民族伟大复兴必然伴随着中华文化繁荣兴盛。全党要紧密团结在以胡锦涛同志为总书记的党中央周围，满怀信心带领全国各族人民在坚持和发展中国特色社会主义的伟大实践中进行文化创造，为把我国建设成为社会主义文化强国而努力奋斗！

《中共山东省委关于认真贯彻党的十七届六中全会精神加快建设文化强省的意见》

(2011 年 11 月 9 日中国共产党山东省第九届
委员会第十三次全体会议通过)

中国共产党山东省第九届委员会第十三次全体会议,认真学习贯彻党的十七届六中全会精神,研究了深化文化体制改革、加快建设文化强省问题,提出如下意见。

一 认真学习领会党的十七届六中全会精神

党的十七届六中全会是在全面建设小康社会的关键时期和深化改革开放、加快转变经济发展方式的攻坚时期召开的一次十分重要的会议。全会通过的《中共中央关于深化文化体制改革、推动社会主义文化大发展大繁荣若干重大问题的决定》,全面总结党领导文化建设的成就和经验,深刻分析文化建设面临的形势和任务,在集中全党智慧的基础上,阐述了中国特色社会主义文化发展道路,确立了建设社会主义文化强国的战略目标,提出了新形势下推进文化改革发展的指导思想、重要方针、目标任务、政策举措,是当前和今后一个时期指导我国文化改革发展的纲领性文件。认真学习贯彻全会精神,对于推动文化繁荣发展、全面建设小康社会、开创中国特色社会主义事业新局面,具有重大而深远的意义。

文化建设是中国特色社会主义事业总体布局的重要组成部分。在新的历史起点上深化文化体制改革、推动社会主义文化大发展大繁荣,关系实现全面建设小康社会奋斗目标，关系坚持和发展中国特色社会主义，关系实现中华民族伟大复兴。全省各级党组织和广大党员干部，要把学习贯彻党的十七届六中全会精神作为当前和今后一个时期重大政治任务，在学深学透文件、掌握精神实质、结合实际狠抓落实上下功夫。要深刻认识我国文化建设的巨大成就和机遇挑战，深刻认识推动社会主义文化大发展大繁荣的重要性和紧迫性，深刻认识文化改革发展的指导思想、目标任务、重要方针和重大举措，深刻认识加强和改进党对文化工作的领导是推进文化改革发展的根本保证，把思想统一到党的十七届六中全会精神上来，把力量凝聚到全会提出的各项决策部署上来，切实增强推动文化改革发展的使命感、责任感和紧迫感。

认真学习贯彻党的十七届六中全会精神，是一个需要长期不懈努力、深入实践、创新创造的过程。各级党委、政府要准确把握经济社会发展新要求，准确把握当今时代文化发展新趋势，准确把握人民群众精神文化生活新期待，解放思想，转变观念，抓住机遇，乘势而上，在坚持以经济建设为中心的同时，自觉把文化繁荣发展作为坚持发展是硬道理、发展是党执政兴国第一要务的重要内容，作为深入贯彻落实科学发展观的一个基本要求，更加有力地推动文化建设与经济建设、政治建设、社会建设以及生态文明建设协调发展，进一步兴起社会主义文化建设新高潮，在科学发展道路上奋力开创山东省文化建设新局面。

二 进一步明确文化强省建设的目标任务

山东是中华文明重要发祥地之一，历史文化源远流长，革命文化波澜壮阔，民间文化各具特色，现代文化异彩纷呈。深入贯彻落实党的十七届六中全会精神，必须坚持中国特色社会主义文化发展道路，紧密结合山东省实际，加快建设文化强省。近些年来，山东省建设经济文化强省的目标任务已经明确。在经济发展上，形成了积极作为、科学务实的工作基调和"一线三点"的工作思路，正在推动由经济大省向经济强省的历史性跨越。在文化建设上，同样取得了明显成效。理论武装工作和社会主义核心价值体系建设扎实推进，全省人民团结奋斗的共同思想道德基础更加巩固；舆论引导正确有力，积极健康向上的主流舆论不断壮大；"文明山东"建设成效明显，城乡居民文明素质不断提高；公共文化设施明显改善，公共文化服务体系框架基本建立；文化产业快速健康发展，规模和实力位居全国前列；文化产品创作生产活跃，精品力作不断涌现；文化体制改革取得积极进展，文化繁荣发展的动力和活力明显增强；对外文化交流范围、领域和渠道不断拓宽，齐鲁文化影响进一步扩大。这为加快建设文化强省创造了良好条件，奠定了坚实基础。

但从总体上看，山东省文化建设与经济社会发展的要求还不相适应，与人民群众日益增长的文化需求还不相适应，与文化资源大省的地位还不相适应，相对于经济发展来说文化建设还是薄弱环节，文化改革发展中还存在一些矛盾和问题。一些地方和单位对文化建设的重要性、紧迫性认识不够，自觉性、主动性不强；一些社会成员理想信念淡薄，道德失范、诚信缺失，人生观和价值观扭曲；舆论引导能力和网络建设管理亟待加强；城乡和区域文化发展不平衡，基层文化建设比较薄弱；文化产业结构不优、竞争力不强的问题比较突出；大量优秀文化资源还没有充分挖掘，保护利用水平还不高；文化体制改革还不到位，推动文化改革发展的政策措施需要进一步落实和完善；高层次人才和优秀文化经营管理人才比较缺乏，等等。实现由文化资源大省向文化强省的历史性跨越，加快推进文化强省建设，是深入贯彻落实科学发展观的必然要求，是满足人民群众日益增长的精神文化需求的迫切需要，是促进经济社会协调发展的有效途径，是建设经济文化强省、实现富民强省新跨越的重要任务。各级党委、政府要牢牢把握文化改革发展的正确方向，像重视经济建设一样重视文化建设，像重视经济体制改革一样重视文化体制改革，像重视维护人民群众经济权益一样重视维护人民群众文化权益，努力把文化强省建设提高到一个新水平。

加快建设文化强省，必须全面贯彻党的十七大和十七届六中全会精神，高举中国特色社会主义伟大旗帜，以马克思列宁主义、毛泽东思想、邓小平理论和"三个代表"重要思想为指导，深入贯彻落实科学发展观，坚持社会主义先进文化前进方向，坚定不移走中国特色社会主义文化发展道路。以科学发展为主题，以建设社会主义核心价值体系为根本任务，以满足人民精神文化需求为出发点和落脚点，以改革创新为动力，以文化强省建设先进市县创建活动为抓手，发展面向现代化、面向世界、面向未来的，民族的科学的大众的社会主义文化。加快构建公共文化服务体系，加快发展文化产业，加快文化体制机制改革创新，加强对文化产品创作生产的引导。努力做到社会主义先进文化的引领力强，社会主义核心价值体系的凝聚力强，文化改革发展的创新力强，公益性文化事业的保障力强，经营性文化产业的竞争力强，齐鲁文化走向世界的影响力强，文化人才队伍的支撑力强，建成与山东省文化资源相匹配、与综合实力相适应、与富民强省目标相承接的文化强省。

按照实现全面建设小康社会奋斗目标新要求，到 2020 年山东省文化改革发展的主要目标是：理论武装工作和社会主义核心价值体系建设深入推进，社会文明程度明显提高；文化产品更加丰富，在全国有影响力的精品力作不断涌现；文化事业全面繁荣，覆盖城乡的公共文化服务体系不断完善；文化产业成为国民经济支柱性产业，整体实力和竞争力显著增强，公有制为主体、多种所有制共同发展的文化产业格局全面形成；文化管理体制和文化产品生产经营机制充满活力、富有效率，文化开放格局进一步完善；高素质文化人才队伍发展壮大，文化繁荣发展的人才保障更加有力；全省文化发展主要指标、文化事业整体水平、文化产业综合实力走在全国前列，成为全国重要的区域性文化中心。

三　推进社会主义核心价值体系建设

社会主义核心价值体系是兴国之魂，是社会主义先进文化的精髓，决定着中国特色社会主义发展方向。要把社会主义核心价值体系融入国民教育、精神文明建设和党的建设全过程，贯穿改革开放和现代化建设各领域，体现到文化产品创作生产传播各方面，在全社会形成统一指导思想、共同理想信念、强大精神力量和基本道德规范。

（一）坚持不懈用科学理论武装党员干部群众

毫不动摇地坚持马克思主义指导地位，运用马克思主义立场、观点、方法深入研究解决经济社会发展中的问题。毫不动摇地坚持把科学发展观作为一切工作的重要指导方针，推动学习实践科学发展观向深度和广度拓展。大兴学习之风，大力推进学习型党组织、学习型领导班子、学习型社会建设，采取多种形式组织广大党员干部群众深入学习贯彻中国特色社会主义理论体系，深入学习贯彻党的路线、方针、政策，切实提高学习实效性。大兴理论联系实际之风，紧密结合山东省改革发展实践，不断推出优秀研究成果和通俗理论读物，有针对性、有说服力地回答党员干部群众关心的重大理论和现实问题。充分发挥党校、行政学院、干部学院等阵地作用，办好主体班次，更加突出思想政治理论知识，更加突出学风建设，加强党员干部培训。充分利用读书会、报告会、网上在线学习等形式搞好学习交流，开办学习网站。加强对党员干部学习情况的考核。加强哲学社会科学研究，实施哲学社会科学创新工程，建设一批社会科学研究基地和重点实验室，建设一批具有专业优势的思想库，推进哲学社会科学信息化建设，发挥社科普及教育阵地作用，办好山东社科论坛、社科普及周、齐鲁大讲坛，繁荣哲学社会科学。

（二）加强社会主义核心价值体系教育普及

各级要把社会主义核心价值体系宣传教育作为开展思想政治教育的主要内容。各级宣传部门和媒体要把宣传社会主义核心价值体系作为首要任务，开设专题栏目，坚持经常性宣传。教育机构要大力推动社会主义核心价值体系进教材、进课堂、进头脑。机关、企事业单位、社区等都要采取有力措施，加强社会主义核心价值体系学习教育。积极探索用社会主义核心价值体系引领社会思潮的有效途径和方式，加强正确引导，澄清模糊认识，有力抵制各种错误和腐朽思想影响。深入开展理想信念教育，坚定中国特色社会主义共同理想。深入开展形势政策教育、国情省情教育、革命传统教育、改革开放教育、群众路线教育、国防教育，组织学习中国近现代史特别是中共党史。大力弘扬以爱国主义为核心的民族精神和以改革创新为核心的时代精神，加强爱国主义教育基地和马克思主义群众观教育基地建设，用好红色旅游资源，深入宣传沂蒙精神，进一步培育新时期山东精神。坚持用社会主义荣辱观引领社会风尚，大力实施"四德工程"，宣传普及践行"公民道德基本行为规范40则"，在全社会形成积极向上的精神追求和健康文明的生活方式。进一步加强企业、社区、农村等基层单位思想政治工作，注重人文关怀和心理疏导，建设积极向上的社区文化、村镇文化、企业文化、校园文化。加强和改进未成年人思想道德建设和大学生思想政治教育，全面加强学校德育体系建设，构建学校、家庭、社会紧密协作的道德教育网络。深入推进"诚信山东"建设，大力推进政务诚信、商务诚信、社会诚信和司法公信，建立健全征信系统，依法依规加大对失信行为的惩戒力度。加强法制宣传教育，大力弘扬法治精神，推动人人学法遵法守法用法。深化政风、行风建设，开展道德领域突出问题专项教育和治理。深入开展反腐倡廉教育，推进廉政文化建设。

（三）深入开展群众性精神文明创建活动

持续推进文明城市、文明单位、文明村镇创建活动，大力开展"讲文明、树新风"活动，进一步提升"文明山东"建设水平。深入开展学雷锋活动，采取有力措施推动学习活动常态化、见实效。深入推进文明社区创建工作，提高社区便民利民服务水平。深入开展文明行业创建活动，推动各行各业改进工作作风，提高服务质量。扎实推进"乡村文明行动"，广泛开展文明集市、星级文明户、文明信用户等评选活动。深化城乡文明牵手共建行动，广泛开展军民警民共建活动，动员各级各类文明单位与农村结对帮扶，形成城乡互动、城乡共创精神文明的长效机制。综合运用教育、法律、行政、舆论等手段，在全社会形成知荣辱、讲正气、作奉献、促和谐的良好风尚。

四　大力发展公益性文化事业

满足人民基本文化需求是社会主义文化建设的基本任务，是文化强省建设的重要内容。要坚持政府主导，按照公益性、基本性、均等性、便利性的要求，加强文化设施建设，完善公共文化服务网络，保障人民群众基本文化权益。

（一）构建公共文化服务体系

加快建立和完善覆盖城乡、结构合理、功能健全、实用高效的公共文化服务体系。建立公共文化服务制度，明确范围，制定标准，落实责任。继续把公共文化设施建设作为重点，进一步完善规划，优化布局，分级推进，尽快实现省、市、县（市、区）、乡镇（街道）、村（社区）五级公共文化设施全覆盖。加快推进省会文化艺术中心、省文化艺术之家、省美术馆新馆、孔子博物馆建设，规划建设沂蒙精神纪念馆。市级公共图书馆、文化馆、博物馆达到国家一级馆标准，县级文化馆、图书馆达到国家二级馆以上标准。加快城乡数字影院建设，逐步实现县级城市一院多厅数字影院全覆盖。采取政府采购、项目补贴、定向资助、贷款贴息、税收减免等措施鼓励各类文化企业参与公共文化服务。支持社会组织、机构、个人捐赠和兴办公益性文化事业，引导文化非营利机构提供公共文化产品和服务。重点加强农村和城市社区公共文化设施建设，加强乡镇文化站基本设施和功能建设，把村文化大院和社区文化中心建设纳入城乡规划和设计，在全省有条件的地方形成较为完善的"15—20分钟"城乡公共文化服务圈。

（二）促进城乡公共文化协调发展

坚持统筹协调和均等普惠的发展理念，合理配置城乡文化资源，增加农村文化服务总量，缩小城乡文化发展差距，推进城乡文化一体化。深入实施重点文化惠民工程，扩大覆盖、消除盲点、提高标准、完善服务、改进管理。把支持农村文化建设作为创建文明城市基本指标。广播电视要加快实现由"村村通"向"户户通"延伸，广播电视人口综合覆盖率达到99％以上。实施广电低保惠民工程，确保享受低保的群众能够免费收看到有线电视。农村公益电影放映要确保一村一月一场电影，注重提高片源质量，推动数字化放映。农家书屋建设要加快实现全省行政村全覆盖。大力推进城乡基层阅报栏（屏）、文化信息资源共享工程、数字图书馆和公共电子阅览室建设。鼓励电影院线、演出院线向基层延伸，支持演艺团体深入基层演出，逐步做到一村一年一场戏。推动媒体办好农村版和农村频率频道，做好主要党报党刊在农村基层发行和赠阅工作。深入开展全民阅读、全民健身活动，推动文化科技卫生"三下乡"、科教文体法律卫生"四进社区"、"送欢乐下基层"活动经常化。加大对经济欠发达地区文化服务网络建设支持和帮扶力度。

（三）努力提高公共文化管理服务水平

坚持建、管、用并重，确保各级各类公共文化设施建设到位、管理到位、使用到位。制定公共文化服务指标体系和绩效考核办法，创新公共文化管理运行机制和服务模式，提升专业性、科学性和有效性。开展国家公共文化服务示范区、省级公共文化服务示范区创建活动。积极引进社会力量参与公益性文化设施管理，推动大型公共文化场馆后勤服务社会化。加强文化馆、博物馆、图书馆、美术馆、科技馆、纪念馆、工人文化宫、青少年宫等公共文化服务设施和爱国主义教育示范基地建设并完善向社会免费开放服务。保障残疾人、未成年人、老年人、城乡低收入人员、进城务工人员公共文化需求。统筹文化、教育、科技、体育和青少年、老年活动场所规划建设，综合利用、共建共享，最大限度地发挥公益性文化单位的社会效益。

（四）积极发展现代传播体系

加强重点新闻媒体和重要出版社建设，进一步完善采编、发行、播发系统，加快数字化转型，推动报、台、网互动融合，扩大有效覆盖面。加快发展移动多媒体广播电视、交互式网络广播影视、数字多媒体广播。鼓励发展数字出版、网络出版、手机出版等新兴业态，加快各类出版物的数字化、网络化、电子商务化进程。建设国家级网络视听研发基地。加强文化传播渠道建设，规范市场秩序，保障网络信息安全，加快建立适应"三网融合"的技术新体系，建设新媒体集成播控平台和多媒体综合服务平台，建设覆盖城乡、双向互动、高清有线电视网络。鼓励文化企业以组建物流联盟、电影院线、演艺联盟等形式，加快构建技术先进、传输快捷、覆盖广泛的现代传播体系。

（五）加大对文化事业发展的投入

坚持政府主导，建立健全同财政收入相匹配、同人民群众文化需求相适应的公共文化投入保障机制，保证财政对公共文化建设投入的增长幅度高于同级财政经常性收入增长幅度，提高文化支出占财政支出比例。主要公共文化产品和服务项目、公益性文化活动纳入公共财政经常性预算。自2012 年起，全省财政文化事业经费支出占财政总支出的比例逐步提高。各级政府要安排资金用于支持文化事业发展、文艺创作生产和农村文化建设，提高各级彩票公益金用于文化事业比重，保证一定数量的转移支付资金用于乡镇和村文化建设。积极拓宽公共文化建设投入渠道，引导和鼓励企业、社会组织及个人捐赠和兴办公益性文化事业，制定并落实好相关优惠政策。

五　促进文化产业跨越式发展

加快文化产业发展是社会主义市场经济条件下满足人民多样化精神文化需求的重要途径。要坚持把社会效益放在首位、社会效益和经济效益相统一，按照全面协调可持续的要求，以扩大总量、优化结构、提高层次为重点，促进文化产业跨越式发展。

（一）努力构建现代文化产业体系

加快构建结构合理、门类齐全、科技含量高、富有创意、竞争力强的现代文化产业体系。优化文化产业布局，着力构建省会城市群和半岛城市群"两大文化产业圈"，黄河、运河、海洋"三条文化产业带"和"多组团文化产业集聚区"，提高文化产业规模化、集约化、专业化水平。优化文化产业结构，突出核心层和新兴业态，重点发展文化创意、数字出版、移动多媒体、动漫游戏等新兴文化产业，发展壮大出版发行、影视制作、印刷、广告、演艺、娱乐、会展等传统文化产业。大力发展农村文化产业，培植发展中小文化企业。实施"创意山东计划"，完善推动文化创意孵化发展的体制机制、政策环境和市场环境。开展山东省文化创意示范单位、示范产品、"创意之星"评选活动。规划建设各具特色的文化创业创意园区，扶持发展一批文化创意骨干企业，支持建设文化创意设计推广平台。推动文化创意与产业、技术、产品（服务）、市场、资本对接，以文化创意促进第一产业、第二产业和现代服务业的升级创新。发掘城市文化资源，发展特色文化产业，打造一批具有自主知识产权和核心竞争力的知名文化产品品牌、文化服务品牌、文化企业品牌和文化城市品牌。

（二）加快文化产业发展载体建设

集中力量培育文化产业发展三大载体，即重点培育100个重点文化企业、100个重点文化产业项目、100个重点文化产业园区。建立推动文化产业三大载体建设的长效机制，定期认定公布山东省重点文化企业、重点文化产业项目、重点文化产业园区名录。通过注入资金、资助项目开发、划转相关资产等方式，支持重点文化企业发展，支持符合条件的文化企业通过上市融资和发行产业基金、股权投资基金、企业债券等方式壮大实力规模。重点文化产业项目要建立领导包保责任制，加强跟踪服务和定期调度，完善重大文化产业项目数据库，定期发布文化产业投资信息。重点文化产业园区要坚持政府引导、市场运作、科学规划、合理布局，搞好功能定位，明晰发展思路，整合同城同业资源，提高文化产业发展集中度。探索建设文化保税区，打造落实文化企业保税政策的实体服务平台，推动高端国际文化贸易发展。

（三）坚持公有制为主体、多种所有制共同发展

加快发展文化产业，必须毫不动摇地支持和壮大国有或国有控股文化企业，毫不动摇地鼓励和引导各种非公有制文化企业健康发展。推动国有文化资本向创意设计、数字内容、现代文化娱乐、影视制作、动漫游戏、新媒体等领域集中，确保国有文化资本在总量上占明显优势，控制力显著增强。鼓励有实力的国有文化企业跨地区、跨行业、跨所有制兼并重组。鼓励社会资本和外资通过独资、合资、合作等途径合法进入文化产业领域，在投资核准、信用贷款、土地使用、税收优惠、上市融资、发行债券、对外贸易和申请专项资金方面给予支持。加强和改进对非公有制文化企业的服务和监管，鼓励非公有制文化企业做大做强。

（四）大力推进文化科技创新

着力提高文化领域自主创新能力，加强数字技术、数字内容、网络技术和安全播出等核心技术的引进和自主开发，利用高新技术改造传统文化产业，提高山东省出版、印刷、传媒、影视、演艺、网络、动漫等领域技术装备水平。加快广播电视有线网络的数字化转换和双向化改造，提高数字电影制作生产能力。鼓励新闻出版单位和企业开发制作数字图书、数字报刊，发展电子阅读及有声阅读，鼓励印刷复制企业加快生产技术改造，实现出版印刷的数字化转型，支持创建国家级数字出版基地。加强对音像档案资料的抢救和保护。推动演出场所、演出设备和演出形式的科技提

升，实现演艺产业生产和消费模式转变。依托国家和省高新技术园区建立
文化和科技融合示范基地，把重大文化科技项目纳入国家和省相关科技发
展规划和计划。完善以企业为主体、以市场为导向、产学研相结合的文化
科技创新体系，建设一批产学研战略联盟和公共服务平台。加强文化产业
制度建设和创新。

（五）深入推动相关产业融合发展

要大力发展高端、高质、高效文化产业，推动文化产业与先进制造
业、现代农业、金融、旅游、体育、信息、物流、建筑等产业融合发展，
形成文化引领经济、经济支持文化、文化经济互动的发展格局。积极推动
文化与金融融合，创新金融产品，增加信贷规模，完善授信模式，扩大直
接融资，推动保险服务。推动文化与旅游深度融合，打造"好客山东"
品牌体系，办好"贺年会""休闲汇"，大力发展文化旅游项目，开发文
化旅游产品，构建跨地域、跨行业、跨景区的文化旅游融合发展机制。加
快推动文化产业与其他产业融合，提高相关产业的文化含量，延伸产业
链，提高附加值，拓展发展空间。

（六）加大对文化产业发展的扶持力度

遵循市场经济规律，以投资、财税、金融、土地和价格政策为主要内
容，建立扶持文化产业发展的政策体系，确保文化产业增长幅度高于生产
总值和服务业增长幅度，文化产业投入增幅高于固定资产投入增幅，新兴
文化产业增幅高于整个文化产业增幅。文化创新型企业（项目）和文化
高新技术企业（项目）享受省级高新技术开发项目政策。省重点文化产
业项目纳入优先发展产业目录，享受相应优惠政策。对文化内容创意生
产、非物质文化遗产项目经营实行税收优惠。自 2012 年起，省级文化产
业发展专项资金有较大幅度增加，并健全专项资金管理使用办法，提高使
用效益。各地也要在预算内设立相应文化产业发展专项资金，并逐步扩大
规模。进一步拓宽融资渠道，落实并逐步扩大省级文化产业投资基金，组
建文化产业投融资公司，鼓励符合条件的文化企业进入资本市场融资，鼓
励创业投资机构支持文化企业发展。把文化产业纳入山东省国家发展战
略，黄河三角洲高效生态经济区和山东半岛蓝色经济区建设财政专项资金

每年安排一定比例引导文化产业发展。省级中小企业信用担保机构每年安排一定的担保资金用于扶持中小文化企业。调整文化投资结构，形成多元化投融资格局。加强文化及相关产业统计，建立文化产业统计月报制度。

六　加强文化创作生产和新闻舆论引导管理

加强正确引导和管理，是当前文化建设的迫切任务。要坚持团结稳定鼓劲、正面宣传为主，坚持文学艺术发展的"二为"方向、"双百"方针，唱响主旋律，打好主动仗，营造积极健康向上的文化环境。

（一）加强对文化产品创作生产的引导

牢固树立人民是历史创造者的观点，坚持以人民为中心的创作导向，推出更多思想性、艺术性、观赏性相统一，具有齐鲁风格、山东气派、群众喜闻乐见的精品力作，为人民提供更好更多的精神食粮。坚持用社会主义核心价值体系引领创作生产，坚决抵制庸俗、低俗、媚俗之风，让反映主流价值取向、体现时代发展要求的优秀文化产品得到广泛认同和传播。继续组织实施全国精神文明建设"五个一工程"和全省文化创作"精品工程"，努力在现实题材、革命历史题材、农村题材、少儿题材创作等方面取得新突破。研究制定山东影视发展十年规划。巩固扩大电视剧创作生产领先优势，建设高水准的影视基地，积极培植在全国有竞争力的影视创作企业。进一步做大做强"鲁剧"品牌，努力打造具有较大影响力的"鲁版图书"品牌。加强山东美术创作风格和内涵研究，推动形成"齐鲁画派"。实施地方戏曲振兴工程。精心筹办第十届中国艺术节，继续办好孔子文化节、山东国际大众艺术节，推动文化艺术创作生产再上新水平。

（二）加强和改进新闻舆论工作

坚定不移地坚持马克思主义新闻观，坚持党对宣传舆论工作的领导，牢牢把握正确导向。以党报党刊、电台电视台为主体，整合都市类媒体、网络媒体等宣传资源，构建统筹协调、责任明确、功能互补、覆盖广泛、富有效率的舆论引导格局。加强正面宣传，加强社会热点难点问题引导，从群众关注点入手，科学解疑释惑，有效凝聚共识。加强对突发事件的舆论引导，健全突发公共事件新闻报道机制，完善党委、政府新闻发言人制度。加强和改进舆论监督，强化新闻媒体社会责任。加强各类新闻单位领导班子建设，增强党性意识，提高政治素质。新闻媒体和新闻工作者要增强政治责任和职业道德，严格遵守宣传纪律，自觉抵制错误观点，坚决杜绝虚假新闻。要牢固树立群众观点，广泛深入持久地开展"走基层、转作风、改文风"活动。加强法规制度建设，规范新闻采编行为，维护良好新闻传播秩序，对违反新闻纪律、违背新闻道德的突出问题开展专项治理。加强新闻工作者教育培训，关心新闻工作者的思想、工作和生活，提高新闻队伍素质。

（三）　发展健康向上的网络文化

互联网迅猛发展的影响日益广泛深刻，建设和管理好网络是一项重要而紧迫的任务。要认真贯彻"积极利用、科学发展、依法管理、确保安全"的方针，进一步完善管理制度，加强正确引导，净化网络环境，推动互联网科学、健康、有序发展。加强重点新闻网站和商业网站建设，提高网络文化产品和服务供给能力，广泛开展文明网站创建，推动文明办网、文明上网。进一步加强互联网管理机构建设，建立和完善省、市、县三级管理体制，加大管理投入，提高管理效能。加强互联网宣传队伍建设，提高互联网管理的技术水平。加强互联网基础管理，创新加强以微博客为代表的互联网新应用、新技术的运用与管理，开展网络治理专项行动。建设完善山东省互联网舆情采集分析系统和网络文化信息监管平台，及时监控和处置网上反动、淫秽、赌博、诈骗等违法信息，依法严厉打击网络违法犯罪活动。加强对网吧等公共上网场所的监督管理。党员领导干部要学会运用互联网等新兴媒体，加强与群众的交流沟通，不断改进工作。

（四）　完善文化产品评价体系和激励机制

坚持把遵循社会主义先进文化前进方向、人民群众满意作为评价产品的最高标准，把群众评价、专家评价和市场检验统一起来。重点新闻媒体、新闻网站开辟专栏，公共文化场所开辟专门阵地，展演展映展播展览弘扬主旋律的优秀文化产品。加强文艺理论研究，扶持重点文艺评论媒体，培养文艺评论骨干，开展积极健康的文艺批评。建立公开、公平、公正的评奖机制，提高权威性和公信度。认真组织评选山东省泰山文艺奖、山东省社会科学优秀成果奖、山东省新闻出版奖、刘勰文艺评论奖等重点文化奖项。建立省级文化荣誉制度，设立山东省文化艺术"终身成就奖""德艺双馨奖"。加大各类文化资金倾斜力度，支持收藏和推介优秀文化作品。加大知识产权保护力度，依法惩处侵权行为，维护著作权人合法权益。

七　加快文化体制机制改革创新

改革创新是加快文化强省建设的动力源泉。要坚持以改革促发展，加快构建充满活力、富有效率、更加开放、有利于文化科学发展的体制机制。

（一）深化国有文化单位改革

加快推进国有经营性文化单位转企改制，全面完成一般性国有文艺院团、非时政类报刊社、重点新闻网站等转企改制任务。推动转企改制单位巩固改革成果，加快公司制股份制改造，建立符合现代企业制度要求、体现文化企业特点的资产组织形式和经营管理模式。深入推进报刊社改革，整合相关资源，组建报业传媒集团、党刊集团、期刊集团。深入推进影视制作单位改革，组建影视企业集团、广电传媒集团。深入推进文艺院团改革，组建演艺集团公司。深入推进广电网络整合，组建广电网络集团。深化公益性文化单位内部人事、收入分配和社会保障制度改革，明确服务规范，加强绩效评估考核，探索建立事业单位法人治理结构。

（二）创新文化管理体制

建立健全党委领导、政府管理、行业自律、社会监督、企事业单位依法运营的文化管理体制。加快文化行政部门政府职能转变，积极推进政事分开、政企分开、政府与市场中介组织分开和管办分离，强化政策调节、市场监管、社会管理、公共服务职能。进一步明确市县文化广电新闻出版局和文化市场综合执法机构职责，明确文化市场综合执法机构的单位性质，确定其行政执法主体资格，建立统一、规范、高效的管理体制和运行机制。建立健全文化市场准入机制，落实谁主管谁负责和属地管理原则，严格执行文化资本、文化企业、文化产品市场准入和退出政策。加强市场监管，深入开展"扫黄打非"，整治虚假广告，维护文化市场秩序和国家文化安全。

（三）　加强国有文化资产监管

完善管人管事管资产管导向相结合的国有文化资产管理体制。严格规范国有文化资产管理的审批程序，国有经营性文化事业单位转制为企业，要认真做好资产清查、资产评估和产权登记，严格按程序报批。建立国有文化资产管理的激励和约束机制，制定国有文化资产绩效考评办法，将绩效考评结果与国有文化企事业单位的经费安排、资产配置、经营者收入分配挂钩，确保国有文化资产保值增值。

（四）　健全现代文化市场体系

构建统一、开放、竞争、有序的市场体系是促进文化产品和要素合理流动的前提和保障。要重点发展图书报刊、电子音像制品、影视剧、演出娱乐、书画交易、动漫游戏、文物复制等产品市场，继续办好山东文化产业博览会。扩大文化消费，增加文化消费总量，创新商业模式，开发特色文化消费，拓展大众文化消费市场，推行"文化消费补贴计划"和"国民文化消费卡工程"，引导形成中、高、低端分众化的文化消费增长点。加快培育产权、版权、技术、信息等要素市场，推动文化产权交易所规范运营。规划建设一批文化产品流通基地，培育一批大型文化流通企业，构建覆盖城乡、辐射全国的流通网络。积极培育和发展文化产业保险市场，开发适合文化产业特点和需要的保险产品。加强行业组织建设，成立山东省文化产业协会。

（五）　完善政策保障机制

进一步完善和落实文化体制改革政策，加大对文化体制改革的扶持力度，明确责任，落实任务，确保改革单位投入不减少、条件有改善、人才不流失、发展可持续。有关部门要针对文化单位不同特点和文艺人才培养规律，围绕改革人员分流安置、医疗、养老、离退休待遇和跨地区跨行业兼并重组等关键环节，研究制定配套政策，创造有利于改革的宽松政策环境。对高层次和高技能人才、有突出贡献特殊人才、德艺双馨艺术名家、濒危稀有剧种和非物质文化遗产传承人及团队，制定专门扶持保护政策。对国有文艺院团落实一团一场和免费配备流动演出车。对转企改制国有文化单位扶持政策执行期限再延长五年。

八　弘扬和发展优秀传统文化

优秀传统文化是发展社会主义先进文化的深厚基础。要充分发挥山东省优秀传统文化资源富集的优势，在新的历史条件下赋予传统文化新的形式和内涵，发挥更大作用。

（一）建设优秀传统文化传承体系

积极开展齐鲁优秀传统文化宣传普及活动，推动优秀传统文化进学校、进课堂，鼓励中小学开设书法、绘画、传统工艺课，适当增加传统经典范文、诗词在教学中的比重，高等院校定期举办优秀传统文化讲座或论坛。各类媒体要采取多种形式深入宣传齐鲁优秀传统文化。加强齐鲁优秀传统文化典籍的研究整理和编辑出版，加强对齐鲁民间传统艺术、技艺的挖掘研究、传承保护和推介演示。鼓励开展富有齐鲁特色的新兴民族民间文化节庆活动，丰富传统民族节日的文化内涵。注重把弘扬优秀传统文化与开展热爱党、热爱祖国、热爱人民、热爱社会主义的主题宣传教育活动有机结合起来，发挥更大社会效益。

（二）加强齐鲁文化研究和遗产保护

加强齐鲁传统文化精神和传统思想研究，加强齐鲁文化名人和重大历史事件研究，加强红色文化、儒家文化、特色文化研究。依法加强文物保护，建立健全文物安全管理防范体系，提高全民文物保护意识。保护好历史文化名城、古镇、古村落、古文化街区，将文化遗产保护主体功能区和国家考古遗址公园建成特色鲜明的示范性文物保护园区。加强文物市场监管，建设预防性文物保护综合信息平台。加强非物质文化遗产研究和保护，完善普查建档制度、代表性传承人认定制度。加强非物质文化遗产生态保护区、生产性保护基地、研究传承基地和相关博物馆、传习所建设。

（三）促进文化资源合理开发利用

正确处理抢救、保护和开发、利用的关系，充分挖掘和合理利用文化资源的历史价值、科学价值和社会价值。加强文化资源整合，综合开发利用各类农业遗产、工业遗产、文化景观和考古遗址公园，打造特色文化品牌。推进中国非物质文化遗产博览园规划建设。推进中华文化标志城规划建设，办好尼山论坛和世界儒学大会。

（四）积极开展对外文化交流与合作

实施文化走出去工程，打造"孔子故乡·中国山东"系列文化品牌，组织齐鲁文化走出山东、走向世界系列活动。制定和完善支持文化产品和服务走出去的政策措施。加强与中国驻外文化中心合作，构建政府主导、多方参与的对外文化交流合作机制。设立海外山东文化中心，鼓励在境外兴办文化实体，鼓励文化企业参与境外文化投资，拓展民间交流合作领域。深入开展"孔子文化奖"、"孔子教育奖"评选活动，设立"齐鲁文化传播奖"。加强山东电视国际频道、重点新闻网站外文频道建设，加强与国家重点外宣媒体的战略合作，增强山东声音在海外的传播力和影响力。在推动齐鲁文化走出去的同时，积极借鉴吸收国内外优秀文化成果。

九 建设高素质的宣传文化人才队伍

人才是文化强省建设的关键。要坚持尊重劳动、尊重知识、尊重人才、尊重创造，深入实施人才强省战略，加快培养造就德才兼备、锐意创新、结构合理、规模宏大的宣传文化人才队伍。

（一）重视高层次文化人才的培养和引进

高层次人才在文化创作生产中起着领军和支柱作用。要进一步加快高层次文化人才培养和集聚，依托"泰山学者""齐鲁文化英才"、"创新团队"等重点人才工程，面向国内外引进一批社科理论研究、文化艺术及产业经营管理的领军人物、名家大师和创新创业团队。省重点人才引进计划、重点人才引进优惠政策向文化领域倾斜。建立重大文化项目首席专家制度。加强专业文化工作队伍、文化企业家队伍建设，扶持资助优秀中青年文化人才主持重大课题、领衔重点项目，大力培养文化领域的拔尖创新人才、专门人才、复合型人才和国际化人才。采取有效措施，留人留心，防止高层次人才流失。创新文化人才培养机制，实施高端文化人才培养计划，每年在省内选拔一批有潜力的中青年文化人才实行跟踪培养，不断壮大与文化强省建设相适应的高层次人才队伍。

（二）加强基层宣传文化人才队伍建设

基层宣传文化人才队伍是文化改革发展的基础力量。要制定基层宣传文化人才队伍建设规划，完善机构编制、学习培训、待遇保障等政策措施，吸引优秀人才服务基层。选派有专长的大学生到基层从事宣传文化工作，鼓励文化体制改革中分流人员到基层文化机构工作，推行文化干部双向挂职锻炼。配齐配强乡镇（街道）党委宣传委员、宣传干事和乡镇综合文化站专职人员。设立城乡社区公共文化服务岗位，对服务期满高校毕业生报考文化部门公务员、相关专业研究生实行定向招录。加强经常性教育培训，力争每三年将全省基层宣传文化队伍轮训一遍。积极扶持和培养扎根基层的乡土文化能人、民族民间文化传承人特别是非物质文化遗产项目代表性传承人。做好"齐鲁文化之星"推荐选拔工作，激发基层宣传文化人才创造活力和创业热情。壮大文化志愿者队伍，鼓励专业文化工作者和社会各界人士参与基层文化建设和群众文化活动，形成专兼结合的基层文化工作队伍。

（三）建立文化人才培养开发体系

建立全省共享文化人才信息资源库，定期编制和公布文化人才需求名录。建立统一、规范的文化人才市场，形成集交流、推荐、创业于一体的人才市场服务体系。完善人才培养开发、评价发现、选拔任用、流动配置、激励保障机制。深化职称评审改革，对非公有制文化单位人员评定职称、参与培训、申报项目、表彰奖励同等对待。鼓励和扶持高等院校和中等职业学校开办相关专业，鼓励文化企业设立研发中心，加快培养文化创意、影视制作、数字动漫、工业设计、新技术、新传媒等技能人才。

（四）加强思想政治建设、职业道德建设和作风建设

宣传文化工作者要切实增强政治意识、大局意识、责任意识，坚定理想信念，维护意识形态安全，做优秀文化的生产者和传播者。要注重加强自身修养，培养良好的职业道德，不断提升思想境界和从业能力。引导广大文化工作者增强社会责任感，弘扬科学精神，发扬严谨笃学、潜心钻研、淡泊名利、自尊自律的风尚，坚决抵制学术不端、情趣低俗等不良风气。坚持贴近实际、贴近生活、贴近群众，鼓励文化工作者深入基层一线，从火热的生活中锤炼提高自己。文化工作者要相互尊重、平等交流、取长补短，共同营造风清气正、和谐奋进良好氛围。

十　加强和改进党对文化工作的领导

加强和改进党对文化工作的领导，是加快文化强省建设、推进文化改革发展的根本保证，也是加强党的执政能力建设和先进性建设的内在要求。各级党委、政府和领导干部要增强使命感和责任感，健全领导体制机制，把握文化发展规律，妥善处理文化改革发展中的重大关系，增强领导文化建设的本领。

（一）切实担负起推进文化改革发展的政治责任

各级党委、政府要把文化建设摆在更加突出的位置，深入研究意识形态和宣传文化工作新情况新特点，研究制定推动文化繁荣发展的政策措施，及时解决文化改革发展中的重大问题。把加强文化建设作为"一把手"工程，纳入经济社会发展总体规划，与经济、政治、社会各领域工作一同研究部署、一同组织实施、一同督查考核。把文化改革发展成效纳入科学发展综合考核体系，作为衡量领导班子和领导干部工作业绩的重要依据。深入做好文化领域知识分子工作，把广大知识分子紧密团结在党的周围。

（二）加强文化领域领导班子和党组织建设

以领导班子建设为重点，以健全党组织为保证，以创先争优活动为载体，把文化领域各级领导班子建设成为坚强领导集体。坚持德才兼备、以德为先用人标准，选好配强文化领域各级领导班子，把政治立场坚定、思想理论水平高、熟悉文化工作、善于驾驭意识形态领域复杂局面的干部充实到领导岗位上来。加强领导班子思想政治建设，增强政治敏锐性和政治鉴别力，筑牢思想防线，确保文化阵地导向正确。各级领导干部要高度重视并切实抓好文化工作，加强文化理论学习和文化问题研究，提高文化素养，努力成为领导文化建设的行家里手。创新文化领域非公有制经济组织、新社会组织党的建设。注重在文化领域优秀人才、先进青年、业务骨干中发展党员。重视从文化工作一线培养选拔干部，加大从基层优秀宣传文化干部中选任领导干部力度。宣传文化领域全体共产党员要切实增强党员意识，在推进文化改革发展中创先争优、发挥先锋模范作用。

（三）建立健全推进文化建设长效工作机制

进一步健全党委统一领导、党政齐抓共管、宣传部门组织协调、有关部门分工负责、社会力量积极参与的工作体制和工作格局。整合现有宣传思想文化议事协调机构，成立文化强省建设指导委员会及办事机构，加强对文化建设的统一领导和协调。文化领域各部门各单位要自觉贯彻中央和省委决策部署，发挥文化建设主力军作用。在全省组织开展文化强省建设先进市县创建活动，建立文化建设目标责任制，制定文化改革发展工作目标考评细则，引导和推进文化强省建设深入开展。把文化建设内容纳入干部培训计划。认真总结各地推进文化改革发展的经验做法，发挥典型示范引领作用。

（四）形成加快文化改革发展的强大合力

加强统筹协调，充分发挥人民群众文化创造积极性，激发全社会的文化创造活力和文化建设热情。人大要依法加强对文化建设的监督和视察，加强文化法制工作。政协要发挥人才荟萃、智力密集的优势，积极建言献策，加强民主监督。文联、作协、社科联、记协等文化领域人民团体要创新管理体制、组织形式、活动方式，履行好联络协调服务职能，加强行业自律，依法维护文化工作者权益。加强县（市、区）文联、社科联组织建设。工会、共青团、妇联等人民团体要充分发挥密切联系群众的作用，动员和推动全社会广泛参与文化建设。各部门各单位要根据各自职能，大力支持文化建设，积极搭建公益性文化活动平台，广泛开展群众性文化活动。通过全社会的共同努力，开创建设文化强省、推动社会主义文化大发展大繁荣的新局面。

后　记

　　党的十七届六中全会是在全国建设小康社会的关键时期和深化改革开放、加快转变经济发展方式的攻坚时期召开的一次十分重要的会议。全会审议通过的《关于深化文化体制改革、推动社会主义文化大发展大繁荣若干重大问题的决定》，首次提出了建设社会主义文化强国的宏伟目标，确立了中国特色社会主义文化道路。为深入贯彻落实党的十七届六中全会和山东省委九届十三次全委会精神，加快推进山东"文化强省"建设，山东社会科学院成立了"山东'文化强省'建设战略研究"课题组，整合全院有关文化学科的研究力量，在对省内外先进地区文化建设实践进行深入调研的基础上，精心进行研究，撰写了《山东"文化强省"建设战略研究》。

　　该书以党的十七届六中全会和山东省委九届十三次全委会精神为指导，对山东"文化强省"建设的时代背景与实践价值、内涵与特征、基础条件与存在问题、总体思路与指标体系、重点领域与主要任务、品牌塑造与发展推动、产业发展与企业上市、文化资源与非遗保护、文化消费与服务体系、区域探索与实践创新、政策保障与对策措施、国内先进地区"文化强省"建设的思路做法与经验借鉴等进行了深入研究和理论探讨。山东省委常委、宣传部部长孙守刚最早提出了要加强山东"文化强省"建设理论研究的要求，为此提出了明确的指导性意见，并在百忙之中特为本书撰写了序言，这是对课题组的极大鼓励和肯定，对此，特别表示衷心的感谢。山东社会科学院党委书记、院长张华亲自指导本研究工作，并对书稿撰写提出了十分宝贵的意见，在此一并深致谢忱。全书由王志东提出总体研究框架设计，并进行了通稿、复审与最终审定。课题组全体成员王志东、涂可国、张凤莲、李然忠、张伟、于行行、张进、闫娜、徐建勇、赵迎芳、许宏、程臻宇、石晓艳、汪霏霏、张勇、王颖参加了实际调研与撰写工作。

　　山东省委宣传部的领导、山东人民出版社的领导和编辑同志对本书的出版给予了大力支持，在此一并表示最真挚的感谢。由于时间仓促，本书的研究必定有许多不足之处，敬请大家批评指正。

编　者

2011 年 12 月 16 日